# 交通运输安全生产法规文件选编

交通运输部安全委员会办公室　编

人民交通出版社
China Communications Press

## 内 容 提 要

本书由交通运输部安全委员会办公室对涉及交通运输安全生产的相关法律法规、规章制度及重要文件选编而成。

选编内容包含三部分，第一部分选编了国家颁布的安全生产法律法规；第二部分选编了国务院及国务院安全生产委员会下发的关于促进安全生产、开展企业安全生产标准化等工作的意见和通知；第三部分选编了交通运输部、交通运输部安全委员会有关安全生产的规章制度以及为促进行业安全生产工作发布的重要文件。

本书可供相关安全生产管理人员及从业人员学习参考。

**图书在版编目(CIP)数据**

交通运输安全生产法规文件选编／交通运输部安全委员会办公室编. —北京：人民交通出版社，2014.1

ISBN 978-7-114-11123-5

Ⅰ.①交… Ⅱ.①交… Ⅲ.①交通运输安全－法规－汇编－中国 Ⅳ.①D922.149

中国版本图书馆CIP数据核字(2013)第009903号

Jiaotong Yunshu Anquan Shengchan Fagui Wenjian Xuanbian

**书　　名**：**交通运输安全生产法规文件选编**
**著 作 者**：交通运输部安全委员会办公室
**责任编辑**：戴广超
**出版发行**：人民交通出版社
**地　　址**：(100011)北京市朝阳区安定门外外馆斜街3号
**网　　址**：http://www.ccpress.com.cn
**销售电话**：(010)59757973
**总 经 销**：人民交通出版社发行部
**经　　销**：各地新华书店
**印　　刷**：北京鑫正大印刷有限公司
**开　　本**：787×1092　1/16
**印　　张**：26.75
**字　　数**：450千
**版　　次**：2014年1月　第1版
**印　　次**：2014年1月　第1次印刷
**书　　号**：ISBN 978-7-114-11123-5
**定　　价**：49.00元

# 前　　言

本书由交通运输部安全委员会办公室选取与交通运输安全生产密切相关的法律法规、国务院文件以及2008年交通运输部组建以来颁布的交通运输安全生产部门规章及重要文件编写而成，内容包括国家有关法律法规、国务院有关文件、部有关安全生产规章文件三个部分，共收录有关法规、文件55篇，供各级交通运输安全生产监管人员、从业人员和公众学习、查阅和参考。

希望本书的出版发行，能够促进有关单位和人员深入学习理解和严格贯彻执行有关交通运输法规、文件的规定，不断提高安全意识和安全素质，扎实开展交通运输安全生产各项工作，努力提高交通运输安全发展水平，促进交通运输科学发展安全发展。

交通运输部安全委员会办公室

2013年12月23日

# 目　　录

# 一、国家有关法律法规

# 中华人民共和国安全生产法

（2002年6月29日第九届全国人民代表大会常务委员会第28次会议通过
中华人民共和国主席令 第70号）

## 第一章 总 则

**第一条** 为了加强安全生产监督管理，防止和减少生产安全事故，保障人民群众生命和财产安全，促进经济发展，制定本法。

**第二条** 在中华人民共和国领域内从事生产经营活动的单位（以下统称生产经营单位）的安全生产，适用本法；有关法律、行政法规对消防安全和道路交通安全、铁路交通安全、水上交通安全、民用航空安全另有规定的，适用其规定。

**第三条** 安全生产管理，坚持安全第一、预防为主的方针。

**第四条** 生产经营单位必须遵守本法和其他有关安全生产的法律、法规，加强安全生产管理，建立、健全安全生产责任制度，完善安全生产条件，确保安全生产。

**第五条** 生产经营单位的主要负责人对本单位的安全生产工作全面负责。

**第六条** 生产经营单位的从业人员有依法获得安全生产保障的权利，并应当依法履行安全生产方面的义务。

**第七条** 工会依法组织职工参加本单位安全生产工作的民主管理和民主监督，维护职工在安全生产方面的合法权益。

**第八条** 国务院和地方各级人民政府应当加强对安全生产工作的领导，支持、督促各有关部门依法履行安全生产监督管理职责。

县级以上人民政府对安全生产监督管理中存在的重大问题应当及时予以协调、解决。

**第九条** 国务院负责安全生产监督管理的部门依照本法，对全国安全生产工作实施综合监督管理；县级以上地方各级人民政府负责安全生产监督管理的部门依照本法，对本行政区域内安全生产工作实施综合监督管理。

国务院有关部门依照本法和其他有关法律、行政法规的规定，在各自的职责范围内对有关的安全生产工作实施监督管理；县级以上地方各级人民政府有关部门依照本法和其他有关法律、法规的规定，在各自的职责范围内对有关的安全生产工作实施监督管理。

**第十条** 国务院有关部门应当按照保障安全生产的要求，依法及时制定有关的国家标准或者行业标准，并根据科技进步和经济发展适时修订。

生产经营单位必须执行依法制定的保障安全生产的国家标准或者行业标准。

**第十一条** 各级人民政府及其有关部门应当采取多种形式，加强对有关安全生产的法律、法规和安全生产知识的宣传，提高职工的安全生产意识。

**第十二条** 依法设立的为安全生产提供技术服务的中介机构，依照法律、行政法规和执业准则，接受生产经营单位的委托为其安全生产工作提供技术服务。

**第十三条** 国家实行生产安全事故责任追究制度，依照本法和有关法律、法规的规定，追究生产安全事故责任人员的法律责任。

**第十四条** 国家鼓励和支持安全生产科学技术研究和安全生产先进技术的推广应用，提高安全生产水平。

**第十五条** 国家对在改善安全生产条件、防止生产安全事故、参加抢险救护等方面取得显著成绩的单位和个人，给予奖励。

## 第二章 生产经营单位的安全生产保障

**第十六条** 生产经营单位应当具备本法和有关法律、行政法规和国家标准或者行业标准规定的安全生产条件；不具备安全生产条件的，不得从事生产经营活动。

**第十七条** 生产经营单位的主要负责人对本单位安全生产工作负有下列职责：

（一）建立、健全本单位安全生产责任制；

（二）组织制订本单位安全生产规章制度和操作规程；

（三）保证本单位安全生产投入的有效实施；

（四）督促、检查本单位的安全生产工作，及时消除生产安全事故隐患；

（五）组织制订并实施本单位的生产安全事故应急救援预案；

（六）及时、如实报告生产安全事故。

**第十八条** 生产经营单位应当具备的安全生产条件所必需的资金投入，由生产经营单位的决策机构、主要负责人或者个人经营的投资人予以保证,并对由于安全生产所必需的资金投入不足导致的后果承担责任。

**第十九条** 矿山、建筑施工单位和危险物品的生产、经营、储存单位,应当设置安全生产管理机构或者配备专职安全生产管理人员。

前款规定以外的其他生产经营单位,从业人员超过三百人的,应当设置安全生产管理机构或者配备专职安全生产管理人员;从业人员在三百人以下的,应当配备专职或者兼职的安全生产管理人员,或者委托具有国家规定的相关专业技术资格的工程技术人员提供安全生产管理服务。

生产经营单位依照前款规定委托工程技术人员提供安全生产管理服务的,保证安全生产的责任仍由本单位负责。

**第二十条** 生产经营单位的主要负责人和安全生产管理人员必须具备与本单位所从事的生产经营活动相应的安全生产知识和管理能力。

危险物品的生产、经营、储存单位以及矿山、建筑施工单位的主要负责人和安全生产管理人员,应当由有关主管部门对其安全生产知识和管理能力考核合格后方可任职。考核不得收费。

**第二十一条** 生产经营单位应当对从业人员进行安全生产教育和培训,保证从业人员具备必要的安全生产知识,熟悉有关的安全生产规章制度和安全操作规程,掌握本岗位的安全操作技能。未经安全生产教育和培训合格的从业人员,不得上岗作业。

**第二十二条** 生产经营单位采用新工艺、新技术、新材料或者使用新设备,必须了解、掌握其安全技术特性,采取有效的安全防护措施,并对从业人员进行专门的安全生产教育和培训。

**第二十三条** 生产经营单位的特种作业人员必须按照国家有关规定经专门的安全作业培训,取得特种作业操作资格证书,方可上岗作业。

特种作业人员的范围由国务院负责安全生产监督管理的部门会同国务院有关部门确定。

**第二十四条** 生产经营单位新建、改建、扩建工程项目(以下统称建设项目)的安全设施,必须与主体工程同时设计、同时施工、同时投入生产和使用。安全设施投资应当纳入建设项目概算。

**第二十五条** 矿山建设项目和用于生产、储存危险物品的建设项目,应当分别按照国家有关规定进行安全条件论证和安全评价。

**第二十六条** 建设项目安全设施的设计人、设计单位应当对安全设施设计负责。

矿山建设项目和用于生产、储存危险物品的建设项目的安全设施设计应当按照国家有关规定报经有关部门审查，审查部门及其负责审查的人员对审查结果负责。

**第二十七条** 矿山建设项目和用于生产、储存危险物品的建设项目的施工单位必须按照批准的安全设施设计施工，并对安全设施的工程质量负责。

矿山建设项目和用于生产、储存危险物品的建设项目竣工投入生产或者使用前，必须依照有关法律、行政法规的规定对安全设施进行验收；验收合格后，方可投入生产和使用。验收部门及其验收人员对验收结果负责。

**第二十八条** 生产经营单位应当在有较大危险因素的生产经营场所和有关设施、设备上，设置明显的安全警示标志。

**第二十九条** 安全设备的设计、制造、安装、使用、检测、维修、改造和报废，应当符合国家标准或者行业标准。

生产经营单位必须对安全设备进行经常性维护、保养，并定期检测，保证正常运转。维护、保养、检测应当作好记录，并由有关人员签字。

**第三十条** 生产经营单位使用的涉及生命安全、危险性较大的特种设备，以及危险物品的容器、运输工具，必须按照国家有关规定，由专业生产单位生产，并经取得专业资质的检测、检验机构检测、检验合格，取得安全使用证或者安全标志，方可投入使用。检测、检验机构对检测、检验结果负责。

涉及生命安全、危险性较大的特种设备的目录由国务院负责特种设备安全监督管理的部门制定，报国务院批准后执行。

**第三十一条** 国家对严重危及生产安全的工艺、设备实行淘汰制度。

生产经营单位不得使用国家明令淘汰、禁止使用的危及生产安全的工艺、设备。

**第三十二条** 生产、经营、运输、储存、使用危险物品或者处置废弃危险物品的，由有关主管部门依照有关法律、法规的规定和国家标准或者行业标准审批并实施监督管理。

生产经营单位生产、经营、运输、储存、使用危险物品或者处置废弃危险物品，必须执行有关法律、法规和国家标准或者行业标准，建立专门的安全管理制度，采取可靠的安全措施，接受有关主管部门依法实施的监督管理。

**第三十三条** 生产经营单位对重大危险源应当登记建档，进行定期检测、评估、监控，并制订应急预案，告知从业人员和相关人员在紧急情况下应当采取的应急措施。

生产经营单位应当按照国家有关规定将本单位重大危险源及有关安全措施、应急措施报有关地方人民政府负责安全生产监督管理的部门和有关部门备案。

**第三十四条** 生产、经营、储存、使用危险物品的车间、商店、仓库不得与员工宿舍在同一座建筑物内，并应当与员工宿舍保持安全距离。

生产经营场所和员工宿舍应当设有符合紧急疏散要求、标志明显、保持畅通的出口。禁止封闭、堵塞生产经营场所或者员工宿舍的出口。

**第三十五条** 生产经营单位进行爆破、吊装等危险作业，应当安排专门人员进行现场安全管理，确保操作规程的遵守和安全措施的落实。

**第三十六条** 生产经营单位应当教育和督促从业人员严格执行本单位的安全生产规章制度和安全操作规程，并向从业人员如实告知作业场所和工作岗位存在的危险因素、防范措施以及事故应急措施。

**第三十七条** 生产经营单位必须为从业人员提供符合国家标准或者行业标准的劳动防护用品，并监督、教育从业人员按照使用规则佩戴、使用。

**第三十八条** 生产经营单位的安全生产管理人员应当根据本单位的生产经营特点，对安全生产状况进行经常性检查；对检查中发现的安全问题，应当立即处理；不能处理的，应当及时报告本单位有关负责人。检查及处理情况应当记录在案。

**第三十九条** 生产经营单位应当安排用于配备劳动防护用品、进行安全生产培训的经费。

**第四十条** 两个以上生产经营单位在同一作业区域内进行生产经营活动，可能危及对方生产安全的，应当签订安全生产管理协议，明确各自的安全生产管理职责和应当采取的安全措施，并指定专职安全生产管理人员进行安全检查与协调。

**第四十一条** 生产经营单位不得将生产经营项目、场所、设备发包或者出租给不具备安全生产条件或者相应资质的单位或者个人。

生产经营项目、场所有多个承包单位、承租单位的，生产经营单位应当与承包单位、承租单位签订专门的安全生产管理协议，或者在承包合同、租赁合同中约定各自的安全生产管理职责;生产经营单位对承包单位、承租单位的安全生产工作统一协调、管理。

**第四十二条** 生产经营单位发生重大生产安全事故时,单位的主要负责人应当立即组织抢救,并不得在事故调查处理期间擅离职守。

**第四十三条** 生产经营单位必须依法参加工伤社会保险,为从业人员缴纳保险费。

## 第三章 从业人员的权利和义务

**第四十四条** 生产经营单位与从业人员订立的劳动合同,应当载明有关保障从业人员劳动安全、防止职业危害的事项,以及依法为从业人员办理工伤社会保险的事项。

生产经营单位不得以任何形式与从业人员订立协议,免除或者减轻其对从业人员因生产安全事故伤亡依法应承担的责任。

**第四十五条** 生产经营单位的从业人员有权了解其作业场所和工作岗位存在的危险因素、防范措施及事故应急措施,有权对本单位的安全生产工作提出建议。

**第四十六条** 从业人员有权对本单位安全生产工作中存在的问题提出批评、检举、控告;有权拒绝违章指挥和强令冒险作业。

生产经营单位不得因从业人员对本单位安全生产工作提出批评、检举、控告或者拒绝违章指挥、强令冒险作业而降低其工资、福利等待遇或者解除与其订立的劳动合同。

**第四十七条** 从业人员发现直接危及人身安全的紧急情况时,有权停止作业或者在采取可能的应急措施后撤离作业场所。

生产经营单位不得因从业人员在前款紧急情况下停止作业或者采取紧急撤离措施而降低其工资、福利等待遇或者解除与其订立的劳动合同。

**第四十八条** 因生产安全事故受到损害的从业人员,除依法享有工伤社会保险外,依照有关民事法律尚有获得赔偿的权利的,有权向本单位提出赔偿要求。

**第四十九条** 从业人员在作业过程中,应当严格遵守本单位的安全生产规章制度和操作规程,服从管理,正确佩戴和使用劳动防护用品。

**第五十条** 从业人员应当接受安全生产教育和培训,掌握本职工作所需的安全生产知识,提高安全生产技能,增强事故预防和应急处理能力。

**第五十一条**　从业人员发现事故隐患或者其他不安全因素，应当立即向现场安全生产管理人员或者本单位负责人报告；接到报告的人员应当及时予以处理。

**第五十二条**　工会有权对建设项目的安全设施与主体工程同时设计、同时施工、同时投入生产和使用进行监督，提出意见。

工会对生产经营单位违反安全生产法律、法规，侵犯从业人员合法权益的行为，有权要求纠正；发现生产经营单位违章指挥、强令冒险作业或者发现事故隐患时，有权提出解决的建议，生产经营单位应当及时研究答复；发现危及从业人员生命安全的情况时，有权向生产经营单位建议组织从业人员撤离危险场所，生产经营单位必须立即作出处理。

工会有权依法参加事故调查，向有关部门提出处理意见，并要求追究有关人员的责任。

## 第四章　安全生产的监督管理

**第五十三条**　县级以上地方各级人民政府应当根据本行政区域内的安全生产状况，组织有关部门按照职责分工，对本行政区域内容易发生重大生产安全事故的生产经营单位进行严格检查；发现事故隐患，应当及时处理。

**第五十四条**　依照本法第九条规定对安全生产负有监督管理职责的部门（以下统称负有安全生产监督管理职责的部门）依照有关法律、法规的规定，对涉及安全生产的事项需要审查批准（包括批准、核准、许可、注册、认证、颁发证照等，下同）或者验收的，必须严格依照有关法律、法规和国家标准或者行业标准规定的安全生产条件和程序进行审查；不符合有关法律、法规和国家标准或者行业标准规定的安全生产条件的，不得批准或者验收通过。对未依法取得批准或者验收合格的单位擅自从事有关活动的，负责行政审批的部门发现或者接到举报后应当立即予以取缔，并依法予以处理。对已经依法取得批准的单位，负责行政审批的部门发现其不再具备安全生产条件的，应当撤销原批准。

**第五十五条**　负有安全生产监督管理职责的部门对涉及安全生产的事项进行审查、验收，不得收取费用；不得要求接受审查、验收的单位购买其指定品牌或者指定生产、销售单位的安全设备、器材或者其他产品。

**第五十六条**　负有安全生产监督管理职责的部门依法对生产经营单位执行有关安全生产的法律、法规和国家标准或者行业标准的情况进行监督检查，行使以下职权：

（一）进入生产经营单位进行检查，调阅有关资料，向有关单位和人员了解情况。

（二）对检查中发现的安全生产违法行为，当场予以纠正或者要求限期改正；对依法应当给予行政处罚的行为，依照本法和其他有关法律、行政法规的规定作出行政处罚决定。

（三）对检查中发现的事故隐患，应当责令立即排除；重大事故隐患排除前或者排除过程中无法保证安全的，应当责令从危险区域内撤出作业人员，责令暂时停产停业或者停止使用；重大事故隐患排除后，经审查同意，方可恢复生产经营和使用。

（四）对有根据认为不符合保障安全生产的国家标准或者行业标准的设施、设备、器材予以查封或者扣押，并应当在十五日内依法作出处理决定。

监督检查不得影响被检查单位的正常生产经营活动。

**第五十七条** 生产经营单位对负有安全生产监督管理职责的部门的监督检查人员（以下统称安全生产监督检查人员）依法履行监督检查职责，应当予以配合，不得拒绝、阻挠。

**第五十八条** 安全生产监督检查人员应当忠于职守，坚持原则，秉公执法。

安全生产监督检查人员执行监督检查任务时，必须出示有效的监督执法证件；对涉及被检查单位的技术秘密和业务秘密，应当为其保密。

**第五十九条** 安全生产监督检查人员应当将检查的时间、地点、内容、发现的问题及其处理情况，作出书面记录，并由检查人员和被检查单位的负责人签字；被检查单位的负责人拒绝签字的，检查人员应当将情况记录在案，并向负有安全生产监督管理职责的部门报告。

**第六十条** 负有安全生产监督管理职责的部门在监督检查中，应当互相配合，实行联合检查；确需分别进行检查的，应当互通情况，发现存在的安全问题应当由其他有关部门进行处理的，应当及时移送其他有关部门并形成记录备查，接受移送的部门应当及时进行处理。

**第六十一条** 监察机关依照行政监察法的规定，对负有安全生产监督管理职责的部门及其工作人员履行安全生产监督管理职责实施监察。

**第六十二条** 承担安全评价、认证、检测、检验的机构应当具备国家规定的资质条件，并对其作出的安全评价、认证、检测、检验的结果负责。

**第六十三条** 负有安全生产监督管理职责的部门应当建立举报制度，公开举报电话、信箱或者电子邮件地址，受理有关安全生产的举报；受理的举报事项经调查核实后，应当形成书面材料；需要落实整改措施的，报经有关负责人签字并督促落实。

**第六十四条** 任何单位或者个人对事故隐患或者安全生产违法行为，均有权向负有安全生产监督管理职责的部门报告或者举报。

**第六十五条** 居民委员会、村民委员会发现其所在区域内的生产经营单位存在事故隐患或者安全生产违法行为时，应当向当地人民政府或者有关部门报告。

**第六十六条** 县级以上各级人民政府及其有关部门对报告重大事故隐患或者举报安全生产违法行为的有功人员，给予奖励。具体奖励办法由国务院负责安全生产监督管理的部门会同国务院财政部门制定。

**第六十七条** 新闻、出版、广播、电影、电视等单位有进行安全生产宣传教育的义务，有对违反安全生产法律、法规的行为进行舆论监督的权利。

## 第五章 生产安全事故的应急救援与调查处理

**第六十八条** 县级以上地方各级人民政府应当组织有关部门制订本行政区域内特大生产安全事故应急救援预案，建立应急救援体系。

**第六十九条** 危险物品的生产、经营、储存单位以及矿山、建筑施工单位应当建立应急救援组织；生产经营规模较小，可以不建立应急救援组织的，应当指定兼职的应急救援人员。

危险物品的生产、经营、储存单位以及矿山、建筑施工单位应当配备必要的应急救援器材、设备，并进行经常性维护、保养，保证正常运转。

**第七十条** 生产经营单位发生生产安全事故后，事故现场有关人员应当立即报告本单位负责人。

单位负责人接到事故报告后，应当迅速采取有效措施，组织抢救，防止事故扩大，减少人员伤亡和财产损失，并按照国家有关规定立即如实报告当地负有安全生产监督管理职责的部门，不得隐瞒不报、谎报或者拖延不报，不得故意破坏事故现场、毁灭有关证据。

**第七十一条** 负有安全生产监督管理职责的部门接到事故报告后，应当立即按照国家有关规定上报事故情况。负有安全生产监督管理职责的部门和有关地方人民政府对事故情况不得隐瞒不报、谎报或者拖延不报。

**第七十二条** 有关地方人民政府和负有安全生产监督管理职责的部门的负责人接到重大生产安全事故报告后,应当立即赶到事故现场,组织事故抢救。

任何单位和个人都应当支持、配合事故抢救,并提供一切便利条件。

**第七十三条** 事故调查处理应当按照实事求是、尊重科学的原则,及时、准确地查清事故原因,查明事故性质和责任,总结事故教训,提出整改措施,并对事故责任者提出处理意见。事故调查和处理的具体办法由国务院制定。

**第七十四条** 生产经营单位发生生产安全事故,经调查确定为责任事故的,除了应当查明事故单位的责任并依法予以追究外,还应当查明对安全生产的有关事项负有审查批准和监督职责的行政部门的责任,对有失职、渎职行为的,依照本法第七十七条的规定追究法律责任。

**第七十五条** 任何单位和个人不得阻挠和干涉对事故的依法调查处理。

**第七十六条** 县级以上地方各级人民政府负责安全生产监督管理的部门应当定期统计分析本行政区域内发生生产安全事故的情况,并定期向社会公布。

## 第六章 法 律 责 任

**第七十七条** 负有安全生产监督管理职责的部门的工作人员,有下列行为之一的,给予降级或者撤职的行政处分;构成犯罪的,依照刑法有关规定追究刑事责任:

(一)对不符合法定安全生产条件的涉及安全生产的事项予以批准或者验收通过的;

(二)发现未依法取得批准、验收的单位擅自从事有关活动或者接到举报后不予取缔或者不依法予以处理的;

(三)对已经依法取得批准的单位不履行监督管理职责,发现其不再具备安全生产条件而不撤销原批准或者发现安全生产违法行为不予查处的。

**第七十八条** 负有安全生产监督管理职责的部门,要求被审查、验收的单位购买其指定的安全设备、器材或者其他产品的,在对安全生产事项的审查、验收中收取费用的,由其上级机关或者监察机关责令改正,责令退还收取的费用;情节严重的,对直接负责的主管人员和其他直接责任人员依法给予行政处分。

**第七十九条** 承担安全评价、认证、检测、检验工作的机构，出具虚假证明，构成犯罪的，依照刑法有关规定追究刑事责任；尚不够刑事处罚的，没收违法所得，违法所得在五千元以上的，并处违法所得二倍以上五倍以下的罚款，没有违法所得或者违法所得不足五千元的，单处或者并处五千元以上二万元以下的罚款，对其直接负责的主管人员和其他直接责任人员处五千元以上五万元以下的罚款；给他人造成损害的，与生产经营单位承担连带赔偿责任。

对有前款违法行为的机构，撤销其相应资格。

**第八十条** 生产经营单位的决策机构、主要负责人、个人经营的投资人不依照本法规定保证安全生产所必需的资金投入，致使生产经营单位不具备安全生产条件的，责令限期改正，提供必需的资金；逾期未改正的，责令生产经营单位停产停业整顿。

有前款违法行为，导致发生生产安全事故，构成犯罪的，依照刑法有关规定追究刑事责任；尚不够刑事处罚的，对生产经营单位的主要负责人给予撤职处分，对个人经营的投资人处二万元以上二十万元以下的罚款。

**第八十一条** 生产经营单位的主要负责人未履行本法规定的安全生产管理职责的，责令限期改正；逾期未改正的，责令生产经营单位停产停业整顿。

生产经营单位的主要负责人有前款违法行为，导致发生生产安全事故，构成犯罪的，依照刑法有关规定追究刑事责任；尚不够刑事处罚的，给予撤职处分或者处二万元以上二十万元以下的罚款。

生产经营单位的主要负责人依照前款规定受刑事处罚或者撤职处分的，自刑罚执行完毕或者受处分之日起，五年内不得担任任何生产经营单位的主要负责人。

**第八十二条** 生产经营单位有下列行为之一的，责令限期改正；逾期未改正的，责令停产停业整顿，可以并处二万元以下的罚款：

（一）未按照规定设立安全生产管理机构或者配备安全生产管理人员的；

（二）危险物品的生产、经营、储存单位以及矿山、建筑施工单位的主要负责人和安全生产管理人员未按照规定经考核合格的；

（三）未按照本法第二十一条、第二十二条的规定对从业人员进行安全生产教育和培训，或者未按照本法第三十六条的规定如实告知从业人员有关的安全生产事项的；

（四）特种作业人员未按照规定经专门的安全作业培训并取得特种作业操作

资格证书,上岗作业的。

**第八十三条** 生产经营单位有下列行为之一的,责令限期改正;逾期未改正的,责令停止建设或者停产停业整顿,可以并处五万元以下的罚款;造成严重后果,构成犯罪的,依照刑法有关规定追究刑事责任:

(一)矿山建设项目或者用于生产、储存危险物品的建设项目没有安全设施设计或者安全设施设计未按照规定报经有关部门审查同意的;

(二)矿山建设项目或者用于生产、储存危险物品的建设项目的施工单位未按照批准的安全设施设计施工的;

(三)矿山建设项目或者用于生产、储存危险物品的建设项目竣工投入生产或者使用前,安全设施未经验收合格的;

(四)未在有较大危险因素的生产经营场所和有关设施、设备上设置明显的安全警示标志的;

(五)安全设备的安装、使用、检测、改造和报废不符合国家标准或者行业标准的;

(六)未对安全设备进行经常性维护、保养和定期检测的;

(七)未为从业人员提供符合国家标准或者行业标准的劳动防护用品的;

(八)特种设备以及危险物品的容器、运输工具未经取得专业资质的机构检测、检验合格,取得安全使用证或者安全标志,投入使用的;

(九)使用国家明令淘汰、禁止使用的危及生产安全的工艺、设备的。

**第八十四条** 未经依法批准,擅自生产、经营、储存危险物品的,责令停止违法行为或者予以关闭,没收违法所得,违法所得十万元以上的,并处违法所得一倍以上五倍以下的罚款,没有违法所得或者违法所得不足十万元的,单处或者并处二万元以上十万元以下的罚款;造成严重后果,构成犯罪的,依照刑法有关规定追究刑事责任。

**第八十五条** 生产经营单位有下列行为之一的,责令限期改正;逾期未改正的,责令停产停业整顿,可以并处二万元以上十万元以下的罚款;造成严重后果,构成犯罪的,依照刑法有关规定追究刑事责任:

(一)生产、经营、储存、使用危险物品,未建立专门安全管理制度、未采取可靠的安全措施或者不接受有关主管部门依法实施的监督管理的;

(二)对重大危险源未登记建档,或者未进行评估、监控,或者未制订应急预

案的;

(三)进行爆破、吊装等危险作业,未安排专门管理人员进行现场安全管理的。

**第八十六条** 生产经营单位将生产经营项目、场所、设备发包或者出租给不具备安全生产条件或者相应资质的单位或者个人的,责令限期改正,没收违法所得;违法所得五万元以上的,并处违法所得一倍以上五倍以下的罚款;没有违法所得或者违法所得不足五万元的,单处或者并处一万元以上五万元以下的罚款;导致发生生产安全事故给他人造成损害的,与承包方、承租方承担连带赔偿责任。

生产经营单位未与承包单位、承租单位签订专门的安全生产管理协议或者未在承包合同、租赁合同中明确各自的安全生产管理职责,或者未对承包单位、承租单位的安全生产统一协调、管理的,责令限期改正;逾期未改正的,责令停产停业整顿。

**第八十七条** 两个以上生产经营单位在同一作业区域内进行可能危及对方安全生产的生产经营活动,未签订安全生产管理协议或者未指定专职安全生产管理人员进行安全检查与协调的,责令限期改正;逾期未改正的,责令停产停业。

**第八十八条** 生产经营单位有下列行为之一的,责令限期改正;逾期未改正的,责令停产停业整顿;造成严重后果,构成犯罪的,依照刑法有关规定追究刑事责任:

(一)生产、经营、储存、使用危险物品的车间、商店、仓库与员工宿舍在同一座建筑内,或者与员工宿舍的距离不符合安全要求的;

(二)生产经营场所和员工宿舍未设有符合紧急疏散需要、标志明显、保持畅通的出口,或者封闭、堵塞生产经营场所或者员工宿舍出口的。

**第八十九条** 生产经营单位与从业人员订立协议,免除或者减轻其对从业人员因生产安全事故伤亡依法应承担的责任的,该协议无效;对生产经营单位的主要负责人、个人经营的投资人处二万元以上十万元以下的罚款。

**第九十条** 生产经营单位的从业人员不服从管理,违反安全生产规章制度或者操作规程的,由生产经营单位给予批评教育,依照有关规章制度给予处分;造成重大事故,构成犯罪的,依照刑法有关规定追究刑事责任。

**第九十一条** 生产经营单位主要负责人在本单位发生重大生产安全事故时,不立即组织抢救或者在事故调查处理期间擅离职守或者逃匿的,给予降职、撤职的处分,对逃匿的处十五日以下拘留;构成犯罪的,依照刑法有关规定追究刑事责任。

生产经营单位主要负责人对生产安全事故隐瞒不报、谎报或者拖延不报的，依照前款规定处罚。

**第九十二条** 有关地方人民政府、负有安全生产监督管理职责的部门，对生产安全事故隐瞒不报、谎报或者拖延不报的，对直接负责的主管人员和其他直接责任人员依法给予行政处分；构成犯罪的，依照刑法有关规定追究刑事责任。

**第九十三条** 生产经营单位不具备本法和其他有关法律、行政法规和国家标准或者行业标准规定的安全生产条件，经停产停业整顿仍不具备安全生产条件的，予以关闭；有关部门应当依法吊销其有关证照。

**第九十四条** 本法规定的行政处罚，由负责安全生产监督管理的部门决定；予以关闭的行政处罚由负责安全生产监督管理的部门报请县级以上人民政府按照国务院规定的权限决定；给予拘留的行政处罚由公安机关依照治安管理处罚条例的规定决定。有关法律、行政法规对行政处罚的决定机关另有规定的，依照其规定。

**第九十五条** 生产经营单位发生生产安全事故造成人员伤亡、他人财产损失的，应当依法承担赔偿责任；拒不承担或者其负责人逃匿的，由人民法院依法强制执行。

生产安全事故的责任人未依法承担赔偿责任，经人民法院依法采取执行措施后，仍不能对受害人给予足额赔偿的，应当继续履行赔偿义务；受害人发现责任人有其他财产的，可以随时请求人民法院执行。

## 第七章 附 则

**第九十六条** 本法下列用语的含义：

危险物品，是指易燃易爆物品、危险化学品、放射性物品等能够危及人身安全和财产安全的物品。

重大危险源，是指长期地或者临时地生产、搬运、使用或者储存危险物品，且危险物品的数量等于或者超过临界量的单元（包括场所和设施）。

**第九十七条** 本法自2002年11月1日起施行。

# 中华人民共和国突发事件应对法

(2007年8月30日第十届全国人民代表大会常务委员会第29次会议通过
中华人民共和国主席令 第69号)

## 第一章 总 则

**第一条** 为了预防和减少突发事件的发生,控制、减轻和消除突发事件引起的严重社会危害,规范突发事件应对活动,保护人民生命财产安全,维护国家安全、公共安全、环境安全和社会秩序,制定本法。

**第二条** 突发事件的预防与应急准备、监测与预警、应急处置与救援、事后恢复与重建等应对活动,适用本法。

**第三条** 本法所称突发事件,是指突然发生,造成或者可能造成严重社会危害,需要采取应急处置措施予以应对的自然灾害、事故灾难、公共卫生事件和社会安全事件。

按照社会危害程度、影响范围等因素,自然灾害、事故灾难、公共卫生事件分为特别重大、重大、较大和一般四级。法律、行政法规或者国务院另有规定的,从其规定。

突发事件的分级标准由国务院或者国务院确定的部门制定。

**第四条** 国家建立统一领导、综合协调、分类管理、分级负责、属地管理为主的应急管理体制。

**第五条** 突发事件应对工作实行预防为主、预防与应急相结合的原则。国家建立重大突发事件风险评估体系,对可能发生的突发事件进行综合性评估,减少重大突发事件的发生,最大限度地减轻重大突发事件的影响。

**第六条** 国家建立有效的社会动员机制,增强全民的公共安全和防范风险的意识,提高全社会的避险救助能力。

**第七条** 县级人民政府对本行政区域内突发事件的应对工作负责;涉及两个以上行政区域的,由有关行政区域共同的上一级人民政府负责,或者由各有关行政区域的上一级人民政府共同负责。

突发事件发生后,发生地县级人民政府应当立即采取措施控制事态发展,组织开展应急救援和处置工作,并立即向上一级人民政府报告,必要时可以越级上报。

突发事件发生地县级人民政府不能消除或者不能有效控制突发事件引起的严重社会危害的,应当及时向上级人民政府报告。上级人民政府应当及时采取措施,统一领导应急处置工作。

法律、行政法规规定由国务院有关部门对突发事件的应对工作负责的,从其规定;地方人民政府应当积极配合并提供必要的支持。

**第八条** 国务院在总理领导下研究、决定和部署特别重大突发事件的应对工作;根据实际需要,设立国家突发事件应急指挥机构,负责突发事件应对工作;必要时,国务院可以派出工作组指导有关工作。

县级以上地方各级人民政府设立由本级人民政府主要负责人、相关部门负责人、驻当地中国人民解放军和中国人民武装警察部队有关负责人组成的突发事件应急指挥机构,统一领导、协调本级人民政府各有关部门和下级人民政府开展突发事件应对工作;根据实际需要,设立相关类别突发事件应急指挥机构,组织、协调、指挥突发事件应对工作。

上级人民政府主管部门应当在各自职责范围内,指导、协助下级人民政府及其相应部门做好有关突发事件的应对工作。

**第九条** 国务院和县级以上地方各级人民政府是突发事件应对工作的行政领导机关,其办事机构及具体职责由国务院规定。

**第十条** 有关人民政府及其部门作出的应对突发事件的决定、命令,应当及时公布。

**第十一条** 有关人民政府及其部门采取的应对突发事件的措施,应当与突发事件可能造成的社会危害的性质、程度和范围相适应;有多种措施可供选择的,应当选择有利于最大限度地保护公民、法人和其他组织权益的措施。

公民、法人和其他组织有义务参与突发事件应对工作。

**第十二条** 有关人民政府及其部门为应对突发事件,可以征用单位和个人的财产。被征用的财产在使用完毕或者突发事件应急处置工作结束后,应当及时返还。财产被征用或者征用后毁损、灭失的,应当给予补偿。

**第十三条** 因采取突发事件应对措施,诉讼、行政复议、仲裁活动不能正常进行的，适用有关时效中止和程序中止的规定，但法律另有规定的除外。

**第十四条** 中国人民解放军、中国人民武装警察部队和民兵组织依照本法和其他有关法律、行政法规、军事法规的规定以及国务院、中央军事委员会的命令，参加突发事件的应急救援和处置工作。

**第十五条** 中华人民共和国政府在突发事件的预防、监测与预警、应急处置与救援、事后恢复与重建等方面，同外国政府和有关国际组织开展合作与交流。

**第十六条** 县级以上人民政府作出应对突发事件的决定、命令，应当报本级人民代表大会常务委员会备案；突发事件应急处置工作结束后，应当向本级人民代表大会常务委员会作出专项工作报告。

## 第二章 预防与应急准备

**第十七条** 国家建立健全突发事件应急预案体系。

国务院制定国家突发事件总体应急预案，组织制定国家突发事件专项应急预案；国务院有关部门根据各自的职责和国务院相关应急预案，制订国家突发事件部门应急预案。

地方各级人民政府和县级以上地方各级人民政府有关部门根据有关法律、法规、规章、上级人民政府及其有关部门的应急预案以及本地区的实际情况，制订相应的突发事件应急预案。

应急预案制订机关应当根据实际需要和情势变化，适时修订应急预案。应急预案的制订、修订程序由国务院规定。

**第十八条** 应急预案应当根据本法和其他有关法律、法规的规定，针对突发事件的性质、特点和可能造成的社会危害，具体规定突发事件应急管理工作的组织指挥体系与职责和突发事件的预防与预警机制、处置程序、应急保障措施以及事后恢复与重建措施等内容。

**第十九条** 城乡规划应当符合预防、处置突发事件的需要，统筹安排应对突发事件所必需的设备和基础设施建设，合理确定应急避难场所。

**第二十条** 县级人民政府应当对本行政区域内容易引发自然灾害、事故灾难和公共卫生事件的危险源、危险区域进行调查、登记、风险评估，定期进行检查、监控，并责令有关单位采取安全防范措施。

省级和设区的市级人民政府应当对本行政区域内容易引发特别重大、重大突发事件的危险源、危险区域进行调查、登记、风险评估,组织进行检查、监控,并责令有关单位采取安全防范措施。

县级以上地方各级人民政府按照本法规定登记的危险源、危险区域,应当按照国家规定及时向社会公布。

**第二十一条** 县级人民政府及其有关部门、乡级人民政府、街道办事处、居民委员会、村民委员会应当及时调解处理可能引发社会安全事件的矛盾纠纷。

**第二十二条** 所有单位应当建立健全安全管理制度,定期检查本单位各项安全防范措施的落实情况,及时消除事故隐患;掌握并及时处理本单位存在的可能引发社会安全事件的问题,防止矛盾激化和事态扩大;对本单位可能发生的突发事件和采取安全防范措施的情况,应当按照规定及时向所在地人民政府或者人民政府有关部门报告。

**第二十三条** 矿山、建筑施工单位和易燃易爆物品、危险化学品、放射性物品等危险物品的生产、经营、储运、使用单位,应当制订具体应急预案,并对生产经营场所、有危险物品的建筑物、构筑物及周边环境开展隐患排查,及时采取措施消除隐患,防止发生突发事件。

**第二十四条** 公共交通工具、公共场所和其他人员密集场所的经营单位或者管理单位应当制订具体应急预案,为交通工具和有关场所配备报警装置和必要的应急救援设备、设施,注明其使用方法,并显著标明安全撤离的通道、路线,保证安全通道、出口的畅通。

有关单位应当定期检测、维护其报警装置和应急救援设备、设施,使其处于良好状态,确保正常使用。

**第二十五条** 县级以上人民政府应当建立健全突发事件应急管理培训制度,对人民政府及其有关部门负有处置突发事件职责的工作人员定期进行培训。

**第二十六条** 县级以上人民政府应当整合应急资源,建立或者确定综合性应急救援队伍。人民政府有关部门可以根据实际需要设立专业应急救援队伍。

县级以上人民政府及其有关部门可以建立由成年志愿者组成的应急救援队伍。单位应当建立由本单位职工组成的专职或者兼职应急救援队伍。

县级以上人民政府应当加强专业应急救援队伍与非专业应急救援队伍的合作,联合培训、联合演练,提高合成应急、协同应急的能力。

**第二十七条** 国务院有关部门、县级以上地方各级人民政府及其有关部门、有关单位应当为专业应急救援人员购买人身意外伤害保险，配备必要的防护装备和器材，减少应急救援人员的人身风险。

**第二十八条** 中国人民解放军、中国人民武装警察部队和民兵组织应当有计划地组织开展应急救援的专门训练。

**第二十九条** 县级人民政府及其有关部门、乡级人民政府、街道办事处应当组织开展应急知识的宣传普及活动和必要的应急演练。

居民委员会、村民委员会、企业事业单位应当根据所在地人民政府的要求，结合各自的实际情况，开展有关突发事件应急知识的宣传普及活动和必要的应急演练。

新闻媒体应当无偿开展突发事件预防与应急、自救与互救知识的公益宣传。

**第三十条** 各级各类学校应当把应急知识教育纳入教学内容，对学生进行应急知识教育，培养学生的安全意识和自救与互救能力。

教育主管部门应当对学校开展应急知识教育进行指导和监督。

**第三十一条** 国务院和县级以上地方各级人民政府应当采取财政措施，保障突发事件应对工作所需经费。

**第三十二条** 国家建立健全应急物资储备保障制度，完善重要应急物资的监管、生产、储备、调拨和紧急配送体系。

设区的市级以上人民政府和突发事件易发、多发地区的县级人民政府应当建立应急救援物资、生活必需品和应急处置装备的储备制度。

县级以上地方各级人民政府应当根据本地区的实际情况，与有关企业签订协议，保障应急救援物资、生活必需品和应急处置装备的生产、供给。

**第三十三条** 国家建立健全应急通信保障体系，完善公用通信网，建立有线与无线相结合、基础电信网络与机动通信系统相配套的应急通信系统，确保突发事件应对工作的通信畅通。

**第三十四条** 国家鼓励公民、法人和其他组织为人民政府应对突发事件工作提供物资、资金、技术支持和捐赠。

**第三十五条** 国家发展保险事业，建立国家财政支持的巨灾风险保险体系，并鼓励单位和公民参加保险。

**第三十六条** 国家鼓励、扶持具备相应条件的教学科研机构培养应急管理专门人才，鼓励、扶持教学科研机构和有关企业研究开发用于突发事件预防、监测、预警、应急处置与救援的新技术、新设备和新工具。

## 第三章　监测与预警

**第三十七条**　国务院建立全国统一的突发事件信息系统。

县级以上地方各级人民政府应当建立或者确定本地区统一的突发事件信息系统，汇集、储存、分析、传输有关突发事件的信息，并与上级人民政府及其有关部门、下级人民政府及其有关部门、专业机构和监测网点的突发事件信息系统实现互联互通，加强跨部门、跨地区的信息交流与情报合作。

**第三十八条**　县级以上人民政府及其有关部门、专业机构应当通过多种途径收集突发事件信息。

县级人民政府应当在居民委员会、村民委员会和有关单位建立专职或者兼职信息报告员制度。

获悉突发事件信息的公民、法人或者其他组织，应当立即向所在地人民政府、有关主管部门或者指定的专业机构报告。

**第三十九条**　地方各级人民政府应当按照国家有关规定向上级人民政府报送突发事件信息。县级以上人民政府有关主管部门应当向本级人民政府相关部门通报突发事件信息。专业机构、监测网点和信息报告员应当及时向所在地人民政府及其有关主管部门报告突发事件信息。

有关单位和人员报送、报告突发事件信息，应当做到及时、客观、真实，不得迟报、谎报、瞒报、漏报。

**第四十条**　县级以上地方各级人民政府应当及时汇总分析突发事件隐患和预警信息，必要时组织相关部门、专业技术人员、专家学者进行会商，对发生突发事件的可能性及其可能造成的影响进行评估；认为可能发生重大或者特别重大突发事件的，应当立即向上级人民政府报告，并向上级人民政府有关部门、当地驻军和可能受到危害的毗邻或者相关地区的人民政府通报。

**第四十一条**　国家建立健全突发事件监测制度。

县级以上人民政府及其有关部门应当根据自然灾害、事故灾难和公共卫生事件的种类和特点，建立健全基础信息数据库，完善监测网络，划分监测区域，确定监测点，明确监测项目，提供必要的设备、设施，配备专职或者兼职人员，对可能发生的突发事件进行监测。

**第四十二条**　国家建立健全突发事件预警制度。

可以预警的自然灾害、事故灾难和公共卫生事件的预警级别，按照突发事件发生的紧急程度、发展势态和可能造成的危害程度分为一级、二级、三级和四级，分别用红色、橙色、黄色和蓝色标示，一级为最高级别。

预警级别的划分标准由国务院或者国务院确定的部门制定。

**第四十三条**　可以预警的自然灾害、事故灾难或者公共卫生事件即将发生或者发生的可能性增大时，县级以上地方各级人民政府应当根据有关法律、行政法规和国务院规定的权限和程序，发布相应级别的警报，决定并宣布有关地区进入预警期，同时向上一级人民政府报告，必要时可以越级上报，并向当地驻军和可能受到危害的毗邻或者相关地区的人民政府通报。

**第四十四条**　发布三级、四级警报，宣布进入预警期后，县级以上地方各级人民政府应当根据即将发生的突发事件的特点和可能造成的危害，采取下列措施：

（一）启动应急预案；

（二）责令有关部门、专业机构、监测网点和负有特定职责的人员及时收集、报告有关信息，向社会公布反映突发事件信息的渠道，加强对突发事件发生、发展情况的监测、预报和预警工作；

（三）组织有关部门和机构、专业技术人员、有关专家学者，随时对突发事件信息进行分析评估，预测发生突发事件可能性的大小、影响范围和强度以及可能发生的突发事件的级别；

（四）定时向社会发布与公众有关的突发事件预测信息和分析评估结果，并对相关信息的报道工作进行管理；

（五）及时按照有关规定向社会发布可能受到突发事件危害的警告，宣传避免、减轻危害的常识，公布咨询电话。

**第四十五条**　发布一级、二级警报，宣布进入预警期后，县级以上地方各级人民政府除采取本法第四十四条规定的措施外，还应当针对即将发生的突发事件的特点和可能造成的危害，采取下列一项或者多项措施：

（一）责令应急救援队伍、负有特定职责的人员进入待命状态，并动员后备人员做好参加应急救援和处置工作的准备；

（二）调集应急救援所需物资、设备、工具，准备应急设施和避难场所，并确保其处于良好状态、随时可以投入正常使用；

（三）加强对重点单位、重要部位和重要基础设施的安全保卫，维护社会治安秩序；

（四）采取必要措施，确保交通、通信、供水、排水、供电、供气、供热等公共设施的安全和正常运行；

（五）及时向社会发布有关采取特定措施避免或者减轻危害的建议、劝告；

（六）转移、疏散或者撤离易受突发事件危害的人员并予以妥善安置，转移重要财产；

（七）关闭或者限制使用易受突发事件危害的场所，控制或者限制容易导致危害扩大的公共场所的活动；

（八）法律、法规、规章规定的其他必要的防范性、保护性措施。

**第四十六条**　对即将发生或者已经发生的社会安全事件，县级以上地方各级人民政府及其有关主管部门应当按照规定向上一级人民政府及其有关主管部门报告，必要时可以越级上报。

**第四十七条**　发布突发事件警报的人民政府应当根据事态的发展，按照有关规定适时调整预警级别并重新发布。

有事实证明不可能发生突发事件或者危险已经解除的，发布警报的人民政府应当立即宣布解除警报，终止预警期，并解除已经采取的有关措施。

## 第四章　应急处置与救援

**第四十八条**　突发事件发生后，履行统一领导职责或者组织处置突发事件的人民政府应当针对其性质、特点和危害程度，立即组织有关部门，调动应急救援队伍和社会力量，依照本章的规定和有关法律、法规、规章的规定采取应急处置措施。

**第四十九条**　自然灾害、事故灾难或者公共卫生事件发生后，履行统一领导职责的人民政府可以采取下列一项或者多项应急处置措施：

（一）组织营救和救治受害人员，疏散、撤离并妥善安置受到威胁的人员以及采取其他救助措施；

（二）迅速控制危险源，标明危险区域，封锁危险场所，划定警戒区，实行交通管制以及其他控制措施；

（三）立即抢修被损坏的交通、通信、供水、排水、供电、供气、供热等公共设施，向受到危害的人员提供避难场所和生活必需品，实施医疗救护和卫生防疫以及其他保障措施；

（四）禁止或者限制使用有关设备、设施，关闭或者限制使用有关场所，中止人员密集的活动或者可能导致危害扩大的生产经营活动以及采取其他保护措施；

（五）启用本级人民政府设置的财政预备费和储备的应急救援物资，必要时调用其他急需物资、设备、设施、工具；

（六）组织公民参加应急救援和处置工作，要求具有特定专长的人员提供服务；

（七）保障食品、饮用水、燃料等基本生活必需品的供应；

（八）依法从严惩处囤积居奇、哄抬物价、制假售假等扰乱市场秩序的行为，稳定市场价格，维护市场秩序；

（九）依法从严惩处哄抢财物、干扰破坏应急处置工作等扰乱社会秩序的行为，维护社会治安；

（十）采取防止发生次生、衍生事件的必要措施。

**第五十条**　社会安全事件发生后，组织处置工作的人民政府应当立即组织有关部门并由公安机关针对事件的性质和特点，依照有关法律、行政法规和国家其他有关规定，采取下列一项或者多项应急处置措施：

（一）强制隔离使用器械相互对抗或者以暴力行为参与冲突的当事人，妥善解决现场纠纷和争端，控制事态发展；

（二）对特定区域内的建筑物、交通工具、设备、设施以及燃料、燃气、电力、水的供应进行控制；

（三）封锁有关场所、道路，查验现场人员的身份证件，限制有关公共场所内的活动；

（四）加强对易受冲击的核心机关和单位的警卫，在国家机关、军事机关、国家通讯社、广播电台、电视台、外国驻华使领馆等单位附近设置临时警戒线；

（五）法律、行政法规和国务院规定的其他必要措施。

严重危害社会治安秩序的事件发生时，公安机关应当立即依法出动警力，根据现场情况依法采取相应的强制性措施，尽快使社会秩序恢复正常。

**第五十一条**　发生突发事件，严重影响国民经济正常运行时，国务院或者国务院授权的有关主管部门可以采取保障、控制等必要的应急措施，保障人民群众的基本生活需要，最大限度地减轻突发事件的影响。

**第五十二条** 履行统一领导职责或者组织处置突发事件的人民政府，必要时可以向单位和个人征用应急救援所需设备、设施、场地、交通工具和其他物资，请求其他地方人民政府提供人力、物力、财力或者技术支援，要求生产、供应生活必需品和应急救援物资的企业组织生产、保证供给，要求提供医疗、交通等公共服务的组织提供相应的服务。

履行统一领导职责或者组织处置突发事件的人民政府，应当组织协调运输经营单位，优先运送处置突发事件所需物资、设备、工具、应急救援人员和受到突发事件危害的人员。

**第五十三条** 履行统一领导职责或者组织处置突发事件的人民政府，应当按照有关规定统一、准确、及时发布有关突发事件事态发展和应急处置工作的信息。

**第五十四条** 任何单位和个人不得编造、传播有关突发事件事态发展或者应急处置工作的虚假信息。

**第五十五条** 突发事件发生地的居民委员会、村民委员会和其他组织应当按照当地人民政府的决定、命令，进行宣传动员，组织群众开展自救和互救，协助维护社会秩序。

**第五十六条** 受到自然灾害危害或者发生事故灾难、公共卫生事件的单位，应当立即组织本单位应急救援队伍和工作人员营救受害人员，疏散、撤离、安置受到威胁的人员，控制危险源，标明危险区域，封锁危险场所，并采取其他防止危害扩大的必要措施，同时向所在地县级人民政府报告；对因本单位的问题引发的或者主体是本单位人员的社会安全事件，有关单位应当按照规定上报情况，并迅速派出负责人赶赴现场开展劝解、疏导工作。

突发事件发生地的其他单位应当服从人民政府发布的决定、命令，配合人民政府采取的应急处置措施，做好本单位的应急救援工作，并积极组织人员参加所在地的应急救援和处置工作。

**第五十七条** 突发事件发生地的公民应当服从人民政府、居民委员会、村民委员会或者所属单位的指挥和安排，配合人民政府采取的应急处置措施，积极参加应急救援工作，协助维护社会秩序。

## 第五章　事后恢复与重建

**第五十八条** 突发事件的威胁和危害得到控制或者消除后，履行统一领导职责或者组织处置突发事件的人民政府应当停止执行依照本法规定采取的应急处置措施,同时采取或者继续实施必要措施,防止发生自然灾害、事故灾难、公共卫生事件的次生、衍生事件或者重新引发社会安全事件。

**第五十九条** 突发事件应急处置工作结束后,履行统一领导职责的人民政府应当立即组织对突发事件造成的损失进行评估,组织受影响地区尽快恢复生产、生活、工作和社会秩序,制订恢复重建计划,并向上一级人民政府报告。

受突发事件影响地区的人民政府应当及时组织和协调公安、交通、铁路、民航、邮电、建设等有关部门恢复社会治安秩序,尽快修复被损坏的交通、通信、供水、排水、供电、供气、供热等公共设施。

**第六十条** 受突发事件影响地区的人民政府开展恢复重建工作需要上一级人民政府支持的,可以向上一级人民政府提出请求。上一级人民政府应当根据受影响地区遭受的损失和实际情况,提供资金、物资支持和技术指导,组织其他地区提供资金、物资和人力支援。

**第六十一条** 国务院根据受突发事件影响地区遭受损失的情况,制定扶持该地区有关行业发展的优惠政策。

受突发事件影响地区的人民政府应当根据本地区遭受损失的情况,制订救助、补偿、抚慰、抚恤、安置等善后工作计划并组织实施,妥善解决因处置突发事件引发的矛盾和纠纷。

公民参加应急救援工作或者协助维护社会秩序期间,其在本单位的工资待遇和福利不变;表现突出、成绩显著的,由县级以上人民政府给予表彰或者奖励。

县级以上人民政府对在应急救援工作中伤亡的人员依法给予抚恤。

**第六十二条** 履行统一领导职责的人民政府应当及时查明突发事件的发生经过和原因,总结突发事件应急处置工作的经验教训,制订改进措施,并向上一级人民政府提出报告。

## 第六章 法律责任

**第六十三条** 地方各级人民政府和县级以上各级人民政府有关部门违反本法规定,不履行法定职责的,由其上级行政机关或者监察机关责令改正;有下列情形之一的,根据情节对直接负责的主管人员和其他直接责任人员依法给予处分:

(一)未按规定采取预防措施,导致发生突发事件,或者未采取必要的防范措施，导致发生次生、衍生事件的；

（二）迟报、谎报、瞒报、漏报有关突发事件的信息，或者通报、报送、公布虚假信息，造成后果的；

（三）未按规定及时发布突发事件警报、采取预警期的措施，导致损害发生的；

（四）未按规定及时采取措施处置突发事件或者处置不当，造成后果的；

（五）不服从上级人民政府对突发事件应急处置工作的统一领导、指挥和协调的；

（六）未及时组织开展生产自救、恢复重建等善后工作的；

（七）截留、挪用、私分或者变相私分应急救援资金、物资的；

（八）不及时归还征用的单位和个人的财产，或者对被征用财产的单位和个人不按规定给予补偿的。

**第六十四条** 有关单位有下列情形之一的，由所在地履行统一领导职责的人民政府责令停产停业，暂扣或者吊销许可证或者营业执照，并处五万元以上二十万元以下的罚款；构成违反治安管理行为的，由公安机关依法给予处罚：

（一）未按规定采取预防措施，导致发生严重突发事件的；

（二）未及时消除已发现的可能引发突发事件的隐患，导致发生严重突发事件的；

（三）未做好应急设备、设施日常维护、检测工作，导致发生严重突发事件或者突发事件危害扩大的；

（四）突发事件发生后，不及时组织开展应急救援工作，造成严重后果的。

前款规定的行为，其他法律、行政法规规定由人民政府有关部门依法决定处罚的，从其规定。

**第六十五条** 违反本法规定，编造并传播有关突发事件事态发展或者应急处置工作的虚假信息，或者明知是有关突发事件事态发展或者应急处置工作的虚假信息而进行传播的，责令改正，给予警告；造成严重后果的，依法暂停其业务活动或者吊销其执业许可证；负有直接责任的人员是国家工作人员的，还应当对其依法给予处分；构成违反治安管理行为的，由公安机关依法给予处罚。

**第六十六条** 单位或者个人违反本法规定，不服从所在地人民政府及其有关部门发布的决定、命令或者不配合其依法采取的措施，构成违反治安管理行为的，由公安机关依法给予处罚。

**第六十七条** 单位或者个人违反本法规定,导致突发事件发生或者危害扩大,给他人人身、财产造成损害的,应当依法承担民事责任。

**第六十八条** 违反本法规定,构成犯罪的,依法追究刑事责任。

## 第七章 附 则

**第六十九条** 发生特别重大突发事件,对人民生命财产安全、国家安全、公共安全、环境安全或者社会秩序构成重大威胁,采取本法和其他有关法律、法规、规章规定的应急处置措施不能消除或者有效控制、减轻其严重社会危害,需要进入紧急状态的,由全国人民代表大会常务委员会或者国务院依照宪法和其他有关法律规定的权限和程序决定。

紧急状态期间采取的非常措施,依照有关法律规定执行或者由全国人民代表大会常务委员会另行规定。

**第七十条** 本法自2007年11月1日起施行。

# 中华人民共和国道路交通安全法

（2003 年 10 月 28 日第十届全国人民代表大会常务委员会第五次会议通过，根据 2007 年 12 月 29 日第十届全国人民代表大会常务委员会第 31 次会议《关于修改〈中华人民共和国道路交通安全法〉的决定》第一次修正，根据 2011 年 4 月 22 日第十一届全国人民代表大会常务委员会第 20 次会议《关于修改〈中华人民共和国道路交通安全法〉的决定》第二次修正）

（中华人民共和国主席令　第 47 号）

## 第一章　总　　则

**第一条**　为了维护道路交通秩序，预防和减少交通事故，保护人身安全，保护公民、法人和其他组织的财产安全及其他合法权益，提高通行效率，制定本法。

**第二条**　中华人民共和国境内的车辆驾驶人、行人、乘车人以及与道路交通活动有关的单位和个人，都应当遵守本法。

**第三条**　道路交通安全工作，应当遵循依法管理、方便群众的原则，保障道路交通有序、安全、畅通。

**第四条**　各级人民政府应当保障道路交通安全管理工作与经济建设和社会发展相适应。

县级以上地方各级人民政府应当适应道路交通发展的需要，依据道路交通安全法律、法规和国家有关政策，制定道路交通安全管理规划，并组织实施。

**第五条**　国务院公安部门负责全国道路交通安全管理工作。县级以上地方各级人民政府公安机关交通管理部门负责本行政区域内的道路交通安全管理工作。

县级以上各级人民政府交通、建设管理部门依据各自职责，负责有关的道路交通工作。

**第六条**　各级人民政府应当经常进行道路交通安全教育，提高公民的道路交通安全意识。

公安机关交通管理部门及其交通警察执行职务时，应当加强道路交通安全法律、法规的宣传，并模范遵守道路交通安全法律、法规。

机关、部队、企业事业单位、社会团体以及其他组织，应当对本单位的人员进行道路交通安全教育。

教育行政部门、学校应当将道路交通安全教育纳入法制教育的内容。

新闻、出版、广播、电视等有关单位，有进行道路交通安全教育的义务。

**第七条**　对道路交通安全管理工作，应当加强科学研究，推广、使用先进的管理方法、技术、设备。

## 第二章　车辆和驾驶人

### 第一节　机动车、非机动车

**第八条**　国家对机动车实行登记制度。机动车经公安机关交通管理部门登记后，方可上道路行驶。尚未登记的机动车，需要临时上道路行驶的，应当取得临时通行牌证。

**第九条**　申请机动车登记，应当提交以下证明、凭证：

（一）机动车所有人的身份证明；

（二）机动车来历证明；

（三）机动车整车出厂合格证明或者进口机动车进口凭证；

（四）车辆购置税的完税证明或者免税凭证；

（五）法律、行政法规规定应当在机动车登记时提交的其他证明、凭证。

公安机关交通管理部门应当自受理申请之日起五个工作日内完成机动车登记审查工作，对符合前款规定条件的，应当发放机动车登记证书、号牌和行驶证；对不符合前款规定条件的，应当向申请人说明不予登记的理由。

公安机关交通管理部门以外的任何单位或者个人不得发放机动车号牌或者要求机动车悬挂其他号牌，本法另有规定的除外。

机动车登记证书、号牌、行驶证的式样由国务院公安部门规定并监制。

**第十条**　准予登记的机动车应当符合机动车国家安全技术标准。申请机动车登记时，应当接受对该机动车的安全技术检验。但是，经国家机动车产品主管部门依据机动车国家安全技术标准认定的企业生产的机动车型，该车型的新车在出厂时经检验符合机动车国家安全技术标准，获得检验合格证的，免予安全技术检验。

**第十一条**　驾驶机动车上道路行驶，应当悬挂机动车号牌，放置检验合格标志、保险标志,并随车携带机动车行驶证。

机动车号牌应当按照规定悬挂并保持清晰、完整,不得故意遮挡、污损。

任何单位和个人不得收缴、扣留机动车号牌。

**第十二条** 有下列情形之一的,应当办理相应的登记:

(一)机动车所有权发生转移的;

(二)机动车登记内容变更的;

(三)机动车用作抵押的;

(四)机动车报废的。

**第十三条** 对登记后上道路行驶的机动车,应当依照法律、行政法规的规定,根据车辆用途、载客载货数量、使用年限等不同情况,定期进行安全技术检验。对提供机动车行驶证和机动车第三者责任强制保险单的,机动车安全技术检验机构应当予以检验,任何单位不得附加其他条件。对符合机动车国家安全技术标准的,公安机关交通管理部门应当发给检验合格标志。

对机动车的安全技术检验实行社会化。具体办法由国务院规定。

机动车安全技术检验实行社会化的地方,任何单位不得要求机动车到指定的场所进行检验。

公安机关交通管理部门、机动车安全技术检验机构不得要求机动车到指定的场所进行维修、保养。

机动车安全技术检验机构对机动车检验收取费用,应当严格执行国务院价格主管部门核定的收费标准。

**第十四条** 国家实行机动车强制报废制度,根据机动车的安全技术状况和不同用途,规定不同的报废标准。

应当报废的机动车必须及时办理注销登记。

达到报废标准的机动车不得上道路行驶。报废的大型客、货车及其他营运车辆应当在公安机关交通管理部门的监督下解体。

**第十五条** 警车、消防车、救护车、工程救险车应当按照规定喷涂标志图案,安装警报器、标志灯具。其他机动车不得喷涂、安装、使用上述车辆专用的或者与其相类似的标志图案、警报器或者标志灯具。

警车、消防车、救护车、工程救险车应当严格按照规定的用途和条件使用。

公路监督检查的专用车辆,应当依照《中华人民共和国公路法》的规定,设置统一的标志和示警灯。

**第十六条** 任何单位或者个人不得有下列行为：

（一）拼装机动车或者擅自改变机动车已登记的结构、构造或者特征；

（二）改变机动车型号、发动机号、车架号或者车辆识别代号；

（三）伪造、变造或者使用伪造、变造的机动车登记证书、号牌、行驶证、检验合格标志、保险标志；

（四）使用其他机动车的登记证书、号牌、行驶证、检验合格标志、保险标志。

**第十七条** 国家实行机动车第三者责任强制保险制度，设立道路交通事故社会救助基金。具体办法由国务院规定。

**第十八条** 依法应当登记的非机动车，经公安机关交通管理部门登记后，方可上道路行驶。

依法应当登记的非机动车的种类，由省、自治区、直辖市人民政府根据当地实际情况规定。

非机动车的外形尺寸、质量、制动器、车铃和夜间反光装置，应当符合非机动车安全技术标准。

## 第二节 机动车驾驶人

**第十九条** 驾驶机动车，应当依法取得机动车驾驶证。

申请机动车驾驶证，应当符合国务院公安部门规定的驾驶许可条件；经考试合格后，由公安机关交通管理部门发给相应类别的机动车驾驶证。

持有境外机动车驾驶证的人，符合国务院公安部门规定的驾驶许可条件，经公安机关交通管理部门考核合格的，可以发给中国的机动车驾驶证。

驾驶人应当按照驾驶证载明的准驾车型驾驶机动车；驾驶机动车时，应当随身携带机动车驾驶证。

公安机关交通管理部门以外的任何单位或者个人，不得收缴、扣留机动车驾驶证。

**第二十条** 机动车的驾驶培训实行社会化，由交通主管部门对驾驶培训学校、驾驶培训班实行资格管理，其中专门的拖拉机驾驶培训学校、驾驶培训班由农业（农业机械）主管部门实行资格管理。

驾驶培训学校、驾驶培训班应当严格按照国家有关规定，对学员进行道路交通安全法律、法规、驾驶技能的培训，确保培训质量。

任何国家机关以及驾驶培训和考试主管部门不得举办或者参与举办驾驶培训学校、驾驶培训班。

**第二十一条** 驾驶人驾驶机动车上道路行驶前，应当对机动车的安全技术性能进行认真检查；不得驾驶安全设施不全或者机件不符合技术标准等具有安全隐患的机动车。

**第二十二条** 机动车驾驶人应当遵守道路交通安全法律、法规的规定，按照操作规范安全驾驶、文明驾驶。

饮酒、服用国家管制的精神药品或者麻醉药品，或者患有妨碍安全驾驶机动车的疾病，或者过度疲劳影响安全驾驶的，不得驾驶机动车。

任何人不得强迫、指使、纵容驾驶人违反道路交通安全法律、法规和机动车安全驾驶要求驾驶机动车。

**第二十三条** 公安机关交通管理部门依照法律、行政法规的规定，定期对机动车驾驶证实施审验。

**第二十四条** 公安机关交通管理部门对机动车驾驶人违反道路交通安全法律、法规的行为，除依法给予行政处罚外，实行累积记分制度。公安机关交通管理部门对累积记分达到规定分值的机动车驾驶人，扣留机动车驾驶证，对其进行道路交通安全法律、法规教育，重新考试；考试合格的，发还其机动车驾驶证。

对遵守道路交通安全法律、法规，在一年内无累积记分的机动车驾驶人，可以延长机动车驾驶证的审验期。具体办法由国务院公安部门规定。

## 第三章 道路通行条件

**第二十五条** 全国实行统一的道路交通信号。

交通信号包括交通信号灯、交通标志、交通标线和交通警察的指挥。

交通信号灯、交通标志、交通标线的设置应当符合道路交通安全、畅通的要求和国家标准，并保持清晰、醒目、准确、完好。

根据通行需要，应当及时增设、调换、更新道路交通信号。增设、调换、更新限制性的道路交通信号，应当提前向社会公告，广泛进行宣传。

**第二十六条** 交通信号灯由红灯、绿灯、黄灯组成。红灯表示禁止通行，绿灯表示准许通行，黄灯表示警示。

**第二十七条** 铁路与道路平面交叉的道口，应当设置警示灯、警示标志或者安全防护设施。无人看守的铁路道口,应当在距道口一定距离处设置警示标志。

**第二十八条** 任何单位和个人不得擅自设置、移动、占用、损毁交通信号灯、交通标志、交通标线。

道路两侧及隔离带上种植的树木或者其他植物,设置的广告牌、管线等,应当与交通设施保持必要的距离,不得遮挡路灯、交通信号灯、交通标志,不得妨碍安全视距,不得影响通行。

**第二十九条** 道路、停车场和道路配套设施的规划、设计、建设,应当符合道路交通安全、畅通的要求,并根据交通需求及时调整。

公安机关交通管理部门发现已经投入使用的道路存在交通事故频发路段,或者停车场、道路配套设施存在交通安全严重隐患的,应当及时向当地人民政府报告,并提出防范交通事故、消除隐患的建议,当地人民政府应当及时作出处理决定。

**第三十条** 道路出现坍塌、坑漕、水毁、隆起等损毁或者交通信号灯、交通标志、交通标线等交通设施损毁、灭失的,道路、交通设施的养护部门或者管理部门应当设置警示标志并及时修复。

公安机关交通管理部门发现前款情形,危及交通安全,尚未设置警示标志的,应当及时采取安全措施,疏导交通,并通知道路、交通设施的养护部门或者管理部门。

**第三十一条** 未经许可,任何单位和个人不得占用道路从事非交通活动。

**第三十二条** 因工程建设需要占用、挖掘道路,或者跨越、穿越道路架设、增设管线设施,应当事先征得道路主管部门的同意;影响交通安全的,还应当征得公安机关交通管理部门的同意。

施工作业单位应当在经批准的路段和时间内施工作业,并在距离施工作业地点来车方向安全距离处设置明显的安全警示标志,采取防护措施;施工作业完毕,应当迅速清除道路上的障碍物,消除安全隐患,经道路主管部门和公安机关交通管理部门验收合格,符合通行要求后,方可恢复通行。

对未中断交通的施工作业道路,公安机关交通管理部门应当加强交通安全监督检查,维护道路交通秩序。

**第三十三条** 新建、改建、扩建的公共建筑、商业街区、居住区、大(中)型建筑等,应当配建、增建停车场;停车泊位不足的,应当及时改建或者扩建;投入使用的停车场不得擅自停止使用或者改作他用。

在城市道路范围内，在不影响行人、车辆通行的情况下，政府有关部门可以施画停车泊位。

**第三十四条** 学校、幼儿园、医院、养老院门前的道路没有行人过街设施的，应当施画人行横道线，设置提示标志。

城市主要道路的人行道，应当按照规划设置盲道。盲道的设置应当符合国家标准。

## 第四章 道路通行规定

### 第一节 一般规定

**第三十五条** 机动车、非机动车实行右侧通行。

**第三十六条** 根据道路条件和通行需要，道路划分为机动车道、非机动车道和人行道的，机动车、非机动车、行人实行分道通行。没有划分机动车道、非机动车道和人行道的，机动车在道路中间通行，非机动车和行人在道路两侧通行。

**第三十七条** 道路划设专用车道的，在专用车道内，只准许规定的车辆通行，其他车辆不得进入专用车道内行驶。

**第三十八条** 车辆、行人应当按照交通信号通行；遇有交通警察现场指挥时，应当按照交通警察的指挥通行；在没有交通信号的道路上，应当在确保安全、畅通的原则下通行。

**第三十九条** 公安机关交通管理部门根据道路和交通流量的具体情况，可以对机动车、非机动车、行人采取疏导、限制通行、禁止通行等措施。遇有大型群众性活动、大范围施工等情况，需要采取限制交通的措施，或者作出与公众的道路交通活动直接有关的决定，应当提前向社会公告。

**第四十条** 遇有自然灾害、恶劣气象条件或者重大交通事故等严重影响交通安全的情形，采取其他措施难以保证交通安全时，公安机关交通管理部门可以实行交通管制。

**第四十一条** 有关道路通行的其他具体规定，由国务院规定。

### 第二节 机动车通行规定

**第四十二条** 机动车上道路行驶，不得超过限速标志标明的最高时速。在没有限速标志的路段，应当保持安全车速。

夜间行驶或者在容易发生危险的路段行驶，以及遇有沙尘、冰雹、雨、雪、雾、结冰等气象条件时,应当降低行驶速度。

**第四十三条** 同车道行驶的机动车,后车应当与前车保持足以采取紧急制动措施的安全距离。有下列情形之一的,不得超车:

(一)前车正在左转弯、掉头、超车的;

(二)与对面来车有会车可能的;

(三)前车为执行紧急任务的警车、消防车、救护车、工程救险车的;

(四)行经铁路道口、交叉路口、窄桥、弯道、陡坡、隧道、人行横道、市区交通流量大的路段等没有超车条件的。

**第四十四条** 机动车通过交叉路口,应当按照交通信号灯、交通标志、交通标线或者交通警察的指挥通过;通过没有交通信号灯、交通标志、交通标线或者交通警察指挥的交叉路口时,应当减速慢行,并让行人和优先通行的车辆先行。

**第四十五条** 机动车遇有前方车辆停车排队等候或者缓慢行驶时,不得借道超车或者占用对面车道,不得穿插等候的车辆。

在车道减少的路段、路口,或者在没有交通信号灯、交通标志、交通标线或者交通警察指挥的交叉路口遇到停车排队等候或者缓慢行驶时,机动车应当依次交替通行。

**第四十六条** 机动车通过铁路道口时,应当按照交通信号或者管理人员的指挥通行;没有交通信号或者管理人员的,应当减速或者停车,在确认安全后通过。

**第四十七条** 机动车行经人行横道时,应当减速行驶;遇行人正在通过人行横道,应当停车让行。

机动车行经没有交通信号的道路时,遇行人横过道路,应当避让。

**第四十八条** 机动车载物应当符合核定的载质量,严禁超载;载物的长、宽、高不得违反装载要求,不得遗洒、飘散载运物。

机动车运载超限的不可解体的物品,影响交通安全的,应当按照公安机关交通管理部门指定的时间、路线、速度行驶,悬挂明显标志。在公路上运载超限的不可解体的物品,并应当依照《中华人民共和国公路法》的规定执行。

机动车载运爆炸物品、易燃易爆化学物品以及剧毒、放射性等危险物品,应当经公安机关批准后,按指定的时间、路线、速度行驶,悬挂警示标志并采取必要的安全措施。

**第四十九条** 机动车载人不得超过核定的人数,客运机动车不得违反规定载货。

**第五十条** 禁止货运机动车载客。

货运机动车需要附载作业人员的,应当设置保护作业人员的安全措施。

**第五十一条** 机动车行驶时,驾驶人、乘坐人员应当按规定使用安全带,摩托车驾驶人及乘坐人员应当按规定戴安全头盔。

**第五十二条** 机动车在道路上发生故障,需要停车排除故障时,驾驶人应当立即开启危险报警闪光灯,将机动车移至不妨碍交通的地方停放;难以移动的,应当持续开启危险报警闪光灯,并在来车方向设置警告标志等措施扩大示警距离,必要时迅速报警。

**第五十三条** 警车、消防车、救护车、工程救险车执行紧急任务时,可以使用警报器、标志灯具;在确保安全的前提下,不受行驶路线、行驶方向、行驶速度和信号灯的限制,其他车辆和行人应当让行。

警车、消防车、救护车、工程救险车非执行紧急任务时,不得使用警报器、标志灯具,不享有前款规定的道路优先通行权。

**第五十四条** 道路养护车辆、工程作业车进行作业时,在不影响过往车辆通行的前提下,其行驶路线和方向不受交通标志、标线限制,过往车辆和人员应当注意避让。

洒水车、清扫车等机动车应当按照安全作业标准作业;在不影响其他车辆通行的情况下,可以不受车辆分道行驶的限制,但是不得逆向行驶。

**第五十五条** 高速公路、大中城市中心城区内的道路,禁止拖拉机通行。其他禁止拖拉机通行的道路,由省、自治区、直辖市人民政府根据当地实际情况规定。

在允许拖拉机通行的道路上,拖拉机可以从事货运,但是不得用于载人。

**第五十六条** 机动车应当在规定地点停放。禁止在人行道上停放机动车;但是,依照本法第三十三条规定施画的停车泊位除外。

在道路上临时停车的,不得妨碍其他车辆和行人通行。

### 第三节 非机动车通行规定

**第五十七条** 驾驶非机动车在道路上行驶应当遵守有关交通安全的规定。非机动车应当在非机动车道内行驶;在没有非机动车道的道路上,应当靠车行道的右侧行驶。

**第五十八条** 残疾人机动轮椅车、电动自行车在非机动车道内行驶时,最高时速不得超过十五公里。

**第五十九条** 非机动车应当在规定地点停放。未设停放地点的,非机动车停放不得妨碍其他车辆和行人通行。

**第六十条** 驾驭畜力车,应当使用驯服的牲畜;驾驭畜力车横过道路时,驾驭人应当下车牵引牲畜;驾驭人离开车辆时,应当拴系牲畜。

### 第四节 行人和乘车人通行规定

**第六十一条** 行人应当在人行道内行走,没有人行道的靠路边行走。

**第六十二条** 行人通过路口或者横过道路,应当走人行横道或者过街设施;通过有交通信号灯的人行横道,应当按照交通信号灯指示通行;通过没有交通信号灯、人行横道的路口,或者在没有过街设施的路段横过道路,应当在确认安全后通过。

**第六十三条** 行人不得跨越、倚坐道路隔离设施,不得扒车、强行拦车或者实施妨碍道路交通安全的其他行为。

**第六十四条** 学龄前儿童以及不能辨认或者不能控制自己行为的精神疾病患者、智力障碍者在道路上通行,应当由其监护人、监护人委托的人或者对其负有管理、保护职责的人带领。

盲人在道路上通行,应当使用盲杖或者采取其他导盲手段,车辆应当避让盲人。

**第六十五条** 行人通过铁路道口时,应当按照交通信号或者管理人员的指挥通行;没有交通信号和管理人员的,应当在确认无火车驶临后,迅速通过。

**第六十六条** 乘车人不得携带易燃易爆等危险物品,不得向车外抛洒物品,不得有影响驾驶人安全驾驶的行为。

### 第五节 高速公路的特别规定

**第六十七条** 行人、非机动车、拖拉机、轮式专用机械车、铰接式客车、全挂拖斗车以及其他设计最高时速低于七十公里的机动车,不得进入高速公路。高速公路限速标志标明的最高时速不得超过一百二十公里。

**第六十八条** 机动车在高速公路上发生故障时,应当依照本法第五十二条的有关规定办理;但是,警告标志应当设置在故障车来车方向一百五十米以外,车上人员应当迅速转移到右侧路肩上或者应急车道内,并且迅速报警。

机动车在高速公路上发生故障或者交通事故,无法正常行驶的,应当由救援车、清障车拖曳、牵引。

**第六十九条** 任何单位、个人不得在高速公路上拦截检查行驶的车辆，公安机关的人民警察依法执行紧急公务除外。

## 第五章 交通事故处理

**第七十条** 在道路上发生交通事故，车辆驾驶人应当立即停车，保护现场；造成人身伤亡的，车辆驾驶人应当立即抢救受伤人员，并迅速报告执勤的交通警察或者公安机关交通管理部门。因抢救受伤人员变动现场的，应当标明位置。乘车人、过往车辆驾驶人、过往行人应当予以协助。

在道路上发生交通事故，未造成人身伤亡，当事人对事实及成因无争议的，可以即行撤离现场，恢复交通，自行协商处理损害赔偿事宜；不即行撤离现场的，应当迅速报告执勤的交通警察或者公安机关交通管理部门。

在道路上发生交通事故，仅造成轻微财产损失，并且基本事实清楚的，当事人应当先撤离现场再进行协商处理。

**第七十一条** 车辆发生交通事故后逃逸的，事故现场目击人员和其他知情人员应当向公安机关交通管理部门或者交通警察举报。举报属实的，公安机关交通管理部门应当给予奖励。

**第七十二条** 公安机关交通管理部门接到交通事故报警后，应当立即派交通警察赶赴现场，先组织抢救受伤人员，并采取措施，尽快恢复交通。

交通警察应当对交通事故现场进行勘验、检查，收集证据；因收集证据的需要，可以扣留事故车辆，但是应当妥善保管，以备核查。

对当事人的生理、精神状况等专业性较强的检验，公安机关交通管理部门应当委托专门机构进行鉴定。鉴定结论应当由鉴定人签名。

**第七十三条** 公安机关交通管理部门应当根据交通事故现场勘验、检查、调查情况和有关的检验、鉴定结论，及时制作交通事故认定书，作为处理交通事故的证据。交通事故认定书应当载明交通事故的基本事实、成因和当事人的责任，并送达当事人。

**第七十四条** 对交通事故损害赔偿的争议，当事人可以请求公安机关交通管理部门调解，也可以直接向人民法院提起民事诉讼。

经公安机关交通管理部门调解，当事人未达成协议或者调解书生效后不履行的,当事人可以向人民法院提起民事诉讼。

**第七十五条** 医疗机构对交通事故中的受伤人员应当及时抢救,不得因抢救费用未及时支付而拖延救治。肇事车辆参加机动车第三者责任强制保险的,由保险公司在责任限额范围内支付抢救费用;抢救费用超过责任限额的,未参加机动车第三者责任强制保险或者肇事后逃逸的,由道路交通事故社会救助基金先行垫付部分或者全部抢救费用,道路交通事故社会救助基金管理机构有权向交通事故责任人追偿。

**第七十六条** 机动车发生交通事故造成人身伤亡、财产损失的,由保险公司在机动车第三者责任强制保险责任限额范围内予以赔偿;不足的部分,按照下列规定承担赔偿责任:

(一)机动车之间发生交通事故的,由有过错的一方承担赔偿责任;双方都有过错的,按照各自过错的比例分担责任。

(二)机动车与非机动车驾驶人、行人之间发生交通事故,非机动车驾驶人、行人没有过错的,由机动车一方承担赔偿责任;有证据证明非机动车驾驶人、行人有过错的,根据过错程度适当减轻机动车一方的赔偿责任;机动车一方没有过错的,承担不超过百分之十的赔偿责任。

交通事故的损失是由非机动车驾驶人、行人故意碰撞机动车造成的,机动车一方不承担赔偿责任。

**第七十七条** 车辆在道路以外通行时发生的事故,公安机关交通管理部门接到报案的,参照本法有关规定办理。

## 第六章 执法监督

**第七十八条** 公安机关交通管理部门应当加强对交通警察的管理,提高交通警察的素质和管理道路交通的水平。

公安机关交通管理部门应当对交通警察进行法制和交通安全管理业务培训、考核。交通警察经考核不合格的,不得上岗执行职务。

**第七十九条** 公安机关交通管理部门及其交通警察实施道路交通安全管理,应当依据法定的职权和程序,简化办事手续,做到公正、严格、文明、高效。

**第八十条** 交通警察执行职务时,应当按照规定着装,佩戴人民警察标志,持有人民警察证件,保持警容严整,举止端庄,指挥规范。

**第八十一条** 依照本法发放牌证等收取工本费，应当严格执行国务院价格主管部门核定的收费标准，并全部上缴国库。

**第八十二条** 公安机关交通管理部门依法实施罚款的行政处罚，应当依照有关法律、行政法规的规定，实施罚款决定与罚款收缴分离；收缴的罚款以及依法没收的违法所得，应当全部上缴国库。

**第八十三条** 交通警察调查处理道路交通安全违法行为和交通事故，有下列情形之一的，应当回避：

（一）是本案的当事人或者当事人的近亲属；

（二）本人或者其近亲属与本案有利害关系；

（三）与本案当事人有其他关系，可能影响案件的公正处理。

**第八十四条** 公安机关交通管理部门及其交通警察的行政执法活动，应当接受行政监察机关依法实施的监督。

公安机关督察部门应当对公安机关交通管理部门及其交通警察执行法律、法规和遵守纪律的情况依法进行监督。

上级公安机关交通管理部门应当对下级公安机关交通管理部门的执法活动进行监督。

**第八十五条** 公安机关交通管理部门及其交通警察执行职务，应当自觉接受社会和公民的监督。

任何单位和个人都有权对公安机关交通管理部门及其交通警察不严格执法以及违法违纪行为进行检举、控告。收到检举、控告的机关，应当依据职责及时查处。

**第八十六条** 任何单位不得给公安机关交通管理部门下达或者变相下达罚款指标，公安机关交通管理部门不得以罚款数额作为考核交通警察的标准。

公安机关交通管理部门及其交通警察对超越法律、法规规定的指令，有权拒绝执行，并同时向上级机关报告。

## 第七章 法律责任

**第八十七条** 公安机关交通管理部门及其交通警察对道路交通安全违法行为，应当及时纠正。

公安机关交通管理部门及其交通警察应当依据事实和本法的有关规定对道路交通安全违法行为予以处罚。对于情节轻微，未影响道路通行的，指出违法行为，给予口头警告后放行。

**第八十八条** 对道路交通安全违法行为的处罚种类包括：警告、罚款、暂扣或者吊销机动车驾驶证、拘留。

**第八十九条** 行人、乘车人、非机动车驾驶人违反道路交通安全法律、法规关于道路通行规定的，处警告或者五元以上五十元以下罚款；非机动车驾驶人拒绝接受罚款处罚的，可以扣留其非机动车。

**第九十条** 机动车驾驶人违反道路交通安全法律、法规关于道路通行规定的，处警告或者二十元以上二百元以下罚款。本法另有规定的，依照规定处罚。

**第九十一条** 饮酒后驾驶机动车的，处暂扣六个月机动车驾驶证，并处一千元以上二千元以下罚款。因饮酒后驾驶机动车被处罚，再次饮酒后驾驶机动车的，处十日以下拘留，并处一千元以上二千元以下罚款，吊销机动车驾驶证。

醉酒驾驶机动车的，由公安机关交通管理部门约束至酒醒，吊销机动车驾驶证，依法追究刑事责任；五年内不得重新取得机动车驾驶证。

饮酒后驾驶营运机动车的，处十五日拘留，并处五千元罚款，吊销机动车驾驶证，五年内不得重新取得机动车驾驶证。

醉酒驾驶营运机动车的，由公安机关交通管理部门约束至酒醒，吊销机动车驾驶证，依法追究刑事责任；十年内不得重新取得机动车驾驶证，重新取得机动车驾驶证后，不得驾驶营运机动车。

饮酒后或者醉酒驾驶机动车发生重大交通事故，构成犯罪的，依法追究刑事责任，并由公安机关交通管理部门吊销机动车驾驶证，终生不得重新取得机动车驾驶证。

**第九十二条** 公路客运车辆载客超过额定乘员的，处二百元以上五百元以下罚款；超过额定乘员百分之二十或者违反规定载货的，处五百元以上二千元以下罚款。

货运机动车超过核定载质量的，处二百元以上五百元以下罚款；超过核定载质量百分之三十或者违反规定载客的，处五百元以上二千元以下罚款。

有前两款行为的，由公安机关交通管理部门扣留机动车至违法状态消除。

运输单位的车辆有本条第一款、第二款规定的情形，经处罚不改的，对直接负责的主管人员处二千元以上五千元以下罚款。

**第九十三条** 对违反道路交通安全法律、法规关于机动车停放、临时停车规定的,可以指出违法行为,并予以口头警告,令其立即驶离。

机动车驾驶人不在现场或者虽在现场但拒绝立即驶离,妨碍其他车辆、行人通行的,处二十元以上二百元以下罚款,并可以将该机动车拖移至不妨碍交通的地点或者公安机关交通管理部门指定的地点停放。公安机关交通管理部门拖车不得向当事人收取费用,并应当及时告知当事人停放地点。

因采取不正确的方法拖车造成机动车损坏的,应当依法承担补偿责任。

**第九十四条** 机动车安全技术检验机构实施机动车安全技术检验超过国务院价格主管部门核定的收费标准收取费用的,退还多收取的费用,并由价格主管部门依照《中华人民共和国价格法》的有关规定给予处罚。

机动车安全技术检验机构不按照机动车国家安全技术标准进行检验,出具虚假检验结果的,由公安机关交通管理部门处所收检验费用五倍以上十倍以下罚款,并依法撤销其检验资格;构成犯罪的,依法追究刑事责任。

**第九十五条** 上道路行驶的机动车未悬挂机动车号牌,未放置检验合格标志、保险标志,或者未随车携带行驶证、驾驶证的,公安机关交通管理部门应当扣留机动车,通知当事人提供相应的牌证、标志或者补办相应手续,并可以依照本法第九十条的规定予以处罚。当事人提供相应的牌证、标志或者补办相应手续的,应当及时退还机动车。

故意遮挡、污损或者不按规定安装机动车号牌的,依照本法第九十条的规定予以处罚。

**第九十六条** 伪造、变造或者使用伪造、变造的机动车登记证书、号牌、行驶证、驾驶证的,由公安机关交通管理部门予以收缴,扣留该机动车,处十五日以下拘留,并处二千元以上五千元以下罚款;构成犯罪的,依法追究刑事责任。

伪造、变造或者使用伪造、变造的检验合格标志、保险标志的,由公安机关交通管理部门予以收缴,扣留该机动车,处十日以下拘留,并处一千元以上三千元以下罚款;构成犯罪的,依法追究刑事责任。

使用其他车辆的机动车登记证书、号牌、行驶证、检验合格标志、保险标志的,由公安机关交通管理部门予以收缴,扣留该机动车,处二千元以上五千元以下罚款。

当事人提供相应的合法证明或者补办相应手续的,应当及时退还机动车。

**第九十七条** 非法安装警报器、标志灯具的,由公安机关交通管理部门强制拆除，予以收缴，并处二百元以上二千元以下罚款。

**第九十八条** 机动车所有人、管理人未按照国家规定投保机动车第三者责任强制保险的，由公安机关交通管理部门扣留车辆至依照规定投保后，并处依照规定投保最低责任限额应缴纳的保险费的二倍罚款。

依照前款缴纳的罚款全部纳入道路交通事故社会救助基金。具体办法由国务院规定。

**第九十九条** 有下列行为之一的，由公安机关交通管理部门处二百元以上二千元以下罚款：

（一）未取得机动车驾驶证、机动车驾驶证被吊销或者机动车驾驶证被暂扣期间驾驶机动车的；

（二）将机动车交由未取得机动车驾驶证或者机动车驾驶证被吊销、暂扣的人驾驶的；

（三）造成交通事故后逃逸，尚不构成犯罪的；

（四）机动车行驶超过规定时速百分之五十的；

（五）强迫机动车驾驶人违反道路交通安全法律、法规和机动车安全驾驶要求驾驶机动车，造成交通事故，尚不构成犯罪的；

（六）违反交通管制的规定强行通行，不听劝阻的；

（七）故意损毁、移动、涂改交通设施，造成危害后果，尚不构成犯罪的；

（八）非法拦截、扣留机动车辆，不听劝阻，造成交通严重阻塞或者较大财产损失的。

行为人有前款第二项、第四项情形之一的，可以并处吊销机动车驾驶证；有第一项、第三项、第五项至第八项情形之一的，可以并处十五日以下拘留。

**第一百条** 驾驶拼装的机动车或者已达到报废标准的机动车上道路行驶的，公安机关交通管理部门应当予以收缴，强制报废。

对驾驶前款所列机动车上道路行驶的驾驶人，处二百元以上二千元以下罚款，并吊销机动车驾驶证。

出售已达到报废标准的机动车的，没收违法所得，处销售金额等额的罚款，对该机动车依照本条第一款的规定处理。

**第一百零一条** 违反道路交通安全法律、法规的规定，发生重大交通事故，构成犯罪的，依法追究刑事责任，并由公安机关交通管理部门吊销机动车驾驶证。

造成交通事故后逃逸的，由公安机关交通管理部门吊销机动车驾驶证，且终生不得重新取得机动车驾驶证。

**第一百零二条** 对六个月内发生二次以上特大交通事故负有主要责任或者全部责任的专业运输单位，由公安机关交通管理部门责令消除安全隐患，未消除安全隐患的机动车，禁止上道路行驶。

**第一百零三条** 国家机动车产品主管部门未按照机动车国家安全技术标准严格审查，许可不合格机动车型投入生产的，对负有责任的主管人员和其他直接责任人员给予降级或者撤职的行政处分。

机动车生产企业经国家机动车产品主管部门许可生产的机动车型，不执行机动车国家安全技术标准或者不严格进行机动车成品质量检验，致使质量不合格的机动车出厂销售的，由质量技术监督部门依照《中华人民共和国产品质量法》的有关规定给予处罚。

擅自生产、销售未经国家机动车产品主管部门许可生产的机动车型的，没收非法生产、销售的机动车成品及配件，可以并处非法产品价值三倍以上五倍以下罚款；有营业执照的，由工商行政管理部门吊销营业执照，没有营业执照的，予以查封。

生产、销售拼装的机动车或者生产、销售擅自改装的机动车的，依照本条第三款的规定处罚。

有本条第二款、第三款、第四款所列违法行为，生产或者销售不符合机动车国家安全技术标准的机动车，构成犯罪的，依法追究刑事责任。

**第一百零四条** 未经批准，擅自挖掘道路、占用道路施工或者从事其他影响道路交通安全活动的，由道路主管部门责令停止违法行为，并恢复原状，可以依法给予罚款；致使通行的人员、车辆及其他财产遭受损失的，依法承担赔偿责任。

有前款行为，影响道路交通安全活动的，公安机关交通管理部门可以责令停止违法行为，迅速恢复交通。

**第一百零五条** 道路施工作业或者道路出现损毁，未及时设置警示标志、未采取防护措施，或者应当设置交通信号灯、交通标志、交通标线而没有设置或者应当及时变更交通信号灯、交通标志、交通标线而没有及时变更，致使通行的人员、车辆及其他财产遭受损失的，负有相关职责的单位应当依法承担赔偿责任。

**第一百零六条** 在道路两侧及隔离带上种植树木、其他植物或者设置广告牌、管线等，遮挡路灯、交通信号灯、交通标志，妨碍安全视距的，由公安机关交通管理部门责令行为人排除妨碍；拒不执行的，处二百元以上二千元以下罚款，并强制排除妨碍，所需费用由行为人负担。

**第一百零七条** 对道路交通违法行为人予以警告、二百元以下罚款，交通警察可以当场作出行政处罚决定，并出具行政处罚决定书。

行政处罚决定书应当载明当事人的违法事实、行政处罚的依据、处罚内容、时间、地点以及处罚机关名称，并由执法人员签名或者盖章。

**第一百零八条** 当事人应当自收到罚款的行政处罚决定书之日起十五日内，到指定的银行缴纳罚款。

对行人、乘车人和非机动车驾驶人的罚款，当事人无异议的，可以当场予以收缴罚款。

罚款应当开具省、自治区、直辖市财政部门统一制发的罚款收据；不出具财政部门统一制发的罚款收据的，当事人有权拒绝缴纳罚款。

**第一百零九条** 当事人逾期不履行行政处罚决定的，作出行政处罚决定的行政机关可以采取下列措施：

（一）到期不缴纳罚款的，每日按罚款数额的百分之三加处罚款；

（二）申请人民法院强制执行。

**第一百一十条** 执行职务的交通警察认为应当对道路交通违法行为人给予暂扣或者吊销机动车驾驶证处罚的，可以先予扣留机动车驾驶证，并在二十四小时内将案件移交公安机关交通管理部门处理。

道路交通违法行为人应当在十五日内到公安机关交通管理部门接受处理。无正当理由逾期未接受处理的，吊销机动车驾驶证。

公安机关交通管理部门暂扣或者吊销机动车驾驶证的，应当出具行政处罚决定书。

**第一百一十一条** 对违反本法规定予以拘留的行政处罚，由县、市公安局、公安分局或者相当于县一级的公安机关裁决。

**第一百一十二条** 公安机关交通管理部门扣留机动车、非机动车，应当当场出具凭证，并告知当事人在规定期限内到公安机关交通管理部门接受处理。

公安机关交通管理部门对被扣留的车辆应当妥善保管，不得使用。

逾期不来接受处理，并且经公告三个月仍不来接受处理的，对扣留的车辆依法处理。

**第一百一十三条** 暂扣机动车驾驶证的期限从处罚决定生效之日起计算;处罚决定生效前先予扣留机动车驾驶证的,扣留一日折抵暂扣期限一日。

吊销机动车驾驶证后重新申请领取机动车驾驶证的期限,按照机动车驾驶证管理规定办理。

**第一百一十四条** 公安机关交通管理部门根据交通技术监控记录资料,可以对违法的机动车所有人或者管理人依法予以处罚。对能够确定驾驶人的,可以依照本法的规定依法予以处罚。

**第一百一十五条** 交通警察有下列行为之一的,依法给予行政处分:

(一)为不符合法定条件的机动车发放机动车登记证书、号牌、行驶证、检验合格标志的;

(二)批准不符合法定条件的机动车安装、使用警车、消防车、救护车、工程救险车的警报器、标志灯具,喷涂标志图案的;

(三)为不符合驾驶许可条件、未经考试或者考试不合格人员发放机动车驾驶证的;

(四)不执行罚款决定与罚款收缴分离制度或者不按规定将依法收取的费用、收缴的罚款及没收的违法所得全部上缴国库的;

(五)举办或者参与举办驾驶学校或者驾驶培训班、机动车修理厂或者收费停车场等经营活动的;

(六)利用职务上的便利收受他人财物或者谋取其他利益的;

(七)违法扣留车辆、机动车行驶证、驾驶证、车辆号牌的;

(八)使用依法扣留的车辆的;

(九)当场收取罚款不开具罚款收据或者不如实填写罚款额的;

(十)徇私舞弊,不公正处理交通事故的;

(十一)故意刁难,拖延办理机动车牌证的;

(十二)非执行紧急任务时使用警报器、标志灯具的;

(十三)违反规定拦截、检查正常行驶的车辆的;

(十四)非执行紧急公务时拦截搭乘机动车的;

(十五)不履行法定职责的。

公安机关交通管理部门有前款所列行为之一的,对直接负责的主管人员和其他直接责任人员给予相应的行政处分。

**第一百一十六条** 依照本法第一百一十五条的规定，给予交通警察行政处分的，在作出行政处分决定前，可以停止其执行职务；必要时，可以予以禁闭。

依照本法第一百一十五条的规定，交通警察受到降级或者撤职行政处分的，可以予以辞退。

交通警察受到开除处分或者被辞退的，应当取消警衔；受到撤职以下行政处分的交通警察，应当降低警衔。

**第一百一十七条** 交通警察利用职权非法占有公共财物，索取、收受贿赂，或者滥用职权、玩忽职守，构成犯罪的，依法追究刑事责任。

**第一百一十八条** 公安机关交通管理部门及其交通警察有本法第一百一十五条所列行为之一，给当事人造成损失的，应当依法承担赔偿责任。

## 第八章　附　　则

**第一百一十九条** 本法中下列用语的含义：

（一）“道路”，是指公路、城市道路和虽在单位管辖范围但允许社会机动车通行的地方，包括广场、公共停车场等用于公众通行的场所。

（二）“车辆”，是指机动车和非机动车。

（三）“机动车”，是指以动力装置驱动或者牵引，上道路行驶的供人员乘用或者用于运送物品以及进行工程专项作业的轮式车辆。

（四）“非机动车”，是指以人力或者畜力驱动，上道路行驶的交通工具，以及虽有动力装置驱动但设计最高时速、空车质量、外形尺寸符合有关国家标准的残疾人机动轮椅车、电动自行车等交通工具。

（五）“交通事故”，是指车辆在道路上因过错或者意外造成的人身伤亡或者财产损失的事件。

**第一百二十条** 中国人民解放军和中国人民武装警察部队在编机动车牌证、在编机动车检验以及机动车驾驶人考核工作，由中国人民解放军、中国人民武装警察部队有关部门负责。

**第一百二十一条** 对上道路行驶的拖拉机，由农业（农业机械）主管部门行使本法第八条、第九条、第十三条、第十九条、第二十三条规定的公安机关交通管理部门的管理职权。

农业（农业机械）主管部门依照前款规定行使职权，应当遵守本法有关规定，并接受公安机关交通管理部门的监督；对违反规定的，依照本法有关规定追究法律责任。

本法施行前由农业（农业机械）主管部门发放的机动车牌证，在本法施行后继续有效。

**第一百二十二条** 国家对入境的境外机动车的道路交通安全实施统一管理。

**第一百二十三条** 省、自治区、直辖市人民代表大会常务委员会可以根据本地区的实际情况，在本法规定的罚款幅度内，规定具体的执行标准。

**第一百二十四条** 本法自2004年5月1日起施行。

# 生产安全事故报告和调查处理条例

（2007 年 3 月 28 日国务院第 172 次常务会议通过
中华人民共和国国务院令　第 493 号）

## 第一章　总　　则

**第一条**　为了规范生产安全事故的报告和调查处理，落实生产安全事故责任追究制度，防止和减少生产安全事故，根据《中华人民共和国安全生产法》和有关法律，制定本条例。

**第二条**　生产经营活动中发生的造成人身伤亡或者直接经济损失的生产安全事故的报告和调查处理，适用本条例；环境污染事故、核设施事故、国防科研生产事故的报告和调查处理不适用本条例。

**第三条**　根据生产安全事故（以下简称事故）造成的人员伤亡或者直接经济损失，事故一般分为以下等级：

（一）特别重大事故，是指造成 30 人以上死亡，或者 100 人以上重伤（包括急性工业中毒，下同），或者 1 亿元以上直接经济损失的事故；

（二）重大事故，是指造成 10 人以上 30 人以下死亡，或者 50 人以上 100 人以下重伤，或者 5000 万元以上 1 亿元以下直接经济损失的事故；

（三）较大事故，是指造成 3 人以上 10 人以下死亡，或者 10 人以上 50 人以下重伤，或者 1000 万元以上 5000 万元以下直接经济损失的事故；

（四）一般事故，是指造成 3 人以下死亡，或者 10 人以下重伤，或者 1000 万元以下直接经济损失的事故。

国务院安全生产监督管理部门可以会同国务院有关部门，制定事故等级划分的补充性规定。

本条第一款所称的“以上”包括本数，所称的“以下”不包括本数。

**第四条**　事故报告应当及时、准确、完整，任何单位和个人对事故不得迟报、漏报、谎报或者瞒报。

事故调查处理应当坚持实事求是、尊重科学的原则，及时、准确地查清事故经过、事故原因和事故损失，查明事故性质，认定事故责任，总结事故教训，提出整改措施，并对事故责任者依法追究责任。

**第五条** 县级以上人民政府应当依照本条例的规定，严格履行职责，及时、准确地完成事故调查处理工作。

事故发生地有关地方人民政府应当支持、配合上级人民政府或者有关部门的事故调查处理工作，并提供必要的便利条件。

参加事故调查处理的部门和单位应当互相配合，提高事故调查处理工作的效率。

**第六条** 工会依法参加事故调查处理，有权向有关部门提出处理意见。

**第七条** 任何单位和个人不得阻挠和干涉对事故的报告和依法调查处理。

**第八条** 对事故报告和调查处理中的违法行为，任何单位和个人有权向安全生产监督管理部门、监察机关或者其他有关部门举报，接到举报的部门应当依法及时处理。

## 第二章 事故报告

**第九条** 事故发生后，事故现场有关人员应当立即向本单位负责人报告；单位负责人接到报告后，应当于1小时内向事故发生地县级以上人民政府安全生产监督管理部门和负有安全生产监督管理职责的有关部门报告。

情况紧急时，事故现场有关人员可以直接向事故发生地县级以上人民政府安全生产监督管理部门和负有安全生产监督管理职责的有关部门报告。

**第十条** 安全生产监督管理部门和负有安全生产监督管理职责的有关部门接到事故报告后，应当依照下列规定上报事故情况，并通知公安机关、劳动保障行政部门、工会和人民检察院：

（一）特别重大事故、重大事故逐级上报至国务院安全生产监督管理部门和负有安全生产监督管理职责的有关部门；

（二）较大事故逐级上报至省、自治区、直辖市人民政府安全生产监督管理部门和负有安全生产监督管理职责的有关部门；

（三）一般事故上报至设区的市级人民政府安全生产监督管理部门和负有安全生产监督管理职责的有关部门。

安全生产监督管理部门和负有安全生产监督管理职责的有关部门依照前款规定上报事故情况,应当同时报告本级人民政府。国务院安全生产监督管理部门和负有安全生产监督管理职责的有关部门以及省级人民政府接到发生特别重大事故、重大事故的报告后,应当立即报告国务院。

必要时,安全生产监督管理部门和负有安全生产监督管理职责的有关部门可以越级上报事故情况。

**第十一条** 安全生产监督管理部门和负有安全生产监督管理职责的有关部门逐级上报事故情况,每级上报的时间不得超过2小时。

**第十二条** 报告事故应当包括下列内容:

(一)事故发生单位概况;

(二)事故发生的时间、地点以及事故现场情况;

(三)事故的简要经过;

(四)事故已经造成或者可能造成的伤亡人数(包括下落不明的人数)和初步估计的直接经济损失;

(五)已经采取的措施;

(六)其他应当报告的情况。

**第十三条** 事故报告后出现新情况的,应当及时补报。

自事故发生之日起30日内,事故造成的伤亡人数发生变化的,应当及时补报。道路交通事故、火灾事故自发生之日起7日内,事故造成的伤亡人数发生变化的,应当及时补报。

**第十四条** 事故发生单位负责人接到事故报告后,应当立即启动事故相应应急预案,或者采取有效措施,组织抢救,防止事故扩大,减少人员伤亡和财产损失。

**第十五条** 事故发生地有关地方人民政府、安全生产监督管理部门和负有安全生产监督管理职责的有关部门接到事故报告后,其负责人应当立即赶赴事故现场,组织事故救援。

**第十六条** 事故发生后,有关单位和人员应当妥善保护事故现场以及相关证据,任何单位和个人不得破坏事故现场、毁灭相关证据。

因抢救人员、防止事故扩大以及疏通交通等原因,需要移动事故现场物件的,应当做出标志,绘制现场简图并做出书面记录,妥善保存现场重要痕迹、物证。

**第十七条** 事故发生地公安机关根据事故的情况,对涉嫌犯罪的,应当依法立案侦查，采取强制措施和侦查措施。犯罪嫌疑人逃匿的，公安机关应当迅速追捕归案。

**第十八条** 安全生产监督管理部门和负有安全生产监督管理职责的有关部门应当建立值班制度，并向社会公布值班电话，受理事故报告和举报。

## 第三章 事故调查

**第十九条** 特别重大事故由国务院或者国务院授权有关部门组织事故调查组进行调查。

重大事故、较大事故、一般事故分别由事故发生地省级人民政府、设区的市级人民政府、县级人民政府负责调查。省级人民政府、设区的市级人民政府、县级人民政府可以直接组织事故调查组进行调查，也可以授权或者委托有关部门组织事故调查组进行调查。

未造成人员伤亡的一般事故，县级人民政府也可以委托事故发生单位组织事故调查组进行调查。

**第二十条** 上级人民政府认为必要时，可以调查由下级人民政府负责调查的事故。

自事故发生之日起30日内（道路交通事故、火灾事故自发生之日起7日内），因事故伤亡人数变化导致事故等级发生变化，依照本条例规定应当由上级人民政府负责调查的，上级人民政府可以另行组织事故调查组进行调查。

**第二十一条** 特别重大事故以下等级事故，事故发生地与事故发生单位不在同一个县级以上行政区域的，由事故发生地人民政府负责调查，事故发生单位所在地人民政府应当派人参加。

**第二十二条** 事故调查组的组成应当遵循精简、效能的原则。

根据事故的具体情况，事故调查组由有关人民政府、安全生产监督管理部门、负有安全生产监督管理职责的有关部门、监察机关、公安机关以及工会派人组成，并应当邀请人民检察院派人参加。

事故调查组可以聘请有关专家参与调查。

**第二十三条** 事故调查组成员应当具有事故调查所需要的知识和专长，并与所调查的事故没有直接利害关系。

**第二十四条** 事故调查组组长由负责事故调查的人民政府指定。事故调查组组长主持事故调查组的工作。

**第二十五条** 事故调查组履行下列职责：

（一）查明事故发生的经过、原因、人员伤亡情况及直接经济损失；

（二）认定事故的性质和事故责任；

（三）提出对事故责任者的处理建议；

（四）总结事故教训，提出防范和整改措施；

（五）提交事故调查报告。

**第二十六条** 事故调查组有权向有关单位和个人了解与事故有关的情况，并要求其提供相关文件、资料，有关单位和个人不得拒绝。

事故发生单位的负责人和有关人员在事故调查期间不得擅离职守，并应当随时接受事故调查组的询问，如实提供有关情况。

事故调查中发现涉嫌犯罪的，事故调查组应当及时将有关材料或者其复印件移交司法机关处理。

**第二十七条** 事故调查中需要进行技术鉴定的，事故调查组应当委托具有国家规定资质的单位进行技术鉴定。必要时，事故调查组可以直接组织专家进行技术鉴定。技术鉴定所需时间不计入事故调查期限。

**第二十八条** 事故调查组成员在事故调查工作中应当诚信公正、恪尽职守，遵守事故调查组的纪律，保守事故调查的秘密。

未经事故调查组组长允许，事故调查组成员不得擅自发布有关事故的信息。

**第二十九条** 事故调查组应当自事故发生之日起60日内提交事故调查报告；特殊情况下，经负责事故调查的人民政府批准，提交事故调查报告的期限可以适当延长，但延长的期限最长不超过60日。

**第三十条** 事故调查报告应当包括下列内容：

（一）事故发生单位概况；

（二）事故发生经过和事故救援情况；

（三）事故造成的人员伤亡和直接经济损失；

（四）事故发生的原因和事故性质；

（五）事故责任的认定以及对事故责任者的处理建议；

（六）事故防范和整改措施。

事故调查报告应当附具有关证据材料。事故调查组成员应当在事故调查报告上签名。

**第三十一条** 事故调查报告报送负责事故调查的人民政府后，事故调查工作即告结束。事故调查的有关资料应当归档保存。

## 第四章 事故处理

**第三十二条** 重大事故、较大事故、一般事故，负责事故调查的人民政府应当自收到事故调查报告之日起15日内做出批复；特别重大事故，30日内做出批复，特殊情况下，批复时间可以适当延长，但延长的时间最长不超过30日。

有关机关应当按照人民政府的批复，依照法律、行政法规规定的权限和程序，对事故发生单位和有关人员进行行政处罚，对负有事故责任的国家工作人员进行处分。

事故发生单位应当按照负责事故调查的人民政府的批复，对本单位负有事故责任的人员进行处理。

负有事故责任的人员涉嫌犯罪的，依法追究刑事责任。

**第三十三条** 事故发生单位应当认真吸取事故教训，落实防范和整改措施，防止事故再次发生。防范和整改措施的落实情况应当接受工会和职工的监督。

安全生产监督管理部门和负有安全生产监督管理职责的有关部门应当对事故发生单位落实防范和整改措施的情况进行监督检查。

**第三十四条** 事故处理的情况由负责事故调查的人民政府或者其授权的有关部门、机构向社会公布，依法应当保密的除外。

## 第五章 法律责任

**第三十五条** 事故发生单位主要负责人有下列行为之一的，处上一年年收入40%至80%的罚款；属于国家工作人员的，并依法给予处分；构成犯罪的，依法追究刑事责任：

（一）不立即组织事故抢救的；

（二）迟报或者漏报事故的；

（三）在事故调查处理期间擅离职守的。

**第三十六条** 事故发生单位及其有关人员有下列行为之一的，对事故发生单位处100万元以上500万元以下的罚款；对主要负责人、直接负责的主管人员和其他直接责任人员处上一年年收入60%至100%的罚款；属于国家工作人员的，并依法给予处分；构成违反治安管理行为的，由公安机关依法给予治安管理处罚；构成犯罪的，依法追究刑事责任：

（一）谎报或者瞒报事故的；

（二）伪造或者故意破坏事故现场的；

（三）转移、隐匿资金、财产，或者销毁有关证据、资料的；

（四）拒绝接受调查或者拒绝提供有关情况和资料的；

（五）在事故调查中作伪证或者指使他人作伪证的；

（六）事故发生后逃匿的。

**第三十七条** 事故发生单位对事故发生负有责任的，依照下列规定处以罚款：

（一）发生一般事故的，处10万元以上20万元以下的罚款；

（二）发生较大事故的，处20万元以上50万元以下的罚款；

（三）发生重大事故的，处50万元以上200万元以下的罚款；

（四）发生特别重大事故的，处200万元以上500万元以下的罚款。

**第三十八条** 事故发生单位主要负责人未依法履行安全生产管理职责，导致事故发生的，依照下列规定处以罚款；属于国家工作人员的，并依法给予处分；构成犯罪的，依法追究刑事责任：

（一）发生一般事故的，处上一年年收入30%的罚款；

（二）发生较大事故的，处上一年年收入40%的罚款；

（三）发生重大事故的，处上一年年收入60%的罚款；

（四）发生特别重大事故的，处上一年年收入80%的罚款。

**第三十九条** 有关地方人民政府、安全生产监督管理部门和负有安全生产监督管理职责的有关部门有下列行为之一的，对直接负责的主管人员和其他直接责任人员依法给予处分；构成犯罪的，依法追究刑事责任：

（一）不立即组织事故抢救的；

（二）迟报、漏报、谎报或者瞒报事故的；

（三）阻碍、干涉事故调查工作的；

（四）在事故调查中作伪证或者指使他人作伪证的。

**第四十条** 事故发生单位对事故发生负有责任的，由有关部门依法暂扣或者吊销其有关证照；对事故发生单位负有事故责任的有关人员，依法暂停或者撤销其与安全生产有关的执业资格、岗位证书;事故发生单位主要负责人受到刑事处罚或者撤职处分的,自刑罚执行完毕或者受处分之日起,5年内不得担任任何生产经营单位的主要负责人。

为发生事故的单位提供虚假证明的中介机构,由有关部门依法暂扣或者吊销其有关证照及其相关人员的执业资格;构成犯罪的,依法追究刑事责任。

**第四十一条**　参与事故调查的人员在事故调查中有下列行为之一的,依法给予处分;构成犯罪的,依法追究刑事责任:

(一)对事故调查工作不负责任,致使事故调查工作有重大疏漏的;

(二)包庇、袒护负有事故责任的人员或者借机打击报复的。

**第四十二条**　违反本条例规定,有关地方人民政府或者有关部门故意拖延或者拒绝落实经批复的对事故责任人的处理意见的,由监察机关对有关责任人员依法给予处分。

**第四十三条**　本条例规定的罚款的行政处罚,由安全生产监督管理部门决定。

法律、行政法规对行政处罚的种类、幅度和决定机关另有规定的,依照其规定。

## 第六章　附　　则

**第四十四条**　没有造成人员伤亡,但是社会影响恶劣的事故,国务院或者有关地方人民政府认为需要调查处理的,依照本条例的有关规定执行。

国家机关、事业单位、人民团体发生的事故的报告和调查处理,参照本条例的规定执行。

**第四十五条**　特别重大事故以下等级事故的报告和调查处理,有关法律、行政法规或者国务院另有规定的,依照其规定。

**第四十六条**　本条例自2007年6月1日起施行。国务院1989年3月29日公布的《特别重大事故调查程序暂行规定》和1991年2月22日公布的《企业职工伤亡事故报告和处理规定》同时废止。

# 放射性物品运输安全管理条例

（2009 年 9 月 7 日国务院第 80 次常务会议通过
中华人民共和国国务院令　第 562 号）

## 第一章　总　　则

**第一条**　为了加强对放射性物品运输的安全管理，保障人体健康，保护环境，促进核能、核技术的开发与和平利用，根据《中华人民共和国放射性污染防治法》，制定本条例。

**第二条**　放射性物品的运输和放射性物品运输容器的设计、制造等活动，适用本条例。

本条例所称放射性物品，是指含有放射性核素，并且其活度和比活度均高于国家规定的豁免值的物品。

**第三条**　根据放射性物品的特性及其对人体健康和环境的潜在危害程度，将放射性物品分为一类、二类和三类。

一类放射性物品，是指Ⅰ类放射源、高水平放射性废物、乏燃料等释放到环境后对人体健康和环境产生重大辐射影响的放射性物品。

二类放射性物品，是指Ⅱ类和Ⅲ类放射源、中等水平放射性废物等释放到环境后对人体健康和环境产生一般辐射影响的放射性物品。

三类放射性物品，是指Ⅳ类和Ⅴ类放射源、低水平放射性废物、放射性药品等释放到环境后对人体健康和环境产生较小辐射影响的放射性物品。

放射性物品的具体分类和名录，由国务院核安全监管部门会同国务院公安、卫生、海关、交通运输、铁路、民航、核工业行业主管部门制定。

**第四条**　国务院核安全监管部门对放射性物品运输的核与辐射安全实施监督管理。

国务院公安、交通运输、铁路、民航等有关主管部门依照本条例规定和各自的职责，负责放射性物品运输安全的有关监督管理工作。

县级以上地方人民政府环境保护主管部门和公安、交通运输等有关主管部门，依照本条例规定和各自的职责，负责本行政区域放射性物品运输安全的有关监督管理工作。

**第五条** 运输放射性物品，应当使用专用的放射性物品运输包装容器（以下简称运输容器）。

放射性物品的运输和放射性物品运输容器的设计、制造，应当符合国家放射性物品运输安全标准。

国家放射性物品运输安全标准，由国务院核安全监管部门制定，由国务院核安全监管部门和国务院标准化主管部门联合发布。国务院核安全监管部门制定国家放射性物品运输安全标准，应当征求国务院公安、卫生、交通运输、铁路、民航、核工业行业主管部门的意见。

**第六条** 放射性物品运输容器的设计、制造单位应当建立健全责任制度，加强质量管理，并对所从事的放射性物品运输容器的设计、制造活动负责。

放射性物品的托运人（以下简称托运人）应当制订核与辐射事故应急方案，在放射性物品运输中采取有效的辐射防护和安全保卫措施，并对放射性物品运输中的核与辐射安全负责。

**第七条** 任何单位和个人对违反本条例规定的行为，有权向国务院核安全监管部门或者其他依法履行放射性物品运输安全监督管理职责的部门举报。

接到举报的部门应当依法调查处理，并为举报人保密。

## 第二章 放射性物品运输容器的设计

**第八条** 放射性物品运输容器设计单位应当建立健全和有效实施质量保证体系，按照国家放射性物品运输安全标准进行设计，并通过试验验证或者分析论证等方式，对设计的放射性物品运输容器的安全性能进行评价。

**第九条** 放射性物品运输容器设计单位应当建立健全档案制度，按照质量保证体系的要求，如实记录放射性物品运输容器的设计和安全性能评价过程。

进行一类放射性物品运输容器设计，应当编制设计安全评价报告书；进行二类放射性物品运输容器设计，应当编制设计安全评价报告表。

**第十条** 一类放射性物品运输容器的设计，应当在首次用于制造前报国务院核安全监管部门审查批准。

申请批准一类放射性物品运输容器的设计,设计单位应当向国务院核安全监管部门提出书面申请,并提交下列材料:

(一)设计总图及其设计说明书;

(二)设计安全评价报告书;

(三)质量保证大纲。

**第十一条** 国务院核安全监管部门应当自受理申请之日起45个工作日内完成审查,对符合国家放射性物品运输安全标准的,颁发一类放射性物品运输容器设计批准书,并公告批准文号;对不符合国家放射性物品运输安全标准的,书面通知申请单位并说明理由。

**第十二条** 设计单位修改已批准的一类放射性物品运输容器设计中有关安全内容的,应当按照原申请程序向国务院核安全监管部门重新申请领取一类放射性物品运输容器设计批准书。

**第十三条** 二类放射性物品运输容器的设计,设计单位应当在首次用于制造前,将设计总图及其设计说明书、设计安全评价报告表报国务院核安全监管部门备案。

**第十四条** 三类放射性物品运输容器的设计,设计单位应当编制设计符合国家放射性物品运输安全标准的证明文件并存档备查。

## 第三章 放射性物品运输容器的制造与使用

**第十五条** 放射性物品运输容器制造单位,应当按照设计要求和国家放射性物品运输安全标准,对制造的放射性物品运输容器进行质量检验,编制质量检验报告。

未经质量检验或者经检验不合格的放射性物品运输容器,不得交付使用。

**第十六条** 从事一类放射性物品运输容器制造活动的单位,应当具备下列条件:

(一)有与所从事的制造活动相适应的专业技术人员;

(二)有与所从事的制造活动相适应的生产条件和检测手段;

(三)有健全的管理制度和完善的质量保证体系。

**第十七条** 从事一类放射性物品运输容器制造活动的单位,应当申请领取一类放射性物品运输容器制造许可证(以下简称制造许可证)。

申请领取制造许可证的单位，应当向国务院核安全监管部门提出书面申请，并提交其符合本条例第十六条规定条件的证明材料和申请制造的运输容器型号。

禁止无制造许可证或者超出制造许可证规定的范围从事一类放射性物品运输容器的制造活动。

**第十八条** 国务院核安全监管部门应当自受理申请之日起45个工作日内完成审查，对符合条件的，颁发制造许可证，并予以公告；对不符合条件的，书面通知申请单位并说明理由。

**第十九条** 制造许可证应当载明下列内容：

（一）制造单位名称、住所和法定代表人；

（二）许可制造的运输容器的型号；

（三）有效期限；

（四）发证机关、发证日期和证书编号。

**第二十条** 一类放射性物品运输容器制造单位变更单位名称、住所或者法定代表人的，应当自工商变更登记之日起20日内，向国务院核安全监管部门办理制造许可证变更手续。

一类放射性物品运输容器制造单位变更制造的运输容器型号的，应当按照原申请程序向国务院核安全监管部门重新申请领取制造许可证。

**第二十一条** 制造许可证有效期为5年。

制造许可证有效期届满，需要延续的，一类放射性物品运输容器制造单位应当于制造许可证有效期届满6个月前，向国务院核安全监管部门提出延续申请。

国务院核安全监管部门应当在制造许可证有效期届满前作出是否准予延续的决定。

**第二十二条** 从事二类放射性物品运输容器制造活动的单位，应当在首次制造活动开始30日前，将其具备与所从事的制造活动相适应的专业技术人员、生产条件、检测手段，以及具有健全的管理制度和完善的质量保证体系的证明材料，报国务院核安全监管部门备案。

**第二十三条** 一类、二类放射性物品运输容器制造单位，应当按照国务院核安全监管部门制定的编码规则，对其制造的一类、二类放射性物品运输容器统一编码，并于每年1月31日前将上一年度的运输容器编码清单报国务院核安全监管部门备案。

**第二十四条** 从事三类放射性物品运输容器制造活动的单位，应当于每年1月31日前将上一年度制造的运输容器的型号和数量报国务院核安全监管部门备案。

**第二十五条** 放射性物品运输容器使用单位应当对其使用的放射性物品运输容器定期进行保养和维护，并建立保养和维护档案；放射性物品运输容器达到设计使用年限，或者发现放射性物品运输容器存在安全隐患的，应当停止使用，进行处理。

一类放射性物品运输容器使用单位还应当对其使用的一类放射性物品运输容器每两年进行一次安全性能评价，并将评价结果报国务院核安全监管部门备案。

**第二十六条** 使用境外单位制造的一类放射性物品运输容器的，应当在首次使用前报国务院核安全监管部门审查批准。

申请使用境外单位制造的一类放射性物品运输容器的单位，应当向国务院核安全监管部门提出书面申请，并提交下列材料：

（一）设计单位所在国核安全监管部门颁发的设计批准文件的复印件；

（二）设计安全评价报告书；

（三）制造单位相关业绩的证明材料；

（四）质量合格证明；

（五）符合中华人民共和国法律、行政法规规定，以及国家放射性物品运输安全标准或者经国务院核安全监管部门认可的标准的说明材料。

国务院核安全监管部门应当自受理申请之日起45个工作日内完成审查，对符合国家放射性物品运输安全标准的，颁发使用批准书；对不符合国家放射性物品运输安全标准的，书面通知申请单位并说明理由。

**第二十七条** 使用境外单位制造的二类放射性物品运输容器的，应当在首次使用前将运输容器质量合格证明和符合中华人民共和国法律、行政法规规定，以及国家放射性物品运输安全标准或者经国务院核安全监管部门认可的标准的说明材料，报国务院核安全监管部门备案。

**第二十八条** 国务院核安全监管部门办理使用境外单位制造的一类、二类放射性物品运输容器审查批准和备案手续，应当同时为运输容器确定编码。

## 第四章 放射性物品的运输

**第二十九条** 托运放射性物品的，托运人应当持有生产、销售、使用或者处置放射性物品的有效证明，使用与所托运的放射性物品类别相适应的运输容器进行包装，配备必要的辐射监测设备、防护用品和防盗、防破坏设备，并编制运输说明书、核与辐射事故应急响应指南、装卸作业方法、安全防护指南。

运输说明书应当包括放射性物品的品名、数量、物理化学形态、危害风险等内容。

**第三十条** 托运一类放射性物品的，托运人应当委托有资质的辐射监测机构对其表面污染和辐射水平实施监测，辐射监测机构应当出具辐射监测报告。

托运二类、三类放射性物品的，托运人应当对其表面污染和辐射水平实施监测，并编制辐射监测报告。

监测结果不符合国家放射性物品运输安全标准的，不得托运。

**第三十一条** 承运放射性物品应当取得国家规定的运输资质。承运人的资质管理，依照有关法律、行政法规和国务院交通运输、铁路、民航、邮政主管部门的规定执行。

**第三十二条** 托运人和承运人应当对直接从事放射性物品运输的工作人员进行运输安全和应急响应知识的培训，并进行考核；考核不合格的，不得从事相关工作。

托运人和承运人应当按照国家放射性物品运输安全标准和国家有关规定，在放射性物品运输容器和运输工具上设置警示标志。

国家利用卫星定位系统对一类、二类放射性物品运输工具的运输过程实行在线监控。具体办法由国务院核安全监管部门会同国务院有关部门制定。

**第三十三条** 托运人和承运人应当按照国家职业病防治的有关规定，对直接从事放射性物品运输的工作人员进行个人剂量监测，建立个人剂量档案和职业健康监护档案。

**第三十四条** 托运人应当向承运人提交运输说明书、辐射监测报告、核与辐射事故应急响应指南、装卸作业方法、安全防护指南，承运人应当查验、收存。托运人提交文件不齐全的，承运人不得承运。

**第三十五条** 托运一类放射性物品的，托运人应当编制放射性物品运输的核与辐射安全分析报告书，报国务院核安全监管部门审查批准。

放射性物品运输的核与辐射安全分析报告书应当包括放射性物品的品名、数量、运输容器型号、运输方式、辐射防护措施、应急措施等内容。

国务院核安全监管部门应当自受理申请之日起45个工作日内完成审查，对符合国家放射性物品运输安全标准的，颁发核与辐射安全分析报告批准书；对不符合国家放射性物品运输安全标准的，书面通知申请单位并说明理由。

**第三十六条** 放射性物品运输的核与辐射安全分析报告批准书应当载明下列主要内容：

（一）托运人的名称、地址、法定代表人；

（二）运输放射性物品的品名、数量；

（三）运输放射性物品的运输容器型号和运输方式；

（四）批准日期和有效期限。

**第三十七条** 一类放射性物品启运前，托运人应当将放射性物品运输的核与辐射安全分析报告批准书、辐射监测报告，报启运地的省、自治区、直辖市人民政府环境保护主管部门备案。

收到备案材料的环境保护主管部门应当及时将有关情况通报放射性物品运输的途经地和抵达地的省、自治区、直辖市人民政府环境保护主管部门。

**第三十八条** 通过道路运输放射性物品的，应当经公安机关批准，按照指定的时间、路线、速度行驶，并悬挂警示标志，配备押运人员，使放射性物品处于押运人员的监管之下。

通过道路运输核反应堆乏燃料的，托运人应当报国务院公安部门批准。通过道路运输其他放射性物品的，托运人应当报启运地县级以上人民政府公安机关批准。具体办法由国务院公安部门商国务院核安全监管部门制定。

**第三十九条** 通过水路运输放射性物品的，按照水路危险货物运输的法律、行政法规和规章的有关规定执行。

通过铁路、航空运输放射性物品的，按照国务院铁路、民航主管部门的有关规定执行。

禁止邮寄一类、二类放射性物品。邮寄三类放射性物品的，按照国务院邮政管理部门的有关规定执行。

**第四十条** 生产、销售、使用或者处置放射性物品的单位，可以依照《中华人民共和国道路运输条例》的规定，向设区的市级人民政府道路运输管理机构申请非营业性道路危险货物运输资质，运输本单位的放射性物品，并承担本条例规定的托运人和承运人的义务。

申请放射性物品非营业性道路危险货物运输资质的单位，应当具备下列条件：

（一）持有生产、销售、使用或者处置放射性物品的有效证明；

（二）有符合本条例规定要求的放射性物品运输容器；

（三）有具备辐射防护与安全防护知识的专业技术人员和经考试合格的驾驶人员；

（四）有符合放射性物品运输安全防护要求，并经检测合格的运输工具、设施和设备；

（五）配备必要的防护用品和依法经定期检定合格的监测仪器；

（六）有运输安全和辐射防护管理规章制度以及核与辐射事故应急措施。

放射性物品非营业性道路危险货物运输资质的具体条件，由国务院交通运输主管部门会同国务院核安全监管部门制定。

**第四十一条** 一类放射性物品从境外运抵中华人民共和国境内，或者途经中华人民共和国境内运输的，托运人应当编制放射性物品运输的核与辐射安全分析报告书，报国务院核安全监管部门审查批准。审查批准程序依照本条例第三十五条第三款的规定执行。

二类、三类放射性物品从境外运抵中华人民共和国境内，或者途经中华人民共和国境内运输的，托运人应当编制放射性物品运输的辐射监测报告，报国务院核安全监管部门备案。

托运人、承运人或者其代理人向海关办理有关手续，应当提交国务院核安全监管部门颁发的放射性物品运输的核与辐射安全分析报告批准书或者放射性物品运输的辐射监测报告备案证明。

**第四十二条** 县级以上人民政府组织编制的突发环境事件应急预案，应当包括放射性物品运输中可能发生的核与辐射事故应急响应的内容。

**第四十三条** 放射性物品运输中发生核与辐射事故的，承运人、托运人应当按照核与辐射事故应急响应指南的要求，做好事故应急工作，并立即报告事故发生地的县级以上人民政府环境保护主管部门。接到报告的环境保护主管部门应当立即派人赶赴现场，进行现场调查，采取有效措施控制事故影响，并及时向本级人民政府报告，通报同级公安、卫生、交通运输等有关主管部门。

接到报告的县级以上人民政府及其有关主管部门应当按照应急预案做好应急工作，并按照国家突发事件分级报告的规定及时上报核与辐射事故信息。

核反应堆乏燃料运输的核事故应急准备与响应，还应当遵守国家核应急的有关规定。

## 第五章 监督检查

**第四十四条** 国务院核安全监管部门和其他依法履行放射性物品运输安全监督管理职责的部门，应当依据各自职责对放射性物品运输安全实施监督检查。

国务院核安全监管部门应当将其已批准或者备案的一类、二类、三类放射性物品运输容器的设计、制造情况和放射性物品运输情况通报设计、制造单位所在地和运输途经地的省、自治区、直辖市人民政府环境保护主管部门。省、自治区、直辖市人民政府环境保护主管部门应当加强对本行政区域放射性物品运输安全的监督检查和监督性监测。

被检查单位应当予以配合，如实反映情况，提供必要的资料，不得拒绝和阻碍。

**第四十五条** 国务院核安全监管部门和省、自治区、直辖市人民政府环境保护主管部门以及其他依法履行放射性物品运输安全监督管理职责的部门进行监督检查，监督检查人员不得少于 2 人，并应当出示有效的行政执法证件。

国务院核安全监管部门和省、自治区、直辖市人民政府环境保护主管部门以及其他依法履行放射性物品运输安全监督管理职责的部门的工作人员，对监督检查中知悉的商业秘密负有保密义务。

**第四十六条** 监督检查中发现经批准的一类放射性物品运输容器设计确有重大设计安全缺陷的，由国务院核安全监管部门责令停止该型号运输容器的制造或者使用，撤销一类放射性物品运输容器设计批准书。

**第四十七条** 监督检查中发现放射性物品运输活动有不符合国家放射性物品运输安全标准情形的，或者一类放射性物品运输容器制造单位有不符合制造许可证规定条件情形的，应当责令限期整改；发现放射性物品运输活动可能对人体健康和环境造成核与辐射危害的，应当责令停止运输。

**第四十八条** 国务院核安全监管部门和省、自治区、直辖市人民政府环境保护主管部门以及其他依法履行放射性物品运输安全监督管理职责的部门，对放射性物品运输活动实施监测，不得收取监测费用。

国务院核安全监管部门和省、自治区、直辖市人民政府环境保护主管部门以及其他依法履行放射性物品运输安全监督管理职责的部门，应当加强对监督管理人员辐射防护与安全防护知识的培训。

## 第六章 法律责任

**第四十九条** 国务院核安全监管部门和省、自治区、直辖市人民政府环境保护主管部门或者其他依法履行放射性物品运输安全监督管理职责的部门有下列行为之一的，对直接负责的主管人员和其他直接责任人员依法给予处分；直接负责的主管人员和其他直接责任人员构成犯罪的，依法追究刑事责任：

（一）未依照本条例规定作出行政许可或者办理批准文件的；

（二）发现违反本条例规定的行为不予查处，或者接到举报不依法处理的；

（三）未依法履行放射性物品运输核与辐射事故应急职责的；

（四）对放射性物品运输活动实施监测收取监测费用的；

（五）其他不依法履行监督管理职责的行为。

**第五十条** 放射性物品运输容器设计、制造单位有下列行为之一的，由国务院核安全监管部门责令停止违法行为，处50万元以上100万元以下的罚款；有违法所得的，没收违法所得：

（一）将未取得设计批准书的一类放射性物品运输容器设计用于制造的；

（二）修改已批准的一类放射性物品运输容器设计中有关安全内容，未重新取得设计批准书即用于制造的。

**第五十一条** 放射性物品运输容器设计、制造单位有下列行为之一的，由国务院核安全监管部门责令停止违法行为，处5万元以上10万元以下的罚款；有违法所得的，没收违法所得：

（一）将不符合国家放射性物品运输安全标准的二类、三类放射性物品运输容器设计用于制造的；

（二）将未备案的二类放射性物品运输容器设计用于制造的。

**第五十二条** 放射性物品运输容器设计单位有下列行为之一的，由国务院核安全监管部门责令限期改正；逾期不改正的，处1万元以上5万元以下的罚款：

（一）未对二类、三类放射性物品运输容器的设计进行安全性能评价的；

（二）未如实记录二类、三类放射性物品运输容器设计和安全性能评价过程的；

（三）未编制三类放射性物品运输容器设计符合国家放射性物品运输安全标

准的证明文件并存档备查的。

**第五十三条** 放射性物品运输容器制造单位有下列行为之一的，由国务院核安全监管部门责令停止违法行为，处 50 万元以上 100 万元以下的罚款；有违法所得的，没收违法所得：

（一）未取得制造许可证从事一类放射性物品运输容器制造活动的；

（二）制造许可证有效期届满，未按照规定办理延续手续，继续从事一类放射性物品运输容器制造活动的；

（三）超出制造许可证规定的范围从事一类放射性物品运输容器制造活动的；

（四）变更制造的一类放射性物品运输容器型号，未按照规定重新领取制造许可证的；

（五）将未经质量检验或者经检验不合格的一类放射性物品运输容器交付使用的。

有前款第（三）项、第（四）项和第（五）项行为之一，情节严重的，吊销制造许可证。

**第五十四条** 一类放射性物品运输容器制造单位变更单位名称、住所或者法定代表人，未依法办理制造许可证变更手续的，由国务院核安全监管部门责令限期改正；逾期不改正的，处 2 万元的罚款。

**第五十五条** 放射性物品运输容器制造单位有下列行为之一的，由国务院核安全监管部门责令停止违法行为，处 5 万元以上 10 万元以下的罚款；有违法所得的，没收违法所得：

（一）在二类放射性物品运输容器首次制造活动开始前，未按照规定将有关证明材料报国务院核安全监管部门备案的；

（二）将未经质量检验或者经检验不合格的二类、三类放射性物品运输容器交付使用的。

**第五十六条** 放射性物品运输容器制造单位有下列行为之一的，由国务院核安全监管部门责令限期改正；逾期不改正的，处 1 万元以上 5 万元以下的罚款：

（一）未按照规定对制造的一类、二类放射性物品运输容器统一编码的；

（二）未按照规定将制造的一类、二类放射性物品运输容器编码清单报国务院核安全监管部门备案的；

（三）未按照规定将制造的三类放射性物品运输容器的型号和数量报国务院

核安全监管部门备案的。

**第五十七条** 放射性物品运输容器使用单位未按照规定对使用的一类放射性物品运输容器进行安全性能评价，或者未将评价结果报国务院核安全监管部门备案的，由国务院核安全监管部门责令限期改正；逾期不改正的，处1万元以上5万元以下的罚款。

**第五十八条** 未按照规定取得使用批准书使用境外单位制造的一类放射性物品运输容器的，由国务院核安全监管部门责令停止违法行为，处50万元以上100万元以下的罚款。

未按照规定办理备案手续使用境外单位制造的二类放射性物品运输容器的，由国务院核安全监管部门责令停止违法行为，处5万元以上10万元以下的罚款。

**第五十九条** 托运人未按照规定编制放射性物品运输说明书、核与辐射事故应急响应指南、装卸作业方法、安全防护指南的，由国务院核安全监管部门责令限期改正；逾期不改正的，处1万元以上5万元以下的罚款。

托运人未按照规定将放射性物品运输的核与辐射安全分析报告批准书、辐射监测报告备案的，由启运地的省、自治区、直辖市人民政府环境保护主管部门责令限期改正；逾期不改正的，处1万元以上5万元以下的罚款。

**第六十条** 托运人或者承运人在放射性物品运输活动中，有违反有关法律、行政法规关于危险货物运输管理规定行为的，由交通运输、铁路、民航等有关主管部门依法予以处罚。

违反有关法律、行政法规规定邮寄放射性物品的，由公安机关和邮政管理部门依法予以处罚。在邮寄进境物品中发现放射性物品的，由海关依照有关法律、行政法规的规定处理。

**第六十一条** 托运人未取得放射性物品运输的核与辐射安全分析报告批准书托运一类放射性物品的，由国务院核安全监管部门责令停止违法行为，处50万元以上100万元以下的罚款。

**第六十二条** 通过道路运输放射性物品，有下列行为之一的，由公安机关责令限期改正，处2万元以上10万元以下的罚款；构成犯罪的，依法追究刑事责任：

（一）未经公安机关批准通过道路运输放射性物品的；

（二）运输车辆未按照指定的时间、路线、速度行驶或者未悬挂警示标志的；

（三）未配备押运人员或者放射性物品脱离押运人员监管的。

**第六十三条** 托运人有下列行为之一的，由启运地的省、自治区、直辖市人民政府环境保护主管部门责令停止违法行为，处5万元以上20万元以下的罚款：

（一）未按照规定对托运的放射性物品表面污染和辐射水平实施监测的；

（二）将经监测不符合国家放射性物品运输安全标准的放射性物品交付托运的；

（三）出具虚假辐射监测报告的。

**第六十四条** 未取得放射性物品运输的核与辐射安全分析报告批准书或者放射性物品运输的辐射监测报告备案证明，将境外的放射性物品运抵中华人民共和国境内，或者途经中华人民共和国境内运输的，由海关责令托运人退运该放射性物品，并依照海关法律、行政法规给予处罚；构成犯罪的，依法追究刑事责任。托运人不明的，由承运人承担退运该放射性物品的责任，或者承担该放射性物品的处置费用。

**第六十五条** 违反本条例规定，在放射性物品运输中造成核与辐射事故的，由县级以上地方人民政府环境保护主管部门处以罚款，罚款数额按照核与辐射事故造成的直接损失的20%计算；构成犯罪的，依法追究刑事责任。

托运人、承运人未按照核与辐射事故应急响应指南的要求，做好事故应急工作并报告事故的，由县级以上地方人民政府环境保护主管部门处5万元以上20万元以下的罚款。

因核与辐射事故造成他人损害的，依法承担民事责任。

**第六十六条** 拒绝、阻碍国务院核安全监管部门或者其他依法履行放射性物品运输安全监督管理职责的部门进行监督检查，或者在接受监督检查时弄虚作假的，由监督检查部门责令改正，处1万元以上2万元以下的罚款；构成违反治安管理行为的，由公安机关依法给予治安管理处罚；构成犯罪的，依法追究刑事责任。

## 第七章 附 则

**第六十七条** 军用放射性物品运输安全的监督管理，依照《中华人民共和国放射性污染防治法》第六十条的规定执行。

**第六十八条** 本条例自2010年1月1日起施行。

# 危险化学品安全管理条例

（2011年2月16日国务院第144次常务会议修订通过
中华人民共和国国务院令　第591号）

## 第一章　总　　则

**第一条**　为了加强危险化学品的安全管理，预防和减少危险化学品事故，保障人民群众生命财产安全，保护环境，制定本条例。

**第二条**　危险化学品生产、储存、使用、经营和运输的安全管理，适用本条例。

废弃危险化学品的处置，依照有关环境保护的法律、行政法规和国家有关规定执行。

**第三条**　本条例所称危险化学品，是指具有毒害、腐蚀、爆炸、燃烧、助燃等性质，对人体、设施、环境具有危害的剧毒化学品和其他化学品。

危险化学品目录，由国务院安全生产监督管理部门会同国务院工业和信息化、公安、环境保护、卫生、质量监督检验检疫、交通运输、铁路、民用航空、农业主管部门，根据化学品危险特性的鉴别和分类标准确定、公布，并适时调整。

**第四条**　危险化学品安全管理，应当坚持安全第一、预防为主、综合治理的方针，强化和落实企业的主体责任。

生产、储存、使用、经营、运输危险化学品的单位（以下统称危险化学品单位）的主要负责人对本单位的危险化学品安全管理工作全面负责。

危险化学品单位应当具备法律、行政法规规定和国家标准、行业标准要求的安全条件，建立、健全安全管理规章制度和岗位安全责任制度，对从业人员进行安全教育、法制教育和岗位技术培训。从业人员应当接受教育和培训，考核合格后上岗作业；对有资格要求的岗位，应当配备依法取得相应资格的人员。

**第五条**　任何单位和个人不得生产、经营、使用国家禁止生产、经营、使用的危险化学品。

国家对危险化学品的使用有限制性规定的，任何单位和个人不得违反限制性规定使用危险化学品。

**第六条** 对危险化学品的生产、储存、使用、经营、运输实施安全监督管理的有关部门(以下统称负有危险化学品安全监督管理职责的部门),依照下列规定履行职责:

(一)安全生产监督管理部门负责危险化学品安全监督管理综合工作,组织确定、公布、调整危险化学品目录,对新建、改建、扩建生产、储存危险化学品(包括使用长输管道输送危险化学品,下同)的建设项目进行安全条件审查,核发危险化学品安全生产许可证、危险化学品安全使用许可证和危险化学品经营许可证,并负责危险化学品登记工作。

(二)公安机关负责危险化学品的公共安全管理,核发剧毒化学品购买许可证、剧毒化学品道路运输通行证,并负责危险化学品运输车辆的道路交通安全管理。

(三)质量监督检验检疫部门负责核发危险化学品及其包装物、容器(不包括储存危险化学品的固定式大型储罐,下同)生产企业的工业产品生产许可证,并依法对其产品质量实施监督,负责对进出口危险化学品及其包装实施检验。

(四)环境保护主管部门负责废弃危险化学品处置的监督管理,组织危险化学品的环境危害性鉴定和环境风险程度评估,确定实施重点环境管理的危险化学品,负责危险化学品环境管理登记和新化学物质环境管理登记;依照职责分工调查相关危险化学品环境污染事故和生态破坏事件,负责危险化学品事故现场的应急环境监测。

(五)交通运输主管部门负责危险化学品道路运输、水路运输的许可以及运输工具的安全管理,对危险化学品水路运输安全实施监督,负责危险化学品道路运输企业、水路运输企业驾驶人员、船员、装卸管理人员、押运人员、申报人员、集装箱装箱现场检查员的资格认定。铁路主管部门负责危险化学品铁路运输的安全管理,负责危险化学品铁路运输承运人、托运人的资质审批及其运输工具的安全管理。民用航空主管部门负责危险化学品航空运输以及航空运输企业及其运输工具的安全管理。

(六)卫生主管部门负责危险化学品毒性鉴定的管理,负责组织、协调危险化学品事故受伤人员的医疗卫生救援工作。

(七)工商行政管理部门依据有关部门的许可证件,核发危险化学品生产、储存、经营、运输企业营业执照,查处危险化学品经营企业违法采购危险化学品的行为。

(八)邮政管理部门负责依法查处寄递危险化学品的行为。

**第七条** 负有危险化学品安全监督管理职责的部门依法进行监督检查,可以采取下列措施:

(一)进入危险化学品作业场所实施现场检查,向有关单位和人员了解情况,查阅、复制有关文件、资料;

(二)发现危险化学品事故隐患,责令立即消除或者限期消除;

(三)对不符合法律、行政法规、规章规定或者国家标准、行业标准要求的设施、设备、装置、器材、运输工具,责令立即停止使用;

(四)经本部门主要负责人批准,查封违法生产、储存、使用、经营危险化学品的场所,扣押违法生产、储存、使用、经营、运输的危险化学品以及用于违法生产、使用、运输危险化学品的原材料、设备、运输工具;

(五)发现影响危险化学品安全的违法行为,当场予以纠正或者责令限期改正。

负有危险化学品安全监督管理职责的部门依法进行监督检查,监督检查人员不得少于2人,并应当出示执法证件;有关单位和个人对依法进行的监督检查应当予以配合,不得拒绝、阻碍。

**第八条** 县级以上人民政府应当建立危险化学品安全监督管理工作协调机制,支持、督促负有危险化学品安全监督管理职责的部门依法履行职责,协调、解决危险化学品安全监督管理工作中的重大问题。

负有危险化学品安全监督管理职责的部门应当相互配合、密切协作,依法加强对危险化学品的安全监督管理。

**第九条** 任何单位和个人对违反本条例规定的行为,有权向负有危险化学品安全监督管理职责的部门举报。负有危险化学品安全监督管理职责的部门接到举报,应当及时依法处理;对不属于本部门职责的,应当及时移送有关部门处理。

**第十条** 国家鼓励危险化学品生产企业和使用危险化学品从事生产的企业采用有利于提高安全保障水平的先进技术、工艺、设备以及自动控制系统,鼓励对危险化学品实行专门储存、统一配送、集中销售。

## 第二章　生产、储存安全

**第十一条**　国家对危险化学品的生产、储存实行统筹规划、合理布局。

国务院工业和信息化主管部门以及国务院其他有关部门依据各自职责，负责危险化学品生产、储存的行业规划和布局。

地方人民政府组织编制城乡规划，应当根据本地区的实际情况，按照确保安全的原则，规划适当区域专门用于危险化学品的生产、储存。

**第十二条**　新建、改建、扩建生产、储存危险化学品的建设项目（以下简称建设项目），应当由安全生产监督管理部门进行安全条件审查。

建设单位应当对建设项目进行安全条件论证，委托具备国家规定的资质条件的机构对建设项目进行安全评价，并将安全条件论证和安全评价的情况报告报建设项目所在地设区的市级以上人民政府安全生产监督管理部门；安全生产监督管理部门应当自收到报告之日起45日内作出审查决定，并书面通知建设单位。具体办法由国务院安全生产监督管理部门制定。

新建、改建、扩建储存、装卸危险化学品的港口建设项目，由港口行政管理部门按照国务院交通运输主管部门的规定进行安全条件审查。

**第十三条**　生产、储存危险化学品的单位，应当对其铺设的危险化学品管道设置明显标志，并对危险化学品管道定期检查、检测。

进行可能危及危险化学品管道安全的施工作业，施工单位应当在开工的7日前书面通知管道所属单位，并与管道所属单位共同制订应急预案，采取相应的安全防护措施。管道所属单位应当指派专门人员到现场进行管道安全保护指导。

**第十四条**　危险化学品生产企业进行生产前，应当依照《安全生产许可证条例》的规定，取得危险化学品安全生产许可证。

生产列入国家实行生产许可证制度的工业产品目录的危险化学品的企业，应当依照《中华人民共和国工业产品生产许可证管理条例》的规定，取得工业产品生产许可证。

负责颁发危险化学品安全生产许可证、工业产品生产许可证的部门，应当将其颁发许可证的情况及时向同级工业和信息化主管部门、环境保护主管部门和公安机关通报。

**第十五条**　危险化学品生产企业应当提供与其生产的危险化学品相符的化学

品安全技术说明书,并在危险化学品包装(包括外包装件)上粘贴或者拴挂与包装内危险化学品相符的化学品安全标签。化学品安全技术说明书和化学品安全标签所载明的内容应当符合国家标准的要求。

危险化学品生产企业发现其生产的危险化学品有新的危险特性的,应当立即公告,并及时修订其化学品安全技术说明书和化学品安全标签。

**第十六条** 生产实施重点环境管理的危险化学品的企业,应当按照国务院环境保护主管部门的规定,将该危险化学品向环境中释放等相关信息向环境保护主管部门报告。环境保护主管部门可以根据情况采取相应的环境风险控制措施。

**第十七条** 危险化学品的包装应当符合法律、行政法规、规章的规定以及国家标准、行业标准的要求。

危险化学品包装物、容器的材质以及危险化学品包装的形式、规格、方法和单件质量(重量),应当与所包装的危险化学品的性质和用途相适应。

**第十八条** 生产列入国家实行生产许可证制度的工业产品目录的危险化学品包装物、容器的企业,应当依照《中华人民共和国工业产品生产许可证管理条例》的规定,取得工业产品生产许可证;其生产的危险化学品包装物、容器经国务院质量监督检验检疫部门认定的检验机构检验合格,方可出厂销售。

运输危险化学品的船舶及其配载的容器,应当按照国家船舶检验规范进行生产,并经海事管理机构认定的船舶检验机构检验合格,方可投入使用。

对重复使用的危险化学品包装物、容器,使用单位在重复使用前应当进行检查;发现存在安全隐患的,应当维修或者更换。使用单位应当对检查情况作出记录,记录的保存期限不得少于2年。

**第十九条** 危险化学品生产装置或者储存数量构成重大危险源的危险化学品储存设施(运输工具加油站、加气站除外),与下列场所、设施、区域的距离应当符合国家有关规定:

(一)居住区以及商业中心、公园等人员密集场所;

(二)学校、医院、影剧院、体育场(馆)等公共设施;

(三)饮用水源、水厂以及水源保护区;

(四)车站、码头(依法经许可从事危险化学品装卸作业的除外)、机场以及通信干线、通信枢纽、铁路线路、道路交通干线、水路交通干线、地铁风亭以及地铁站出入口;

(五)基本农田保护区、基本草原、畜禽遗传资源保护区、畜禽规模化养殖场(养殖小区)、渔业水域以及种子、种畜禽、水产苗种生产基地;

(六)河流、湖泊、风景名胜区、自然保护区;

(七)军事禁区、军事管理区;

(八)法律、行政法规规定的其他场所、设施、区域。

已建的危险化学品生产装置或者储存数量构成重大危险源的危险化学品储存设施不符合前款规定的,由所在地设区的市级人民政府安全生产监督管理部门会同有关部门监督其所属单位在规定期限内进行整改;需要转产、停产、搬迁、关闭的,由本级人民政府决定并组织实施。

储存数量构成重大危险源的危险化学品储存设施的选址,应当避开地震活动断层和容易发生洪灾、地质灾害的区域。

本条例所称重大危险源,是指生产、储存、使用或者搬运危险化学品,且危险化学品的数量等于或者超过临界量的单元(包括场所和设施)。

**第二十条** 生产、储存危险化学品的单位,应当根据其生产、储存的危险化学品的种类和危险特性,在作业场所设置相应的监测、监控、通风、防晒、调温、防火、灭火、防爆、泄压、防毒、中和、防潮、防雷、防静电、防腐、防泄漏以及防护围堤或者隔离操作等安全设施、设备,并按照国家标准、行业标准或者国家有关规定对安全设施、设备进行经常性维护、保养,保证安全设施、设备的正常使用。

生产、储存危险化学品的单位,应当在其作业场所和安全设施、设备上设置明显的安全警示标志。

**第二十一条** 生产、储存危险化学品的单位,应当在其作业场所设置通信、报警装置,并保证处于适用状态。

**第二十二条** 生产、储存危险化学品的企业,应当委托具备国家规定的资质条件的机构,对本企业的安全生产条件每 3 年进行一次安全评价,提出安全评价报告。安全评价报告的内容应当包括对安全生产条件存在的问题进行整改的方案。

生产、储存危险化学品的企业,应当将安全评价报告以及整改方案的落实情况报所在地县级人民政府安全生产监督管理部门备案。在港区内储存危险化学品的企业,应当将安全评价报告以及整改方案的落实情况报港口行政管理部门备案。

**第二十三条** 生产、储存剧毒化学品或者国务院公安部门规定的可用于制造爆炸物品的危险化学品(以下简称易制爆危险化学品)的单位,应当如实记录其生产、储存的剧毒化学品、易制爆危险化学品的数量、流向,并采取必要的安全防范措施,防止剧毒化学品、易制爆危险化学品丢失或者被盗;发现剧毒化学品、易制爆危险化学品丢失或者被盗的,应当立即向当地公安机关报告。

生产、储存剧毒化学品、易制爆危险化学品的单位,应当设置治安保卫机构,配备专职治安保卫人员。

**第二十四条** 危险化学品应当储存在专用仓库、专用场地或者专用储存室(以下统称专用仓库)内,并由专人负责管理;剧毒化学品以及储存数量构成重大危险源的其他危险化学品,应当在专用仓库内单独存放,并实行双人收发、双人保管制度。

危险化学品的储存方式、方法以及储存数量应当符合国家标准或者国家有关规定。

**第二十五条** 储存危险化学品的单位应当建立危险化学品出入库核查、登记制度。

对剧毒化学品以及储存数量构成重大危险源的其他危险化学品,储存单位应当将其储存数量、储存地点以及管理人员的情况,报所在地县级人民政府安全生产监督管理部门(在港区内储存的,报港口行政管理部门)和公安机关备案。

**第二十六条** 危险化学品专用仓库应当符合国家标准、行业标准的要求,并设置明显的标志。储存剧毒化学品、易制爆危险化学品的专用仓库,应当按照国家有关规定设置相应的技术防范设施。

储存危险化学品的单位应当对其危险化学品专用仓库的安全设施、设备定期进行检测、检验。

**第二十七条** 生产、储存危险化学品的单位转产、停产、停业或者解散的,应当采取有效措施,及时、妥善处置其危险化学品生产装置、储存设施以及库存的危险化学品,不得丢弃危险化学品;处置方案应当报所在地县级人民政府安全生产监督管理部门、工业和信息化主管部门、环境保护主管部门和公安机关备案。安全生产监督管理部门应当会同环境保护主管部门和公安机关对处置情况进行监督检查,发现未依照规定处置的,应当责令其立即处置。

## 第三章　使用安全

**第二十八条** 使用危险化学品的单位,其使用条件(包括工艺)应当符合法律、行政法规的规定和国家标准、行业标准的要求，并根据所使用的危险化学品的种类、危险特性以及使用量和使用方式，建立、健全使用危险化学品的安全管理规章制度和安全操作规程，保证危险化学品的安全使用。

**第二十九条** 使用危险化学品从事生产并且使用量达到规定数量的化工企业(属于危险化学品生产企业的除外，下同)，应当依照本条例的规定取得危险化学品安全使用许可证。

前款规定的危险化学品使用量的数量标准，由国务院安全生产监督管理部门会同国务院公安部门、农业主管部门确定并公布。

**第三十条** 申请危险化学品安全使用许可证的化工企业，除应当符合本条例第二十八条的规定外，还应当具备下列条件：

(一)有与所使用的危险化学品相适应的专业技术人员；

(二)有安全管理机构和专职安全管理人员；

(三)有符合国家规定的危险化学品事故应急预案和必要的应急救援器材、设备；

(四)依法进行了安全评价。

**第三十一条** 申请危险化学品安全使用许可证的化工企业，应当向所在地设区的市级人民政府安全生产监督管理部门提出申请，并提交其符合本条例第三十条规定条件的证明材料。设区的市级人民政府安全生产监督管理部门应当依法进行审查，自收到证明材料之日起45日内作出批准或者不予批准的决定。予以批准的，颁发危险化学品安全使用许可证；不予批准的，书面通知申请人并说明理由。

安全生产监督管理部门应当将其颁发危险化学品安全使用许可证的情况及时向同级环境保护主管部门和公安机关通报。

**第三十二条** 本条例第十六条关于生产实施重点环境管理的危险化学品的企业的规定，适用于使用实施重点环境管理的危险化学品从事生产的企业；第二十条、第二十一条、第二十三条第一款、第二十七条关于生产、储存危险化学品的单位的规定，适用于使用危险化学品的单位；第二十二条关于生产、储存危险化学品的企业的规定，适用于使用危险化学品从事生产的企业。

## 第四章 经营安全

**第三十三条** 国家对危险化学品经营(包括仓储经营，下同)实行许可制度。

未经许可,任何单位和个人不得经营危险化学品。

依法设立的危险化学品生产企业在其厂区范围内销售本企业生产的危险化学品,不需要取得危险化学品经营许可。

依照《中华人民共和国港口法》的规定取得港口经营许可证的港口经营人,在港区内从事危险化学品仓储经营,不需要取得危险化学品经营许可。

**第三十四条**　从事危险化学品经营的企业应当具备下列条件:

(一)有符合国家标准、行业标准的经营场所,储存危险化学品的,还应当有符合国家标准、行业标准的储存设施;

(二)从业人员经过专业技术培训并经考核合格;

(三)有健全的安全管理规章制度;

(四)有专职安全管理人员;

(五)有符合国家规定的危险化学品事故应急预案和必要的应急救援器材、设备;

(六)法律、法规规定的其他条件。

**第三十五条**　从事剧毒化学品、易制爆危险化学品经营的企业,应当向所在地设区的市级人民政府安全生产监督管理部门提出申请,从事其他危险化学品经营的企业,应当向所在地县级人民政府安全生产监督管理部门提出申请(有储存设施的,应当向所在地设区的市级人民政府安全生产监督管理部门提出申请)。申请人应当提交其符合本条例第三十四条规定条件的证明材料。设区的市级人民政府安全生产监督管理部门或者县级人民政府安全生产监督管理部门应当依法进行审查,并对申请人的经营场所、储存设施进行现场核查,自收到证明材料之日起30日内作出批准或者不予批准的决定。予以批准的,颁发危险化学品经营许可证;不予批准的,书面通知申请人并说明理由。

设区的市级人民政府安全生产监督管理部门和县级人民政府安全生产监督管理部门应当将其颁发危险化学品经营许可证的情况及时向同级环境保护主管部门和公安机关通报。

申请人持危险化学品经营许可证向工商行政管理部门办理登记手续后,方可从事危险化学品经营活动。法律、行政法规或者国务院规定经营危险化学品还需要经其他有关部门许可的,申请人向工商行政管理部门办理登记手续时还应当持相应的许可证件。

**第三十六条** 危险化学品经营企业储存危险化学品的，应当遵守本条例第二章关于储存危险化学品的规定。危险化学品商店内只能存放民用小包装的危险化学品。

**第三十七条** 危险化学品经营企业不得向未经许可从事危险化学品生产、经营活动的企业采购危险化学品，不得经营没有化学品安全技术说明书或者化学品安全标签的危险化学品。

**第三十八条** 依法取得危险化学品安全生产许可证、危险化学品安全使用许可证、危险化学品经营许可证的企业，凭相应的许可证件购买剧毒化学品、易制爆危险化学品。民用爆炸物品生产企业凭民用爆炸物品生产许可证购买易制爆危险化学品。

前款规定以外的单位购买剧毒化学品的，应当向所在地县级人民政府公安机关申请取得剧毒化学品购买许可证；购买易制爆危险化学品的，应当持本单位出具的合法用途说明。

个人不得购买剧毒化学品（属于剧毒化学品的农药除外）和易制爆危险化学品。

**第三十九条** 申请取得剧毒化学品购买许可证，申请人应当向所在地县级人民政府公安机关提交下列材料：

（一）营业执照或者法人证书（登记证书）的复印件；

（二）拟购买的剧毒化学品品种、数量的说明；

（三）购买剧毒化学品用途的说明；

（四）经办人的身份证明。

县级人民政府公安机关应当自收到前款规定的材料之日起 3 日内，作出批准或者不予批准的决定。予以批准的，颁发剧毒化学品购买许可证；不予批准的，书面通知申请人并说明理由。

剧毒化学品购买许可证管理办法由国务院公安部门制定。

**第四十条** 危险化学品生产企业、经营企业销售剧毒化学品、易制爆危险化学品，应当查验本条例第三十八条第一款、第二款规定的相关许可证件或者证明文件，不得向不具有相关许可证件或者证明文件的单位销售剧毒化学品、易制爆危险化学品。对持剧毒化学品购买许可证购买剧毒化学品的，应当按照许可证载明的品种、数量销售。

禁止向个人销售剧毒化学品(属于剧毒化学品的农药除外)和易制爆危险化学品。

**第四十一条** 危险化学品生产企业、经营企业销售剧毒化学品、易制爆危险化学品,应当如实记录购买单位的名称、地址、经办人的姓名、身份证号码以及所购买的剧毒化学品、易制爆危险化学品的品种、数量、用途。销售记录以及经办人的身份证明复印件、相关许可证件复印件或者证明文件的保存期限不得少于1年。

剧毒化学品、易制爆危险化学品的销售企业、购买单位应当在销售、购买后5日内,将所销售、购买的剧毒化学品、易制爆危险化学品的品种、数量以及流向信息报所在地县级人民政府公安机关备案,并输入计算机系统。

**第四十二条** 使用剧毒化学品、易制爆危险化学品的单位不得出借、转让其购买的剧毒化学品、易制爆危险化学品;因转产、停产、搬迁、关闭等确需转让的,应当向具有本条例第三十八条第一款、第二款规定的相关许可证件或者证明文件的单位转让,并在转让后将有关情况及时向所在地县级人民政府公安机关报告。

## 第五章 运输安全

**第四十三条** 从事危险化学品道路运输、水路运输的,应当分别依照有关道路运输、水路运输的法律、行政法规的规定,取得危险货物道路运输许可、危险货物水路运输许可,并向工商行政管理部门办理登记手续。

危险化学品道路运输企业、水路运输企业应当配备专职安全管理人员。

**第四十四条** 危险化学品道路运输企业、水路运输企业的驾驶人员、船员、装卸管理人员、押运人员、申报人员、集装箱装箱现场检查员应当经交通运输主管部门考核合格,取得从业资格。具体办法由国务院交通运输主管部门制定。

危险化学品的装卸作业应当遵守安全作业标准、规程和制度,并在装卸管理人员的现场指挥或者监控下进行。水路运输危险化学品的集装箱装箱作业应当在集装箱装箱现场检查员的指挥或者监控下进行,并符合积载、隔离的规范和要求;装箱作业完毕后,集装箱装箱现场检查员应当签署装箱证明书。

**第四十五条** 运输危险化学品,应当根据危险化学品的危险特性采取相应的安全防护措施,并配备必要的防护用品和应急救援器材。

用于运输危险化学品的槽罐以及其他容器应当封口严密,能够防止危险化学品在运输过程中因温度、湿度或者压力的变化发生渗漏、洒漏;槽罐以及其他容器的溢流和泄压装置应当设置准确、起闭灵活。

运输危险化学品的驾驶人员、船员、装卸管理人员、押运人员、申报人员、集装箱装箱现场检查员，应当了解所运输的危险化学品的危险特性及其包装物、容器的使用要求和出现危险情况时的应急处置方法。

**第四十六条** 通过道路运输危险化学品的，托运人应当委托依法取得危险货物道路运输许可的企业承运。

**第四十七条** 通过道路运输危险化学品的，应当按照运输车辆的核定载质量装载危险化学品，不得超载。

危险化学品运输车辆应当符合国家标准要求的安全技术条件，并按照国家有关规定定期进行安全技术检验。

危险化学品运输车辆应当悬挂或者喷涂符合国家标准要求的警示标志。

**第四十八条** 通过道路运输危险化学品的，应当配备押运人员，并保证所运输的危险化学品处于押运人员的监控之下。

运输危险化学品途中因住宿或者发生影响正常运输的情况，需要较长时间停车的，驾驶人员、押运人员应当采取相应的安全防范措施；运输剧毒化学品或者易制爆危险化学品的，还应当向当地公安机关报告。

**第四十九条** 未经公安机关批准，运输危险化学品的车辆不得进入危险化学品运输车辆限制通行的区域。危险化学品运输车辆限制通行的区域由县级人民政府公安机关划定，并设置明显的标志。

**第五十条** 通过道路运输剧毒化学品的，托运人应当向运输始发地或者目的地县级人民政府公安机关申请剧毒化学品道路运输通行证。

申请剧毒化学品道路运输通行证，托运人应当向县级人民政府公安机关提交下列材料：

（一）拟运输的剧毒化学品品种、数量的说明；

（二）运输始发地、目的地、运输时间和运输路线的说明；

（三）承运人取得危险货物道路运输许可、运输车辆取得营运证以及驾驶人员、押运人员取得上岗资格的证明文件；

（四）本条例第三十八条第一款、第二款规定的购买剧毒化学品的相关许可证件，或者海关出具的进出口证明文件。

县级人民政府公安机关应当自收到前款规定的材料之日起 7 日内，作出批准或者不予批准的决定。予以批准的，颁发剧毒化学品道路运输通行证；不予批准的，书面通知申请人并说明理由。

剧毒化学品道路运输通行证管理办法由国务院公安部门制定。

**第五十一条** 剧毒化学品、易制爆危险化学品在道路运输途中丢失、被盗、被抢或者出现流散、泄漏等情况的，驾驶人员、押运人员应当立即采取相应的警示措施和安全措施，并向当地公安机关报告。公安机关接到报告后，应当根据实际情况立即向安全生产监督管理部门、环境保护主管部门、卫生主管部门通报。有关部门应当采取必要的应急处置措施。

**第五十二条** 通过水路运输危险化学品的，应当遵守法律、行政法规以及国务院交通运输主管部门关于危险货物水路运输安全的规定。

**第五十三条** 海事管理机构应当根据危险化学品的种类和危险特性，确定船舶运输危险化学品的相关安全运输条件。

拟交付船舶运输的化学品的相关安全运输条件不明确的，应当经国家海事管理机构认定的机构进行评估，明确相关安全运输条件并经海事管理机构确认后，方可交付船舶运输。

**第五十四条** 禁止通过内河封闭水域运输剧毒化学品以及国家规定禁止通过内河运输的其他危险化学品。

前款规定以外的内河水域，禁止运输国家规定禁止通过内河运输的剧毒化学品以及其他危险化学品。

禁止通过内河运输的剧毒化学品以及其他危险化学品的范围，由国务院交通运输主管部门会同国务院环境保护主管部门、工业和信息化主管部门、安全生产监督管理部门，根据危险化学品的危险特性、危险化学品对人体和水环境的危害程度以及消除危害后果的难易程度等因素规定并公布。

**第五十五条** 国务院交通运输主管部门应当根据危险化学品的危险特性，对通过内河运输本条例第五十四条规定以外的危险化学品（以下简称通过内河运输危险化学品）实行分类管理，对各类危险化学品的运输方式、包装规范和安全防护措施等分别作出规定并监督实施。

**第五十六条** 通过内河运输危险化学品，应当由依法取得危险货物水路运输许可的水路运输企业承运，其他单位和个人不得承运。托运人应当委托依法取得危险货物水路运输许可的水路运输企业承运，不得委托其他单位和个人承运。

**第五十七条** 通过内河运输危险化学品,应当使用依法取得危险货物适装证书的运输船舶。水路运输企业应当针对所运输的危险化学品的危险特性,制订运输船舶危险化学品事故应急救援预案,并为运输船舶配备充足、有效的应急救援器材和设备。

通过内河运输危险化学品的船舶,其所有人或者经营人应当取得船舶污染损害责任保险证书或者财务担保证明。船舶污染损害责任保险证书或者财务担保证明的副本应当随船携带。

**第五十八条** 通过内河运输危险化学品,危险化学品包装物的材质、形式、强度以及包装方法应当符合水路运输危险化学品包装规范的要求。国务院交通运输主管部门对单船运输的危险化学品数量有限制性规定的,承运人应当按照规定安排运输数量。

**第五十九条** 用于危险化学品运输作业的内河码头、泊位应当符合国家有关安全规范,与饮用水取水口保持国家规定的距离。有关管理单位应当制订码头、泊位危险化学品事故应急预案,并为码头、泊位配备充足、有效的应急救援器材和设备。

用于危险化学品运输作业的内河码头、泊位,经交通运输主管部门按照国家有关规定验收合格后方可投入使用。

**第六十条** 船舶载运危险化学品进出内河港口,应当将危险化学品的名称、危险特性、包装以及进出港时间等事项,事先报告海事管理机构。海事管理机构接到报告后,应当在国务院交通运输主管部门规定的时间内作出是否同意的决定,通知报告人,同时通报港口行政管理部门。定船舶、定航线、定货种的船舶可以定期报告。

在内河港口内进行危险化学品的装卸、过驳作业,应当将危险化学品的名称、危险特性、包装和作业的时间、地点等事项报告港口行政管理部门。港口行政管理部门接到报告后,应当在国务院交通运输主管部门规定的时间内作出是否同意的决定,通知报告人,同时通报海事管理机构。

载运危险化学品的船舶在内河航行,通过过船建筑物的,应当提前向交通运输主管部门申报,并接受交通运输主管部门的管理。

**第六十一条** 载运危险化学品的船舶在内河航行、装卸或者停泊,应当悬挂专用的警示标志,按照规定显示专用信号。

载运危险化学品的船舶在内河航行，按照国务院交通运输主管部门的规定需要引航的，应当申请引航。

**第六十二条** 载运危险化学品的船舶在内河航行，应当遵守法律、行政法规和国家其他有关饮用水水源保护的规定。内河航道发展规划应当与依法经批准的饮用水水源保护区划定方案相协调。

**第六十三条** 托运危险化学品的，托运人应当向承运人说明所托运的危险化学品的种类、数量、危险特性以及发生危险情况的应急处置措施，并按照国家有关规定对所托运的危险化学品妥善包装，在外包装上设置相应的标志。

运输危险化学品需要添加抑制剂或者稳定剂的，托运人应当添加，并将有关情况告知承运人。

**第六十四条** 托运人不得在托运的普通货物中夹带危险化学品，不得将危险化学品匿报或者谎报为普通货物托运。

任何单位和个人不得交寄危险化学品或者在邮件、快件内夹带危险化学品，不得将危险化学品匿报或者谎报为普通物品交寄。邮政企业、快递企业不得收寄危险化学品。

对涉嫌违反本条第一款、第二款规定的，交通运输主管部门、邮政管理部门可以依法开拆查验。

**第六十五条** 通过铁路、航空运输危险化学品的安全管理，依照有关铁路、航空运输的法律、行政法规、规章的规定执行。

## 第六章 危险化学品登记与事故应急救援

**第六十六条** 国家实行危险化学品登记制度，为危险化学品安全管理以及危险化学品事故预防和应急救援提供技术、信息支持。

**第六十七条** 危险化学品生产企业、进口企业，应当向国务院安全生产监督管理部门负责危险化学品登记的机构（以下简称危险化学品登记机构）办理危险化学品登记。

危险化学品登记包括下列内容：

（一）分类和标签信息；

（二）物理、化学性质；

（三）主要用途；

（四）危险特性；

（五）储存、使用、运输的安全要求；

（六）出现危险情况的应急处置措施。

对同一企业生产、进口的同一品种的危险化学品，不进行重复登记。危险化学品生产企业、进口企业发现其生产、进口的危险化学品有新的危险特性的，应当及时向危险化学品登记机构办理登记内容变更手续。

危险化学品登记的具体办法由国务院安全生产监督管理部门制定。

**第六十八条** 危险化学品登记机构应当定期向工业和信息化、环境保护、公安、卫生、交通运输、铁路、质量监督检验检疫等部门提供危险化学品登记的有关信息和资料。

**第六十九条** 县级以上地方人民政府安全生产监督管理部门应当会同工业和信息化、环境保护、公安、卫生、交通运输、铁路、质量监督检验检疫等部门，根据本地区实际情况，制订危险化学品事故应急预案，报本级人民政府批准。

**第七十条** 危险化学品单位应当制订本单位危险化学品事故应急预案，配备应急救援人员和必要的应急救援器材、设备，并定期组织应急救援演练。

危险化学品单位应当将其危险化学品事故应急预案报所在地设区的市级人民政府安全生产监督管理部门备案。

**第七十一条** 发生危险化学品事故，事故单位主要负责人应当立即按照本单位危险化学品应急预案组织救援，并向当地安全生产监督管理部门和环境保护、公安、卫生主管部门报告；道路运输、水路运输过程中发生危险化学品事故的，驾驶人员、船员或者押运人员还应当向事故发生地交通运输主管部门报告。

**第七十二条** 发生危险化学品事故，有关地方人民政府应当立即组织安全生产监督管理、环境保护、公安、卫生、交通运输等有关部门，按照本地区危险化学品事故应急预案组织实施救援，不得拖延、推诿。

有关地方人民政府及其有关部门应当按照下列规定，采取必要的应急处置措施，减少事故损失，防止事故蔓延、扩大：

（一）立即组织营救和救治受害人员，疏散、撤离或者采取其他措施保护危害区域内的其他人员；

（二）迅速控制危害源，测定危险化学品的性质、事故的危害区域及危害程度；

（三）针对事故对人体、动植物、土壤、水源、大气造成的现实危害和可能产生

的危害,迅速采取封闭、隔离、洗消等措施;

(四)对危险化学品事故造成的环境污染和生态破坏状况进行监测、评估,并采取相应的环境污染治理和生态修复措施。

**第七十三条** 有关危险化学品单位应当为危险化学品事故应急救援提供技术指导和必要的协助。

**第七十四条** 危险化学品事故造成环境污染的,由设区的市级以上人民政府环境保护主管部门统一发布有关信息。

## 第七章 法律责任

**第七十五条** 生产、经营、使用国家禁止生产、经营、使用的危险化学品的,由安全生产监督管理部门责令停止生产、经营、使用活动,处20万元以上50万元以下的罚款,有违法所得的,没收违法所得;构成犯罪的,依法追究刑事责任。

有前款规定行为的,安全生产监督管理部门还应当责令其对所生产、经营、使用的危险化学品进行无害化处理。

违反国家关于危险化学品使用的限制性规定使用危险化学品的,依照本条第一款的规定处理。

**第七十六条** 未经安全条件审查,新建、改建、扩建生产、储存危险化学品的建设项目的,由安全生产监督管理部门责令停止建设,限期改正;逾期不改正的,处50万元以上100万元以下的罚款;构成犯罪的,依法追究刑事责任。

未经安全条件审查,新建、改建、扩建储存、装卸危险化学品的港口建设项目的,由港口行政管理部门依照前款规定予以处罚。

**第七十七条** 未依法取得危险化学品安全生产许可证从事危险化学品生产,或者未依法取得工业产品生产许可证从事危险化学品及其包装物、容器生产的,分别依照《安全生产许可证条例》、《中华人民共和国工业产品生产许可证管理条例》的规定处罚。

违反本条例规定,化工企业未取得危险化学品安全使用许可证,使用危险化学品从事生产的,由安全生产监督管理部门责令限期改正,处10万元以上20万元以下的罚款;逾期不改正的,责令停产整顿。

违反本条例规定,未取得危险化学品经营许可证从事危险化学品经营的,由安全生产监督管理部门责令停止经营活动,没收违法经营的危险化学品以及违法所得，并处10万元以上20万元以下的罚款；构成犯罪的，依法追究刑事责任。

**第七十八条** 有下列情形之一的，由安全生产监督管理部门责令改正，可以处5万元以下的罚款；拒不改正的，处5万元以上10万元以下的罚款；情节严重的，责令停产停业整顿：

（一）生产、储存危险化学品的单位未对其铺设的危险化学品管道设置明显的标志，或者未对危险化学品管道定期检查、检测的；

（二）进行可能危及危险化学品管道安全的施工作业，施工单位未按照规定书面通知管道所属单位，或者未与管道所属单位共同制定应急预案、采取相应的安全防护措施，或者管道所属单位未指派专门人员到现场进行管道安全保护指导的；

（三）危险化学品生产企业未提供化学品安全技术说明书，或者未在包装（包括外包装件）上粘贴、拴挂化学品安全标签的；

（四）危险化学品生产企业提供的化学品安全技术说明书与其生产的危险化学品不相符，或者在包装（包括外包装件）粘贴、拴挂的化学品安全标签与包装内危险化学品不相符，或者化学品安全技术说明书、化学品安全标签所载明的内容不符合国家标准要求的；

（五）危险化学品生产企业发现其生产的危险化学品有新的危险特性不立即公告，或者不及时修订其化学品安全技术说明书和化学品安全标签的；

（六）危险化学品经营企业经营没有化学品安全技术说明书和化学品安全标签的危险化学品的；

（七）危险化学品包装物、容器的材质以及包装的型式、规格、方法和单件质量（重量）与所包装的危险化学品的性质和用途不相适应的；

（八）生产、储存危险化学品的单位未在作业场所和安全设施、设备上设置明显的安全警示标志，或者未在作业场所设置通信、报警装置的；

（九）危险化学品专用仓库未设专人负责管理，或者对储存的剧毒化学品以及储存数量构成重大危险源的其他危险化学品未实行双人收发、双人保管制度的；

（十）储存危险化学品的单位未建立危险化学品出入库核查、登记制度的；

（十一）危险化学品专用仓库未设置明显标志的；

（十二）危险化学品生产企业、进口企业不办理危险化学品登记，或者发现其生产、进口的危险化学品有新的危险特性不办理危险化学品登记内容变更手续的。

从事危险化学品仓储经营的港口经营人有前款规定情形的，由港口行政管理部门依照前款规定予以处罚。储存剧毒化学品、易制爆危险化学品的专用仓库未按照国家有关规定设置相应的技术防范设施的，由公安机关依照前款规定予以处罚。

生产、储存剧毒化学品、易制爆危险化学品的单位未设置治安保卫机构、配备专职治安保卫人员的，依照《企业事业单位内部治安保卫条例》的规定处罚。

**第七十九条** 危险化学品包装物、容器生产企业销售未经检验或者经检验不合格的危险化学品包装物、容器的，由质量监督检验检疫部门责令改正，处10万元以上20万元以下的罚款，有违法所得的，没收违法所得；拒不改正的，责令停产停业整顿；构成犯罪的，依法追究刑事责任。

将未经检验合格的运输危险化学品的船舶及其配载的容器投入使用的，由海事管理机构依照前款规定予以处罚。

**第八十条** 生产、储存、使用危险化学品的单位有下列情形之一的，由安全生产监督管理部门责令改正，处5万元以上10万元以下的罚款；拒不改正的，责令停产停业整顿直至由原发证机关吊销其相关许可证件，并由工商行政管理部门责令其办理经营范围变更登记或者吊销其营业执照；有关责任人员构成犯罪的，依法追究刑事责任：

（一）对重复使用的危险化学品包装物、容器，在重复使用前不进行检查的；

（二）未根据其生产、储存的危险化学品的种类和危险特性，在作业场所设置相关安全设施、设备，或者未按照国家标准、行业标准或者国家有关规定对安全设施、设备进行经常性维护、保养的；

（三）未依照本条例规定对其安全生产条件定期进行安全评价的；

（四）未将危险化学品储存在专用仓库内，或者未将剧毒化学品以及储存数量构成重大危险源的其他危险化学品在专用仓库内单独存放的；

（五）危险化学品的储存方式、方法或者储存数量不符合国家标准或者国家有关规定的；

（六）危险化学品专用仓库不符合国家标准、行业标准的要求的；

（七）未对危险化学品专用仓库的安全设施、设备定期进行检测、检验的。

从事危险化学品仓储经营的港口经营人有前款规定情形的，由港口行政管理部门依照前款规定予以处罚。

**第八十一条** 有下列情形之一的，由公安机关责令改正，可以处1万元以下的

罚款;拒不改正的,处 1 万元以上 5 万元以下的罚款:

(一)生产、储存、使用剧毒化学品、易制爆危险化学品的单位不如实记录生产、储存、使用的剧毒化学品、易制爆危险化学品的数量、流向的;

(二)生产、储存、使用剧毒化学品、易制爆危险化学品的单位发现剧毒化学品、易制爆危险化学品丢失或者被盗,不立即向公安机关报告的;

(三)储存剧毒化学品的单位未将剧毒化学品的储存数量、储存地点以及管理人员的情况报所在地县级人民政府公安机关备案的;

(四)危险化学品生产企业、经营企业不如实记录剧毒化学品、易制爆危险化学品购买单位的名称、地址、经办人的姓名、身份证号码以及所购买的剧毒化学品、易制爆危险化学品的品种、数量、用途,或者保存销售记录和相关材料的时间少于 1 年的;

(五)剧毒化学品、易制爆危险化学品的销售企业、购买单位未在规定的时限内将所销售、购买的剧毒化学品、易制爆危险化学品的品种、数量以及流向信息报所在地县级人民政府公安机关备案的;

(六)使用剧毒化学品、易制爆危险化学品的单位依照本条例规定转让其购买的剧毒化学品、易制爆危险化学品,未将有关情况向所在地县级人民政府公安机关报告的。

生产、储存危险化学品的企业或者使用危险化学品从事生产的企业未按照本条例规定将安全评价报告以及整改方案的落实情况报安全生产监督管理部门或者港口行政管理部门备案,或者储存危险化学品的单位未将其剧毒化学品以及储存数量构成重大危险源的其他危险化学品的储存数量、储存地点以及管理人员的情况报安全生产监督管理部门或者港口行政管理部门备案的,分别由安全生产监督管理部门或者港口行政管理部门依照前款规定予以处罚。

生产实施重点环境管理的危险化学品的企业或者使用实施重点环境管理的危险化学品从事生产的企业未按照规定将相关信息向环境保护主管部门报告的,由环境保护主管部门依照本条第一款的规定予以处罚。

**第八十二条** 生产、储存、使用危险化学品的单位转产、停产、停业或者解散,未采取有效措施及时、妥善处置其危险化学品生产装置、储存设施以及库存的危险化学品,或者丢弃危险化学品的,由安全生产监督管理部门责令改正,处 5 万元以上 10 万元以下的罚款;构成犯罪的,依法追究刑事责任。

生产、储存、使用危险化学品的单位转产、停产、停业或者解散，未依照本条例规定将其危险化学品生产装置、储存设施以及库存危险化学品的处置方案报有关部门备案的，分别由有关部门责令改正，可以处1万元以下的罚款；拒不改正的，处1万元以上5万元以下的罚款。

**第八十三条** 危险化学品经营企业向未经许可违法从事危险化学品生产、经营活动的企业采购危险化学品的，由工商行政管理部门责令改正，处10万元以上20万元以下的罚款；拒不改正的，责令停业整顿直至由原发证机关吊销其危险化学品经营许可证，并由工商行政管理部门责令其办理经营范围变更登记或者吊销其营业执照。

**第八十四条** 危险化学品生产企业、经营企业有下列情形之一的，由安全生产监督管理部门责令改正，没收违法所得，并处10万元以上20万元以下的罚款；拒不改正的，责令停产停业整顿直至吊销其危险化学品安全生产许可证、危险化学品经营许可证，并由工商行政管理部门责令其办理经营范围变更登记或者吊销其营业执照：

（一）向不具有本条例第三十八条第一款、第二款规定的相关许可证件或者证明文件的单位销售剧毒化学品、易制爆危险化学品的；

（二）不按照剧毒化学品购买许可证载明的品种、数量销售剧毒化学品的；

（三）向个人销售剧毒化学品（属于剧毒化学品的农药除外）、易制爆危险化学品的。

不具有本条例第三十八条第一款、第二款规定的相关许可证件或者证明文件的单位购买剧毒化学品、易制爆危险化学品，或者个人购买剧毒化学品（属于剧毒化学品的农药除外）、易制爆危险化学品的，由公安机关没收所购买的剧毒化学品、易制爆危险化学品，可以并处5000元以下的罚款。

使用剧毒化学品、易制爆危险化学品的单位出借或者向不具有本条例第三十八条第一款、第二款规定的相关许可证件的单位转让其购买的剧毒化学品、易制爆危险化学品，或者向个人转让其购买的剧毒化学品（属于剧毒化学品的农药除外）、易制爆危险化学品的，由公安机关责令改正，处10万元以上20万元以下的罚款；拒不改正的，责令停产停业整顿。

**第八十五条** 未依法取得危险货物道路运输许可、危险货物水路运输许可，从事危险化学品道路运输、水路运输的，分别依照有关道路运输、水路运输的法律、行政法规的规定处罚。

**第八十六条**　有下列情形之一的，由交通运输主管部门责令改正，处5万元以上10万元以下的罚款；拒不改正的，责令停产停业整顿；构成犯罪的，依法追究刑事责任：

（一）危险化学品道路运输企业、水路运输企业的驾驶人员、船员、装卸管理人员、押运人员、申报人员、集装箱装箱现场检查员未取得从业资格上岗作业的；

（二）运输危险化学品，未根据危险化学品的危险特性采取相应的安全防护措施，或者未配备必要的防护用品和应急救援器材的；

（三）使用未依法取得危险货物适装证书的船舶，通过内河运输危险化学品的；

（四）通过内河运输危险化学品的承运人违反国务院交通运输主管部门对单船运输的危险化学品数量的限制性规定运输危险化学品的；

（五）用于危险化学品运输作业的内河码头、泊位不符合国家有关安全规范，或者未与饮用水取水口保持国家规定的安全距离，或者未经交通运输主管部门验收合格投入使用的；

（六）托运人不向承运人说明所托运的危险化学品的种类、数量、危险特性以及发生危险情况的应急处置措施，或者未按照国家有关规定对所托运的危险化学品妥善包装并在外包装上设置相应标志的；

（七）运输危险化学品需要添加抑制剂或者稳定剂，托运人未添加或者未将有关情况告知承运人的。

**第八十七条**　有下列情形之一的，由交通运输主管部门责令改正，处10万元以上20万元以下的罚款，有违法所得的，没收违法所得；拒不改正的，责令停产停业整顿；构成犯罪的，依法追究刑事责任：

（一）委托未依法取得危险货物道路运输许可、危险货物水路运输许可的企业承运危险化学品的；

（二）通过内河封闭水域运输剧毒化学品以及国家规定禁止通过内河运输的其他危险化学品的；

（三）通过内河运输国家规定禁止通过内河运输的剧毒化学品以及其他危险化学品的；

（四）在托运的普通货物中夹带危险化学品，或者将危险化学品谎报或者匿报为普通货物托运的。

在邮件、快件内夹带危险化学品，或者将危险化学品谎报为普通物品交寄的，依法给予治安管理处罚；构成犯罪的，依法追究刑事责任。

邮政企业、快递企业收寄危险化学品的，依照《中华人民共和国邮政法》的规定处罚。

**第八十八条** 有下列情形之一的，由公安机关责令改正，处5万元以上10万元以下的罚款；构成违反治安管理行为的，依法给予治安管理处罚；构成犯罪的，依法追究刑事责任：

（一）超过运输车辆的核定载质量装载危险化学品的；

（二）使用安全技术条件不符合国家标准要求的车辆运输危险化学品的；

（三）运输危险化学品的车辆未经公安机关批准进入危险化学品运输车辆限制通行的区域的；

（四）未取得剧毒化学品道路运输通行证，通过道路运输剧毒化学品的。

**第八十九条** 有下列情形之一的，由公安机关责令改正，处1万元以上5万元以下的罚款；构成违反治安管理行为的，依法给予治安管理处罚：

（一）危险化学品运输车辆未悬挂或者喷涂警示标志，或者悬挂或者喷涂的警示标志不符合国家标准要求的；

（二）通过道路运输危险化学品，不配备押运人员的；

（三）运输剧毒化学品或者易制爆危险化学品途中需要较长时间停车，驾驶人员、押运人员不向当地公安机关报告的；

（四）剧毒化学品、易制爆危险化学品在道路运输途中丢失、被盗、被抢或者发生流散、泄露等情况，驾驶人员、押运人员不采取必要的警示措施和安全措施，或者不向当地公安机关报告的。

**第九十条** 对发生交通事故负有全部责任或者主要责任的危险化学品道路运输企业，由公安机关责令消除安全隐患，未消除安全隐患的危险化学品运输车辆，禁止上道路行驶。

**第九十一条** 有下列情形之一的，由交通运输主管部门责令改正，可以处1万元以下的罚款；拒不改正的，处1万元以上5万元以下的罚款：

（一）危险化学品道路运输企业、水路运输企业未配备专职安全管理人员的；

（二）用于危险化学品运输作业的内河码头、泊位的管理单位未制定码头、泊位危险化学品事故应急救援预案，或者未为码头、泊位配备充足、有效的应急救援器材和设备的。

**第九十二条** 有下列情形之一的，依照《中华人民共和国内河交通安全管理条例》的规定处罚：

（一）通过内河运输危险化学品的水路运输企业未制定运输船舶危险化学品事故应急救援预案，或者未为运输船舶配备充足、有效的应急救援器材和设备的；

（二）通过内河运输危险化学品的船舶的所有人或者经营人未取得船舶污染损害责任保险证书或者财务担保证明的；

（三）船舶载运危险化学品进出内河港口，未将有关事项事先报告海事管理机构并经其同意的；

（四）载运危险化学品的船舶在内河航行、装卸或者停泊，未悬挂专用的警示标志，或者未按照规定显示专用信号，或者未按照规定申请引航的。

未向港口行政管理部门报告并经其同意，在港口内进行危险化学品的装卸、过驳作业的，依照《中华人民共和国港口法》的规定处罚。

**第九十三条** 伪造、变造或者出租、出借、转让危险化学品安全生产许可证、工业产品生产许可证，或者使用伪造、变造的危险化学品安全生产许可证、工业产品生产许可证的，分别依照《安全生产许可证条例》、《中华人民共和国工业产品生产许可证管理条例》的规定处罚。

伪造、变造或者出租、出借、转让本条例规定的其他许可证，或者使用伪造、变造的本条例规定的其他许可证的，分别由相关许可证的颁发管理机关处10万元以上20万元以下的罚款，有违法所得的，没收违法所得；构成违反治安管理行为的，依法给予治安管理处罚；构成犯罪的，依法追究刑事责任。

**第九十四条** 危险化学品单位发生危险化学品事故，其主要负责人不立即组织救援或者不立即向有关部门报告的，依照《生产安全事故报告和调查处理条例》的规定处罚。

危险化学品单位发生危险化学品事故，造成他人人身伤害或者财产损失的，依法承担赔偿责任。

**第九十五条** 发生危险化学品事故，有关地方人民政府及其有关部门不立即组织实施救援，或者不采取必要的应急处置措施减少事故损失，防止事故蔓延、扩大的，对直接负责的主管人员和其他直接责任人员依法给予处分；构成犯罪的，依法追究刑事责任。

**第九十六条** 负有危险化学品安全监督管理职责的部门的工作人员，在危险化学品安全监督管理工作中滥用职权、玩忽职守、徇私舞弊，构成犯罪的，依法追究刑事责任；尚不构成犯罪的，依法给予处分。

## 第八章 附 则

**第九十七条** 监控化学品、属于危险化学品的药品和农药的安全管理，依照本条例的规定执行；法律、行政法规另有规定的，依照其规定。

民用爆炸物品、烟花爆竹、放射性物品、核能物质以及用于国防科研生产的危险化学品的安全管理，不适用本条例。

法律、行政法规对燃气的安全管理另有规定的，依照其规定。

危险化学品容器属于特种设备的，其安全管理依照有关特种设备安全的法律、行政法规的规定执行。

**第九十八条** 危险化学品的进出口管理，依照有关对外贸易的法律、行政法规、规章的规定执行；进口的危险化学品的储存、使用、经营、运输的安全管理，依照本条例的规定执行。

危险化学品环境管理登记和新化学物质环境管理登记，依照有关环境保护的法律、行政法规、规章的规定执行。危险化学品环境管理登记，按照国家有关规定收取费用。

**第九十九条** 公众发现、捡拾的无主危险化学品，由公安机关接收。公安机关接收或者有关部门依法没收的危险化学品，需要进行无害化处理的，交由环境保护主管部门组织其认定的专业单位进行处理，或者交由有关危险化学品生产企业进行处理。处理所需费用由国家财政负担。

**第一百条** 化学品的危险特性尚未确定的，由国务院安全生产监督管理部门、国务院环境保护主管部门、国务院卫生主管部门分别负责组织对该化学品的物理危险性、环境危害性、毒理特性进行鉴定。根据鉴定结果，需要调整危险化学品目录的，依照本条例第三条第二款的规定办理。

**第一百零一条** 本条例施行前已经使用危险化学品从事生产的化工企业，依照本条例规定需要取得危险化学品安全使用许可证的，应当在国务院安全生产监督管理部门规定的期限内，申请取得危险化学品安全使用许可证。

**第一百零二条** 本条例自 2011 年 12 月 1 日起施行。

# 公路安全保护条例

（2011年2月16日国务院第144次常务会议通过
中华人民共和国国务院令　第593号）

## 第一章　总　　则

**第一条**　为了加强公路保护，保障公路完好、安全和畅通，根据《中华人民共和国公路法》，制定本条例。

**第二条**　各级人民政府应当加强对公路保护工作的领导，依法履行公路保护职责。

**第三条**　国务院交通运输主管部门主管全国公路保护工作。

县级以上地方人民政府交通运输主管部门主管本行政区域的公路保护工作；但是，县级以上地方人民政府交通运输主管部门对国道、省道的保护职责，由省、自治区、直辖市人民政府确定。

公路管理机构依照本条例的规定具体负责公路保护的监督管理工作。

**第四条**　县级以上各级人民政府发展改革、工业和信息化、公安、工商、质检等部门按照职责分工，依法开展公路保护的相关工作。

**第五条**　县级以上各级人民政府应当将政府及其有关部门从事公路管理、养护所需经费以及公路管理机构行使公路行政管理职能所需经费纳入本级人民政府财政预算。但是，专用公路的公路保护经费除外。

**第六条**　县级以上各级人民政府交通运输主管部门应当综合考虑国家有关车辆技术标准、公路使用状况等因素，逐步提高公路建设、管理和养护水平，努力满足国民经济和社会发展以及人民群众生产、生活需要。

**第七条**　县级以上各级人民政府交通运输主管部门应当依照《中华人民共和国突发事件应对法》的规定，制订地震、泥石流、雨雪冰冻灾害等损毁公路的突发事件（以下简称公路突发事件）应急预案，报本级人民政府批准后实施。

公路管理机构、公路经营企业应当根据交通运输主管部门制订的公路突发事件应急预案，组建应急队伍，并定期组织应急演练。

**第八条** 国家建立健全公路突发事件应急物资储备保障制度，完善应急物资储备、调配体系，确保发生公路突发事件时能够满足应急处置工作的需要。

**第九条** 任何单位和个人不得破坏、损坏、非法占用或者非法利用公路、公路用地和公路附属设施。

## 第二章 公路线路

**第十条** 公路管理机构应当建立健全公路管理档案，对公路、公路用地和公路附属设施调查核实、登记造册。

**第十一条** 县级以上地方人民政府应当根据保障公路运行安全和节约用地的原则以及公路发展的需要，组织交通运输、国土资源等部门划定公路建筑控制区的范围。

公路建筑控制区的范围，从公路用地外缘起向外的距离标准为：

（一）国道不少于20米；

（二）省道不少于15米；

（三）县道不少于10米；

（四）乡道不少于5米。

属于高速公路的，公路建筑控制区的范围从公路用地外缘起向外的距离标准不少于30米。

公路弯道内侧、互通立交以及平面交叉道口的建筑控制区范围根据安全视距等要求确定。

**第十二条** 新建、改建公路的建筑控制区的范围，应当自公路初步设计批准之日起30日内，由公路沿线县级以上地方人民政府依照本条例划定并公告。

公路建筑控制区与铁路线路安全保护区、航道保护范围、河道管理范围或者水工程管理和保护范围重叠的，经公路管理机构和铁路管理机构、航道管理机构、水行政主管部门或者流域管理机构协商后划定。

**第十三条** 在公路建筑控制区内，除公路保护需要外，禁止修建建筑物和地面构筑物；公路建筑控制区划定前已经合法修建的不得扩建，因公路建设或者保障公路运行安全等原因需要拆除的应当依法给予补偿。

在公路建筑控制区外修建的建筑物、地面构筑物以及其他设施不得遮挡公路标志,不得妨碍安全视距。

**第十四条** 新建村镇、开发区、学校和货物集散地、大型商业网点、农贸市场等公共场所,与公路建筑控制区边界外缘的距离应当符合下列标准,并尽可能在公路一侧建设:

(一)国道、省道不少于50米;

(二)县道、乡道不少于20米。

**第十五条** 新建、改建公路与既有城市道路、铁路、通信等线路交叉或者新建、改建城市道路、铁路、通信等线路与既有公路交叉的,建设费用由新建、改建单位承担;城市道路、铁路、通信等线路的管理部门、单位或者公路管理机构要求提高既有建设标准而增加的费用,由提出要求的部门或者单位承担。

需要改变既有公路与城市道路、铁路、通信等线路交叉方式的,按照公平合理的原则分担建设费用。

**第十六条** 禁止将公路作为检验车辆制动性能的试车场地。

禁止在公路、公路用地范围内摆摊设点、堆放物品、倾倒垃圾、设置障碍、挖沟引水、打场晒粮、种植作物、放养牲畜、采石、取土、采空作业、焚烧物品、利用公路边沟排放污物或者进行其他损坏、污染公路和影响公路畅通的行为。

**第十七条** 禁止在下列范围内从事采矿、采石、取土、爆破作业等危及公路、公路桥梁、公路隧道、公路渡口安全的活动:

(一)国道、省道、县道的公路用地外缘起向外100米,乡道的公路用地外缘起向外50米;

(二)公路渡口和中型以上公路桥梁周围200米;

(三)公路隧道上方和洞口外100米。

在前款规定的范围内,因抢险、防汛需要修筑堤坝、压缩或者拓宽河床的,应当经省、自治区、直辖市人民政府交通运输主管部门会同水行政主管部门或者流域管理机构批准,并采取安全防护措施方可进行。

**第十八条** 除按照国家有关规定设立的为车辆补充燃料的场所、设施外,禁止在下列范围内设立生产、储存、销售易燃、易爆、剧毒、放射性等危险物品的场所、设施:

(一)公路用地外缘起向外100米;

(二)公路渡口和中型以上公路桥梁周围200米;

（三）公路隧道上方和洞口外100米。

**第十九条** 禁止擅自在中型以上公路桥梁跨越的河道上下游各1000米范围内抽取地下水、架设浮桥以及修建其他危及公路桥梁安全的设施。

在前款规定的范围内，确需进行抽取地下水、架设浮桥等活动的，应当经水行政主管部门、流域管理机构等有关单位会同公路管理机构批准，并采取安全防护措施方可进行。

**第二十条** 禁止在公路桥梁跨越的河道上下游的下列范围内采砂：

（一）特大型公路桥梁跨越的河道上游500米，下游3000米；

（二）大型公路桥梁跨越的河道上游500米，下游2000米；

（三）中小型公路桥梁跨越的河道上游500米，下游1000米。

**第二十一条** 在公路桥梁跨越的河道上下游各500米范围内依法进行疏浚作业的，应当符合公路桥梁安全要求，经公路管理机构确认安全方可作业。

**第二十二条** 禁止利用公路桥梁进行牵拉、吊装等危及公路桥梁安全的施工作业。

禁止利用公路桥梁（含桥下空间）、公路隧道、涵洞堆放物品，搭建设施以及铺设高压电线和输送易燃、易爆或者其他有毒有害气体、液体的管道。

**第二十三条** 公路桥梁跨越航道的，建设单位应当按照国家有关规定设置桥梁航标、桥柱标、桥梁水尺标，并按照国家标准、行业标准设置桥区水上航标和桥墩防撞装置。桥区水上航标由航标管理机构负责维护。

通过公路桥梁的船舶应当符合公路桥梁通航净空要求，严格遵守航行规则，不得在公路桥梁下停泊或者系缆。

**第二十四条** 重要的公路桥梁和公路隧道按照《中华人民共和国人民武装警察法》和国务院、中央军委的有关规定由中国人民武装警察部队守护。

**第二十五条** 禁止损坏、擅自移动、涂改、遮挡公路附属设施或者利用公路附属设施架设管道、悬挂物品。

**第二十六条** 禁止破坏公路、公路用地范围内的绿化物。需要更新采伐护路林的，应当向公路管理机构提出申请，经批准方可更新采伐，并及时补种；不能及时补种的，应当交纳补种所需费用，由公路管理机构代为补种。

**第二十七条** 进行下列涉路施工活动，建设单位应当向公路管理机构提出申请：

（一）因修建铁路、机场、供电、水利、通信等建设工程需要占用、挖掘公路、公路用地或者使公路改线；

（二）跨越、穿越公路修建桥梁、渡槽或者架设、埋设管道、电缆等设施；

（三）在公路用地范围内架设、埋设管道、电缆等设施；

（四）利用公路桥梁、公路隧道、涵洞铺设电缆等设施；

（五）利用跨越公路的设施悬挂非公路标志；

（六）在公路上增设或者改造平面交叉道口；

（七）在公路建筑控制区内埋设管道、电缆等设施。

**第二十八条** 申请进行涉路施工活动的建设单位应当向公路管理机构提交下列材料：

（一）符合有关技术标准、规范要求的设计和施工方案；

（二）保障公路、公路附属设施质量和安全的技术评价报告；

（三）处置施工险情和意外事故的应急方案。

公路管理机构应当自受理申请之日起20日内作出许可或者不予许可的决定；影响交通安全的，应当征得公安机关交通管理部门的同意；涉及经营性公路的，应当征求公路经营企业的意见；不予许可的，公路管理机构应当书面通知申请人并说明理由。

**第二十九条** 建设单位应当按照许可的设计和施工方案进行施工作业，并落实保障公路、公路附属设施质量和安全的防护措施。

涉路施工完毕，公路管理机构应当对公路、公路附属设施是否达到规定的技术标准以及施工是否符合保障公路、公路附属设施质量和安全的要求进行验收；影响交通安全的，还应当经公安机关交通管理部门验收。

涉路工程设施的所有人、管理人应当加强维护和管理，确保工程设施不影响公路的完好、安全和畅通。

## 第三章 公路通行

**第三十条** 车辆的外廓尺寸、轴荷和总质量应当符合国家有关车辆外廓尺寸、轴荷、质量限值等机动车安全技术标准，不符合标准的不得生产、销售。

**第三十一条** 公安机关交通管理部门办理车辆登记，应当当场查验，对不符合机动车国家安全技术标准的车辆不予登记。

**第三十二条** 运输不可解体物品需要改装车辆的，应当由具有相应资质的车辆生产企业按照规定的车型和技术参数进行改装。

**第三十三条** 超过公路、公路桥梁、公路隧道限载、限高、限宽、限长标准的车辆，不得在公路、公路桥梁或者公路隧道行驶；超过汽车渡船限载、限高、限宽、限长标准的车辆，不得使用汽车渡船。

公路、公路桥梁、公路隧道限载、限高、限宽、限长标准调整的，公路管理机构、公路经营企业应当及时变更限载、限高、限宽、限长标志；需要绕行的，还应当标明绕行路线。

**第三十四条** 县级人民政府交通运输主管部门或者乡级人民政府可以根据保护乡道、村道的需要，在乡道、村道的出入口设置必要的限高、限宽设施，但是不得影响消防和卫生急救等应急通行需要，不得向通行车辆收费。

**第三十五条** 车辆载运不可解体物品，车货总体的外廓尺寸或者总质量超过公路、公路桥梁、公路隧道的限载、限高、限宽、限长标准，确需在公路、公路桥梁、公路隧道行驶的，从事运输的单位和个人应当向公路管理机构申请公路超限运输许可。

**第三十六条** 申请公路超限运输许可按照下列规定办理：

（一）跨省、自治区、直辖市进行超限运输的，向公路沿线各省、自治区、直辖市公路管理机构提出申请，由起运地省、自治区、直辖市公路管理机构统一受理，并协调公路沿线各省、自治区、直辖市公路管理机构对超限运输申请进行审批，必要时可以由国务院交通运输主管部门统一协调处理；

（二）在省、自治区范围内跨设区的市进行超限运输，或者在直辖市范围内跨区、县进行超限运输的，向省、自治区、直辖市公路管理机构提出申请，由省、自治区、直辖市公路管理机构受理并审批；

（三）在设区的市范围内跨区、县进行超限运输的，向设区的市公路管理机构提出申请，由设区的市公路管理机构受理并审批；

（四）在区、县范围内进行超限运输的，向区、县公路管理机构提出申请，由区、县公路管理机构受理并审批。

公路超限运输影响交通安全的，公路管理机构在审批超限运输申请时，应当征求公安机关交通管理部门意见。

**第三十七条** 公路管理机构审批超限运输申请，应当根据实际情况勘测通行路线，需要采取加固、改造措施的，可以与申请人签订有关协议，制订相应的加固、改造方案。

公路管理机构应当根据其制订的加固、改造方案，对通行的公路桥梁、涵洞等设施进行加固、改造；必要时应当对超限运输车辆进行监管。

**第三十八条** 公路管理机构批准超限运输申请的，应当为超限运输车辆配发国务院交通运输主管部门规定式样的超限运输车辆通行证。

经批准进行超限运输的车辆，应当随车携带超限运输车辆通行证，按照指定的时间、路线和速度行驶，并悬挂明显标志。

禁止租借、转让超限运输车辆通行证。禁止使用伪造、变造的超限运输车辆通行证。

**第三十九条** 经省、自治区、直辖市人民政府批准，有关交通运输主管部门可以设立固定超限检测站点，配备必要的设备和人员。

固定超限检测站点应当规范执法，并公布监督电话。公路管理机构应当加强对固定超限检测站点的管理。

**第四十条** 公路管理机构在监督检查中发现车辆超过公路、公路桥梁、公路隧道或者汽车渡船的限载、限高、限宽、限长标准的，应当就近引导至固定超限检测站点进行处理。

车辆应当按照超限检测指示标志或者公路管理机构监督检查人员的指挥接受超限检测，不得故意堵塞固定超限检测站点通行车道、强行通过固定超限检测站点或者以其他方式扰乱超限检测秩序，不得采取短途驳载等方式逃避超限检测。

禁止通过引路绕行等方式为不符合国家有关载运标准的车辆逃避超限检测提供便利。

**第四十一条** 煤炭、水泥等货物集散地以及货运站等场所的经营人、管理人应当采取有效措施，防止不符合国家有关载运标准的车辆出场(站)。

道路运输管理机构应当加强对煤炭、水泥等货物集散地以及货运站等场所的监督检查，制止不符合国家有关载运标准的车辆出场(站)。

任何单位和个人不得指使、强令车辆驾驶人超限运输货物，不得阻碍道路运输管理机构依法进行监督检查。

**第四十二条** 载运易燃、易爆、剧毒、放射性等危险物品的车辆，应当符合国家有关安全管理规定，并避免通过特大型公路桥梁或者特长公路隧道；确需通过特大型公路桥梁或者特长公路隧道的，负责审批易燃、易爆、剧毒、放射性等危险物品运输许可的机关应当提前将行驶时间、路线通知特大型公路桥梁或者特长公路隧道的管理单位，并对在特大型公路桥梁或者特长公路隧道行驶的车辆进行现场监管。

**第四十三条** 车辆应当规范装载，装载物不得触地拖行。车辆装载物易掉落、遗洒或者飘散的，应当采取厢式密闭等有效防护措施方可在公路上行驶。

公路上行驶车辆的装载物掉落、遗洒或者飘散的，车辆驾驶人、押运人员应当及时采取措施处理；无法处理的，应当在掉落、遗洒或者飘散物来车方向适当距离外设置警示标志，并迅速报告公路管理机构或者公安机关交通管理部门。其他人员发现公路上有影响交通安全的障碍物的，也应当及时报告公路管理机构或者公安机关交通管理部门。公安机关交通管理部门应当责令改正车辆装载物掉落、遗洒、飘散等违法行为；公路管理机构、公路经营企业应当及时清除掉落、遗洒、飘散在公路上的障碍物。

车辆装载物掉落、遗洒、飘散后，车辆驾驶人、押运人员未及时采取措施处理，造成他人人身、财产损害的，道路运输企业、车辆驾驶人应当依法承担赔偿责任。

## 第四章 公路养护

**第四十四条** 公路管理机构、公路经营企业应当加强公路养护，保证公路经常处于良好技术状态。

前款所称良好技术状态，是指公路自身的物理状态符合有关技术标准的要求，包括路面平整，路肩、边坡平顺，有关设施完好。

**第四十五条** 公路养护应当按照国务院交通运输主管部门规定的技术规范和操作规程实施作业。

**第四十六条** 从事公路养护作业的单位应当具备下列资质条件：

（一）有一定数量的符合要求的技术人员；

（二）有与公路养护作业相适应的技术设备；

（三）有与公路养护作业相适应的作业经历；

（四）国务院交通运输主管部门规定的其他条件。

公路养护作业单位资质管理办法由国务院交通运输主管部门另行制定。

**第四十七条** 公路管理机构、公路经营企业应当按照国务院交通运输主管部门的规定对公路进行巡查，并制作巡查记录；发现公路坍塌、坑槽、隆起等损毁的，应当及时设置警示标志,并采取措施修复。

公安机关交通管理部门发现公路坍塌、坑槽、隆起等损毁,危及交通安全的,应当及时采取措施,疏导交通,并通知公路管理机构或者公路经营企业。

其他人员发现公路坍塌、坑槽、隆起等损毁的,应当及时向公路管理机构、公安机关交通管理部门报告。

**第四十八条** 公路管理机构、公路经营企业应当定期对公路、公路桥梁、公路隧道进行检测和评定,保证其技术状态符合有关技术标准;对经检测发现不符合车辆通行安全要求的,应当进行维修,及时向社会公告,并通知公安机关交通管理部门。

**第四十九条** 公路管理机构、公路经营企业应当定期检查公路隧道的排水、通风、照明、监控、报警、消防、救助等设施,保持设施处于完好状态。

**第五十条** 公路管理机构应当统筹安排公路养护作业计划,避免集中进行公路养护作业造成交通堵塞。

在省、自治区、直辖市交界区域进行公路养护作业,可能造成交通堵塞的,有关公路管理机构、公安机关交通管理部门应当事先书面通报相邻的省、自治区、直辖市公路管理机构、公安机关交通管理部门,共同制定疏导预案,确定分流路线。

**第五十一条** 公路养护作业需要封闭公路的,或者占用半幅公路进行作业,作业路段长度在2公里以上,并且作业期限超过30日的,除紧急情况外,公路养护作业单位应当在作业开始之日前5日向社会公告,明确绕行路线,并在绕行处设置标志;不能绕行的,应当修建临时道路。

**第五十二条** 公路养护作业人员作业时,应当穿着统一的安全标志服。公路养护车辆、机械设备作业时,应当设置明显的作业标志,开启危险报警闪光灯。

**第五十三条** 发生公路突发事件影响通行的,公路管理机构、公路经营企业应当及时修复公路、恢复通行。设区的市级以上人民政府交通运输主管部门应当根据修复公路、恢复通行的需要,及时调集抢修力量,统筹安排有关作业计划,下达路网调度指令,配合有关部门组织绕行、分流。

设区的市级以上公路管理机构应当按照国务院交通运输主管部门的规定收集、汇总公路损毁、公路交通流量等信息,开展公路突发事件的监测、预报和预警工作,并利用多种方式及时向社会发布有关公路运行信息。

**第五十四条** 中国人民武装警察交通部队按照国家有关规定承担公路、公路桥梁、公路隧道等设施的抢修任务。

**第五十五条** 公路永久性停止使用的,应当按照国务院交通运输主管部门规定的程序核准后作报废处理,并向社会公告。

公路报废后的土地使用管理依照有关土地管理的法律、行政法规执行。

## 第五章 法律责任

**第五十六条** 违反本条例的规定,有下列情形之一的,由公路管理机构责令限期拆除,可以处5万元以下的罚款。逾期不拆除的,由公路管理机构拆除,有关费用由违法行为人承担:

(一)在公路建筑控制区内修建、扩建建筑物、地面构筑物或者未经许可埋设管道、电缆等设施的;

(二)在公路建筑控制区外修建的建筑物、地面构筑物以及其他设施遮挡公路标志或者妨碍安全视距的。

**第五十七条** 违反本条例第十八条、第十九条、第二十三条规定的,由安全生产监督管理部门、水行政主管部门、流域管理机构、海事管理机构等有关单位依法处理。

**第五十八条** 违反本条例第二十条规定的,由水行政主管部门或者流域管理机构责令改正,可以处3万元以下的罚款。

**第五十九条** 违反本条例第二十二条规定的,由公路管理机构责令改正,处2万元以上10万元以下的罚款。

**第六十条** 违反本条例的规定,有下列行为之一的,由公路管理机构责令改正,可以处3万元以下的罚款:

(一)损坏、擅自移动、涂改、遮挡公路附属设施或者利用公路附属设施架设管道、悬挂物品,可能危及公路安全的;

(二)涉路工程设施影响公路完好、安全和畅通的。

**第六十一条** 违反本条例的规定,未经批准更新采伐护路林的,由公路管理机构责令补种,没收违法所得,并处采伐林木价值3倍以上5倍以下的罚款。

**第六十二条** 违反本条例的规定,未经许可进行本条例第二十七条第一项至第五项规定的涉路施工活动的,由公路管理机构责令改正,可以处3万元以下的罚款;未经许可进行本条例第二十七条第六项规定的涉路施工活动的,由公路管理机构责令改正，处5万元以下的罚款。

**第六十三条** 违反本条例的规定，非法生产、销售外廓尺寸、轴荷、总质量不符合国家有关车辆外廓尺寸、轴荷、质量限值等机动车安全技术标准的车辆的，依照《中华人民共和国道路交通安全法》的有关规定处罚。

具有国家规定资质的车辆生产企业未按照规定车型和技术参数改装车辆的，由原发证机关责令改正，处4万元以上20万元以下的罚款；拒不改正的，吊销其资质证书。

**第六十四条** 违反本条例的规定，在公路上行驶的车辆，车货总体的外廓尺寸、轴荷或者总质量超过公路、公路桥梁、公路隧道、汽车渡船限定标准的，由公路管理机构责令改正，可以处3万元以下的罚款。

**第六十五条** 违反本条例的规定，经批准进行超限运输的车辆，未按照指定时间、路线和速度行驶的，由公路管理机构或者公安机关交通管理部门责令改正；拒不改正的，公路管理机构或者公安机关交通管理部门可以扣留车辆。

未随车携带超限运输车辆通行证的，由公路管理机构扣留车辆，责令车辆驾驶人提供超限运输车辆通行证或者相应的证明。

租借、转让超限运输车辆通行证的，由公路管理机构没收超限运输车辆通行证，处1000元以上5000元以下的罚款。使用伪造、变造的超限运输车辆通行证的，由公路管理机构没收伪造、变造的超限运输车辆通行证，处3万元以下的罚款。

**第六十六条** 对1年内违法超限运输超过3次的货运车辆，由道路运输管理机构吊销其车辆营运证；对1年内违法超限运输超过3次的货运车辆驾驶人，由道路运输管理机构责令其停止从事营业性运输；道路运输企业1年内违法超限运输的货运车辆超过本单位货运车辆总数10%的，由道路运输管理机构责令道路运输企业停业整顿；情节严重的，吊销其道路运输经营许可证，并向社会公告。

**第六十七条** 违反本条例的规定，有下列行为之一的，由公路管理机构强制拖离或者扣留车辆，处3万元以下的罚款：

（一）采取故意堵塞固定超限检测站点通行车道、强行通过固定超限检测站点等方式扰乱超限检测秩序的；

（二）采取短途驳载等方式逃避超限检测的。

**第六十八条** 违反本条例的规定，指使、强令车辆驾驶人超限运输货物的，由道路运输管理机构责令改正，处3万元以下的罚款。

**第六十九条** 车辆装载物触地拖行、掉落、遗洒或者飘散，造成公路路面损坏、污染的，由公路管理机构责令改正，处5000元以下的罚款。

**第七十条** 违反本条例的规定，公路养护作业单位未按照国务院交通运输主管部门规定的技术规范和操作规程进行公路养护作业的，由公路管理机构责令改正，处1万元以上5万元以下的罚款；拒不改正的，吊销其资质证书。

**第七十一条** 造成公路、公路附属设施损坏的单位和个人应当立即报告公路管理机构，接受公路管理机构的现场调查处理；危及交通安全的，还应当设置警示标志或者采取其他安全防护措施，并迅速报告公安机关交通管理部门。

发生交通事故造成公路、公路附属设施损坏的，公安机关交通管理部门在处理交通事故时应当及时通知有关公路管理机构到场调查处理。

**第七十二条** 造成公路、公路附属设施损坏，拒不接受公路管理机构现场调查处理的，公路管理机构可以扣留车辆、工具。

公路管理机构扣留车辆、工具的，应当当场出具凭证，并告知当事人在规定期限内到公路管理机构接受处理。逾期不接受处理，并且经公告3个月仍不来接受处理的，对扣留的车辆、工具，由公路管理机构依法处理。

公路管理机构对被扣留的车辆、工具应当妥善保管，不得使用。

**第七十三条** 违反本条例的规定，公路管理机构工作人员有下列行为之一的，依法给予处分：

（一）违法实施行政许可的；

（二）违反规定拦截、检查正常行驶的车辆的；

（三）未及时采取措施处理公路坍塌、坑槽、隆起等损毁的；

（四）违法扣留车辆、工具或者使用依法扣留的车辆、工具的；

（五）有其他玩忽职守、徇私舞弊、滥用职权行为的。

公路管理机构有前款所列行为之一的，对负有直接责任的主管人员和其他直接责任人员依法给予处分。

**第七十四条** 违反本条例的规定，构成违反治安管理行为的，由公安机关依法给予治安管理处罚；构成犯罪的，依法追究刑事责任。

## 第六章 附 则

**第七十五条** 村道的管理和养护工作，由乡级人民政府参照本条例的规定执行。

专用公路的保护不适用本条例。

**第七十六条** 军事运输使用公路按照国务院、中央军事委员会的有关规定执行。

**第七十七条** 本条例自2011年7月1日起施行。1987年10月13日国务院发布的《中华人民共和国公路管理条例》同时废止。

# 国内水路运输管理条例

（2012 年 9 月 26 日国务院第 218 次常务会议通过
中华人民共和国国务院令　第 625 号）

## 第一章　总　　则

**第一条**　为了规范国内水路运输经营行为，维护国内水路运输市场秩序，保障国内水路运输安全，促进国内水路运输业健康发展，制定本条例。

**第二条**　经营国内水路运输以及水路运输辅助业务，应当遵守本条例。

本条例所称国内水路运输（以下简称水路运输），是指始发港、挂靠港和目的港均在中华人民共和国管辖的通航水域内的经营性旅客运输和货物运输。

本条例所称水路运输辅助业务，是指直接为水路运输提供服务的船舶管理、船舶代理、水路旅客运输代理和水路货物运输代理等经营活动。

**第三条**　国家鼓励和保护水路运输市场的公平竞争，禁止垄断和不正当竞争行为。

国家运用经济、技术政策等措施，支持和鼓励水路运输经营者实行规模化、集约化经营，促进水路运输行业结构调整；支持和鼓励水路运输经营者采用先进适用的水路运输设备和技术，保障运输安全，促进节约能源，减少污染物排放。

国家保护水路运输经营者、旅客和货主的合法权益。

**第四条**　国务院交通运输主管部门主管全国水路运输管理工作。

县级以上地方人民政府交通运输主管部门主管本行政区域的水路运输管理工作。县级以上地方人民政府负责水路运输管理的部门或者机构（以下统称负责水路运输管理的部门）承担本条例规定的水路运输管理工作。

**第五条**　经营水路运输及其辅助业务，应当遵守法律、法规，诚实守信。

国务院交通运输主管部门和负责水路运输管理的部门应当依法对水路运输市场实施监督管理，对水路运输及其辅助业务的违法经营活动实施处罚，并建立经营者诚信管理制度，及时向社会公告监督检查情况。

## 第二章　水路运输经营者

**第六条**　申请经营水路运输业务，除本条例第七条规定的情形外，申请人应当符合下列条件：

（一）具备企业法人条件；

（二）有符合本条例第十三条规定的船舶，并且自有船舶运力符合国务院交通运输主管部门的规定；

（三）有明确的经营范围，其中申请经营水路旅客班轮运输业务的，还应当有可行的航线营运计划；

（四）有与其申请的经营范围和船舶运力相适应的海务、机务管理人员；

（五）与其直接订立劳动合同的高级船员占全部船员的比例符合国务院交通运输主管部门的规定；

（六）有健全的安全管理制度；

（七）法律、行政法规规定的其他条件。

**第七条**　个人可以申请经营内河普通货物运输业务。

申请经营内河普通货物运输业务的个人，应当有符合本条例第十三条规定且船舶吨位不超过国务院交通运输主管部门规定的自有船舶，并应当符合本条例第六条第六项、第七项规定的条件。

**第八条**　经营水路运输业务，应当按照国务院交通运输主管部门的规定，经国务院交通运输主管部门或者设区的市级以上地方人民政府负责水路运输管理的部门批准。

申请经营水路运输业务，应当向前款规定的负责审批的部门提交申请书和证明申请人符合本条例第六条或者第七条规定条件的相关材料。

负责审批的部门应当自受理申请之日起30个工作日内审查完毕，作出准予许可或者不予许可的决定。予以许可的，发给水路运输业务经营许可证件，并为申请人投入运营的船舶配发船舶营运证件；不予许可的，应当书面通知申请人并说明理由。

取得水路运输业务经营许可的，持水路运输业务经营许可证件依法向工商行政管理机关办理登记后，方可从事水路运输经营活动。

**第九条**　各级交通运输主管部门应当做好水路运输市场统计和调查分析工

作，定期向社会公布水路运输市场运力供需状况。

**第十条** 为保障水路运输安全，维护水路运输市场的公平竞争秩序，国务院交通运输主管部门可以根据水路运输市场监测情况，决定在特定的旅客班轮运输和散装液体危险货物运输航线、水域暂停新增运力许可。

采取前款规定的运力调控措施，应当符合公开、公平、公正的原则，在开始实施的60日前向社会公告，说明采取措施的理由以及采取措施的范围、期限等事项。

**第十一条** 外国的企业、其他经济组织和个人不得经营水路运输业务，也不得以租用中国籍船舶或者舱位等方式变相经营水路运输业务。

香港特别行政区、澳门特别行政区和台湾地区的企业、其他经济组织以及个人参照适用前款规定，国务院另有规定的除外。

**第十二条** 依照本条例取得许可的水路运输经营者终止经营的，应当自终止经营之日起15个工作日内向原许可机关办理注销许可手续，交回水路运输业务经营许可证件。

**第十三条** 水路运输经营者投入运营的船舶应当符合下列条件：

（一）与经营者的经营范围相适应；

（二）取得有效的船舶登记证书和检验证书；

（三）符合国务院交通运输主管部门关于船型技术标准和船龄的要求；

（四）法律、行政法规规定的其他条件。

**第十四条** 水路运输经营者新增船舶投入运营的，应当凭水路运输业务经营许可证件、船舶登记证书和检验证书向国务院交通运输主管部门或者设区的市级以上地方人民政府负责水路运输管理的部门领取船舶营运证件。

从事水路运输经营的船舶应当随船携带船舶营运证件。

海事管理机构办理船舶进出港签证，应当检查船舶的营运证件。对不能提供有效的船舶营运证件的，不得为其办理签证，并应当同时通知港口所在地人民政府负责水路运输管理的部门。港口所在地人民政府负责水路运输管理的部门收到上述通知后，应当在24小时内作出处理并将处理情况书面通知有关海事管理机构。

**第十五条** 国家根据保障运输安全、保护水环境、节约能源、提高航道和通航设施利用效率的需求，制定并实施新的船型技术标准时，对正在使用的不符合新标准但符合原有标准且未达到规定报废船龄的船舶，可以采取资金补贴等措施，引导、鼓励水路运输经营者进行更新、改造；需要强制提前报废的，应当对船舶所有人给予补偿。具体办法由国务院交通运输主管部门会同国务院财政部门制定。

**第十六条** 水路运输经营者不得使用外国籍船舶经营水路运输业务。但是,在国内没有能够满足所申请运输要求的中国籍船舶,并且船舶停靠的港口或者水域为对外开放的港口或者水域的情况下,经国务院交通运输主管部门许可,水路运输经营者可以在国务院交通运输主管部门规定的期限或者航次内,临时使用外国籍船舶运输。

在香港特别行政区、澳门特别行政区、台湾地区进行船籍登记的船舶,参照适用本条例关于外国籍船舶的规定,国务院另有规定的除外。

## 第三章 水路运输经营活动

**第十七条** 水路运输经营者应当在依法取得许可的经营范围内从事水路运输经营。

**第十八条** 水路运输经营者应当使用符合本条例规定条件、配备合格船员的船舶,并保证船舶处于适航状态。

水路运输经营者应当按照船舶核定载客定额或者载重量载运旅客、货物,不得超载或者使用货船载运旅客。

**第十九条** 水路运输经营者应当依照法律、行政法规和国务院交通运输主管部门关于水路旅客、货物运输的规定、质量标准以及合同的约定,为旅客、货主提供安全、便捷、优质的服务,保证旅客、货物运输安全。

水路旅客运输业务经营者应当为其客运船舶投保承运人责任保险或者取得相应的财务担保。

**第二十条** 水路运输经营者运输危险货物,应当遵守法律、行政法规以及国务院交通运输主管部门关于危险货物运输的规定,使用依法取得危险货物适装证书的船舶,按照规定的安全技术规范进行配载和运输,保证运输安全。

**第二十一条** 旅客班轮运输业务经营者应当自取得班轮航线经营许可之日起60日内开航,并在开航15日前公布所使用的船舶、班期、班次、运价等信息。

旅客班轮运输应当按照公布的班期、班次运行;变更班期、班次、运价的,应当在15日前向社会公布;停止经营部分或者全部班轮航线的,应当在30日前向社会公布并报原许可机关备案。

**第二十二条** 货物班轮运输业务经营者应当在班轮航线开航的7日前,公布所使用的船舶以及班期、班次和运价。

货物班轮运输应当按照公布的班期、班次运行；变更班期、班次、运价或者停止经营部分或者全部班轮航线的，应当在7日前向社会公布。

**第二十三条** 水路运输经营者应当依照法律、行政法规和国家有关规定，优先运送处置突发事件所需的物资、设备、工具、应急救援人员和受到突发事件危害的人员，重点保障紧急、重要的军事运输。

出现关系国计民生的紧急运输需求时，国务院交通运输主管部门按照国务院的部署，可以要求水路运输经营者优先运输需要紧急运输的物资。水路运输经营者应当按照要求及时运输。

**第二十四条** 水路运输经营者应当按照统计法律、行政法规的规定报送统计信息。

## 第四章 水路运输辅助业务

**第二十五条** 运输船舶的所有人、经营人可以委托船舶管理业务经营者为其提供船舶海务、机务管理等服务。

**第二十六条** 申请经营船舶管理业务，申请人应当符合下列条件：

（一）具备企业法人条件；

（二）有健全的安全管理制度；

（三）有与其申请管理的船舶运力相适应的海务、机务管理人员；

（四）法律、行政法规规定的其他条件。

**第二十七条** 经营船舶管理业务，应当经设区的市级以上地方人民政府负责水路运输管理的部门批准。

申请经营船舶管理业务，应当向前款规定的部门提交申请书和证明申请人符合本条例第二十六条规定条件的相关材料。

受理申请的部门应当自受理申请之日起30个工作日内审查完毕，作出准予许可或者不予许可的决定。予以许可的，发给船舶管理业务经营许可证件，并向国务院交通运输主管部门备案；不予许可的，应当书面通知申请人并说明理由。

取得船舶管理业务经营许可的，持船舶管理业务经营许可证件依法向工商行政管理机关办理登记后，方可经营船舶管理业务。

**第二十八条** 船舶管理业务经营者接受委托提供船舶管理服务，应当与委托人订立书面合同，并将合同报所在地海事管理机构备案。

船舶管理业务经营者应当按照国家有关规定和合同约定履行有关船舶安全和防止污染的管理义务。

**第二十九条** 水路运输经营者可以委托船舶代理、水路旅客运输代理、水路货物运输代理业务的经营者，代办船舶进出港手续等港口业务，代为签订运输合同，代办旅客、货物承揽业务以及其他水路运输代理业务。

**第三十条** 船舶代理、水路旅客运输代理业务的经营者应当自企业设立登记之日起 15 个工作日内，向所在地设区的市级人民政府负责水路运输管理的部门备案。

**第三十一条** 船舶代理、水路旅客运输代理、水路货物运输代理业务的经营者接受委托提供代理服务，应当与委托人订立书面合同，按照国家有关规定和合同约定办理代理业务，不得强行代理，不得为未依法取得水路运输业务经营许可或者超越许可范围的经营者办理代理业务。

**第三十二条** 本条例第十二条、第十七条的规定适用于船舶管理业务经营者。本条例第十一条、第二十四条的规定适用于船舶管理、船舶代理、水路旅客运输代理和水路货物运输代理业务经营活动。

国务院交通运输主管部门应当依照本条例的规定制定水路运输辅助业务的具体管理办法。

## 第五章 法律责任

**第三十三条** 未经许可擅自经营或者超越许可范围经营水路运输业务或者国内船舶管理业务的，由负责水路运输管理的部门责令停止经营，没收违法所得，并处违法所得 1 倍以上 5 倍以下的罚款；没有违法所得或者违法所得不足 3 万元的，处 3 万元以上 15 万元以下的罚款。

**第三十四条** 水路运输经营者使用未取得船舶营运证件的船舶从事水路运输的，由负责水路运输管理的部门责令该船停止经营，没收违法所得，并处违法所得 1 倍以上 5 倍以下的罚款；没有违法所得或者违法所得不足 2 万元的，处 2 万元以上 10 万元以下的罚款。

从事水路运输经营的船舶未随船携带船舶营运证件的，责令改正，可以处 1000 元以下的罚款。

**第三十五条** 水路运输经营者未经国务院交通运输主管部门许可或者超越许可范围使用外国籍船舶经营水路运输业务，或者外国的企业、其他经济组织和个人经营或者以租用中国籍船舶或者舱位等方式变相经营水路运输业务的，由负责水路运输管理的部门责令停止经营，没收违法所得，并处违法所得1倍以上5倍以下的罚款；没有违法所得或者违法所得不足20万元的，处20万元以上100万元以下的罚款。

**第三十六条** 以欺骗或者贿赂等不正当手段取得本条例规定的行政许可的，由原许可机关撤销许可，处2万元以上20万元以下的罚款；有违法所得的，没收违法所得；国务院交通运输主管部门或者负责水路运输管理的部门自撤销许可之日起3年内不受理其对该项许可的申请。

**第三十七条** 出租、出借、倒卖本条例规定的行政许可证件或者以其他方式非法转让本条例规定的行政许可的，由负责水路运输管理的部门责令改正，没收违法所得，并处违法所得1倍以上5倍以下的罚款；没有违法所得或者违法所得不足3万元的，处3万元以上15万元以下的罚款；情节严重的，由原许可机关吊销相应的许可证件。

伪造、变造、涂改本条例规定的行政许可证件的，由负责水路运输管理的部门没收伪造、变造、涂改的许可证件，处3万元以上15万元以下的罚款；有违法所得的，没收违法所得。

**第三十八条** 水路运输经营者有下列情形之一的，由海事管理机构依法予以处罚：

（一）未按照规定配备船员或者未使船舶处于适航状态；

（二）超越船舶核定载客定额或者核定载重量载运旅客或者货物；

（三）使用货船载运旅客；

（四）使用未取得危险货物适装证书的船舶运输危险货物。

**第三十九条** 水路旅客运输业务经营者未为其经营的客运船舶投保承运人责任保险或者取得相应的财务担保的，由负责水路运输管理的部门责令限期改正，处2万元以上10万元以下的罚款；逾期不改正的，由原许可机关吊销该客运船舶的船舶营运许可证件。

**第四十条** 班轮运输业务经营者未提前向社会公布所使用的船舶、班期、班次和运价或者其变更信息的，由负责水路运输管理的部门责令改正，处2000元以上2

万元以下的罚款。

**第四十一条** 旅客班轮运输业务经营者自取得班轮航线经营许可之日起60日内未开航的，由负责水路运输管理的部门责令改正；拒不改正的，由原许可机关撤销该项经营许可。

**第四十二条** 水路运输、船舶管理业务经营者取得许可后，不再具备本条例规定的许可条件的，由负责水路运输管理的部门责令限期整改；在规定期限内整改仍不合格的，由原许可机关撤销其经营许可。

**第四十三条** 负责水路运输管理的国家工作人员在水路运输管理活动中滥用职权、玩忽职守、徇私舞弊，不依法履行职责的，依法给予处分。

**第四十四条** 违反本条例规定，构成违反治安管理行为的，依法给予治安管理处罚；构成犯罪的，依法追究刑事责任。

## 第六章 附 则

**第四十五条** 载客12人以下的客运船舶以及乡、镇客运渡船运输的管理办法，由省、自治区、直辖市人民政府另行制定。

**第四十六条** 本条例自2013年1月1日起施行。1987年5月12日国务院发布的《中华人民共和国水路运输管理条例》同时废止。

# 二、国务院有关文件

# 国务院关于进一步加强安全生产工作的决定

（国发〔2004〕2 号）

各省、自治区、直辖市人民政府，国务院各部委、各直属机构：

安全生产关系人民群众的生命财产安全，关系改革发展和社会稳定大局。党中央、国务院高度重视安全生产工作，建国以来特别是改革开放以来，采取了一系列重大举措加强安全生产工作。颁布实施了《中华人民共和国安全生产法》（以下简称《安全生产法》）等法律法规，明确了安全生产责任；初步建立了安全生产监管体系，安全生产监督管理得到加强；对重点行业和领域集中开展了安全生产专项整治，生产经营秩序和安全生产条件有所改善，安全生产状况总体上趋于稳定好转。但是，目前全国的安全生产形势依然严峻，煤矿、道路交通运输、建筑等领域伤亡事故多发的状况尚未根本扭转；安全生产基础比较薄弱，保障体系和机制不健全；部分地方和生产经营单位安全意识不强，责任不落实，投入不足；安全生产监督管理机构、队伍建设以及监管工作亟待加强。为了进一步加强安全生产工作，尽快实现我国安全生产局面的根本好转，特作如下决定。

## 一、提高认识，明确指导思想和奋斗目标

1. 充分认识安全生产工作的重要性。搞好安全生产工作，切实保障人民群众的生命财产安全，体现了最广大人民群众的根本利益，反映了先进生产力的发展要求和先进文化的前进方向。做好安全生产工作是全面建设小康社会、统筹经济社会全面发展的重要内容，是实施可持续发展战略的组成部分，是政府履行社会管理和市场监管职能的基本任务，是企业生存发展的基本要求。我国目前尚处于社会主义初级阶段，要实现安全生产状况的根本好转，必须付出持续不懈的努力。各地区、各部门要把安全生产作为一项长期艰巨的任务，警钟长鸣，常抓不懈，从全面贯彻落实“三个代表”重要思想，维护人民群众生命财产安全的高度，充分认识加强安全生产工作的重要意义和现实紧迫性，动员全社会力量，齐抓共管，全力推进。

2. 指导思想。认真贯彻“三个代表”重要思想，适应全面建设小康社会的要求和

完善社会主义市场经济体制的新形势，坚持“安全第一、预防为主”的基本方针，进一步强化政府对安全生产工作的领导，大力推进安全生产各项工作，落实生产经营单位安全生产主体责任，加强安全生产监督管理；大力推进安全生产监管体制、安全生产法制和执法队伍“三项建设”，建立安全生产长效机制，实施科技兴安战略，积极采用先进的安全管理方法和安全生产技术，努力实现全国安全生产状况的根本好转。

3. 奋斗目标。到2007年，建立起较为完善的安全生产监管体系，全国安全生产状况稳定好转，矿山、危险化学品、建筑等重点行业和领域事故多发状况得到扭转，工矿企业事故死亡人数、煤矿百万吨死亡率、道路交通运输万车死亡率等指标均有一定幅度的下降。到2010年，初步形成规范完善的安全生产法治秩序，全国安全生产状况明显好转，重特大事故得到有效遏制，各类生产安全事故和死亡人数有较大幅度的下降。力争到2020年，我国安全生产状况实现根本性好转，亿元国内生产总值死亡率、十万人死亡率等指标达到或者接近世界中等发达国家水平。

## 二、完善政策，大力推进安全生产各项工作

4. 加强产业政策的引导。制定和完善产业政策，调整和优化产业结构。逐步淘汰技术落后、浪费资源和环境污染严重的工艺技术、装备及不具备安全生产条件的企业。通过兼并、联合、重组等措施，积极发展跨区域、跨行业经营的大公司、大集团和大型生产供应基地，提高有安全生产保障企业的生产能力。

5. 加大政府对安全生产的投入。加强安全生产基础设施建设和支撑体系建设，加大对企业安全生产技术改造的支持力度。运用长期建设国债和预算内基本建设投资，支持大中型国有煤炭企业的安全生产技术改造。各级地方人民政府要重视安全生产基础设施建设资金的投入，并积极支持企业安全技术改造，对国家安排的安全生产专项资金，地方政府要加强监督管理，确保专款专用，并安排配套资金予以保障。

6. 深化安全生产专项整治。坚持把矿山、道路和水上交通运输、危险化学品、民用爆破器材和烟花爆竹、人员密集场所消防安全等方面的安全生产专项整治，作为整顿和规范社会主义市场经济秩序的一项重要任务，持续不懈地抓下去。继续关闭取缔非法和不具备安全生产条件的小矿小厂、经营网点，遏制低水平重复建设。开展公路货车超限超载治理，保障道路交通运输安全。把安全生产专项整治与依法落实生产经营单位安全生产保障制度、加强日常监督管理以及建立安全生

产长效机制结合起来，确保整治工作取得实效。

7. 健全完善安全生产法制。对《中华人民共和国安全生产法》确立的各项法律制度，要抓紧制定配套法规规章。认真做好各项安全生产技术规范、标准的制定修订工作。各地区要结合本地实际，制定和完善《中华人民共和国安全生产法》配套实施办法和措施。加大安全生产法律法规的学习宣传和贯彻力度，普及安全生产法律知识，增强全民安全生产法制观念。

8. 建立生产安全应急救援体系。加快全国生产安全应急救援体系建设，尽快建立国家生产安全应急救援指挥中心，充分利用现有的应急救援资源，建设具有快速反应能力的专业化救援队伍，提高救援装备水平，增强生产安全事故的抢险救援能力。加强区域性生产安全应急救援基地建设。搞好重大危险源的普查登记，加强国家、省（区、市）、市（地）、县（市）四级重大危险源监控工作，建立应急救援预案和生产安全预警机制。

9. 加强安全生产科研和技术开发。加强安全生产科学学科建设，积极发展安全生产普通高等教育，培养和造就更多的安全生产科技和管理人才。加大科技投入力度，充分利用高等院校、科研机构、社会团体等安全生产科研资源，加强安全生产基础研究和应用研究。建立国家安全生产信息管理系统，提高安全生产信息统计的准确性、科学性和权威性。积极开展安全生产领域的国际交流与合作，加快先进的生产安全技术引进、消化、吸收和自主创新步伐。

## 三、强化管理，落实生产经营单位安全生产主体责任

10. 依法加强和改进生产经营单位安全管理。强化生产经营单位安全生产主体地位，进一步明确安全生产责任，全面落实安全保障的各项法律法规。生产经营单位要根据《中华人民共和国安全生产法》等有关法律规定，设置安全生产管理机构或者配备专职（或兼职）安全生产管理人员。保证安全生产的必要投入，积极采用安全性能可靠的新技术、新工艺、新设备和新材料，不断改善安全生产条件。改进生产经营单位安全管理，积极采用职业安全健康管理体系认证、风险评估、安全评价等方法，落实各项安全防范措施，提高安全生产管理水平。

11. 开展安全质量标准化活动。制定和颁布重点行业、领域安全生产技术规范和安全生产质量工作标准，在全国所有工矿、商贸、交通运输、建筑施工等企业普遍开展安全质量标准化活动。企业生产流程的各环节、各岗位要建立严格的安全生

产质量责任制。生产经营活动和行为，必须符合安全生产有关法律法规和安全生产技术规范的要求，做到规范化和标准化。

12. 搞好安全生产技术培训。加强安全生产培训工作，整合培训资源，完善培训网络，加大培训力度，提高培训质量。生产经营单位必须对所有从业人员进行必要的安全生产技术培训，其主要负责人及有关经营管理人员、重要工种人员必须按照有关法律、法规的规定，接受规范的安全生产培训，经考试合格，持证上岗。完善注册安全工程师考试、任职、考核制度。

13. 建立企业提取安全费用制度。为保证安全生产所需资金投入，形成企业安全生产投入的长效机制，借鉴煤矿提取安全费用的经验，在条件成熟后，逐步建立对高危行业生产企业提取安全费用制度。企业安全费用的提取，要根据地区和行业的特点，分别确定提取标准，由企业自行提取，专户储存，专项用于安全生产。

14. 依法加大生产经营单位对伤亡事故的经济赔偿。生产经营单位必须认真执行工伤保险制度，依法参加工伤保险，及时为从业人员缴纳保险费。同时，依据《中华人民共和国安全生产法》等有关法律法规，向受到生产安全事故伤害的员工或家属支付赔偿金。进一步提高企业生产安全事故伤亡赔偿标准，建立企业负责人自觉保障安全投入，努力减少事故的机制。

## 四、完善制度，加强安全生产监督管理

15. 加强地方各级安全生产监管机构和执法队伍建设。县级以上各级地方人民政府要依照《中华人民共和国安全生产法》的规定，建立健全安全生产监管机构，充实必要的人员，加强安全生产监管队伍建设，提高安全生产监管工作的权威，切实履行安全生产监管职能。完善煤矿安全生产监察体制，进一步加强煤矿安全生产监察队伍建设和监察执法工作。

16. 建立安全生产控制指标体系。要制订全国安全生产中长期发展规划，明确年度安全生产控制指标，建立全国和分省（区、市）的控制指标体系，对安全生产情况实行定量控制和考核。从2004年起，国家向各省（区、市）人民政府下达年度安全生产各项控制指标，并进行跟踪检查和监督考核。对各省（区、市）安全生产控制指标完成情况，国家安全生产监督管理部门将通过新闻发布会、政府公告、简报等形式；每季度公布一次。

17. 建立安全生产行政许可制度。把安全生产纳入国家行政许可的范围，在各

行业的行政许可制度中，把安全生产作为一项重要内容，从源头上制止不具备安全生产条件的企业进入市场。开办企业必须具备法律规定的安全生产条件，依法向政府有关部门申请、办理安全生产许可证，持证生产经营。新建、改建、扩建项目的安全设施必须与主体工程同时设计、同时施工、同时投入生产和使用（简称“三同时”），对未通过“三同时”审查的建设项目，有关部门不予办理行政许可手续，企业不准开工投产。

18. 建立企业安全生产风险抵押金制度。为强化生产经营单位的安全生产责任，各地区可结合实际，依法对矿山、道路交通运输、建筑施工、危险化学品、烟花爆竹等领域从事生产经营活动的企业，收取一定数额的安全生产风险抵押金，企业生产经营期间发生生产安全事故的，转作事故抢险救灾和善后处理所需资金。具体办法由国家安全生产监督管理部门会同财政部研究制定。

19. 强化安全生产监管监察行政执法。各级安全生产监管监察机构要增强执法意识，做到严格、公正、文明执法。依法对生产经营单位安全生产情况进行监督检查，指导督促生产经营单位建立健全安全生产责任制，落实各项防范措施。组织开展好企业安全评估，搞好分类指导和重点监管。对严重忽视安全生产的企业及其负责人或业主，要依法加大行政执法和经济处罚的力度。认真查处各类事故，坚持事故原因未查清不放过、责任人员未处理不放过、整改措施未落实不放过、有关人员未受到教育不放过的“四不放过”原则，不仅要追究事故直接责任人的责任，同时要追究有关负责人的领导责任。

20. 加强对小企业的安全生产监管。小企业是安全生产管理的薄弱环节，各地要高度重视小企业的安全生产工作，切实加强监督管理。从组织领导、工作机制和安全投入等方面入手，逐步探索出一套行之有效的监管办法。坚持寓监督管理于服务之中，积极为小企业提供安全技术、人才、政策咨询等方面的服务，加强检查指导，督促帮助小企业搞好安全生产。要重视解决小煤矿安全生产投入问题，对乡镇及个体煤矿，要严格监督其按照有关规定提取安全费用。

## 五、加强领导，形成齐抓共管的合力

21. 认真落实各级领导安全生产责任。地方各级人民政府要建立健全领导干部安全生产责任制，把安全生产作为干部政绩考核的重要内容，逐级抓好落实。特别要加强县乡两级领导干部安全生产责任制的落实。加强对地方领导干部的安全知识培训和安全生产监管人员的执法业务培训。国家组织对市（地）、县（市）两级政府分管安全生产工作的领导干部进行培训；各省（区、市）要对县级以上安全生产监管部门负责人，分期分批进行执法能力培训。依法严肃查处事故责任，对存在失职、渎职行为，或对事故发生负有领导责任的地方政府、企业领导人，要依照有关法律法规严格追究责任。严厉惩治安全生产领域的腐败现象和黑恶势力。

22. 构建全社会齐抓共管的安全生产工作格局。地方各级人民政府每季度至少召开一次安全生产例会，分析、部署、督促和检查本地区的安全生产工作；大力支持并帮助解决安全生产监管部门在行政执法中遇到的困难和问题。各级安全生产委员会及其办公室要积极发挥综合协调作用。安全生产综合监管及其他负有安全生产监督管理职责的部门要在政府的统一领导下，依照有关法律法规的规定，各负其责，密切配合，切实履行安全监管职能。各级工会、共青团组织要围绕安全生产，发挥各自优势，开展群众性安全生产活动。充分发挥各类协会、学会、中心等中介机构和社团组织的作用，构建信息、法律、技术装备、宣传教育、培训和应急救援等安全生产支撑体系。强化社会监督、群众监督和新闻媒体监督，丰富全国“安全生产月”、“安全生产万里行”等活动内容，努力构建“政府统一领导、部门依法监管、企业全面负责、群众参与监督、全社会广泛支持”的安全生产工作格局。

23. 做好宣传教育和舆论引导工作。把安全生产宣传教育纳入宣传思想工作的总体布局，坚持正确的舆论导向，大力宣传党和国家安全生产方针政策、法律法规和加强安全生产工作的重大举措，宣传安全生产工作的先进典型和经验；对严重忽视安全生产、导致重特大事故发生的典型事例要予以曝光。在大中专院校和中小学开设安全知识课程，提高青少年在道路交通、消防、城市燃气等方面的识灾和防灾能力。通过广泛深入的宣传教育，不断增强群众依法自我安全保护的意识。

各地区、各部门和各单位要加强调查研究，注意发现安全生产工作中出现的新情况，研究新问题，推进安全生产理论、监管体制和机制、监管方式和手段、安全科技、安全文化等方面的创新，不断增强安全生产工作的针对性和实效性，努力开创我国安全生产工作的新局面，为完善社会主义市场经济体制，实现党的十六大提出的全面建设小康社会的宏伟目标创造安全稳定的环境。

中华人民共和国国务院

二〇〇四年一月九日

# 国务院关于进一步加强企业安全生产工作的通知

（国发〔2010〕23号）

各省、自治区、直辖市人民政府，国务院各部委、各直属机构：

近年来，全国生产安全事故逐年下降，安全生产状况总体稳定、趋于好转，但形势依然十分严峻，事故总量仍然很大，非法违法生产现象严重，重特大事故多发频发，给人民群众生命财产安全造成重大损失，暴露出一些企业重生产轻安全、安全管理薄弱、主体责任不落实，一些地方和部门安全监管不到位等突出问题。为进一步加强安全生产工作，全面提高企业安全生产水平，现就有关事项通知如下：

## 一、总体要求

1. 工作要求。深入贯彻落实科学发展观，坚持以人为本，牢固树立安全发展的理念，切实转变经济发展方式，调整产业结构，提高经济发展的质量和效益，把经济发展建立在安全生产有可靠保障的基础上；坚持"安全第一、预防为主、综合治理"的方针，全面加强企业安全管理，健全规章制度，完善安全标准，提高企业技术水平，夯实安全生产基础；坚持依法依规生产经营，切实加强安全监管，强化企业安全生产主体责任落实和责任追究，促进我国安全生产形势实现根本好转。

2. 主要任务。以煤矿、非煤矿山、交通运输、建筑施工、危险化学品、烟花爆竹、民用爆炸物品、冶金等行业（领域）为重点，全面加强企业安全生产工作。要通过更加严格的目标考核和责任追究，采取更加有效的管理手段和政策措施，集中整治非法违法生产行为，坚决遏制重特大事故发生；要尽快建成完善的国家安全生产应急救援体系，在高危行业强制推行一批安全适用的技术装备和防护设施，最大程度减少事故造成的损失；要建立更加完善的技术标准体系，促进企业安全生产技术装备全面达到国家和行业标准，实现我国安全生产技术水平的提高；要进一步调整产业结构，积极推进重点行业的企业重组和矿产资源开发整合，彻底淘汰安全性能低下、危及安全生产的落后产能；以更加有力的政策引导，形成安全生产长效机制。

## 二、严格企业安全管理

3. 进一步规范企业生产经营行为。企业要健全完善严格的安全生产规章制度，坚持不安全不生产。加强对生产现场监督检查，严格查处违章指挥、违规作业、违反劳动纪律的"三违"行为。凡超能力、超强度、超定员组织生产的，要责令停产停工整顿，并对企业和企业主要负责人依法给予规定上限的经济处罚。对以整合、技改名义违规组织生产，以及规定期限内未实施改造或故意拖延工期的矿井，由地方政府依法予以关闭。要加强对境外中资企业安全生产工作的指导和管理，严格落实境内投资主体和派出企业的安全生产监督责任。

4. 及时排查治理安全隐患。企业要经常性开展安全隐患排查，并切实做到整改措施、责任、资金、时限和预案"五到位"。建立以安全生产专业人员为主导的隐患整改效果评价制度，确保整改到位。对隐患整改不力造成事故的，要依法追究企业和企业相关负责人的责任。对停产整改逾期未完成的不得复产。

5. 强化生产过程管理的领导责任。企业主要负责人和领导班子成员要轮流现场带班。煤矿、非煤矿山要有矿领导带班并与工人同时下井、同时升井，对无企业负责人带班下井或该带班而未带班的，对有关责任人按擅离职守处理，同时给予规定上限的经济处罚。发生事故而没有领导现场带班的，对企业给予规定上限的经济处罚，并依法从重追究企业主要负责人的责任。

6. 强化职工安全培训。企业主要负责人和安全生产管理人员、特殊工种人员一律严格考核，按国家有关规定持职业资格证书上岗；职工必须全部经过培训合格后上岗。企业用工要严格依照劳动合同法与职工签订劳动合同。凡存在不经培训上岗、无证上岗的企业，依法停产整顿。没有对井下作业人员进行安全培训教育，或存在特种作业人员无证上岗的企业，情节严重的要依法予以关闭。

7. 全面开展安全达标。深入开展以岗位达标、专业达标和企业达标为内容的安全生产标准化建设，凡在规定时间内未实现达标的企业要依法暂扣其生产许可证、安全生产许可证，责令停产整顿；对整改逾期未达标的，地方政府要依法予以关闭。

## 三、建设坚实的技术保障体系

8. 加强企业生产技术管理。强化企业技术管理机构的安全职能，按规定配备安全技术人员，切实落实企业负责人安全生产技术管理负责制，强化企业主要技术负责人技术决策和指挥权。因安全生产技术问题不解决产生重大隐患的，要对企业主要负责人、主要技术负责人和有关人员给予处罚；发生事故的，依法追究责任。

9. 强制推行先进适用的技术装备。煤矿、非煤矿山要制定和实施生产技术装备标准，安装监测监控系统、井下人员定位系统、紧急避险系统、压风自救系统、供水施救系统和通信联络系统等技术装备，并于3年之内完成。逾期未安装的，依法暂扣安全生产许可证、生产许可证。运输危险化学品、烟花爆竹、民用爆炸物品的道路专用车辆，旅游包车和三类以上的班线客车要安装使用具有行驶记录功能的卫星定位装置，于2年之内全部完成；鼓励有条件的渔船安装防撞自动识别系统，在大型尾矿库安装全过程在线监控系统，大型起重机械要安装安全监控管理系统；积极推进信息化建设，努力提高企业安全防护水平。

10. 加快安全生产技术研发。企业在年度财务预算中必须确定必要的安全投入。国家鼓励企业开展安全科技研发，加快安全生产关键技术装备的换代升级。进一步落实《国家中长期科学和技术发展规划纲要(2006～2020年)》等，加大对高危行业安全技术、装备、工艺和产品研发的支持力度，引导高危行业提高机械化、自动化生产水平，合理确定生产一线用工。“十二五”期间要继续组织研发一批提升我国重点行业领域安全生产保障能力的关键技术和装备项目。

## 四、实施更加有力的监督管理

11. 进一步加大安全监管力度。强化安全生产监管部门对安全生产的综合监管，全面落实公安、交通、国土资源、建设、工商、质检等部门的安全生产监督管理及工业主管部门的安全生产指导职责，形成安全生产综合监管与行业监管指导相结合的工作机制，加强协作，形成合力。在各级政府统一领导下，严厉打击非法违法生产、经营、建设等影响安全生产的行为，安全生产综合监管和行业管理部门要会同司法机关联合执法，以强有力措施查处、取缔非法企业。对重大安全隐患治理实行逐级挂牌督办、公告制度，重大隐患治理由省级安全生产监管部门或行业主管部门挂牌督办，国家相关部门加强督促检查。对拒不执行监管监察指令的企业，要依法依规从重处罚。进一步加强监管力量建设，提高监管人员专业素质和技术装备水平，强化基层站点监管能力，加强对企业安全生产的现场监管和技术指导。

12. 强化企业安全生产属地管理。安全生产监管监察部门、负有安全生产监管职责的有关部门和行业管理部门要按职责分工，对当地企业包括中央、省属企业实行严格的安全生产监督检查和管理，组织对企业安全生产状况进行安全标准化分级考核评价，评价结果向社会公开，并向银行业、证券业、保险业、担保业等主管部门通报，作为企业信用评级的重要参考依据。

13. 加强建设项目安全管理。强化项目安全设施核准审批，加强建设项目的日常安全监管，严格落实审批、监管的责任。企业新建、改建、扩建工程项目的安全设施，要包括安全监控设施和防瓦斯等有害气体、防尘、排水、防火、防爆等设施，并与主体工程同时设计、同时施工、同时投入生产和使用。安全设施与建设项目主体工程未做到同时设计的一律不予审批，未做到同时施工的责令立即停止施工，未同时投入使用的不得颁发安全生产许可证，并视情节追究有关单位负责人的责任。严格落实建设、设计、施工、监理、监管等各方安全责任。对项目建设生产经营单位存在违法分包、转包等行为的，立即依法停工停产整顿，并追究项目业主、承包方等各方责任。

14. 加强社会监督和舆论监督。要充分发挥工会、共青团、妇联组织的作用，依法维护和落实企业职工对安全生产的参与权与监督权，鼓励职工监督举报各类安全隐患，对举报者予以奖励。有关部门和地方要进一步畅通安全生产的社会监督渠道，设立举报箱，公布举报电话，接受人民群众的公开监督。要发挥新闻媒体的舆论监督，对舆论反映的客观问题要深查原因，切实整改。

## 五、建设更加高效的应急救援体系

15. 加快国家安全生产应急救援基地建设。按行业类型和区域分布，依托大型企业，在中央预算内基建投资支持下，先期抓紧建设 7 个国家矿山应急救援队，配备性能可靠、机动性强的装备和设备，保障必要的运行维护费用。推进公路交通、铁路运输、水上搜救、船舶溢油、油气田、危险化学品等行业（领域）国家救援基地和队伍建设。鼓励和支持各地区、各部门、各行业依托大型企业和专业救援力量，加强服务周边的区域性应急救援能力建设。

16. 建立完善企业安全生产预警机制。企业要建立完善安全生产动态监控及预警预报体系，每月进行一次安全生产风险分析。发现事故征兆要立即发布预警信息，落实防范和应急处置措施。对重大危险源和重大隐患要报当地安全生产监管监察部门、负有安全生产监管职责的有关部门和行业管理部门备案。涉及国家秘密的，按有关规定执行。

17. 完善企业应急预案。企业应急预案要与当地政府应急预案保持衔接，并定期进行演练。赋予企业生产现场带班人员、班组长和调度人员在遇到险情时第一时间下达停产撤人命令的直接决策权和指挥权。因撤离不及时导致人身伤亡事故的，要从重追究相关人员的法律责任。

## 六、严格行业安全准入

18. 加快完善安全生产技术标准。各行业管理部门和负有安全生产监管职责的有关部门要根据行业技术进步和产业升级的要求，加快制定修订生产、安全技术标准，制定和实施高危行业从业人员资格标准。对实施许可证管理制度的危险性作业要制定落实专项安全技术作业规程和岗位安全操作规程。

19. 严格安全生产准入前置条件。把符合安全生产标准作为高危行业企业准入的前置条件，实行严格的安全标准核准制度。矿山建设项目和用于生产、储存危险物品的建设项目，应当分别按照国家有关规定进行安全条件论证和安全评价，严把安全生产准入关。凡不符合安全生产条件违规建设的，要立即停止建设，情节严重的由本级人民政府或主管部门实施关闭取缔。降低标准造成隐患的，要追究相关人员和负责人的责任。

20. 发挥安全生产专业服务机构的作用。依托科研院所，结合事业单位改制，推动安全生产评价、技术支持、安全培训、技术改造等服务性机构的规范发展。制定完善安全生产专业服务机构管理办法，保证专业服务机构从业行为的专业性、独立性和客观性。专业服务机构对相关评价、鉴定结论承担法律责任，对违法违规、弄虚作假的，要依法依规从严追究相关人员和机构的法律责任，并降低或取消相关资质。

## 七、加强政策引导

21. 制定促进安全技术装备发展的产业政策。要鼓励和引导企业研发、采用先进适用的安全技术和产品，鼓励安全生产适用技术和新装备、新工艺、新标准的推广应用。把安全检测监控、安全避险、安全保护、个人防护、灾害监控、特种安全设施及应急救援等安全生产专用设备的研发制造，作为安全产业加以培育，纳入国家振兴装备制造业的政策支持范畴。大力发展安全装备融资租赁业务，促进高危行业企业加快提升安全装备水平。

22.加大安全专项投入。切实做好尾矿库治理、扶持煤矿安全技改建设、瓦斯防治和小煤矿整顿关闭等各类中央资金的安排使用，落实地方和企业配套资金。加强对高危行业企业安全生产费用提取和使用管理的监督检查，进一步完善高危行业企业安全生产费用财务管理制度，研究提高安全生产费用提取下限标准，适当扩大适用范围。依法加强道路交通事故社会救助基金制度建设，加快建立完善水上搜救奖励与补偿机制。高危行业企业探索实行全员安全风险抵押金制度。完善落实工伤保险制度，积极稳妥推行安全生产责任保险制度。

23.提高工伤事故死亡职工一次性赔偿标准。从2011年1月1日起，依照《工伤保险条例》的规定，对因生产安全事故造成的职工死亡，其一次性工亡补助金标准调整为按全国上一年度城镇居民人均可支配收入的20倍计算，发放给工亡职工近亲属。同时，依法确保工亡职工一次性丧葬补助金、供养亲属抚恤金的发放。

24.鼓励扩大专业技术和技能人才培养。进一步落实完善校企合作办学、对口单招、订单式培养等政策，鼓励高等院校、职业学校逐年扩大采矿、机电、地质、通风、安全等相关专业人才的招生培养规模，加快培养高危行业专业人才和生产一线急需技能型人才。

## 八、更加注重经济发展方式转变

25.制定落实安全生产规划。各地区、各有关部门要把安全生产纳入经济社会发展的总体布局，在制定国家、地区发展规划时，要同步明确安全生产目标和专项规划。企业要把安全生产工作的各项要求落实在企业发展和日常工作之中，在制定企业发展规划和年度生产经营计划中要突出安全生产，确保安全投入和各项安全措施到位。

26.强制淘汰落后技术产品。不符合有关安全标准、安全性能低下、职业危害严重、危及安全生产的落后技术、工艺和装备要列入国家产业结构调整指导目录，予以强制性淘汰。各省级人民政府也要制订本地区相应的目录和措施，支持有效消除重大安全隐患的技术改造和搬迁项目，遏制安全水平低、保障能力差的项目建设和延续。对存在落后技术装备、构成重大安全隐患的企业，要予以公布，责令限期整改，逾期未整改的依法予以关闭。

27.加快产业重组步伐。要充分发挥产业政策导向和市场机制的作用，加大对相关高危行业企业重组力度，进一步整合或淘汰浪费资源、安全保障低的落后产能，提高安全基础保障能力。

## 九、实行更加严格的考核和责任追究

28. 严格落实安全目标考核。对各地区、各有关部门和企业完成年度生产安全事故控制指标情况进行严格考核，并建立激励约束机制。加大重特大事故的考核权重，发生特别重大生产安全事故的，要根据情节轻重，追究地市级分管领导或主要领导的责任；后果特别严重、影响特别恶劣的，要按规定追究省部级相关领导的责任。加强安全生产基础工作考核，加快推进安全生产长效机制建设，坚决遏制重特大事故的发生。

29. 加大对事故企业负责人的责任追究力度。企业发生重大生产安全责任事故，追究事故企业主要负责人责任；触犯法律的，依法追究事故企业主要负责人或企业实际控制人的法律责任。发生特别重大事故，除追究企业主要负责人和实际控制人责任外，还要追究上级企业主要负责人的责任；触犯法律的，依法追究企业主要负责人、企业实际控制人和上级企业负责人的法律责任。对重大、特别重大生产安全责任事故负有主要责任的企业，其主要负责人终身不得担任本行业企业的矿长（厂长、经理）。对非法违法生产造成人员伤亡的，以及瞒报事故、事故后逃逸等情节特别恶劣的，要依法从重处罚。

30. 加大对事故企业的处罚力度。对于发生重大、特别重大生产安全责任事故或一年内发生2次以上较大生产安全责任事故并负主要责任的企业，以及存在重大隐患整改不力的企业，由省级及以上安全监管监察部门会同有关行业主管部门向社会公告，并向投资、国土资源、建设、银行、证券等主管部门通报，一年内严格限制新增的项目核准、用地审批、证券融资等，并作为银行贷款等的重要参考依据。

31. 对打击非法生产不力的地方实行严格的责任追究。在所辖区域对群众举报、上级督办、日常检查发现的非法生产企业（单位）没有采取有效措施予以查处，致使非法生产企业（单位）存在的，对县（市、区）、乡（镇）人民政府主要领导以及相关责任人，根据情节轻重，给予降级、撤职或者开除的行政处分，涉嫌犯罪的，依法追究刑事责任。国家另有规定的，从其规定。

32. 建立事故查处督办制度。依法严格事故查处，对事故查处实行地方各级安全生产委员会层层挂牌督办，重大事故查处实行国务院安全生产委员会挂牌督办。

事故查处结案后,要及时予以公告,接受社会监督。

各地区、各部门和各有关单位要做好对加强企业安全生产工作的组织实施,制订部署本地区本行业贯彻落实本通知要求的具体措施,加强监督检查和指导,及时研究、协调解决贯彻实施中出现的突出问题。国务院安全生产委员会办公室和国务院有关部门要加强工作督查,及时掌握各地区、各部门和本行业(领域)工作进展情况,确保各项规定、措施执行落实到位。省级人民政府和国务院有关部门要将加强企业安全生产工作情况及时报送国务院安全生产委员会办公室。

中华人民共和国国务院

二〇一〇年七月十九日

# 国务院关于坚持科学发展安全发展促进安全生产形势持续稳定好转的意见

（国发〔2011〕40 号）

各省、自治区、直辖市人民政府，国务院各部委、各直属机构：

安全生产事关人民群众生命财产安全，事关改革开放、经济发展和社会稳定大局，事关党和政府形象和声誉。为深入贯彻落实科学发展观，实现安全发展，促进全国安全生产形势持续稳定好转，提出以下意见：

## 一、充分认识坚持科学发展安全发展的重大意义

（一）坚持科学发展安全发展是对安全生产实践经验的科学总结。多年来，各地区、各部门、各单位深入贯彻落实科学发展观，按照党中央、国务院的决策部署，大力推进安全发展，全国安全生产工作取得了积极进展和明显成效。“十一五”期间，事故总量和重特大事故大幅度下降，全国各类事故死亡人数年均减少约 1 万人，反映安全生产状况的各项指标显著改善，安全生产形势持续稳定好转。实践表明，坚持科学发展安全发展，是对新时期安全生产客观规律的科学认识和准确把握，是保障人民群众生命财产安全的必然选择。

（二）坚持科学发展安全发展是解决安全生产问题的根本途径。我国正处于工业化、城镇化快速发展进程中，处于生产安全事故易发多发的高峰期，安全基础仍然比较薄弱，重特大事故尚未得到有效遏制，非法违法生产经营建设行为屡禁不止，安全责任不落实、防范和监督管理不到位等问题在一些地方和企业还比较突出。安全生产工作既要解决长期积累的深层次、结构性和区域性问题，又要应对不断出现的新情况、新问题，根本出路在于坚持科学发展安全发展。要把这一重要思想和理念落实到生产经营建设的每一个环节，使之成为衡量各行业领域、各生产经营单位安全生产工作的基本标准，自觉做到不安全不生产，实现安全与发展的有机统一。

（三）坚持科学发展安全发展是经济发展社会进步的必然要求。随着经济发

展和社会进步，全社会对安全生产的期待不断提高，广大从业人员“体面劳动”意识不断增强，对加强安全监管监察、改善作业环境、保障职业安全健康权益等方面的要求越来越高。这就要求各地区、各部门、各单位必须始终把安全生产摆在经济社会发展重中之重的位置，自觉坚持科学发展安全发展，把安全真正作为发展的前提和基础，使经济社会发展切实建立在安全保障能力不断增强、劳动者生命安全和身体健康得到切实保障的基础之上，确保人民群众平安幸福地享有经济发展和社会进步的成果。

## 二、指导思想和基本原则

（四）指导思想。坚持以邓小平理论和“三个代表”重要思想为指导，深入贯彻落实科学发展观，牢固树立以人为本、安全发展的理念，始终把保障人民群众生命财产安全放在首位，大力实施安全发展战略，紧紧围绕科学发展主题和加快转变经济发展方式主线，自觉坚持“安全第一、预防为主、综合治理”方针，坚持速度、质量、效益与安全的有机统一，以强化和落实企业主体责任为重点，以事故预防为主攻方向，以规范生产为保障，以科技进步为支撑，认真落实安全生产各项措施，标本兼治、综合治理，有效防范和坚决遏制重特大事故，促进安全生产与经济社会同步协调发展。

（五）基本原则。——统筹兼顾，协调发展。正确处理安全生产与经济社会发展、与速度质量效益的关系，坚持把安全生产放在首要位置，促进区域、行业领域的科学、安全、可持续发展。——依法治安，综合治理。健全完善安全生产法律法规、制度标准体系，严格安全生产执法，严厉打击非法违法行为，综合运用法律、行政、经济等手段，推动安全生产工作规范、有序、高效开展。——突出预防，落实责任。加大安全投入，严格安全准入，深化隐患排查治理，筑牢安全生产基础，全面落实企业安全生产主体责任、政府及部门监管责任和属地管理责任。——依靠科技，创新管理。加快安全科技研发应用，加强专业技术人才队伍和高素质的职工队伍培养，创新安全管理体制机制和方式方法，不断提升安全保障能力和安全管理水平。

## 三、进一步加强安全生产法制建设

（六）健全完善安全生产法律制度体系。加快推进安全生产法等相关法律法规的修订制定工作。适应经济社会快速发展的新要求，制定高速铁路、高速公路、大型桥梁隧道、超高层建筑、城市轨道交通和地下管网等建设、运行、管理方面的安全法规规章。根据技术进步和产业升级需要，抓紧修订完善国家和行业安全技术标准，尽快健全覆盖各行业领域的安全生产标准体系。进一步建立完善安全生产激励约束、督促检查、行政问责、区域联动等制度，形成规范有力的制度保障体系。

（七）加大安全生产普法执法力度。加强安全生产法制教育，普及安全生产法律知识，提高全民安全法制意识，增强依法生产经营建设的自觉性。加强安全生产日常执法、重点执法和跟踪执法，强化相关部门及与司法机关的联合执法，确保执法实效。继续依法严厉打击各类非法违法生产经营建设行为，切实落实停产整顿、关闭取缔、严格问责的惩治措施。强化地方人民政府特别是县乡级人民政府责任，对打击非法生产不力的，要严肃追究责任。

（八）依法严肃查处各类事故。严格按照“科学严谨、依法依规、实事求是、注重实效”的原则，认真调查处理每一起事故，查明原因，依法严肃追究事故单位和有关责任人的责任，严厉查处事故背后的腐败行为，及时向社会公布调查进展和处理结果。认真落实事故查处分级挂牌督办、跟踪督办、警示通报、诫勉约谈和现场分析制度，深刻吸取事故教训，查找安全漏洞，完善相关管理措施，切实改进安全生产工作。

## 四、全面落实安全生产责任

（九）认真落实企业安全生产主体责任。企业必须严格遵守和执行安全生产法律法规、规章制度与技术标准，依法依规加强安全生产，加大安全投入，健全安全管理机构，加强班组安全建设，保持安全设备设施完好有效。企业主要负责人、实际控制人要切实承担安全生产第一责任人的责任，带头执行现场带班制度，加强现场安全管理。强化企业技术负责人技术决策和指挥权，注重发挥注册安全工程师对企业安全状况诊断、评估、整改方面的作用。企业主要负责人、安全管理人员、特种作业人员一律经严格考核、持证上岗。企业用工要严格依照劳动合同法与职工签订劳动合同，职工必须全部经培训合格后上岗。

（十）强化地方人民政府安全监管责任。地方各级人民政府要健全完善安全生产责任制，把安全生产作为衡量地方经济发展、社会管理、文明建设成效的重要指标，切实履行属地管理职责，对辖区内各类企业包括中央、省属企业实施严格的安全生产监督检查和管理。严格落实地方行政首长安全生产第一责任人的责任，建立健全政府领导班子成员安全生产"一岗双责"制度。省、市、县级政府主要负责人要定期研究部署安全生产工作,组织解决安全生产重点难点问题。

（十一）切实履行部门安全生产管理和监督职责。健全完善安全生产综合监管与行业监管相结合的工作机制,强化安全生产监管部门对安全生产的综合监管,全面落实行业主管部门的专业监管、行业管理和指导职责。相关部门、境内投资主体和派出企业要切实加强对境外中资企业安全生产工作的指导和管理。要不断探索创新与经济运行、社会管理相适应的安全监管模式,建立健全与企业信誉、项目核准、用地审批、证券融资、银行贷款等方面相挂钩的安全生产约束机制。

**五、着力强化安全生产基础**

（十二）严格安全生产准入条件。要认真执行安全生产许可制度和产业政策,严格技术和安全质量标准,严把行业安全准入关。强化建设项目安全核准,把安全生产条件作为高危行业建设项目审批的前置条件,未通过安全评估的不准立项;未经批准擅自开工建设的,要依法取缔。严格执行建设项目安全设施"三同时"（同时设计、同时施工、同时投产和使用）制度。制定和实施高危行业从业人员资格标准。加强对安全生产专业服务机构管理,实行严格的资格认证制度,确保其评价、检测结果的专业性和客观性。

（十三）加强安全生产风险监控管理。充分运用科技和信息手段,建立健全安全生产隐患排查治理体系,强化监测监控、预报预警,及时发现和消除安全隐患。企业要定期进行安全风险评估分析,重大隐患要及时报安全监管监察和行业主管部门备案。各级政府要对重大隐患实行挂牌督办,确保监控、整改、防范等措施落实到位。各地区要建立重大危险源管理档案,实施动态全程监控。

（十四）推进安全生产标准化建设。在工矿商贸和交通运输行业领域普遍开展岗位达标、专业达标和企业达标建设,对在规定期限内未实现达标的企业,要依据有关规定暂扣其生产许可证、安全生产许可证,责令停产整顿;对整改逾期仍未达标的,要依法予以关闭。加强安全标准化分级考核评价,将评价结果向银行、证券、保险、担保等主管部门通报,作为企业信用评级的重要参考依据。

（十五）加强职业病危害防治工作。要严格执行职业病防治法,认真实施国家职业病防治规划,深入落实职业危害防护设施"三同时"制度,切实抓好煤（矽）尘、热害、高毒物质等职业危害防范治理。对可能产生职业病危害的建设项目,必须进行严格的职业病危害预评价，未提交预评价报告或预评价报告未经审核同意的，一律不得批准建设；对职业病危害防控措施不到位的企业，要依法责令其整改，情节严重的要依法予以关闭。切实做好职业病诊断、鉴定和治疗，保障职工安全健康权益。

## 六、深化重点行业领域安全专项整治

（十六）深入推进煤矿瓦斯防治和整合技改。加快建设"通风可靠、抽采达标、监控有效、管理到位"的瓦斯综合治理工作体系，完善落实瓦斯抽采利用扶持政策，推进瓦斯防治技术创新。严格控制高瓦斯和煤与瓦斯突出矿井建设项目审批。建立完善煤矿瓦斯防治能力评估制度，对不具备防治能力的高瓦斯和煤与瓦斯突出矿井，要严格按规定停产整改、重组或依法关闭。继续运用中央预算内投资扶持煤矿安全技术改造，支持煤矿整顿关闭和兼并重组。加强对整合技改煤矿的安全管理，加快推进煤矿井下安全避险系统建设和小煤矿机械化改造。

（十七）加大交通运输安全综合治理力度。加强道路长途客运安全管理，修订完善长途客运车辆安全技术标准，逐步淘汰安全性能差的运营车型。强化交通运输企业安全主体责任，禁止客运车辆挂靠运营，禁止非法改装车辆从事旅客运输。严格长途客运、危险品车辆驾驶人资格准入，研究建立长途客车驾驶人强制休息制度，持续严厉整治超载、超限、超速、酒后驾驶、高速公路违规停车等违法行为。加强道路运输车辆动态监管，严格按规定强制安装具有行驶记录功能的卫星定位装置并实行联网联控。提高道路建设质量，完善安全防护设施，加强桥梁、隧道、码头安全隐患排查治理。加强高速铁路和城市轨道交通建设运营安全管理。继续强化民航、农村和山区交通、水上交通的安全监管，特别要抓紧完善校车安全法规和标准，依法强化校车安全监管。

（十八）严格危险化学品安全管理。全面开展危险化学品安全管理现状普查评估，建立危险化学品安全管理信息系统。科学规划化工园区，优化化工企业布局，严格控制城镇涉及危险化学品的建设项目。各地区要积极研究制定鼓励支持政策，加快城区高风险危险化学品生产、储存企业搬迁。地方各级人民政府要组织开展地下危险化学品输送管道设施安全整治，加强和规范城镇地面开挖作业管理。继续推进化工装置自动控制系统改造。切实加强烟花爆竹和民用爆炸物品的安全监管，深入开展"三超一改"（超范围、超定员、超药量和擅自改变工房用途）和礼花弹等高危产品专项治理。

（十九）深化非煤矿山安全整治。进一步完善矿产资源开发整合常态化管理机制，制定实施非煤矿山主要矿种最小开采规模和最低服务年限标准。研究制定充填开采标准和规定。积极推行尾矿库一次性筑坝、在线监测技术，搞好尾矿综合利用。全面加强矿井安全避险系统建设，组织实施非煤矿山采空区监测监控等科技示范工程。加强陆地和海洋石油天然气勘探开采的安全管理，重点防范井喷失控、硫化氢中毒、海上溢油等事故。

（二十）加强建筑施工安全生产管理。按照“谁发证、谁审批、谁负责”的原则，进一步落实建筑工程招投标、资质审批、施工许可、现场作业等各环节安全监管责任。强化建筑工程参建各方企业安全生产主体责任。严密排查治理起重机、吊罐、脚手架等设施设备安全隐患。建立建筑工程安全生产信息系统，健全施工企业和从业人员安全信用体系，完善失信惩戒制度。建立完善铁路、公路、水利、核电等重点工程项目安全风险评估制度。严厉打击超越资质范围承揽工程、违法分包转包工程等不法行为。

（二十一）加强消防、冶金等其他行业领域的安全监管。地方各级人民政府要把消防规划纳入当地城乡规划，切实加强公共消防设施建设。大力实施社会消防安全“防火墙”工程，落实建设项目消防安全设计审核、验收和备案抽查制度，严禁使用不符合消防安全要求的装修装饰材料和建筑外保温材料。严格落实人员密集场所、大型集会活动等安全责任制，严防拥挤踩踏事故。加强冶金、有色等其他工贸行业企业安全专项治理，严格执行压力容器、电梯、游乐设施等特种设备安全管理制度，加强电力、农机和渔船安全管理。

## 七、大力加强安全保障能力建设

（二十二）持续加大安全生产投入。探索建立中央、地方、企业和社会共同承担的安全生产长效投入机制，加大对贫困地区和高危行业领域倾斜。完善有利于安全生产的财政、税收、信贷政策，强化政府投资对安全生产投入的引导和带动作用。企业在年度财务预算中必须确定必要的安全投入，提足用好安全生产费用。完善落实工伤保险制度，积极稳妥推行安全生产责任保险制度，发挥保险机制的预防和促进作用。

（二十三）充分发挥科技支撑作用。整合安全科技优势资源，建立完善以企业为主体、以市场为导向、产学研用相结合的安全技术创新体系。加快推进安全生产关键技术及装备的研发，在事故预防预警、防治控制、抢险处置等方面尽快推出一批具有自主知识产权的科技成果。积极推广应用安全性能可靠、先进适用的新技术、新工艺、新设备和新材料。企业必须加快国家规定的各项安全系统和装备建设，提高生产安全防护水平。加强安全生产信息化建设，建立健全信息科技支撑服务体系。

（二十四）加强产业政策引导。加大高危行业企业重组力度，进一步整合浪费资源、安全保障低的落后产能，加快淘汰不符合安全标准、职业危害严重、危及安全生产的落后技术、工艺和装备。地方各级人民政府要制定相关政策，遏制安全水平低、保障能力差的项目的建设和延续。对存在落后技术设备、构成重大安全隐患的企业，要予以公布，责令其限期整改，逾期未整改的依法予以关闭。把安全产业纳入国家重点支持的战略产业，积极发展安全装备融资租赁业务，促进企业加快提升安全装备水平。

（二十五）加强安全人才和监管监察队伍建设。加强安全科学与工程学科建设，办好安全工程类高等教育和职业教育，重点培养中高级安全工程与管理人才。鼓励高等院校、职业学校进一步落实完善校企合作办学、对口单招、订单式培养等政策，加快培养高危行业专业人才和生产一线急需技能型人才。加快建设专业化的安全监管监察队伍，建立以岗位职责为基础的能力评价体系，加强在岗人员业务培训。进一步充实基层监管力量，改善监管监察装备和条件，创新安全监管监察机制，切实做到严格、公正、廉洁、文明执法。

## 八、建设更加高效的应急救援体系

（二十六）加强应急救援队伍和基地建设。抓紧7个国家级、14个区域性矿山应急救援基地建设，加快推进重点行业领域的专业应急救援队伍建设。县级以上地方人民政府要结合实际，整合应急资源，依托大型企业、公安消防等救援力量，加强本地区应急救援队伍建设。建立紧急医学救援体系，提升事故医疗救治能力。建立救援队伍社会化服务补偿机制，鼓励和引导社会力量参与应急救援。

（二十七）完善应急救援机制和基础条件。健全省、市、县及中央企业安全生产应急管理体系，加快建设应急平台，完善应急救援协调联动机制。建立健全自然灾害预报预警联合处置机制，加强安监、气象、地震、海洋等部门的协调配合，严防自然灾害引发事故灾难。建立完善企业安全生产动态监控及预警预报体系。加强应急救援装备建设,强化应急物资和紧急运输能力储备,提高应急处置效率。

(二十八)加强预案管理和应急演练。建立健全安全生产应急预案体系,加强动态修订完善。落实省、市、县三级安全生产预案报备制度,加强企业预案与政府相关应急预案的衔接。定期开展应急预案演练,切实提高事故救援实战能力。企业生产现场带班人员、班组长和调度人员在遇到险情时,要按照预案规定,立即组织停产撤人。

## 九、积极推进安全文化建设

(二十九)加强安全知识普及和技能培训。加强安全教育基地建设,充分利用电视、互联网、报纸、广播等多种形式和手段普及安全常识,增强全社会科学发展、安全发展的思想意识。在中小学广泛普及安全基础教育,加强防灾避险演练。全面开展安全生产、应急避险和职业健康知识进企业、进学校、进乡村、进社区、进家庭活动,努力提升全民安全素质。大力开展企业全员安全培训,重点强化高危行业和中小企业一线员工安全培训。完善农民工向产业工人转化过程中的安全教育培训机制。建立完善安全技术人员继续教育制度。大型企业要建立健全职业教育和培训机构。加强地方政府安全生产分管领导干部的安全培训,提高安全管理水平。

(三十)推动安全文化发展繁荣。充分利用社会资源和市场机制,培育发展安全文化产业,打造安全文化精品,促进安全文化市场繁荣。加强安全公益宣传,大力倡导"关注安全、关爱生命"的安全文化。建设安全文化主题公园、主题街道和安全社区,创建若干安全文化示范企业和安全发展示范城市。推进安全文化理论和建设手段创新,构建自我约束、持续改进的长效机制,不断提高安全文化建设水平,切实发挥其对安全生产工作的引领和推动作用。

## 十、切实加强组织领导和监督

(三十一)健全完善安全生产工作格局。各地区要进一步健全完善政府统一领导、部门依法监管、企业全面负责、群众参与监督、全社会广泛支持的安全生产工作格局,形成各方面齐抓共管的合力。要切实加强安全生产工作的组织领导,充分发挥各级政府安全生产委员会及其办公室的指导协调作用,落实各成员单位工作责任。县级以上人民政府要依法健全完善安全生产、职业健康监管体系,安全生产任务较重的乡镇要加强安全监管力量建设，确保事有人做、责有人负。

（三十二）加强安全生产绩效考核。把安全生产考核控制指标纳入经济社会发展考核评价指标体系，加大各级领导干部政绩业绩考核中安全生产的权重和考核力度。把安全生产工作纳入社会主义精神文明和党风廉政建设、社会管理综合治理体系之中。制定完善安全生产奖惩制度，对成效显著的单位和个人要以适当形式予以表扬和奖励，对违法违规、失职渎职的，依法严格追究责任。

（三十三）发挥社会公众的参与监督作用。推进安全生产政务公开，健全行政许可网上申请、受理、审批制度。落实安全生产新闻发布制度和救援工作报道机制，完善隐患、事故举报奖励制度，加强社会监督、舆论监督和群众监督。支持各级工会、共青团、妇联等群众组织动员广大职工开展群众性安全生产监督和隐患排查，落实职工岗位安全责任，推进群防群治。

中华人民共和国国务院

二〇一一年十一月二十六日

# 国务院关于加强道路交通安全工作的意见

（国发〔2012〕30 号）

各省、自治区、直辖市人民政府，国务院各部委、各直属机构：

为适应我国道路通车里程、机动车和驾驶人数量、道路交通运量持续大幅度增长的形势，进一步加强道路交通安全工作，保障人民群众生命财产安全，提出以下意见：

## 一、总体要求

（一）指导思想。以邓小平理论和“三个代表”重要思想为指导，深入贯彻落实科学发展观，牢固树立以人为本、安全发展的理念，始终把维护人民群众生命财产安全放在首位，以防事故、保安全、保畅通为核心，以落实企业主体责任为重点，全面加强人、车、路、环境的安全管理和监督执法，推进交通安全社会管理创新，形成政府统一领导、各部门协调联动、全社会共同参与的交通安全管理工作格局，有效防范和坚决遏制重特大道路交通事故，促进全国安全生产形势持续稳定好转，为经济社会发展、人民平安出行创造良好环境。

（二）基本原则。

——安全第一，协调发展。正确处理安全与速度、质量、效益的关系，坚持把安全放在首位，加强统筹规划，使道路交通安全融入国民经济社会发展大局，与经济社会同步协调发展。

——预防为主，综合治理。严格驾驶人、车辆、运输企业准入和安全管理，加强道路交通安全设施建设，深化隐患排查治理，着力解决制约和影响道路交通安全的源头性、根本性问题，夯实道路交通安全基础。

——落实责任，强化考核。全面落实企业主体责任、政府及部门监管责任和属地管理责任，健全目标考核和责任追究制度，加强督导检查和责任倒查，依法严格追究事故责任。

——科技支撑，法治保障。强化科技装备和信息化技术应用，建立健全法律法规和标准规范，加强执法队伍建设，依法严厉打击各类交通违法违规行为，不断提高道路交通科学管理与执法服务水平。

## 二、强化道路运输企业安全管理

（三）规范道路运输企业生产经营行为。严格道路运输市场准入管理，对新设立运输企业，要严把安全管理制度和安全生产条件审核关。强化道路运输企业安全主体责任，鼓励客运企业实行规模化、公司化经营，积极培育集约化、网络化经营的货运龙头企业。严禁客运车辆、危险品运输车辆挂靠经营。推进道路运输企业诚信体系建设，将诚信考核结果与客运线路招投标、运力投放以及保险费率、银行信贷等挂钩，不断完善企业安全管理的激励约束机制。鼓励运输企业采用交通安全统筹等形式，加强行业互助，提高企业抗风险能力。

（四）加强企业安全生产标准化建设。道路运输企业要建立健全安全生产管理机构，加强安全班组建设，严格执行安全生产制度、规范和技术标准，强化对车辆和驾驶人的安全管理，持续加大道路交通安全投入，提足、用好安全生产费用。建立专业运输企业交通安全质量管理体系，健全客运、危险品运输企业安全评估制度，对安全管理混乱、存在重大安全隐患的企业，依法责令停业整顿，对整改不达标的按规定取消其相应资质。

（五）严格长途客运和旅游客运安全管理。严格客运班线审批和监管，加强班线途经道路的安全适应性评估，合理确定营运线路、车型和时段，严格控制1000公里以上的跨省长途客运班线和夜间运行时间，对现有的长途客运班线进行清理整顿，整改不合格的坚决停止运营。创造条件积极推行长途客运车辆凌晨2时至5时停止运行或实行接驳运输。客运车辆夜间行驶速度不得超过日间限速的80%，并严禁夜间通行达不到安全通行条件的三级以下山区公路。夜间遇暴雨、浓雾等影响安全视距的恶劣天气时，可以采取临时管理措施，暂停客运车辆运行。加强旅游包车安全管理，根据运行里程严格按规定配备包车驾驶人，逐步推行包车业务网上申请和办理制度，严禁发放空白旅游包车牌证。运输企业要积极创造条件，严格落实长途客运驾驶人停车换人、落地休息制度，确保客运驾驶人24小时累计驾驶时间原则上不超过8小时，日间连续驾驶不超过4小时，夜间连续驾驶不超过2小时，每次停车休息时间不少于20分钟。有关部门要加强监督检查，对违反规定超时、超速驾驶的驾驶人及相关企业依法严格处罚。

（六）加强运输车辆动态监管。抓紧制定道路运输车辆动态监督管理办法，规范卫星定位装置安装、使用行为。旅游包车、三类以上班线客车、危险品运输车和校车应严格按规定安装使用具有行驶记录功能的卫星定位装置，卧铺客车应同时安装车载视频装置，鼓励农村客运车辆安装使用卫星定位装置。重型载货汽车和半挂牵引车应在出厂前安装卫星定位装置，并接入道路货运车辆公共监管与服务平台。运输企业要落实安全监控主体责任，切实加强对所属车辆和驾驶人的动态监管，确保车载卫星定位装置工作正常、监控有效。对不按规定使用或故意损坏卫星定位装置的，要追究相关责任人和企业负责人的责任。

## 三、严格驾驶人培训考试和管理

（七）加强和改进驾驶人培训考试工作。进一步完善机动车驾驶人培训大纲和考试标准，严格考试程序，推广应用科技评判和监控手段，强化驾驶人安全、法制、文明意识和实际道路驾驶技能考试。客、货车辆驾驶人培训考试要增加复杂路况、恶劣天气、突发情况应对处置技能的内容，大中型客、货车辆驾驶人增加夜间驾驶考试。将大客车驾驶人培养纳入国家职业教育体系，努力解决高素质客运驾驶人短缺问题。实行交通事故驾驶人培训质量、考试发证责任倒查制度。

（八）严格驾驶人培训机构监管。加强驾驶人培训市场调控，提高驾驶人培训机构准入门槛，按照培训能力核定其招生数量，严格教练员资格管理。加强驾驶人培训质量监督，全面推广应用计算机计时培训管理系统，督促落实培训教学大纲和学时。定期向社会公开驾驶人培训机构的培训质量、考试合格率以及毕业学员的交通违法率和肇事率等，并作为其资质审核的重要参考。

（九）加强客货运驾驶人安全管理。严把客货运驾驶人从业资格准入关，加强从业条件审核与培训考试。建立客货运驾驶人从业信息、交通违法信息、交通事故信息的共享机制，加快推进信息查询平台建设，设立驾驶人“黑名单”信息库。加强对长期在本地经营的异地客货运车辆和驾驶人安全管理。督促运输企业加强驾驶人聘用管理，对发生道路交通事故致人死亡且负同等以上责任的，交通违法记满12分的，以及有酒后驾驶、超员20%以上、超速50%（高速公路超速20%）以上，或者12个月内有3次以上超速违法记录的客运驾驶人，要严格依法处罚并通报企业解除聘用。

## 四、加强车辆安全监管

（十）提高机动车安全性能。制定完善相关政策，推动机动车生产企业兼并重组，调整产品结构，鼓励发展安全、节能、环保的汽车产品，积极推进机动车标准化、轻量化，加快传统汽车升级换代。大力推广厢式货车取代栏板式货车，尽快淘汰高安全风险车型。抓紧清理、修订并逐步提高机动车安全技术标准，督促生产企业改进车辆安全技术，增设客运车辆限速和货运车辆限载等安全装置。进一步提高大中型客车和公共汽车的车身结构强度、座椅安装强度、内部装饰材料阻燃性能等，增强车辆行驶稳定性和抗侧倾能力。客运车辆座椅要尽快全部配置安全带。

（十一）加强机动车安全管理。落实和完善机动车生产企业及产品公告管理、强制性产品认证、注册登记、使用维修和报废等管理制度。积极推动机动车生产企业诚信体系建设，加强机动车产品准入、生产一致性监管，对不符合机动车国家安全技术标准或者与公告产品不一致的车辆，不予办理注册登记，生产企业要依法依规履行更换、退货义务。严禁无资质企业生产、销售电动汽车。落实和健全缺陷汽车产品召回制度，加大对大中型客、货汽车缺陷产品召回力度。严格报废汽车回收企业资格认定和监督管理，依法严厉打击制造和销售拼装车行为，严禁拼装车和报废汽车上路行驶。加强机动车安全技术检验和营运车辆综合性能检测，严格检验检测机构的资格管理和计量认证管理。对道路交通事故中涉及车辆非法生产、改装、拼装以及机动车产品严重质量安全问题的，要严查责任，依法从重处理。

（十二）强化电动自行车安全监管。修订完善电动自行车生产国家强制标准，着力加强对电动自行车生产、销售和使用的监督管理，严禁生产、销售不符合国家强制标准的电动自行车。省级人民政府要制定电动自行车登记管理办法，质监部门要做好电动自行车生产许可证管理和国家强制性标准修订工作，工业和信息化部门要严格电动自行车生产的行业管理，工商部门要依法加强电动自行车销售企业的日常监管。对违规生产、销售不合格产品的企业，要依法责令整改并严格处罚、公开曝光。公安机关要加强电动自行车通行秩序管理，严格查处电动自行车交通违法行为。地方各级人民政府要通过加强政策引导，逐步解决在用的超出国家标准的电动自行车问题。

## 五、提高道路安全保障水平

（十三）完善道路交通安全设施标准和制度。加快修订完善公路安全设施设计、施工、安全性评价等技术规范和行业标准,科学设置安全防护设施。鼓励地方在国家和行业标准的基础上,进一步提高本地区公路安全设施建设标准。严格落实交通安全设施与道路建设主体工程同时设计、同时施工、同时投入使用的“三同时”制度,新建、改建、扩建道路工程在竣(交)工验收时要吸收公安、安全监管等部门人员参加,严格安全评价,交通安全设施验收不合格的不得通车运行。对因交通安全设施缺失导致重大事故的,要限期进行整改,整改到位前暂停该区域新建道路项目的审批。

(十四)加强道路交通安全设施建设。地方各级人民政府要结合实际科学规划,有计划、分步骤地逐年增加和改善道路交通安全设施。在保证国省干线公路网等项目建设资金的基础上,加大车辆购置税等资金对公路安保工程的投入力度,进一步加强国省干线公路安全防护设施建设,特别是临水临崖、连续下坡、急弯陡坡等事故易发路段要严格按标准安装隔离栅、防护栏、防撞墙等安全设施,设置标志标线。加强公路与铁路、河道、码头联接交叉路段特别是公铁立交、跨航道桥梁的安全保护。收费公路经营企业要加强公路养护管理,对安全设施缺失、损毁的,要及时予以完善和修复,确保公路及其附属设施始终处于良好的技术状况。要积极推进公路灾害性天气预报和预警系统建设,提高对暴雨、浓雾、团雾、冰雪等恶劣天气的防范应对能力。

(十五)深入开展隐患排查治理。地方各级人民政府要建立完善道路交通安全隐患排查治理制度,落实治理措施和治理资金,根据隐患严重程度,实施省、市、县三级人民政府挂牌督办整改,对隐患整改不落实的,要追究有关负责人的责任。有关部门要强化交通事故统计分析,排查确定事故多发点段和存在安全隐患路段,全面梳理桥涵隧道、客货运场站等风险点,设立管理台账,明确治理责任单位和时限,强化对整治情况的全过程监督。切实加强公路两侧农作物秸秆禁烧监管,严防焚烧烟雾影响交通安全。

### 六、加大农村道路交通安全管理力度

(十六)强化农村道路交通安全基础。深入开展“平安畅通县市”和“平安农机”创建活动,改善农村道路交通安全环境。严格落实县级人民政府农村公路建设养护管理主体责任,制定改善农村道路交通安全状况的计划,落实资金,加大建设和养护力度。新建、改建农村公路要根据需要同步建设安全设施,已建成的农村公

路要按照“安全、有效、经济、实用”的原则，逐步完善安全设施。地方各级人民政府要统筹城乡公共交通发展，以城市公交同等优惠条件扶持发展农村公共交通，拓展延伸农村地区客运的覆盖范围，着力解决农村群众安全出行问题。

（十七）加强农村道路交通安全监管。地方各级人民政府要加强农村道路交通安全组织体系建设，落实乡镇政府安全监督管理责任，调整优化交警警力布局，加强乡镇道路交通安全管控。发挥农村派出所、农机监理站以及驾驶人协会、村委会的作用，建立专兼职道路交通安全管理队伍，扩大农村道路交通管理覆盖面。完善农业机械安全监督管理体系，加强对农机安全监理机构的支持保障，积极推广应用农机安全技术，加强对拖拉机、联合收割机等农业机械的安全管理。

## 七、强化道路交通安全执法

（十八）严厉整治道路交通违法行为。加强公路巡逻管控，加大客运、旅游包车、危险品运输车等重点车辆检查力度，严厉打击和整治超速超员超载、疲劳驾驶、酒后驾驶、吸毒后驾驶、货车违法占道行驶、不按规定使用安全带等各类交通违法行为，严禁三轮汽车、低速货车和拖拉机违法载人。依法加强校车安全管理，保障乘坐校车学生安全。健全和完善治理车辆超限超载工作长效机制。研究推动将客货运车辆严重超速、超员、超限超载等行为列入以危险方法危害公共安全行为，追究驾驶人刑事责任。制定客货运车辆和驾驶人严重交通违法行为有奖举报办法，并将车辆动态监控系统记录的交通违法信息作为执法依据，定期进行检查，依法严格处罚。大力推进文明交通示范公路创建活动，加强城市道路通行秩序整治，规范机动车通行和停放，严格非机动车、行人交通管理。

（十九）切实提升道路交通安全执法效能。推进高速公路全程监控等智能交通管理系统建设，强化科技装备和信息化技术在道路交通执法中的应用，提高道路交通安全管控能力。整合道路交通管理力量和资源，建立部门、区域联勤联动机制，实现监控信息等资源共享。严格落实客货运车辆及驾驶人交通事故、交通违法行为通报制度，全面推进交通违法记录省际转递工作。研究推动将公民交通安全违法记录与个人信用、保险、职业准入等挂钩。

（二十）完善道路交通事故应急救援机制。地方各级人民政府要进一步加强道路交通事故应急救援体系建设，完善应急救援预案，定期组织演练。健全公安消防、卫生等部门联动的省、市、县三级交通事故紧急救援机制，完善交通事故急救通信系统，加强交通事故紧急救援队伍建设，配足救援设备，提高施救水平。地方各级人民政府要依法加快道路交通事故社会救助基金制度建设，制定并完善实施细则，确保事故受伤人员的医疗救治。

## 八、深入开展道路交通安全宣传教育

（二十一）建立交通安全宣传教育长效机制。地方各级人民政府每年要制订并组织实施道路交通安全宣传教育计划，加大宣传投入，督促各部门和单位积极履行宣传责任和义务，实现交通安全宣传教育社会化、制度化。加大公益宣传力度，报刊、广播、电视、网络等新闻媒体要在重要版面、时段通过新闻报道、专题节目、公益广告等方式开展交通安全公益宣传。设立"全国交通安全日"，充分发挥主管部门、汽车企业、行业协会、社区、学校和单位的宣传作用，广泛开展道路交通安全宣传活动，不断提高全民的交通守法意识、安全意识和公德意识。

（二十二）全面实施文明交通素质教育工程。深入推进"文明交通行动计划"，广泛开展交通安全宣传进农村、进社区、进企业、进学校、进家庭活动，推行实时、动态的交通安全教育和在线服务。建立交通安全警示提示信息发布平台，加强事故典型案例警示教育，开展交通安全文明驾驶人评选活动，充分利用各种手段促进驾驶人依法驾车、安全驾车、文明驾车。坚持交通安全教育从儿童抓起，督促指导中小学结合有关课程加强交通安全教育，鼓励学校结合实际开发有关交通安全教育的校本课程，夯实国民交通安全素质基础。

（二十三）加强道路交通安全文化建设。积极拓展交通安全宣传渠道，建立交通安全宣传教育基地，创新宣传教育方法，以学校、驾驶人培训机构、运输企业为重点，广泛宣传道路交通安全法律法规和安全知识。推动开设交通安全宣传教育网站、电视频道，加强交通安全文学、文艺、影视等作品创作、征集和传播活动，积极营造全社会关注交通安全、全民参与文明交通的良好文化氛围。

## 九、严格道路交通事故责任追究

（二十四）加强重大道路交通事故联合督办。严格执行重大事故挂牌督办制度，健全完善重大道路交通事故"现场联合督导、统筹协调调查、挂牌通报警示、重点约谈检查、跟踪整改落实"的联合督办工作机制，形成各有关部门齐抓共管的监管合力。研究制定道路交通安全奖惩制度，对于成效显著的地方、部门和单位予以表扬和奖励；对发生特别重大道路交通事故的，或者一年内发生3起及以上重大道路交通事故的，省级人民政府要向国务院作出书面检查；对一年内发生两起重大道路交通事故或发生性质严重、造成较大社会影响的重大道路交通事故的，国务院安全生产委员会办公室要会同有关部门及时约谈相关地方政府和部门负责同志。

（二十五）加大事故责任追究力度。研究制定重特大道路交通事故处置规范，完善跨区域责任追究机制，建立健全重大道路交通事故信息公开制度。对发生重大及以上或者6个月内发生两起较大及以上责任事故的道路运输企业，依法责令停业整顿；停业整顿后符合安全生产条件的，准予恢复运营，但客运企业3年内不得新增客运班线，旅游企业3年内不得新增旅游车辆；停业整顿仍不具备安全生产条件的，取消相应许可或吊销其道路运输经营许可证，并责令其办理变更、注销登记直至依法吊销营业执照。对道路交通事故发生负有责任的单位及其负责人，依法依规予以处罚，构成犯罪的，依法追究刑事责任。发生重特大道路交通事故的，要依法依纪追究地方政府及相关部门的责任。

## 十、强化道路交通安全组织保障

（二十六）加强道路交通安全组织领导。地方各级人民政府要高度重视道路交通安全工作，将其纳入经济和社会发展规划，与经济建设和社会发展同部署、同落实、同考核，并加强对道路交通安全工作的统筹协调和监督指导。实行道路交通安全地方行政首长负责制，将道路交通安全工作纳入政府工作重要议事日程，定期分析研判安全形势，研究部署重点工作。严格道路交通事故总结报告制度，省级人民政府每年1月15日前要将本地区道路交通安全工作情况向国务院作出专题报告。

（二十七）落实部门管理和监督职责。各有关部门要按照“谁主管、谁负责，谁审批、谁负责”的原则，依法履行职责，落实监管责任，切实构建“权责一致、分工负责、齐抓共管、综合治理”的协调联动机制。要严格责任考核，将道路交通安全工作作为有关领导干部实绩考评的重要内容，并将考评结果作为综合考核评价的重要依据。

（二十八）完善道路交通安全保障机制。研究建立中央、地方、企业和社会共同承担的道路交通安全长效投入机制，不断拓展道路交通安全资金保障来源，推动完善相关财政、税收、信贷支持政策，强化政府投资对道路交通安全投入的引导和带动作用，将交警、运政、路政、农机监理各项经费按规定纳入政府预算。要根据道路里程、机动车增长等情况，相应加强道路交通安全管理力量建设，完善道路交通警务保障机制。地方各级人民政府要研究出台高速公路交通安全发展的相关保障政策，将高速公路交通安全执勤执法营房等配套设施与高速公路建设同步规划设计、同步投入使用并给予资金保障，高速公路建设管理单位要积极创造条件予以配合支持。

中华人民共和国国务院

2012 年 7 月 22 日

# 国务院办公厅关于加强中央企业安全生产工作的通知

（国办发〔2004〕52号）

各省、自治区、直辖市人民政府，国务院各部委、各直属机构：

中央企业（国资委代表国务院履行出资人职责的企业，下同）是国有经济的重要组成部分。搞好中央企业的安全生产工作，对保障国民经济平稳较快发展，促进全国安全生产形势的稳定好转具有重要意义。当前，中央企业的安全生产状况总体稳定，但重特大事故仍然时有发生。为进一步加强中央企业的安全生产工作，保护人民群众的生命和财产安全，经国务院同意，现就有关事项通知如下：

## 一、落实中央企业安全生产主体责任，进一步加强安全管理

（一）中央企业是安全生产的责任主体，必须认真贯彻执行“安全第一、预防为主”的方针和国家有关安全生产的法律法规、标准等，把安全生产作为一项长期的任务，做到警钟长鸣，常抓不懈。

（二）中央企业的主要负责人是企业安全生产的第一责任人。要全面负起责任，认真履行职责，加强对安全生产工作的领导，经常检查本单位的安全生产情况，研究解决安全生产中的重大问题，组织建立并落实各级安全生产责任制。企业党委、工会、共青团组织要充分发挥各自优势，形成齐抓共管的合力。

（三）中央企业要按照《中华人民共和国安全生产法》等法律法规的要求不断完善安全生产的各项规章制度、作业标准和岗位技术操作规程，积极采用先进的安全管理方法和安全生产技术，加强和改进安全管理，确保各项安全措施的落实。要积极探索建立安全生产的长效机制，制订安全生产发展规划，把安全生产工作纳入企业发展战略和规划的整体布局之中，同步规划、同步实施、同步发展。

（四）中央企业要把安全生产作为日常生产经营管理的重要内容，定期分析安全生产形势，定期进行安全检查，采取有效措施，加强对企业内部危险源和安全生产薄弱环节的监控与治理。广泛开展安全质量标准化活动，规范企业生产流程各

环节、各岗位的行为。切实加强企业基层基础工作，搞好对全体职工的安全生产教育和培训，使之具备与所从事的生产经营活动相适应的安全生产知识和管理能力。企业有关经营管理人员、特种作业人员必须依法接受安全生产培训，经考试合格后，持证上岗。

（五）中央企业要认真贯彻落实《国务院办公厅关于深化安全生产专项整治工作的通知》（国办发〔2003〕60 号）精神，结合实际，深入开展安全生产专项整治，整顿和规范安全生产秩序，确保整治工作取得实效。要重点加强矿山、道路及水上交通运输、危险化学品、特种设备、民用爆破器材和烟花爆竹、人员密集场所消防安全等方面的安全工作，对存在的安全隐患和突出问题进行彻底整治。矿山、建筑施工和危险化学品、烟花爆竹、民用爆破器材生产企业，要严格依照《安全生产许可证条例》的规定取得安全生产许可证。未取得安全生产许可证的，不得从事相关生产经营活动。

（六）中央企业要依法保证和加大安全投入，搞好安全生产的技术改造，积极推进技术创新与进步，采用安全性能可靠的新技术、新工艺、新设备和新材料，不断改善安全生产条件。新建、改建、扩建工程项目的安全设施，必须与主体工程同时设计、同时施工、同时投入生产和使用，并依法申请、通过设计审查和竣工验收。

（七）中央企业要按照有关规定，逐级建立安全生产责任制，加强企业内部安全生产监管工作，建立健全各级安全生产监管机构，配备必要的安全生产专职监管人员。狠抓安全生产的超前防范工作，及时发现和分析安全生产问题，消除事故隐患。按照“四不放过”（事故原因未查清不放过、责任人员未处理不放过、整改措施未落实不放过、有关人员未受到教育不放过）的原则，严肃查处每起事故，依法追究事故责任人的责任和有关负责人的领导责任。

（八）中央企业要按照有关法律法规的规定，参加工伤社会保险和人身意外伤害保险，为从业人员缴纳保险费。有条件的企业可在法律许可的范围内，开展多种形式的互助互保活动。

（九）中央企业有关安全生产方面的重要活动、信息或事项，要及时向安全生产监督管理部门和有关主管部门报告，中央煤炭企业要同时向煤矿安全监察机构报告；有关安全生产的年度计划、年中或年终总结，要报安全生产监督管理部门和有关主管部门备案。

## 二、明确对中央企业安全生产监督管理的职责

（一）国防科技、公安、建设、铁道、交通、信息产业、水利、质检、环保、民航、旅游、邮政等国务院有关部门及其设在各省（区、市）、市（地）的有关机构，各省（区、市）、市（地）人民政府有关部门，负责相关行业或领域中央企业安全生产监督管理工作。电监会及其设在各区域、各省（区、市）的监管机构负责电力系统中央企业的安全生产监督管理工作。上述各有关部门要按照职责分工，对中央企业贯彻执行安全生产法律法规、规章制度等情况进行监督检查。主要内容包括企业安全生产条件、安全标准、设备设施、劳动防护用品及作业场所职业危害情况，重大危险源监控情况，安全生产专项整治情况等。

（二）国家安全监管局及省（区、市）、市（地）安全监管部门具体负责工矿商贸中央企业的安全生产监督管理工作，除按照前款规定的监督检查内容对工矿商贸企业安全生产进行监督检查外，从综合监管的角度，负责指导、协调有关部门的安全生产监督管理工作。

（三）中央煤炭企业的安全监察工作，依据《中华人民共和国安全生产法》、《煤矿安全监察条例》等规定，由煤矿安全监察机构负责。

（四）国资委按照国有资产出资人的职责，负责检查督促中央企业贯彻落实党和国家的安全生产方针政策及有关法律法规、标准等；督促中央企业主要负责人落实安全生产第一责任人的责任和企业安全生产责任制，搞好对企业负责人的安全业绩考核；依照有关规定，参与或组织开展中央企业安全生产检查、督查，督促企业落实各项安全防范和隐患治理措施；参与企业重特大事故的调查，负责落实事故责任追究的有关规定；督促企业搞好统筹规划，把安全生产纳入中长期发展规划，保障职工健康与安全。

## 三、按照分级、属地管理的原则加强对中央企业安全生产的监督管理

（一）对中央企业安全生产的监督管理工作，按照分级、属地管理的原则，由国家、省（区、市）、市（地）三级安全生产监督管理部门，国务院有关部门及其设在各省（区、市）、市（地）的有关机构，以及各省（区、市）、市（地）人民政府有关部门按照职责分工负责。

（二）中央企业的总公司（总厂、集团公司）安全生产监督管理工作由国家安全

监管局及国务院有关部门按照职责分工负责。

（三）省（区、市）、市（地）安全生产监督管理部门在同级人民政府统一领导下，分别负责本行政区域内工矿商贸中央企业的分公司、子公司及其所属单位的安全生产监督管理工作；对其他中央企业的分公司、子公司及其所属单位的安全生产进行综合监督管理。其他中央企业在各省（区、市）、市（地）、县（市）的分公司、子公司及其所属单位安全生产监督管理工作，分别由省（区、市）、市（地）人民政府有关部门及国务院有关部门设在各省（区、市）、市（地）的有关机构负责。

（四）国家安全监管局会同国资委及国务院有关部门，按照职责分工对中央企业的总公司（总厂、集团公司）的主要负责人和安全生产管理人员进行安全培训；省级安全生产监督管理部门会同同级政府有关部门及国务院有关部门设在各省（区、市）、市（地）的有关机构，按照职责分工对中央企业的分公司、子公司及其所属单位的主要负责人、安全生产管理人员进行安全培训。

**四、做好中央企业生产安全事故的应急救援和调查处理工作**

（一）中央企业要结合本企业实际，制订生产安全事故应急救援预案并进行演练，建立应急救援组织，配备必要的应急救援器材、设备。发生生产安全事故后，要迅速采取有效措施组织抢救，防止事故扩大，努力减少人员伤亡和财产损失，并按规定立即报告当地政府、安全生产监督管理部门和有关主管部门。

（二）有关地方人民政府和负有安全生产监督管理职责的部门的负责人接到中央企业重大生产安全事故报告后，应当立即赶到事故现场，组织事故抢救并依照有关规定及时报告上级部门。

（三）中央企业的事故调查处理依照国务院有关规定执行。

国务院办公厅

二〇〇四年六月二十四日

# 国务院办公厅关于加强基层应急队伍建设的意见

（国办发〔2009〕59号）

各省、自治区、直辖市人民政府，国务院各部委、各直属机构：

基层应急队伍是我国应急体系的重要组成部分，是防范和应对突发事件的重要力量。多年来，我国基层应急队伍不断发展，在应急工作中发挥着越来越重要的作用。但是，各地基层应急队伍建设中还存在着组织管理不规范、任务不明确、进展不平衡等问题。为贯彻落实突发事件应对法，进一步加强基层应急队伍建设，经国务院同意，提出如下意见：

## 一、基本原则和建设目标

（一）基本原则。坚持专业化与社会化相结合，着力提高基层应急队伍的应急能力和社会参与程度；坚持立足实际、按需发展，兼顾县乡级政府财力和人力，充分依托现有资源，避免重复建设；坚持统筹规划、突出重点，逐步加强和完善基层应急队伍建设，形成规模适度、管理规范的基层应急队伍体系。

（二）建设目标。通过三年左右的努力，县级综合性应急救援队伍基本建成，重点领域专业应急救援队伍得到全面加强；乡镇、街道、企业等基层组织和单位应急救援队伍普遍建立，应急志愿服务进一步规范，基本形成统一领导、协调有序、专兼并存、优势互补、保障有力的基层应急队伍体系，应急救援能力基本满足本区域和重点领域突发事件应对工作需要，为最大程度地减少突发事件及其造成的人员财产损失、维护国家安全和社会稳定提供有力保障。

## 二、加强基层综合性应急救援队伍建设

（一）全面建设县级综合性应急救援队伍。各县级人民政府要以公安消防队伍及其他优势专业应急救援队伍为依托，建立或确定"一专多能"的县级综合性应急救援队伍，在相关突发事件发生后，立即开展救援处置工作。综合性应急救援队伍除承担消防工作以外，同时承担综合性应急救援任务，包括地震等自然灾害，建

筑施工事故、道路交通事故、空难等生产安全事故，恐怖袭击、群众遇险等社会安全事件的抢险救援任务，同时协助有关专业队伍做好水旱灾害、气象灾害、地质灾害、森林草原火灾、生物灾害、矿山事故、危险化学品事故、水上事故、环境污染、核与辐射事故和突发公共卫生事件等突发事件的抢险救援工作。各地要根据本行政区域特点和需要，制订综合性应急救援队伍建设方案，细化队伍职责，配备必要的物资装备，加强与专业队伍互动演练，提高队伍综合应急能力。

（二）深入推进街道、乡镇综合性应急救援队伍建设。街道、乡镇要充分发挥民兵、预备役人员、保安员、基层警务人员、医务人员等有相关救援专业知识和经验人员的作用，在防范和应对气象灾害、水旱灾害、地震灾害、地质灾害、森林草原火灾、生产安全事故、环境突发事件、群体性事件等方面发挥就近优势，在相关应急指挥机构组织下开展先期处置，组织群众自救互救，参与抢险救灾、人员转移安置、维护社会秩序，配合专业应急救援队伍做好各项保障，协助有关方面做好善后处置、物资发放等工作。同时发挥信息员作用，发现突发事件苗头及时报告，协助做好预警信息传递、灾情收集上报、灾情评估等工作，参与有关单位组织的隐患排查整改。街道办事处、乡镇政府要加强队伍的建设和管理，严明组织纪律，经常性地开展应急培训，提高队伍的综合素质和应急保障能力。

**三、完善基层专业应急救援队伍体系**

各地要在全面加强各专业应急救援队伍建设同时，组织动员社会各方面力量重点加强以下几个方面工作：

（一）加强基层防汛抗旱队伍组建工作。水旱灾害常发地区和重点流域的县、乡级人民政府，要组织民兵、预备役人员、农技人员、村民和相关单位人员参加，组建县、乡级防汛抗旱队伍。防汛抗旱重点区域和重要地段的村委会，要组织本村村民和属地相关单位人员参加，组建村防汛抗旱队伍。基层防汛抗旱队伍要在当地防汛抗旱指挥机构的统一组织下，开展有关培训和演练工作，做好汛期巡堤查险和险情处置，做到有旱抗旱，有汛防汛。充分发挥社会各方面作用，合理储备防汛抗旱物资，建立高效便捷的物资、装备调用机制。

（二）深入推进森林草原消防队伍建设。县乡级人民政府、村委会、国有林（农）场、森工企业、自然保护区和森林草原风景区等，要组织本单位职工、社会相关人员建立森林草原消防队伍。各有关方面要加强森林草原扑火装备配套，开展防扑火技能培训和实战演练。要建立基层森林草原消防队伍与公安消防、当地驻军、预备役部队、武警部队和森林消防力量的联动机制，满足防扑火工作需要。地方政府要对基层森林草原消防队伍装备建设给予补助。

（三）加强气象灾害、地质灾害应急队伍建设。县级气象部门要组织村干部和有经验的相关人员组建气象灾害应急队伍，主要任务是接收和传达预警信息，收集并向相关方面报告灾害性天气实况和灾情，做好台风、强降雨、大风、沙尘暴、冰雹、雷电等极端天气防范的科普知识宣传工作，参与本社区、村镇气象灾害防御方案的制订以及应急处置和调查评估等工作。地质灾害应急队伍的主要任务是参与各类地质灾害的群防群控，开展防范知识宣传，隐患和灾情等信息报告，组织遇险人员转移，参与地质灾害抢险救灾和应急处置等工作。容易受气象、地质灾害影响的乡村、企业、学校等基层组织单位，要在气象、地质部门的组织下，明确参与应急队伍的人员及其职责，定期开展相关知识培训。气象灾害和地质灾害基层应急队伍工作经费，由地方政府给予保障。

（四）加强矿山、危险化学品应急救援队伍建设。煤矿和非煤矿山、危险化学品单位应当依法建立由专职或兼职人员组成的应急救援队伍。不具备单独建立专业应急救援队伍的小型企业，除建立兼职应急救援队伍外，还应当与邻近建有专业救援队伍的企业签订救援协议，或者联合建立专业应急救援队伍。应急救援队伍在发生事故时要及时组织开展抢险救援，平时开展或协助开展风险隐患排查。加强应急救援队伍的资质认定管理。矿山、危险化学品单位属地县、乡级人民政府要组织建立队伍调运机制，组织队伍参加社会化应急救援。应急救援队伍建设及演练工作经费在企业安全生产费用中列支，在矿山、危险化学品工业集中的地方，当地政府可给予适当经费补助。

（五）推进公用事业保障应急队伍建设。县级以下电力、供水、排水、燃气、供热、交通、市容环境等主管部门和基础设施运营单位，要组织本区域有关企事业单位懂技术和有救援经验的职工，分别组建公用事业保障应急队伍，承担相关领域突发事件应急抢险救援任务。重要基础设施运营单位要组建本单位运营保障应急队伍。要充分发挥设计、施工和运行维护人员在应急抢险中的作用，配备应急抢修的必要机具、运输车辆和抢险救灾物资，加强人员培训，提高安全防护、应急抢修和交通运输保障能力。

（六）强化卫生应急队伍建设。县级卫生行政部门要根据突发事件类型和特点,依托现有医疗卫生机构,组建卫生应急队伍,配备必要的医疗救治和现场处置设备,承担传染病、食物中毒和急性职业中毒、群体性不明原因疾病等突发公共卫生事件应急处置和其他突发事件受伤人员医疗救治及卫生学处理,以及相应的培训、演练任务。城市医疗卫生机构要与县级或乡镇医疗卫生机构建立长期对口协作关系,把帮助组建基层应急队伍作为对口支援重要内容。卫生应急队伍的装备配备、培训、演练和卫生应急处置等工作费用由地方政府给予支持。

(七)加强重大动物疫情应急队伍建设。县级人民政府建立由当地兽医、卫生、公安、工商、质检和林业行政管理人员,动物防疫和野生动物保护工作人员,有关专家等组成的动物疫情应急队伍,具体承担家禽和野生动物疫情的监测、控制和扑灭任务。要保持队伍的相对稳定,定期进行技术培训和应急演练,同时加强应急监测和应急处置所需的设施设备建设及疫苗、药品、试剂和防护用品等物资储备,提高队伍应急能力。

**四、完善基层应急队伍管理体制机制和保障制度**

(一)进一步明确组织领导责任。地方各级人民政府是推进基层应急队伍建设工作的责任主体。县级人民政府要对县级综合性应急救援队伍和专业应急救援队伍建设进行规划,确定各街道、乡镇综合性应急救援队伍和专业应急救援队伍的数量和规模。各有关部门要强化支持政策的研究并加强指导,加强对基层应急队伍建设的督促检查。公安、国土资源、交通、水利、林业、气象、安全监管、环境、电力、通信、建设、卫生、农业等有关部门要明确推进本行业基层应急队伍建设的具体措施,各有关部门要按照各自职责指导推进基层应急队伍组建工作。

(二)完善基层应急队伍运行机制。各基层应急队伍组成人员平时在各自单位工作,发生突发事件后,立即集结到位,在当地政府或应急现场指挥部的统一领导下,按基层应急管理机构安排开展应急处置工作。县乡级人民政府及其有关部门要切实加强基层综合队伍、专业队伍和志愿者队伍之间的协调配合,建立健全相关应急预案,完善工作制度,实现信息共享和应急联动。同时,建立健全基层应急队伍与其他各类应急队伍及装备统一调度、快速运送、合理调配、密切协作的工作机制,经常性地组织各类队伍开展联合培训和演练,形成有效处置突发事件的合力。

(三)积极动员社会力量参与应急工作。通过多种渠道,努力提高基层应急队伍的社会化程度。充分发挥街道、乡镇等基层组织和企事业单位的作用,建立群防群治队伍体系,加强知识培训。鼓励现有各类志愿者组织在工作范围内充实和加强应急志愿服务内容,为社会各界力量参与应急志愿服务提供渠道。有关专业应急管理部门要发挥各自优势,把具有相关专业知识和技能的志愿者纳入应急救援队伍。发挥共青团和红十字会作用,建立青年志愿者和红十字志愿者应急救援队伍,开展科普宣教和辅助救援工作。应急志愿者组建单位要建立志愿者信息库,并加强对志愿者的培训和管理。地方政府根据情况对志愿者队伍建设给予适当支持。

(四)加大基层应急队伍经费保障力度。县、乡两级综合性应急救援队伍和有关专业应急救援队伍建设与工作经费要纳入同级财政预算。按照政府补助、组建单位自筹、社会捐赠相结合等方式,建立基层应急救援队伍经费渠道。

(五)完善基层应急队伍建设相关政策。认真研究解决基层应急队伍工作中的实际困难,落实基层应急救援队员医疗、工伤、抚恤,以及应急车辆执行应急救援任务时的免交过路费等政策措施。鼓励社团组织和个人参加基层应急队伍,研究完善民间应急救援组织登记管理制度,鼓励民间力量参与应急救援。研究制订基层应急救援队伍装备标准并配备必要装备。对在应急管理、应急队伍建设工作中做出突出贡献的集体和个人,按照国家有关规定给予表彰奖励。开展基层应急队伍建设示范工作,推动基层应急管理水平不断提高。

国务院办公厅

二〇〇九年十月十八日

# 国务院安委会关于印发《国务院安全生产委员会成员单位安全生产工作职责》的通知

（安委〔2010〕2号）

国务院安全生产委员会各成员单位：

《国务院安全生产委员会成员单位安全生产工作职责》已经2010年1月7日国务院安全生产委员会全体会议审议通过，现印发给你们，请遵照执行。

国务院安委会

二〇一〇年一月二十九日

# 国务院安全生产委员会成员单位安全生产工作职责

根据国务院批准的部门“三定”规定和有关法律、行政法规及规范性文件规定，现将国务院安全生产委员会成员单位安全生产工作职责明确如下：

## 一、发展改革委

（一）安排安全生产监管监察基础设施、执法能力、支撑条件、应急救援体系建设和隐患治理所需中央预算内投资，并对投资计划执行情况进行监督检查。

（二）推动完善相关产业政策，调整优化产业结构，会同有关部门加快组织实施大集团、大公司战略。

（三）按照职责分工，参与对不符合有关矿山工业发展规划和总体规划、不符合产业政策、布局不合理等矿井关闭及关闭是否到位情况进行监督和指导。

能源局

（一）负责煤炭、石油、天然气、电力（含核电）、新能源和可再生能源等能源的行业管理，组织制定能源行业标准。

（二）负责组织开展煤层气开发、煤矿瓦斯利用、淘汰煤炭落后产能工作，会同有关部门推进煤炭资源整合和煤炭企业兼并重组。

（三）负责汇总提出能源的中央财政性建设资金投资安排建议，按规定权限核准、审核国家规划内和年度计划规模内能源投资项目，将安全设施“三同时”纳入建设项目管理程序。

（四）负责核电管理，组织核电厂的核事故应急管理工作。

（五）承担煤矿瓦斯防治部际协调领导小组的日常工作。

## 二、教育部

（一）负责教育系统的安全监督管理，宏观指导各类学校（含幼儿园）的安全管理工作，指导各类学校制定突发事件应急预案和落实防范安全事故的措施。

（二）将安全教育纳入学校教育内容，指导中小学和中等职业学校开展安全教育活动，普及安全知识。

（三）加强安全与工程科学学科建设，发展安全生产普通高等教育和职业教育,加快培养煤矿和安全生产专业人才。

(四)指导各类学校加强学生校外社会实践活动的安全管理。

(五)会同有关部门加强对接送学生车辆的监督管理。

(六)负责组织直属院校、单位和教育设施的安全监督管理。

(七)负责组织实施中小学、幼儿园校舍安全工程监督检查工作,承担全国中小学校舍安全工程领导小组的日常工作。

(八)负责教育系统安全管理统计分析,依法组织或参与有关事故的调查处理。

## 三、科技部

(一)将安全生产科技进步纳入国家中长期科技发展规划和国家科技计划并组织实施。

(二)负责安全生产重大科技攻关、基础研究和应用研究的组织指导工作,推动安全生产科研成果的转化应用。

(三)加大对安全生产重大科研项目的投入,引导企业增加安全生产研发资金投入,促使企业逐步成为安全生产科技投入和技术保障的主体。

## 四、工业和信息化部

(一)指导工业、通信业加强安全生产管理。在工业、通信业发展规划、政策法规、标准规范和技术改造等方面统筹考虑安全生产,指导重点行业排查治理隐患,加强产业结构升级和布局调整,严格行业准入管理,淘汰落后工艺和产能。

(二)会同有关部门安排专项资金,支持工业、通信业重大安全技术改造项目、安全领域重大信息化项目,促进先进、成熟的工艺技术和设备推广应用,促进企业本质安全水平不断提高。

(三)负责民爆器材的行业及生产、流通安全的监督管理,组织实施民爆器材安全生产,负责民爆器材生产、销售准入管理。

(四)负责通信业和民爆器材行业安全生产统计分析,参与相关行业重特大生产安全事故的调查处理。

## 五、公安部

(一)负责对全国消防工作实施安全监督管理,组织、指导、监督地方消防监督、火灾预防、火灾扑救工作和公安应急抢险救援工作。

（二）负责全国道路交通安全管理工作，指导、协调、监督地方公安机关预防和处理道路事故，维护道路交通秩序，开展道路交通安全宣传教育。

（三）负责民用爆炸物品和烟花爆竹的公共安全管理，指导、协调、监督地方公安机关对民用爆炸物品购买、运输、爆破作业及烟花爆竹运输、燃放环节实施安全监管。

（四）指导、监督地方公安机关依法对剧毒化学品购买、运输环节实行监管。

（五）指导、监督地方公安机关对焰火晚会、灯会等大型群众性活动实施安全管理。

（六）承担全国道路交通安全工作部际联席会议、全国油气田及输油管道安全保护工作部际联席会议的日常工作。

（七）负责指导、监督地方公安机关调查处理道路交通事故、调查火灾事故，开展统计分析；指导地方公安机关查处涉及安全生产的刑事案件。

**六、监察部**

（一）参加安全生产法律法规贯彻执行情况的监督检查，督促行政监察对象依法履行安全生产监督管理职责。

（二）参加特别重大生产安全事故调查处理，查处事故涉及的以权谋私、权钱交易等违法违纪行为。

（三）组织对重特大生产安全事故责任追究落实情况的监督检查，督促落实对事故责任人员的责任追究决定和意见。

（四）承担重特大生产安全事故责任追究沟通协调工作部际联席会议的日常工作。

**七、司法部**

（一）将安全生产法律法规纳入公民普法的重要内容，会同有关部门广泛宣传普及安全生产法律法规知识；指导律师、公证、基层法律服务工作，为生产经营单位提供安全生产法律服务。

（二）指导监狱、劳动教养企业贯彻执行安全生产法律、法规和标准，落实安全生产责任制，完善安全生产条件，消除事故隐患。

（三）负责司法系统安全生产统计分析。

**八、财政部**

（一）根据安全生产工作需要，落实政府安全生产投入，支持政府安全生产体系建设。

（二）研究完善安全生产经济政策，配合有关部门对安全生产经济政策落实情况进行监督检查。

**九、人力资源社会保障部**

（一）将安全生产法律、法规及安全生产知识纳入行政机关、事业单位工作人员职业教育、继续教育和培训学习计划并组织实施，会同有关部门对安全生产领域先进集体和先进个人进行评比表彰。

（二）拟订工伤保险政策、规划和标准，指导和监督落实企业参加工伤保险有关政策措施，规范企业劳动用工行为；指导农民工培训教育工作。

（三）制定女工、未成年工的特殊劳动保护政策及工时休假政策。

（四）会同有关部门制定和实施安全生产领域各类专业技术人才、技能人才规划、培养、继续教育、考核、奖惩等相关政策。

（五）指导技工学校、职业培训机构的安全管理工作。指导技工学校、职业培训机构制定突发事件应急预案和落实防范安全事故的措施。

（六）会同有关部门制定安全生产领域职业资格相关政策。

**十、国土资源部**

（一）负责查处无证开采、以采代探等违法违规行为，组织开展矿产资源勘查开采秩序专项整治。

（二）按照职责分工，负责对无采矿许可证和超层越界开采、资源接近枯竭、不符合矿产资源规划和矿业权设置方案等矿井关闭工作及关闭是否到位情况进行监督和指导；会同相关部门组织指导并监督检查全国废弃矿井的治理工作。

**十一、环境保护部**

（一）负责核安全和辐射安全的监督管理。拟订有关政策、规划、标准，参与核事故应急处理，负责辐射环境事故应急处理工作。监督管理核设施安全、放射源安全，监督管理核设施、核技术应用、电磁辐射、伴有放射性矿产资源开发利用中的污染防治。对核材料的管制和民用核安全设备的设计、制造、安装和无损检验活动实施监督管理。负责放射性废物安全监管，对放射性物品运输的核与辐射安全实施监督管理。

（二）按照职责分工，负责对破坏生态环境、污染严重、未进行环境影响评价的矿井关闭及关闭是否到位情况进行监督和指导。

（三）按照职责分工，依法对危险废物和废弃危险化学品的收集、储存、利用和处理处置等进行监督管理。调查相关危险化学品环境污染事故和生态破坏事件，负责危险化学品事故现场的应急环境监测，负责危险化学品环境管理登记和新化学物质环境管理登记。

（四）按照职责分工，指导、协调地方开展生产安全事故次生重特大突发环境事件的应急救援。

## 十二、住房城乡建设部

（一）指导城市供水、燃气、热力等市政公用设施建设、安全和应急管理，指导农村住房建设、农村住房安全和危房改造。

（二）负责中央管理的建筑施工企业安全生产准入管理，并指导和监督省级建设主管部门负责的建筑施工企业安全生产准入管理，指导建筑施工企业从业人员安全生产教育培训工作。

（三）负责建筑安全生产监督管理，拟订建筑安全生产政策、规章制度并监督执行，依法查处建筑安全生产违法违规行为，监督管理房屋建筑工地和市政工程工地用起重机械、专用机动车辆的安装、使用。

（四）负责住房和城乡建设系统安全生产统计分析，依法组织或参与有关事故的调查处理。

## 十三、交通运输部

（一）指导公路、水路行业安全生产和应急管理工作。拟订并监督实施公路、水路安全生产政策、规划和应急预案，指导有关安全生产和应急处置体系建设，承担有关公路、水路运输企业安全生产监督管理工作。

（二）负责水上交通安全监督管理。负责水上交通管制、船舶及相关水上设施检验、登记和防止污染、水上消防、航海保障、救助打捞、通信导航、船舶与港口设施保安及危险品运输监督管理等工作。负责船员管理有关工作。负责中央管理水域水上交通安全事故、船舶及相关水上设施污染事故的应急处置，指导地方水上交通安全监管工作。

（三）负责公路、水路建设工程安全生产监督管理工作。按规定制定公路、水路工程建设有关政策、制度和技术标准并监督实施。组织协调公路、水路有关重点工程建设安全生产监督管理工作，指导交通运输基础设施管理和维护，承担有关重要设施的管理和维护。

（四）按照职责组织并开展交通运输行业安全生产专项整治工作。指导各地组织实施公路安保工程，负责查处船舶超载和打击无牌、无证、报废船舶营运等违法行为；配合有关部门查处车辆超载和打击无牌、无证、报废车辆营运等违法行为。

（五）负责危险品道路、水路运输单位及其运输工具的行业安全监督管理，对危险品水路运输安全实施监督，按照职责范围组织拟订危险货物有关标准，负责危险品道路、水路运输从业人员资质认定和监督管理，并负责前述事项的监督检查。

（六）负责河道采砂影响航道及通航安全的管理工作。

（七）指导、监督有关交通运输企业安全评估、交通运输企业和从业人员的安全教育培训工作。

（八）承担国家海上搜救部际联席会议、全国治理车辆超限超载工作领导小组的日常工作。

（九）负责交通运输系统安全生产统计分析，依法组织或参与有关事故的调查处理。

民航局

（一）承担民航飞行安全和地面安全监管责任。负责民用航空器运营人、航空人员训练机构、民用航空产品及维修单位的审定和监督检查，负责危险品航空运输监管、民用航空器运行评审工作，负责机场飞行程序和运行最低标准监督管理工作，承担民航航空人员资格监督管理工作。

（二）负责监督民航空中交通管理工作，负责监督管理民航通信导航监视、航行情报、航空气象服务工作。

（三）负责民航安全检查、机场消防救援的监督管理。

（四）拟订民用航空器事故标准，组织协调民航突发事件应急处置。

（五）负责民用机场安全运行的监督检查。负责民用机场的场址、总体规划、工程设计审批和使用许可管理工作，承担民用机场净空保护有关管理工作，负责民航专业工程质量监督管理。

（六）负责民航系统安全生产统计分析，按规定组织或参与有关事故调查处理。

**十四、铁道部**

（一）承担铁路安全生产监督管理责任。拟订铁路安全监督管理规章制度，组织制定铁路运输突发性事件的应急预案并监督实施。

（二）监督管理铁路运输安全、劳动安全、特种设备安全和劳动保护工作。

（三）承担铁路工程建设安全生产的监督管理工作，按规定制定铁路工程建设有关制度并组织实施，组织管理大中型铁路项目建设有关工作。

（四）负责危险品铁路运输和危险化学品铁路运输单位及其运输工具的安全管理及监督检查。

（五）负责铁路系统安全生产统计分析，依法组织或参与铁路交通事故的调查处理工作，管理铁路运输安全监察和行政执法有关工作。

**十五、水利部**

（一）负责水利行业安全生产工作，组织、指导水库、水电站大坝、农村水电站及其配套电网的安全监督管理。

（二）组织实施水利工程建设安全生产监督管理工作，按规定制定水利水电工程建设有关政策、制度、技术标准和重大事故应急预案并监督实施。

（三）负责组织、协调和指导长江宜宾以下干流河道采砂活动的统一管理和监督检查；牵头负责河道采砂监督管理工作并对采砂影响防洪安全、河势稳定、堤防安全负责。

（四）负责病险水库除险加固工作。

（五）指导、监督水利系统从业人员的安全生产教育培训考核工作。

（六）负责水利系统安全生产统计分析，依法组织或参与水利建设工程重大事故的调查处理。

**十六、农业部**

（一）指导农业各产业安全生产工作，拟订农业安全生产政策、规划和应急预案并组织实施。

（二）指导渔业安全生产工作。指导渔业船舶作业和渔港水域交通安全监督管理。指导渔业船员培训、安全教育和考核发证工作。代表国家行使渔船检验和渔政、渔港监督管理权，依法负责渔船、渔机、网具的监督管理。依法组织或参加渔业船舶生产安全事故调查。

（三）指导农机安全生产工作。指导农机作业安全和维修管理。按照职责分工，依法指导农机登记、安全检验、事故处理、农机驾驶人员培训和考核发证工作。

（四）指导草原防火和草原火灾扑救工作，会同有关部门开展草原火灾调查处理工作。

（五）负责农药监督管理工作。承担农药使用环节安全指导工作。

（六）负责农业行业安全生产统计分析工作。

## 十七、商务部

（一）协助指导商贸企业加强安全管理，贯彻安全生产法律、法规，落实安全防范措施。

（二）会同有关部门负责对外承包工程的安全监督管理工作。

（三）配合有关部门对商贸企业违反安全生产法律法规行为进行查处。

## 十八、卫生部

（一）按照职责分工，负责职业卫生、放射卫生、环境卫生和学校卫生的监督管理工作。

（二）负责卫生系统安全管理工作，指导医疗机构做好医疗废弃物、放射性物品安全处置管理工作。

（三）指导协调重特大生产安全事故的医疗卫生救援。

（四）负责危险化学品的毒性鉴定和危险化学品事故伤亡人员的医疗救护工作。

## 十九、国资委

（一）按照国有资产出资人的职责，负责检查督促中央企业贯彻落实党和国家的安全生产方针政策及有关法律法规、标准等。

（二）督促中央企业主要负责人落实安全生产第一责任人的责任和企业安全

生产责任制，搞好对企业负责人履行安全生产职责的业绩考核。

（三）依照有关规定，参与或组织开展对中央企业安全生产和应急管理的检查、督查，督促企业落实各项安全防范和隐患治理措施。

（四）参与中央企业特别重大生产安全事故的调查，负责落实事故责任追究的有关规定。

（五）督促中央企业搞好统筹规划，把安全生产纳入中长期发展规划，保障职工健康与安全。

## 二十、工商总局

（一）依法对企业登记注册中涉及安全生产的有关审批前置要件进行审查，未取得相关安全生产许可的，不予登记。

（二）依法监督管理危险化学品、烟花爆竹等危险物品的市场经营行为，取缔和打击非法、违法经营危险物品行为。

（三）配合有关部门开展安全生产专项整治，对有关部门撤销许可的企业，依法督促其办理变更经营范围或注销登记；配合有关部门依法查处取缔未经安全生产（经营）许可的企业。

（四）配合有关部门加强对商品交易市场的安全检查和促进市场主办单位依法加强安全管理。

## 二十一、质检总局

（一）承担综合管理特种设备安全监察、监督工作的责任。管理锅炉、压力容器、压力管道、电梯、起重机械、客运索道、大型游乐设施、场（厂）内专用机动车辆等特种设备的安全监察、监督工作。

（二）监督管理特种设备的设计、制造、安装、改造、维修、使用、检验检测和进出口。

（三）按规定权限组织或参与调查处理特种设备事故并进行统计分析。

（四）监督管理特种设备检验检测机构和检验检测人员、作业人员的资质资格。

（五）负责烟花爆竹的质量监督，负责危险化学品及其包装物、容器生产许可证的核发管理和生产环节的质量监督，负责进出口烟花爆竹、进出口危险化学品及其包装物和容器的检验监督工作和进出口检验。

（六）负责特种设备安全生产统计分析。

## 二十二、广电总局

（一）指导、监管本系统所属单位及设施、设备的安全管理工作。

（二）组织指导广播、电影、电视等单位开展安全生产宣传教育，对违反安全生产法律法规的行为进行舆论监督。

（三）组织广播电台、电视台等新闻媒体，配合有关部门共同开展安全生产重大宣传活动。

## 二十三、体育总局

（一）指导公共体育设施的建设，负责对公共体育设施安全运行的监督管理。

（二）按照有关规定，负责监督指导高危险体育行业运动项目、规模较大的重要体育活动的安全管理工作。

（三）负责本系统所属单位的安全管理工作，监督检查系统内单位贯彻有关安全法律法规的情况，落实安全防范措施。

## 二十四、林业局

（一）负责林业安全生产监督管理工作，监督检查林木凭证采伐、运输。

（二）指导监督林业系统所属单位的安全管理工作。

（三）负责林业系统安全生产统计分析。

## 二十五、旅游局

（一）拟订国家旅游安全法规、政策、标准，并组织实施。

（二）会同国家有关部门对旅游安全实行综合治理，协调处理旅游安全事故。

（三）指导、检查和监督各级旅游行政管理部门和旅行社企业的安全生产及应急管理工作；指导、规范其他旅游企事业单位的安全生产及应急管理工作。

（四）负责全国旅游安全管理的宣传、教育、培训工作。

（五）负责旅游行业安全生产统计分析工作。

## 二十六、法制办

（一）负责审查有关部门报送国务院的有关安全生产的法律草案、行政法规草案，起草或组织起草有关安全生产重要法律草案、行政法规草案。

（二）负责有关安全生产地方性法规、地方政府规章和国务院部门规章的备案审查。

（三）负责有关安全生产行政法规的立法解释工作，承办申请国务院裁决的有关安全生产行政复议案件，指导、监督全国安全生产行政复议工作。

## 二十七、新闻办

负责指导有关安全生产方面的新闻发布和对外宣传报道工作，及时组织发布安全生产的重大政策和重特大生产安全事故信息。

## 二十八、气象局

（一）根据天气气候变化情况及防灾减灾工作需要，及时向各有关地区和部门提供气象灾害监测、预报、预警及气象灾害风险评估等信息。

（二）负责雷电灾害安全防御工作，加强对防雷工程设计、施工、检测单位资质管理，组织做好防雷装置图纸审核和工程竣工验收、防雷设施的安全检查及雷电防护装置的安全检测。

（三）负责无人驾驶自由气球和系留气球、人工影响天气作业期间的安全检查和事故防范。

（四）负责为安全生产事故应急救援提供气象服务保障。

## 二十九、电监会

（一）承担电力安全生产监督管理工作，组织制定电力安全生产有关规章，并对实施情况进行监督检查；负责全国电力安全、电力系统所属水电站大坝安全、电力应急及电力可靠性的监督管理工作。

（二）制定重大电力生产安全事故处置预案，建立重大电力生产安全事故应急处置制度。

（三）组织电力安全生产大检查和专项检查，督促落实安全生产各项措施，组织对电力企业安全生产状况进行检查、诊断、分析和评估。

（四）负责全国电力安全的业务培训、考核和宣传教育工作，组织电力安全生产新技术的推广应用。

（五）承担电力建设工程施工安全生产监督管理工作。

（六）负责电力系统安全生产统计分析，依法组织或参与电力生产安全事故调查处理。

## 三十、全国总工会

（一）依法维护劳动者的合法权益，对企业和个体工商户遵守劳动保障法律法规的情况进行监督。

（二）调查研究安全生产工作中涉及职工合法权益的重大问题，参与涉及职工切身利益的有关安全生产政策、措施、制度和法律、法规草案的拟订工作。

（三）指导地方工会参与职工劳动安全卫生的培训和教育工作，指导地方工会开展群众性劳动安全卫生活动。

（四）参加特别重大生产安全事故和严重职业危害事故的调查处理，代表职工监督防范和整改措施的落实。

## 三十一、安全监管总局

（一）组织起草安全生产综合性法律法规草案，拟订安全生产政策和规划，指导协调全国安全生产工作，分析和预测全国安全生产形势，发布全国安全生产信息，协调解决安全生产中的重大问题。

（二）承担国家安全生产综合监督管理责任，依法行使综合监督管理职权，指导协调、监督检查国务院有关部门和各省、自治区、直辖市人民政府安全生产工作，监督考核并通报安全生产控制指标执行情况，监督事故查处和责任追究落实情况。

（三）承担工矿商贸行业安全生产监督管理责任，按照分级、属地原则，依法监督检查工矿商贸生产经营单位贯彻执行安全生产法律法规情况及其安全生产条件和有关设备（特种设备除外）、材料、劳动防护用品的安全生产管理工作，负责监督管理中央管理的工矿商贸企业安全生产工作。

（四）承担中央管理的非煤矿矿山企业和危险化学品、烟花爆竹生产经营企业安全生产准入管理责任，依法组织并指导监督实施安全生产准入制度；负责危险化学品安全监督管理综合工作和烟花爆竹安全生产监督管理工作。

（五）承担工矿商贸作业场所（煤矿作业场所除外）职业卫生监督检查责任，负责职业卫生安全许可证的颁发管理工作，组织查处职业危害事故和违法违规行为。

（六）制定和发布工矿商贸行业安全生产规章、标准和规程并组织实施，监督检查重大危险源监控和重大事故隐患排查治理工作，依法查处不具备安全生产条件的工矿商贸生产经营单位。

（七）负责组织国务院安全生产大检查和专项督查，根据国务院授权，依法组织特别重大生产安全事故调查处理和办理结案工作，监督事故查处和责任追究落实情况。

（八）负责安全生产应急管理的综合监管，组织指挥和协调安全生产应急救援工作，综合管理全国生产安全事故和安全生产行政执法统计分析工作。

（九）负责综合监督管理煤矿安全监察工作，拟订煤炭行业管理中涉及安全生产的重大政策，按规定制定煤炭行业规范和标准，指导煤炭企业安全标准化、相关科技发展和煤矿整顿关闭工作，对重大煤炭建设项目提出意见，会同有关部门审核煤矿安全技术改造和瓦斯综合治理与利用项目。

（十）负责监督检查职责范围内新建、改建、扩建工程项目的安全设施与主体工程同时设计、同时施工、同时投产使用情况。

（十一）组织指导并监督特种作业人员（煤矿特种作业人员、特种设备作业人员除外）的考核工作和工矿商贸生产经营单位主要负责人、安全生产管理人员的安全资格（煤矿矿长安全资格除外）考核工作，监督检查工矿商贸生产经营单位安全生产和职业安全培训工作。

（十二）指导协调全国安全生产检测检验工作，监督管理安全生产社会中介机构和安全评价工作，监督和指导注册安全工程师执业资格考试和注册管理工作。

（十三）指导协调和监督全国安全生产行政执法工作。

（十四）组织拟订安全生产科技规划，指导协调安全生产重大科学技术研究和推广工作。

（十五）组织开展安全生产方面的国际交流与合作。

（十六）承担国务院安全生产委员会的日常工作和国务院安全生产委员会办公室的主要职责。

（十七）承担煤矿整顿关闭工作部际联席会议、危险化学品安全生产监管部际联席会议、尾矿库专项整治工作协调小组的日常工作。

**三十二、煤矿安监局**

（一）拟订煤矿安全生产政策，参与起草有关煤矿安全生产的法律法规草案，拟订相关规章、规程、安全标准,按规定拟订煤炭行业规范和标准,提出煤矿安全生产规划。

(二)承担国家煤矿安全监察责任,检查指导地方政府煤矿安全监督管理工作。对地方政府贯彻落实煤矿安全生产法律法规、标准,煤矿整顿关闭,煤矿安全监督检查执法,煤矿安全生产专项整治、事故隐患整改及复查,煤矿事故责任人的责任追究落实等情况进行监督检查,并向地方政府及其有关部门提出意见和建议。

(三)承担煤矿安全生产准入监督管理责任,依法组织实施煤矿安全生产准入制度,指导和管理煤矿有关资格证的考核颁发工作并监督检查,指导和监督相关安全培训工作。

(四)承担煤矿作业场所职业卫生监督检查责任,负责职业卫生安全许可证的颁发管理工作,监督检查煤矿作业场所职业卫生情况,组织查处煤矿职业危害事故和违法违规行为。

(五)负责对煤矿企业安全生产实施重点监察、专项监察和定期监察,依法监察煤矿企业贯彻执行安全生产法律法规情况及其安全生产条件、设备设施安全情况,对煤矿违法违规行为依法做出现场处理或实施行政处罚。

(六)负责发布全国煤矿安全生产信息,统计分析全国煤矿生产安全事故与职业危害情况,组织或参与煤矿生产安全事故调查处理,监督事故查处的落实情况。

(七)负责煤炭重大建设项目安全核准工作,组织煤矿建设工程安全设施的设计审查和竣工验收,查处不符合安全生产标准的煤矿企业。

(八)负责组织指导和协调煤矿事故应急救援工作。

(九)指导煤矿安全生产科研工作,组织对煤矿使用的设备、材料、仪器仪表的安全监察工作。

(十)指导煤炭企业安全基础管理工作,会同有关部门指导和监督煤矿生产能力核定和煤矿整顿关闭工作,对煤矿安全技术改造和瓦斯综合治理与利用项目提出审核意见。

中央宣传部、中央编办、共青团中央和总参谋部作战部、武警部队依照有关规定履行相关安全生产工作职责。部门管理的其他负有安全生产工作职责的国家局,按照国务院批准的部门“三定”规定和现行法律、行政法规赋予的职责,负责本部门、本行业或本系统的安全生产监督管理工作。

# 国务院安委会关于深入开展企业安全生产标准化建设的指导意见

（安委〔2011〕4号）

各省、自治区、直辖市人民政府，新疆生产建设兵团，国务院安全生产委员会各有关成员单位：

为深入贯彻落实《国务院关于进一步加强企业安全生产工作的通知》（国发〔2010〕23号，以下简称《国务院通知》）和《国务院办公厅关于继续深化“安全生产年”活动的通知》（国办发〔2011〕11号，以下简称《国办通知》）精神，全面推进企业安全生产标准化建设，进一步规范企业安全生产行为，改善安全生产条件，强化安全基础管理，有效防范和坚决遏制重特大事故发生，经报国务院领导同志同意，现就深入开展企业安全生产标准化建设提出如下指导意见：

## 一、充分认识深入开展企业安全生产标准化建设的重要意义

（一）是落实企业安全生产主体责任的必要途径。国家有关安全生产法律法规和规定明确要求，要严格企业安全管理，全面开展安全达标。企业是安全生产的责任主体，也是安全生产标准化建设的主体，要通过加强企业每个岗位和环节的安全生产标准化建设，不断提高安全管理水平，促进企业安全生产主体责任落实到位。

（二）是强化企业安全生产基础工作的长效制度。安全生产标准化建设涵盖了增强人员安全素质、提高装备设施水平、改善作业环境、强化岗位责任落实等各个方面，是一项长期的、基础性的系统工程，有利于全面促进企业提高安全生产保障水平。

（三）是政府实施安全生产分类指导、分级监管的重要依据。实施安全生产标准化建设考评，将企业划分为不同等级，能够客观真实地反映出各地区企业安全生产状况和不同安全生产水平的企业数量，为加强安全监管提供有效的基础数据。

（四）是有效防范事故发生的重要手段。深入开展安全生产标准化建设，能够

进一步规范从业人员的安全行为，提高机械化和信息化水平，促进现场各类隐患的排查治理，推进安全生产长效机制建设，有效防范和坚决遏制事故发生，促进全国安全生产状况持续稳定好转。

各地区、各有关部门和企业要把深入开展企业安全生产标准化建设的思想行动统一到《国务院通知》的规定要求上来，充分认识深入开展安全生产标准化建设对加强安全生产工作的重要意义，切实增强推动企业安全生产标准化建设的自觉性和主动性，确保取得实效。

## 二、总体要求和目标任务

（一）总体要求。深入贯彻落实科学发展观，坚持“安全第一、预防为主、综合治理”的方针，牢固树立以人为本、安全发展理念，全面落实《国务院通知》和《国办通知》精神，按照《企业安全生产标准化基本规范》（AQ/T 9006—2010，以下简称《基本规范》）和相关规定，制定完善安全生产标准和制度规范。严格落实企业安全生产责任制，加强安全科学管理，实现企业安全管理的规范化。加强安全教育培训，强化安全意识、技术操作和防范技能，杜绝“三违”。加大安全投入，提高专业技术装备水平，深化隐患排查治理，改进现场作业条件。通过安全生产标准化建设，实现岗位达标、专业达标和企业达标，各行业（领域）企业的安全生产水平明显提高，安全管理和事故防范能力明显增强。

（二）目标任务。在工矿商贸和交通运输行业（领域）深入开展安全生产标准化建设，重点突出煤矿、非煤矿山、交通运输、建筑施工、危险化学品、烟花爆竹、民用爆炸物品、冶金等行业（领域）。其中，煤矿要在2011年底前，危险化学品、烟花爆竹企业要在2012年底前，非煤矿山和冶金、机械等工贸行业（领域）规模以上企业要在2013年底前，冶金、机械等工贸行业（领域）规模以下企业要在2015年前实现达标。要建立健全各行业（领域）企业安全生产标准化评定标准和考评体系；进一步加强企业安全生产规范化管理，推进全员、全方位、全过程安全管理；加强安全生产科技装备，提高安全保障能力；严格把关，分行业（领域）开展达标考评验收；不断完善工作机制，将安全生产标准化建设纳入企业生产经营全过程，促进安全生产标准化建设的动态化、规范化和制度化，有效提高企业本质安全水平。

## 三、实施方法

（一）打基础，建章立制。按照《基本规范》要求，将企业安全生产标准化等级规范为一、二、三级。各地区、各有关部门要分行业(领域)制定安全生产标准化建设实施方案,完善达标标准和考评办法,并于2011年5月底以前将本地区、本行业(领域)安全生产标准化建设实施方案报国务院安委会办公室。企业要从组织机构、安全投入、规章制度、教育培训、装备设施、现场管理、隐患排查治理、重大危险源监控、职业健康、应急管理以及事故报告、绩效评定等方面,严格对应评定标准要求,建立完善安全生产标准化建设实施方案。

(二)重建设,严加整改。企业要对照规定要求,深入开展自检自查,建立企业达标建设基础档案,加强动态管理,分类指导,严抓整改。对评为安全生产标准化一级的企业要重点抓巩固、二级企业着力抓提升、三级企业督促抓改进,对不达标的企业要限期抓整顿。各地区和有关部门要加强对安全生产标准化建设工作的指导和督促检查,对问题集中、整改难度大的企业,要组织专业技术人员进行"会诊",提出具体办法和措施,集中力量,重点解决;要督促企业做到隐患排查治理的措施、责任、资金、时限和预案"五到位",对存在重大隐患的企业,要责令停产整顿,并跟踪督办。对发生较大以上生产安全事故、存在非法违法生产经营建设行为、重大隐患限期整顿仍达不到安全要求,以及未按规定要求开展安全生产标准化建设且在规定限期内未及时整改的,取消其安全生产标准化达标参评资格。

(三)抓达标,严格考评。各地区、各有关部门要加强对企业安全生产标准化建设的督促检查,严格组织开展达标考评。对安全生产标准化一级企业的评审、公告、授牌等有关事项,由国家有关部门或授权单位组织实施;二级、三级企业的评审、公告、授牌等具体办法,由省级有关部门制定。各地区、各有关部门在企业安全生产标准化创建中不得收取费用。要严格达标等级考评,明确企业的专业达标最低等级为企业达标等级,有一个专业不达标则该企业不达标。

各地区、各有关部门要结合本地区、本行业(领域)企业的实际情况,对安全生产标准化建设工作作出具体安排,积极推进,成熟一批、考评一批、公告一批、授牌一批。对在规定时间内经整改仍不具备最低安全生产标准化等级的企业,地方政府要依法责令其停产整改直至依法关闭。各地区、各有关部门要将考评结果汇总后报送国务院安委会办公室备案,国务院安委会办公室将适时组织抽检。

**四、工作要求**

(一)加强领导,落实责任。按照属地管理和"谁主管、谁负责"的原则,企业安全生产标准化建设工作由地方各级人民政府统一领导，明确相关部门负责组织实施。国家有关部门负责指导和推动本行业（领域）企业安全生产标准化建设，制定实施方案和达标细则。企业是安全生产标准化建设工作的责任主体，要坚持高标准、严要求，全面落实安全生产法律法规和标准规范，加大投入，规范管理，加快实现企业高标准达标。

（二）分类指导，重点推进。对于尚未制定企业安全生产标准化评定标准和考评办法的行业（领域），要抓紧制定；已经制定的，要按照《基本规范》和相关规定进行修改完善，规范已达标企业的等级认定。要针对不同行业（领域）的特点，加强工作指导，把影响安全生产的重大隐患排查治理、重大危险源监控、安全生产系统改造、产业技术升级、应急能力提升、消防安全保障等作为重点，在达标建设过程中切实做到“六个结合”，即与深入开展执法行动相结合，依法严厉打击各类非法违法生产经营建设行为；与安全专项整治相结合，深化重点行业（领域）隐患排查治理；与推进落实企业安全生产主体责任相结合，强化安全生产基层和基础建设；与促进提高安全生产保障能力相结合，着力提高先进安全技术装备和物联网技术应用等信息化水平；与加强职业安全健康工作相结合，改善从业人员的作业环境和条件；与完善安全生产应急救援体系相结合，加快救援基地和相关专业队伍标准化建设，切实提高实战救援能力。

（三）严抓整改，规范管理。严格安全生产行政许可制度，促进隐患整改。对达标的企业，要深入分析二级与一级、三级与二级之间的差距，找准薄弱点，完善工作措施，推进达标升级；对未达标的企业，要盯住抓紧，督促加强整改，限期达标。通过安全生产标准化建设，实现“四个一批”：对在规定期限内仍达不到最低标准、不具备安全生产条件、不符合国家产业政策、破坏环境、浪费资源，以及发生各类非法违法生产经营建设行为的企业，要依法关闭取缔一批；对在规定时间内未实现达标的，要依法暂扣其生产许可证、安全生产许可证，责令停产整顿一批；对具备基本达标条件，但安全技术装备相对落后的，要促进达标升级，改造提升一批；对在本行业（领域）具有示范带动作用的企业，要加大支持力度，巩固发展一批。

（四）创新机制，注重实效。各地区、各有关部门要加强协调联动，建立推进安全生产标准化建设工作机制，及时发现解决建设过程中出现的突出矛盾和问题，对重大问题要组织相关部门开展联合执法，切实把安全生产标准化建设工作作为促进落实和完善安全生产法规规章、推广应用先进技术装备、强化先进安全理念、提高企业安全管理水平的重要途径，作为落实安全生产企业主体责任、部门监管责任、属地管理责任的重要手段，作为调整产业结构、加快转变经济发展方式的重要方式，扎实推进。要把安全生产标准化建设纳入安全生产"十二五"规划及有关行业（领域）发展规划。要积极研究采取相关激励政策措施，将达标结果向银行、证券、保险、担保等主管部门通报，作为企业绩效考核、信用评级、投融资和评先推优等的重要参考依据，促进提高达标建设的质量和水平。

（五）严格监督，加强宣传。各地区、各有关部门要分行业（领域）、分阶段组织实施，加强对安全生产标准化建设工作的督促检查，严格对有关评审和咨询单位进行规范管理。要深入基层、企业，加强对重点地区和重点企业的专题服务指导。加强安全专题教育，提高企业安全管理人员和从业人员的技能素质。充分利用各类舆论媒体，积极宣传安全生产标准化建设的重要意义和具体标准要求，营造安全生产标准化建设的浓厚社会氛围。国务院安委会办公室以及各地区、各有关部门要建立公告制度，定期发布安全生产标准化建设进展情况和达标企业、关闭取缔企业名单；及时总结推广有关地区、有关部门和企业的经验做法，培育典型，示范引导，推进安全生产标准化建设工作广泛深入、扎实有效开展。

国务院安全生产委员会

二〇一一年五月三日

# 国务院安委会办公室关于加强生产安全事故信息公开工作的意见

（安委办〔2012〕27号）

各省、自治区、直辖市及新疆生产建设兵团安全生产委员会，国务院安委会有关成员单位：

为认真贯彻落实《国务院办公厅关于印发2012年政府信息公开重点工作安排的通知》（国办发〔2012〕26号）和全国政府信息公开工作电视电话会议精神，加大生产安全事故应对、处置、调查、处理信息的公开力度，维护安全生产领域社会公平正义，现就加强生产安全事故信息公开工作提出如下意见：

## 一、充分认识加强生产安全事故信息公开工作的重要性

安全生产工作事关人民生命财产安全，安全生产信息公开工作事关社会公众的知情权、参与权和监督权。国办发〔2012〕26号文件把生产安全事故信息公开作为2012年政府信息公开工作的八个重点方面之一，充分体现国务院对安全生产工作的高度重视，体现了科学发展、安全发展的理念和以人为本、执政为民的宗旨。各地区、各有关部门要把生产安全事故信息公开作为实施政务公开，加强群众监督，回应社会关切，促进责任落实，维护安全生产领域社会公平正义的重要手段之一，切实加以推进，切实维护人民群众合法权益。

## 二、推进风险预警信息公开，切实提高防范和应对生产安全事故的能力

各地区、各有关部门要高度重视生产安全事故的防范和风险预警工作，建立和完善协调联动机制，确保快捷高效发布可能引发事故灾难的风险信息尤其是极端天气和可能引发事故的自然灾害预警信息，并及时、准确地传达到各有关部门、单位和社会公众，切实提高企业防范和应对生产安全事故的能力，提高社会公众自救互救能力。

### 三、推进生产安全事故应对处置信息公开，及时回应社会关切

各地区、各有关部门要按照"积极主动公开"的要求，把生产安全事故应对处置信息更全面、更及时、更细致地告知社会公众。一是要及时准确发布生产安全事故尤其是社会影响较大、关注度高的事故信息，杜绝不实传言和猜疑传播的空间。二是要及时准确发布政府采取的事故处置举措和抢险救援进展信息，实时掌握社会舆情动向，主动回应社会关切，消除公众疑虑。

### 四、推进生产安全事故查处和责任追究信息公开，主动接受社会监督

各地区、各有关部门要依据《安全生产法》、《生产安全事故报告和调查处理条例》（国务院令第493号）等法律法规的规定，除依法应当保密的内容外，积极主动向社会公开生产安全事故调查处理信息，通报事故原因，公布事故调查报告和责任追究处理结果。

一是事故调查组成立后，事故调查组组长单位应当主动公布事故调查组成员名单。二是事故调查组或事故调查组组长单位要根据调查进展，及时向社会通报事故情况。三是事故调查报告经有关人民政府或部门批复后，事故调查组组长单位应当在规定时限内向社会公布事故调查报告。对依法应当保密但可以作区分处理的事故调查报告，要向社会公布经区分处理后的非涉密内容。四是有关部门要及时公布生产安全事故责任追究和整改措施的落实情况。五是要加强安全生产舆情引导和对生产安全事故信息公开后社会反响的预判工作，做好应对预案，并密切跟踪公开后的舆情，及时发布正面信息，正确引导舆论。

### 五、推进生产安全事故挂牌督办信息公开，促进安全生产责任落实

各地区、各有关部门要严格执行《重大事故查处挂牌督办办法》（安委〔2010〕6号）和《非法违法较大生产安全事故查处跟踪督办暂行办法》（安委办〔2011〕12号），不断完善、规范挂牌事项的办理和信息公开程序，促进安全生产责任落实。一是对国务院安委会挂牌督办的重大生产安全事故和国务院安委会办公室跟踪督办的非法违法、瞒报谎报较大生产安全事故，应当在督办通知书下发之日起10个工作日内，在国家安全监管总局政府网站上向社会公开；各地区、各有关部门决定实行挂牌督办的生产安全事故，应当在本地区、本部门政府网站上设专栏予以公布。

二是挂牌督办的生产安全事故结案后，各地区、各有关部门应当及时在政府网站专栏中向社会公开事故调查报告和责任追究落实情况；其中，对于由国务院安委会挂牌督办和国务院安委会办公室跟踪督办的事故，还应当将公开相关信息的链接地址上报国务院安委会办公室，在国家安全监管总局政府网站上建立链接。

各地区、各有关部门要高度重视生产安全事故信息公开工作，充分发挥政府网站信息发布主平台和报刊、广播、电视等主流媒体的作用，坚持并不断完善安全生产新闻发布制度和重特大事故快速报道机制，正确处理安全生产信息公开与保守国家秘密的关系，重视舆情预判和引导，不断推进安全生产信息公开工作。

国务院安委会办公室

2012 年 7 月 3 日

# 国务院安委会办公室关于大力推进安全生产文化建设的指导意见

（安委办〔2012〕34号）

各省、自治区、直辖市及新疆生产建设兵团安全生产委员会，国务院安委会各成员单位，有关中央企业：

为深入贯彻落实《中共中央关于深化文化体制改革推动社会主义文化大发展大繁荣若干重大问题的决定》（以下简称《决定》）精神，进一步加强安全生产文化（以下简称安全文化）建设，强化安全生产思想基础和文化支撑，大力推进实施安全发展战略，根据《国务院关于坚持科学发展安全发展促进安全生产形势持续稳定好转的意见》（国发〔2011〕40号，以下简称国务院《意见》）和《安全文化建设“十二五”规划》（安监总政法〔2011〕172号），现提出以下指导意见：

## 一、充分认识推进安全文化建设的重要意义

（一）推进安全文化建设是社会主义文化大发展大繁荣的必然要求。坚持以人为本，更加关注和维护经济社会发展中人的生命安全和健康，是安全文化建设的主旨目标，体现了社会主义文化核心价值的基本要求。党的十七届六中全会《决定》，为我们加强安全文化建设提供了坚强有力的指导方针、工作纲领和努力方向。各地区、各有关部门和单位要自觉地把安全文化建设纳入社会主义文化建设总体布局，准确把握经济社会发展对安全生产工作的新要求，准确把握推动安全文化事业繁荣发展的新任务，准确把握广大人民群众对安全文化需要的新期待，紧密结合安全生产工作实际，抓住机遇，乘势而上，不断把安全文化建设推向深入。

（二）推进安全文化建设是实施安全发展战略的必然要求。从“安全生产”到“安全发展”、从“安全发展理念”到“安全发展战略”，充分表明了党中央、国务院对保障人民群众生命财产安全的坚强决心，反映了经济社会发展的客观规律和内在要求。各地区、各有关部门和单位要围绕安全发展战略的本质要求、原则目标、工程体系和保障措施，加强培训教育和宣传推动，既要强化安全发展的思想基础和文

化环境，更要强化必须付诸实践的精神动力和战略行动，切实做到在谋划发展思路、制定发展目标、推进发展进程时以安全为前提、基础和保障，实现安全与速度、质量、效益相统一，确保人民群众平安幸福享有改革发展和社会进步的成果。

（三）推进安全文化建设是汇集参与和支持安全生产工作力量的必然要求。目前，我国正处于生产安全事故易发多发的特殊阶段，安全基础依然比较薄弱，重特大事故尚未得到有效遏制，职业病多发，非法违法、违规违章行为屡禁不止等问题在一些地方和企业还比较突出。进一步加强安全生产工作，需要着力推进安全文化建设，创新方式方法，积极培育先进的安全文化理念，大力开展丰富多彩的安全文化建设活动，注重用文化的力量凝聚共识、集中智慧，齐心协力、持之以恒，推动社会各界重视、参与和支持安全生产工作，不断促进安全生产形势持续稳定好转。

## 二、安全文化建设的指导思想和总体目标

（四）指导思想。以邓小平理论和“三个代表”重要思想为指导，深入贯彻落实科学发展观，坚持社会主义先进文化前进方向，牢固树立科学发展、安全发展理念，紧紧围绕贯彻党的十七届六中全会《决定》和国务院《意见》精神，全面落实《安全文化建设“十二五”规划》，以“以人为本、关爱生命、安全发展”为核心，以促进企业落实安全生产主体责任、提高全民安全意识为重点，以改革创新为动力，坚持“安全第一、预防为主、综合治理”的方针，围绕中心、服务大局，不断提升安全文化建设水平，切实发挥安全文化对安全生产工作的引领和推动作用，为促进全国安全生产形势持续稳定好转，提供坚强的思想保证、强大的精神动力和有力的舆论支持。

（五）总体目标。大力开展安全文化建设，坚持科学发展、安全发展，全面实施安全发展战略的主动性明显提高；安全生产法制意识不断强化，依法依规从事生产经营建设行为的自觉性明显增强；安全生产知识得到广泛普及，全民安全素质和防灾避险能力明显提升；安全发展理念深入人心，有利于安全生产工作的舆论氛围更加浓厚；安全生产管理和监督的职业道德精神切实践行，科学、公正、严格、清廉的工作作风更加强化；反映安全生产的精品力作不断涌现，安全文化产业发展更加充满活力；高素质的安全文化人才队伍发展壮大，自我约束和持续改进的安全文化建设机制进一步完善，安全生产工作的保障基础更加坚实。

## 三、切实强化科学发展、安全发展理念

（六）加强安全生产宣传工作。广泛深入宣传科学发展、安全发展理念，积极组织各方力量，通过多种形式和有效途径，大力宣传、全面落实党中央、国务院关于加强安全生产工作的方针政策和决策部署。积极营造关爱生命、关注安全的社会舆论氛围，宣传推动将科学发展、安全发展作为衡量各地区、各行业领域、各生产经营单位安全生产工作的基本标准，实现安全生产与经济社会发展有机统一。

（七）深入开展群众性安全文化活动。坚持贴近实际、贴近生活、贴近群众，认真组织开展好全国“安全生产月”、“安全生产万里行”、“安康杯”、“青年示范岗”等主题实践活动，增强活动实效。广泛组织安全发展公益宣传活动，充分利用演讲、展览、征文、书画、歌咏、文艺汇演、移动媒体等群众喜闻乐见的形式，加强安全生产理念和知识、技能的宣传，提高城市、社区、村镇、企业、校园安全文化建设水平，不断强化安全意识。

（八）着力提高全民安全素质。加强安全教育培训法规标准、基地、教材和信息化建设，加强地方政府分管安全生产工作的负责人、安全监管监察人员及企业“三项岗位”人员、班组长和农民工安全教育培训。积极开展全民公共安全教育、警示教育和应急避险教育。探索在中小学开设安全知识和应急防范课程，在高等院校开设选修课程。

（九）加强安全文化理论研究。充分发挥安全生产科研院所和高等院校的作用，加强安全学科建设，以安全发展为核心，组织研究、推出一批有价值和广泛社会影响力的安全文化理论成果。鼓励各地区和企业单位结合自身特点，探索安全文化建设的新方法、新途径，加大安全文化理论成果转化力度，更好地服务安全生产工作。

## 四、大力推动安全生产职业道德建设

（十）强化安全生产法制观念。结合中宣部、司法部和全国普法办联合开展的“法律六进”主题活动，深入开展安全生产相关法律法规、规章标准的宣传，坚持以案说法，加强安全生产法制教育，切实增强各类生产经营单位和广大从业人员的安全生产法律意识，推进“依法治安”。进一步加强安全生产综合监管、安全监察、行业主管等部门领导干部的法制教育，推进依法行政。

（十一）弘扬高尚的安全监管监察职业精神。以忠于职守、公正廉明、执法为民、甘于奉献为核心内容，深入宣传全国安全监管监察系统先进单位和先进个人的典型事迹，进一步激发各级党员干部立足岗位、牢记宗旨、爱党奉献的工作热情，坚定做好安全生产工作、维护人民群众生命财产安全的信心和决心，建设一支政治坚定、业务精通、作风过硬、执法公正的安全监管监察队伍，争做安全发展忠诚卫士。

（十二）增强全民安全自觉性。以“不伤害自己、不伤害他人、不被别人伤害、不使他人受到伤害”为主要内容，将安全生产价值观、道德观教育纳入思想政治工作和精神文明建设内容，注重加强日常性的安全教育，强化安全自律意识，使尊重生命价值、维护职业安全与健康成为广大职工群众生产生活中的精神追求和基本行为准则。

（十三）继续开展企业安全诚信建设。把安全诚信建设纳入社会诚信建设重要内容，形成安全生产守信光荣、失信可耻的氛围，促进企业自觉主动地践行安全生产法律法规和规章制度，强化企业安全生产主体责任落实。健全完善安全生产失信惩戒制度，及时公布生产安全事故责任企业“黑名单”，督促各行业领域企业全面履行安全生产法定义务和社会责任，不断完善自我约束、持续改进的安全生产长效机制。

**五、深入开展安全文化创建活动**

（十四）大力推进企业安全文化建设。坚持与企业安全生产标准化建设、职业病危害治理工作相结合，完善安全文化创建评价标准和相关管理办法，严格规范申报程序。“全国安全文化建设示范企业”申报工作统一由省级安全监管监察机构负责，凡未取得省级安全文化建设示范企业称号、未达到安全生产标准化一级企业的，不得申报。积极开展企业安全文化建设培训，加强基层班组安全文化建设，提高一线职工自觉抵制“三违”行为和应急处置的能力。

（十五）扎实推进安全社区建设。积极倡导“安全、健康、和谐”的理念，健全安全社区创建工作机制，逐步由经济发达地区向中西部地区推进，进一步扩大建设成果。大力推动工业园区和经济技术开发区等安全社区建设，继续推进企业主导型社区以及国家级和省级经济开发区、工业园区安全社区建设。

（十六）积极推进城市安全文化建设。充分发挥政府的主导推动作用，将安全生产与城市规划、建设和管理密切结合，研究制定安全发展示范城市创建标准、评价机制和工作方案，积极推进创建工作。创新城市安全管理模式，加强社会公众安全教育，完善应急防范机制，有效化解人民群众生命健康和财产安全风险，提高城市整体安全水平。

## 六、加快推进安全文化产业发展

（十七）深化相关事业单位改革。以突出公益、强化服务、增强活力为重点，大力发展公益性安全文化事业，探索建立事业单位法人治理结构。按有关规定要求，加快推进安全监管监察系统的文艺院团、非时政类报刊社、新闻网站等转企改制，拓展有关出版、发行、影视企业改革成果，鼓励经营性文化单位建立现代企业制度，形成面向市场、体现安全文化价值的经营机制。支持有实力的安全文化单位进行重组改制，引导社会资本进入，着力发展主业突出、核心竞争力强的骨干安全文化企业。

（十八）鼓励创作安全文化精品。坚持以宣传安全发展、强化安全意识为中心的创作导向，面向社会推出一批优秀安全生产宣传产品，满足人民群众对安全生产多方面、多层次、多样化的精神文化需求。调动文艺创作的积极性和创造性，鼓励社会各界参与创作更多反映安全生产工作、倡导科学发展安全发展理念的优秀剧目、图书、影视片、宣传画、音乐作品及公益广告等，丰富群众性安全文化，增强安全文化产品的影响力和渗透力。

（十九）支持安全文化产业发展。协调社会安全文化资源，参与安全文化开发建设，提高新闻媒体、行业协会、科研院所、文艺团体、中介机构、文化公司等参与安全文化产业的积极性，加快发展出版发行、影视制作、印刷、广告、演艺、会展、动漫等安全文化产业。充分发挥文化与科技相互促进的作用，利用数字、移动媒体、微博客等新兴渠道，加快安全文化产品推广。

## 七、切实提高安全生产舆论引导能力

（二十）把握正确的舆论导向。坚持马克思主义新闻观，贯彻团结稳定鼓劲、正面宣传为主的方针，广泛宣传有关安全生产重大政策措施、重大理论成果、典型经验和显著成效。准确把握新形势下安全宣传工作规律，完善政府部门、企业与新闻单位的沟通机制，有力引导正确的社会舆论。进一步加强安全生产信息化建设，推进舆情分析研判，提高网络舆论引导能力。

（二十一）规范信息发布制度。严格执行安全生产信息公开制度，不断拓宽渠道，公开透明、实事求是、及时主动地做好事故应急处置和调查处理情况、打击非法违法生产经营建设行为、隐患排查治理、安全生产标准化建设以及安全生产重点工作进展等情况的公告发布，对典型非法违法、违规违章行为进行公开曝光。完善安全生产新闻发言人制度，健全突发生产安全事故新闻报道应急工作机制，增强安全生产信息发布的权威性和公信力。

（二十二）加强社会舆论和群众监督。健全安全生产社会监督网络，扩大全国统一的“12350”安全生产举报电话覆盖面，通过设立电子信箱和网络微博客等方式，拓宽监督举报途径。健全新闻媒体和社会公众广泛参与的安全生产监督机制，落实安全生产举报奖励制度，保障公众的知情权和监督权。建立监督举报事项登记制度，及时回复查处整改情况，切实增强安全生产社会监督、舆论监督和群众监督效果。

## 八、全面加强安全文化宣传阵地建设

（二十三）加强新闻媒体阵地建设。以安全监管监察系统专业新闻媒体为主体，加强与主流媒体深度合作，形成中央、地方和安全监管监察系统内媒体，以及传统媒体与新兴媒体、平面媒体与立体媒体的宣传互动，构建功能互补、影响广泛、富有效率的安全文化传播平台，提高安全文化传播能力。

（二十四）加强互联网安全文化阵地建设。按照“积极利用、科学发展、依法管理、确保安全”的方针，开展具有网络特点的安全文化建设。结合安全生产的新形势、新任务，大力发展数字出版、手机报纸、手机网络、移动多媒体等新兴传播载体，拓展传播平台，扩大安全文化影响覆盖面。

（二十五）加强安全监管监察系统宣传阵地建设。加快建立健全国家、省、市、县四级安全生产宣传教育工作体系，推动安全文化工作日常化、制度化建设，着力提高安全宣传教育能力。加强安全监管监察机构与相关部门间的沟通协作，充分利用思想文化资源，协调各方面力量，形成统一领导、组织协调、社会力量广泛参与的安全文化建设工作格局。

（二十六）加强安全文化教育基地建设。推进国家和地方安全教育（警示）基地，以及安全文化主题公园、主题街道建设。积极应用现代科技手段，融知识性、直观性、趣味性为一体，鼓励推动各地区、各行业领域及企业建设特色鲜明、形象逼真、触动心灵、效果突出的安全生产宣传教育展馆，提高社会公众对安全知识的感性认识，增强安全防范意识和技能。

**九、强化安全文化建设保障措施**

（二十七）加强组织领导。各地区、各有关部门和单位领导干部要从贯彻落实党的十七届六中全会《决定》精神的政治高度、从提高安全生产水平的实际需要出发，研究制定安全文化建设规划和政策措施，明确职能部门，完善支撑体系。扩大社会资源进入安全文化建设的有效途径，动员全社会力量参与安全文化建设。

（二十八）加大安全文化建设投入。加强与相关部门的沟通协调，完善有利于安全文化的财政政策，将公益性安全文化活动纳入公共财政经常性支出预算；认真执行新修订的安全生产费用提取使用管理办法，加强安全宣传教育培训投入；推动落实从安全生产责任险、工伤保险基金中支出适当费用，支持安全文化研究、教育培训、传播推广等活动的开展。

（二十九）加强安全文化人才队伍建设。加大安全生产宣传教育人员的培训力度，提升安全文化建设的业务水平。加强安全文化建设人才培养，提高组织协调、宣传教育和活动策划的能力，造就高层次、高素质的安全文化建设领军人才。建立安全文化建设专家库，加强基层安全文化队伍建设。

（三十）加大安全文化建设成果交流推广。深入开展地区间、行业领域及企业间的安全文化建设成果推广，提高安全文化对安全生产的促进作用，激励全社会积极参与安全文化建设。积极开展多渠道多层次的安全文化建设对外交流，加强安全文化建设成果的对外宣传，鼓励相关单位与国际组织、外国政府和民间机构等进行项目合作，学习借鉴和运用国际先进的安全文化推动安全生产工作。

国务院安委会办公室

2012 年 7 月 30 日

# 三、交通运输部有关安全生产规章文件

## （一）有关规章制度

# 公路水运工程安全生产监督管理办法

（交通部令 2007年第1号）

## 第一章 总 则

**第一条** 为加强公路水运工程安全生产监督管理工作，保障人身及财产安全，根据《中华人民共和国安全生产法》、《建设工程安全生产管理条例》、《安全生产许可证条例》，制定本办法。

**第二条** 公路水运工程建设活动的安全生产行为及对其实施监督管理，应当遵守本办法。

**第三条** 本办法所称公路水运工程，是指列入国家和地方基本建设计划的公路、水运基础设施新建、改建、扩建以及拆除、加固等建设项目。

本办法所称从业单位，是指从事公路水运工程建设、勘察、设计、监理、施工、检验检测、安全评价等工作的单位。

**第四条** 公路水运工程安全生产监督管理应当坚持“安全第一、预防为主、综合治理”的方针。

**第五条** 公路水运工程安全生产监督管理实行统一监管、分级负责。

交通部负责全国公路水运工程安全生产的监督管理工作。

县级以上地方人民政府交通主管部门负责本行政区域内的公路水运工程安全生产监督管理工作，但长江干流航道工程安全生产监督管理工作由交通部设在长江干流的航务管理机构负责。

交通部和县级以上地方人民政府交通主管部门，可以委托其设置的安全监督机构负责具体工作，法律、行政法规规定不能委托的事项除外。

依照本条规定承担公路水运工程安全生产监督管理职能的部门或者机构，统称为公路水运工程安全生产监督管理部门。

**第六条** 公路水运工程安全生产监督管理部门的主要职责：

（一）宣传、贯彻、执行有关安全生产的法律、法规，按照法定权限制定公路水运工程安全生产管理规章和技术标准；

（二）依法对公路水运工程从业单位安全生产条件实施监督管理，组织施工单位的主要负责人、项目负责人、专职安全生产管理人员的考核管理工作；

（三）建立公路水运工程安全生产应急管理机制，制订重大生产安全事故应急预案；

（四）建立公路水运工程从业单位安全生产信用体系，作为交通行业信用体系建设的一部分，对从业单位和人员实施安全生产动态管理；

（五）受理公路水运工程安全生产方面的举报和投诉，依法对公路水运工程安全生产实施监督检查和相应的行政处罚；

（六）依法组织或者参与调查处理生产安全事故，按照职责权限对公路水运工程生产安全事故进行统计分析，发布公路水运工程安全生产动态信息。省级交通主管部门负责向交通部和国务院其他有关部门报送事故信息；

（七）指导下级交通主管部门开展公路水运工程安全生产监督管理工作；

（八）组织公路水运工程安全生产技术研究和先进技术推广应用；

（九）开展公路水运工程安全生产经验交流，普及安全生产知识；

（十）法律、法规规定的其他职责。

## 第二章　安全生产条件

**第七条**　从业单位从事公路水运工程建设活动，应当具备法律、行政法规规定的安全生产条件。任何单位和个人不得降低安全生产条件。

**第八条**　施工单位应当取得安全生产许可证，施工单位的主要负责人、项目负责人、专项安全生产管理人员（以下简称安全生产三类人员）必须取得考核合格证书，方可参加公路水运工程投标及施工。

施工单位主要负责人，是指对本企业日常生产经营活动和安全生产工作全面负责、有生产经营决策权的人员，包括企业法定代表人、企业安全生产工作的负责人等。

项目负责人，是指由企业法定代表人授权，负责公路水运工程项目施工管理的负责人。包括项目经理、项目副经理和项目总工。

专职安全生产管理人员，是指在企业专职从事安全生产管理工作的人员，包括企业安全生产管理机构的负责人及其工作人员和施工现场专职安全员。

**第九条**　交通部负责组织公路水运工程一级及以上资质施工单位安全生产三类人员的考核发证工作。

省级交通主管部门负责组织公路水运工程二级及以下资质施工单位安全生产三类人员的考核发证工作。

**第十条**　施工单位安全生产三类人员考核分为安全生产知识考试和安全管理能力考核两部分。考核合格的,由交通部或省级交通主管部门颁发《安全生产考核合格证书》。

**第十一条**　施工单位的垂直运输机械作业人员、施工船舶作业人员、爆破作业人员、安装拆卸工、起重信号工、电工、焊工等国家规定的特种作业人员,必须按照国家规定经过专门的安全作业培训,并取得特种作业操作资格证书后,方可上岗作业。

**第十二条**　施工单位在工程中使用施工起重机械和整体提升式脚手架、滑模爬模、架桥机等自行式架设设施前,应当组织有关单位进行验收,或者委托具有相应资质的检验检测机构进行验收,使用承租的机械设备和施工机具及配件的,由承租单位、出租单位和安装单位共同进行验收,验收合格的方可使用。验收合格后30日内,应向当地交通主管部门登记。

**第十三条**　从业单位应当对从业人员进行安全生产教育和培训,保证从业人员具备必要的安全生产知识,熟悉有关的安全生产规章制度和安全操作规程,掌握本岗位的安全操作技能。未经安全生产教育和培训合格的从业人员,不得上岗作业。

## 第三章　安全责任

**第十四条**　建设单位在编制工程招标文件时,应当确定公路水运工程项目安全作业环境及安全施工措施所需的安全生产费用。

安全生产费用由建设单位根据监理工程师对工程安全生产情况的签字确认进行支付。

**第十五条**　建设单位在公路水运工程施工招标文件中应当按照法律、法规的规定对施工单位的安全生产条件、安全生产信用情况、安全生产的保障措施等提出明确要求。

建设单位不得对咨询、勘察、设计、监理、施工、设备租赁、材料供应、检测等单位提出不符合工程安全生产法律、法规和工程建设强制性标准规定的要求。不得随意压缩合同规定的工期。

**第十六条** 勘察单位应当按照法律、法规和工程建设强制性标准进行勘察,重视地质环境对安全的影响,提交的勘察文件应当真实、准确,满足公路水运工程安全生产的需要。

勘察单位应当对有可能引发公路水运工程安全隐患的地质灾害提出防治建议。

勘察单位及勘察人员对勘察结论负责。

**第十七条** 设计单位应当按照法律、法规和工程建设强制性标准进行设计,防止因设计不合理导致安全生产隐患或者生产安全事故的发生。

采用新结构、新材料、新工艺的工程和特殊结构的工程,设计单位应当在设计文件中提出保障施工作业人员安全和预防生产安全事故的措施建议。

设计单位和设计人员应当对其设计负责。

**第十八条** 监理单位应当按照法律、法规和工程建设强制性标准进行监理,对工程安全生产承担监理责任。应当编制安全生产监理计划,明确监理人员的岗位职责、监理内容和方法等。对危险性较大的工程作业应当加强巡视检查。

监理单位应当审查施工组织设计中的安全技术措施或者专项施工方案是否符合工程建设强制性标准。监理单位在实施监理过程中,发现存在安全事故隐患的,应当要求施工单位整改,必要时,可下达施工暂停指令并向建设单位和有关部门报告。

监理单位应当填报安全监理日志和监理月报。

**第十九条** 为公路水运工程提供施工机械设备、设施和产品的单位,应确保配备齐全有效的保险、限位等安全装置,提供有关安全操作的说明,保证其提供的机械设备和设施等产品的质量和安全性能达到国家有关标准。所提供的机械设备、设施和产品应当具有生产(制造)许可证、产品合格证或者法定检验检测合格证明。对于尚无相关国家标准或者行业标准的设备和设施,应当保障其质量和安全性能。

**第二十条** 施工单位应当对施工安全生产承担责任。

施工单位主要负责人依法对本单位的安全生产工作全面负责。施工单位应当建立健全安全生产责任制度和安全生产教育培训制度及安全生产技术交底制度,制定安全生产规章制度和操作规程,保证本单位安全生产条件所需资金的投入,对所承担的公路水运工程进行定期和专项安全检查,并做好安全检查记录。

施工单位的项目负责人依法对项目的安全施工负责,落实安全生产各项制度,确保安全生产费用的有效使用,并根据工程特点组织制定安全施工措施,消除安全事故隐患,及时、如实报告生产安全事故。

本条所称安全生产技术交底制度,是指公路水运工程每项工程实施前,施工单位负责项目管理的技术人员对有关安全施工的技术要求向施工作业班组、作业人员详细说明,并由双方签字确认的制度。

**第二十一条** 施工单位应当设立安全生产管理机构,配备专职安全生产管理人员。施工现场应当按照每 5000 万元施工合同额配备一名的比例配备专职安全生产管理人员,不足 5000 万元的至少配备一名。

专职安全生产管理人员负责对安全生产进行现场监督检查,并做好检查记录,发现生产安全事故隐患,应当及时向项目负责人和安全生产管理机构报告;对违章指挥、违章操作和违反劳动纪律的,应当立即制止。

**第二十二条** 施工单位在工程报价中应当包含安全生产费用,一般不得低于投标价的 1%,且不得作为竞争性报价。

安全生产费用,应当用于施工安全防护用具及设施的采购和更新、安全施工措施的落实、安全生产条件的改善,不得挪作他用。

**第二十三条** 施工单位应当在施工组织设计中编制安全技术措施和施工现场临时用电方案,对下列危险性较大的工程应当编制专项施工方案,并附安全验算结果,经施工单位技术负责人、监理工程师审查同意签字后实施,由专职安全生产管理人员进行现场监督:

(一)不良地质条件下有潜在危险性的土方、石方开挖;

(二)滑坡和高边坡处理;

(三)桩基础、挡墙基础、深水基础及围堰工程;

(四)桥梁工程中的梁、拱、柱等构件施工等;

(五)隧道工程中的不良地质隧道、高瓦斯隧道、水底海底隧道等;

(六)水上工程中的打桩船作业、施工船作业、外海孤岛作业、边通航边施工作业等;

(七)水下工程中的水下焊接、混凝土浇注、爆破工程等;

（八）爆破工程；

（九）大型临时工程中的大型支架、模板、便桥的架设与拆除；桥梁、码头的加固与拆除；

（十）其他危险性较大的工程。

必要时，施工单位对前款所列工程的专项施工方案，还应当组织专家进行论证、审查。

**第二十四条** 施工单位应当在施工现场出入口或者沿线各交叉口、施工起重机械、拌和场、临时用电设施、爆破物及有害危险气体和液体存放处以及孔洞口、隧道口、基坑边沿、脚手架、码头边沿、桥梁边沿等危险部位，设置明显的安全警示标志或者必要的安全防护设施。

施工单位应当根据不同施工阶段和周围环境及季节、气候的变化，在施工现场采取相应的安全施工措施。施工现场暂时停止施工的，施工单位应当做好现场防护。因施工单位安全生产隐患原因造成工程停工的，所需费用由施工单位承担，其他原因按照合同约定执行。

**第二十五条** 施工单位应当将施工现场的办公、生活区与作业区分开设置，并保持安全距离；办公、生活区的选址应当符合安全性要求。职工的膳食、饮水、休息场所、医疗救助设施等应当符合卫生标准。

施工现场临时搭建的建筑物应当符合安全使用要求。施工现场使用的装配式活动房屋应当具有生产（制造）许可证、产品合格证。

**第二十六条** 施工单位应当在施工现场建立消防安全责任制度，确定消防安全责任人，制定用火、用电、使用易燃易爆材料等各项消防管理制度和操作规程，设置消防通道，配备相应的消防设施和灭火器材。

**第二十七条** 施工单位应当向作业人员提供必需的安全防护用具和安全防护服装，书面告知危险岗位的操作规程并确保其熟悉和掌握有关内容和违章操作的危害。

作业人员有权对施工现场的作业条件、作业程序和作业方式中存在的安全问题提出批评、检举和控告，有权拒绝违章指挥和强令冒险作业。

在施工中发生可能危及人身安全的紧急情况时，作业人员有权立即停止作业或者在采取必要的应急措施后撤离危险区域。

**第二十八条** 作业人员应当遵守安全施工的工程建设强制性标准、规章制度，正确使用安全防护用具、机械设备等。

**第二十九条**　施工单位采购、租赁的安全防护用具、机械设备、施工机具及配件,应当具有生产(制造)许可证、产品合格证,并在进入施工现场前由专职安全管理人员进行查验。

施工现场的安全防护用具、机械设备、施工机具及配件必须由专人管理,定期进行检查、维修和保养,建立相应的资料档案,并按照国家有关规定及时报废。

**第三十条**　施工单位应当对管理人员和作业人员进行每年不少于两次的安全生产教育培训,其教育培训情况记入个人工作档案。

施工单位在采用新技术、新工艺、新设备、新材料时,应当对作业人员进行相应的安全生产教育培训。

新进人员和作业人员进入新的施工现场或者转入新的岗位前,施工单位应当对其进行安全生产培训考核。

未经安全生产教育培训考核或者培训考核不合格的人员,不得上岗作业。

**第三十一条**　施工单位应当为施工现场的人员办理意外伤害保险,意外伤害保险费应由施工单位支付。实行施工总承包的,由总承包单位支付意外伤害保险费。

**第三十二条**　建设工程实行施工总承包的,由总承包单位对施工现场的安全生产负总责。总承包单位依法将建设工程分包给其他单位的,分包合同中应当明确各自的安全生产方面的权利、义务。总承包单位对分包工程的安全生产承担连带责任。

分包单位应当服从总承包单位的安全生产管理,分包单位不服从管理导致生产安全事故的,由分包单位承担主要责任。

**第三十三条**　建设单位、施工单位应当针对本工程项目特点制定生产安全事故应急预案,定期组织演练。发生生产安全事故,施工单位应当立即向建设单位、监理单位和事故发生地的公路水运工程安全生产监督管理部门以及地方安全监督部门报告。建设单位、施工单位应当立即启动事故应急预案,组织力量抢救,保护好事故现场。

## 第四章　监督检查

**第三十四条**　公路水运工程安全生产监督管理部门在职责范围内履行安全生

产监督检查职责时，有权采取下列措施：

（一）要求被检查单位提供有关安全生产的文件和资料；

（二）进入被检查单位施工现场进行检查；

（三）纠正施工中违反安全生产要求的行为，依法实施行政处罚。

**第三十五条** 公路水运工程安全生产监督管理部门对从业单位安全生产监督检查的内容主要有：

（一）从业单位安全生产条件的符合情况；

（二）施工单位安全生产三类人员和特种作业人员具备上岗资格情况；

（三）从业单位执行安全生产法律、法规、规章和工程建设强制性标准的情况；

（四）从业单位对安全生产管理制度、安全责任制度和各项应急预案的建立和落实情况；

（五）安全生产管理机构或者专职安全生产管理人员的设置和履行职责情况；

（六）员工的安全教育培训情况；

（七）其他应当监督检查的情况。

**第三十六条** 公路水运工程安全生产监督管理部门应当对公路水运工程下列施工现场的安全生产情况进行监督检查：

（一）现场驻地；

（二）施工作业点（面）；

（三）危险品存放地；

（四）预制厂、半成品加工厂；

（五）非标施工设备组装厂。

公路水运工程安全生产监督管理部门对易发生生产安全事故的危险工程及施工作业环节应当进行重点监督检查。

**第三十七条** 公路水运工程安全生产监督管理部门对监督检查中发现的安全问题，应当作出如下处理：

（一）从业单位存在安全管理问题需要整改的，以书面方式通知存在问题单位限期整改；

（二）从业单位存在严重安全事故隐患的，责令立即排除；

（三）重大安全事故隐患在排除前或者在排除过程中无法保证安全的，责令其从危险区域内撤出作业人员或者暂时停止施工；

（四）建设单位违反安全管理规定造成重大生产安全事故的，对全部或者部分使用国有资金的建设项目，暂停资金拨付；

（五）建设单位未列建设工程安全生产费用的，责令其限期改正并不得办理监督手续；逾期未改正的，责令该建设工程停止施工并通报批评。

被检查单位应当立即落实处理决定，并将整改结果书面报检查单位。责令停工的，应当经复查合格后，方可复工。

**第三十八条**　公路水运工程安全生产监督管理部门应当建立从业单位信用档案，并将监督检查情况和处理结果及时登录在安全生产信用管理系统中。

**第三十九条**　从业单位整改不力，多次整改仍然存在安全问题的，公路水运工程安全生产监督管理部门将其列入安全监督检查重点名单，登录在安全生产信用管理系统中，并向有关部门通报。

对存在重大安全事故隐患但拒绝整改或者整改效果不明显或者发生重特大安全事故等不再具备安全生产条件的，公路水运工程安全生产监督管理部门应当向安全生产许可证颁发部门通报，建议暂扣或者吊销安全生产许可证，同时向有关资质证书颁发部门建议降低资质等级。

**第四十条**　公路水运工程安全生产监督管理部门可委托具备国家规定资质条件的机构对容易发生重特大生产安全事故的工程项目和危险性较大的工程施工进行安全评价和监测。

**第四十一条**　公路水运工程安全生产监督管理部门应当健全内部管理制度，加强对监督管理人员的教育培训，提高执法水平。监督管理人员应当忠于职守，秉公办事，坚持原则，清正廉洁。与监督检查对象有利害关系的监督人员，应当回避。

**第四十二条**　公路水运工程安全生产监督管理部门应当建立举报制度，及时受理对公路水运工程生产安全事故或者事故隐患以及监督检查人员违法行为的检举、控告和投诉。

## 第五章　附　　则

**第四十三条**　违反本办法规定，按照《中华人民共和国安全生产法》、《建设工程安全生产管理条例》、《安全生产许可证条例》的相关规定，给予行政处罚。

**第四十四条**　本办法自 2007 年 3 月 1 日起施行。

# 交通运输突发事件应急管理规定

（交通运输部令 2011年第9号）

## 第一章 总 则

**第一条** 为规范交通运输突发事件应对活动，控制、减轻和消除突发事件引起的危害，根据《中华人民共和国突发事件应对法》和有关法律、行政法规，制定本规定。

**第二条** 交通运输突发事件的应急准备、监测与预警、应急处置、终止与善后等活动，适用本规定。

本规定所称交通运输突发事件，是指突然发生，造成或者可能造成交通运输设施毁损，交通运输中断、阻塞，重大船舶污染及海上溢油应急处置等，需要采取应急处置措施，疏散或者救援人员，提供应急运输保障的自然灾害、事故灾难、公共卫生事件和社会安全事件。

**第三条** 国务院交通运输主管部门主管全国交通运输突发事件应急管理工作。

县级以上各级交通运输主管部门按照职责分工负责本辖区内交通运输突发事件应急管理工作。

**第四条** 交通运输突发事件应对活动应当遵循属地管理原则，在各级地方人民政府的统一领导下，建立分级负责、分类管理、协调联动的交通运输应急管理体制。

**第五条** 县级以上各级交通运输主管部门应当会同有关部门建立应急联动协作机制，共同加强交通运输突发事件应急管理工作。

## 第二章 应急准备

**第六条** 国务院交通运输主管部门负责编制并发布国家交通运输应急保障体系建设规划，统筹规划、建设国家级交通运输突发事件应急队伍、应急装备和应急物资保障基地，储备应急运力，相关内容纳入国家应急保障体系规划。

各省、自治区、直辖市交通运输主管部门负责编制并发布地方交通运输应急保障体系建设规划，统筹规划、建设本辖区应急队伍、应急装备和应急物资保障基地，储备应急运力，相关内容纳入地方应急保障体系规划。

**第七条**　国务院交通运输主管部门应当根据国家突发事件总体应急预案和相关专项应急预案，制订交通运输突发事件部门应急预案。

县级以上各级交通运输主管部门应当根据本级地方人民政府和上级交通运输主管部门制订的相关突发事件应急预案，制订本部门交通运输突发事件应急预案。

交通运输企业应当按照所在地交通运输主管部门制定的交通运输突发事件应急预案，制定本单位交通运输突发事件应急预案。

**第八条**　应急预案应当根据有关法律、法规的规定，针对交通运输突发事件的性质、特点、社会危害程度以及可能需要提供的交通运输应急保障措施，明确应急管理的组织指挥体系与职责、监测与预警、处置程序、应急保障措施、恢复与重建、培训与演练等具体内容。

**第九条**　应急预案的制订、修订程序应当符合国家相关规定。应急预案涉及其他相关部门职能的，在制定过程中应当征求各相关部门的意见。

**第十条**　交通运输主管部门制定的应急预案应当与本级人民政府及上级交通运输主管部门制定的相关应急预案衔接一致。

**第十一条**　交通运输主管部门制定的应急预案应当报上级交通运输主管部门和本级人民政府备案。

公共交通工具、重点港口和场站的经营单位以及储运易燃易爆物品、危险化学品、放射性物品等危险物品的交通运输企业所制定的应急预案，应当向所属地交通运输主管部门备案。

**第十二条**　应急预案应当根据实际需要、情势变化和演练验证，适时修订。

**第十三条**　交通运输主管部门、交通运输企业应当按照有关规划和应急预案的要求，根据应急工作的实际需要，建立健全应急装备和应急物资储备、维护、管理和调拨制度，储备必需的应急物资和运力，配备必要的专用应急指挥交通工具和应急通信装备，并确保应急物资装备处于正常使用状态。

**第十四条**　交通运输主管部门可以根据交通运输突发事件应急处置的实际需要，统筹规划、建设交通运输专业应急队伍。

交通运输企业应当根据实际需要，建立由本单位职工组成的专职或者兼职应急队伍。

**第十五条** 交通运输主管部门应当加强应急队伍应急能力和人员素质建设，加强专业应急队伍与非专业应急队伍的合作、联合培训及演练，提高协同应急能力。

交通运输主管部门可以根据应急处置的需要，与其他应急力量提供单位建立必要的应急合作关系。

**第十六条** 交通运输主管部门应当将本辖区内应急装备、应急物资、运力储备和应急队伍的实时情况及时报上级交通运输主管部门和本级人民政府备案。

交通运输企业应当将本单位应急装备、应急物资、运力储备和应急队伍的实时情况及时报所在地交通运输主管部门备案。

**第十七条** 所有列入应急队伍的交通运输应急人员，其所属单位应当为其购买人身意外伤害保险，配备必要的防护装备和器材，减少应急人员的人身风险。

**第十八条** 交通运输主管部门可以根据应急处置实际需要鼓励志愿者参与交通运输突发事件应对活动。

**第十九条** 交通运输主管部门可以建立专家咨询制度，聘请专家或者专业机构，为交通运输突发事件应对活动提供相关意见和支持。

**第二十条** 交通运输主管部门应当建立健全交通运输突发事件应急培训制度，并结合交通运输的实际情况和需要，组织开展交通运输应急知识的宣传普及活动。

交通运输企业应当按照交通运输主管部门制定的应急预案的有关要求，制订年度应急培训计划，组织开展应急培训工作。

**第二十一条** 交通运输主管部门、交通运输企业应当根据本地区、本单位交通运输突发事件的类型和特点，制订应急演练计划，定期组织开展交通运输突发事件应急演练。

**第二十二条** 交通运输主管部门应当鼓励、扶持研究开发用于交通运输突发事件预防、监测、预警、应急处置和救援的新技术、新设备和新工具。

**第二十三条** 交通运输主管部门应当根据本级人民政府财政预算情况，编列应急资金年度预算，设立突发事件应急工作专项资金。

交通运输企业应当安排应急专项经费，保障交通运输突发事件应急工作的需要。

应急专项资金和经费主要用于应急预案编制及修订、应急培训演练、应急装备和队伍建设、日常应急管理、应急宣传以及应急处置措施等。

## 第三章　监测与预警

**第二十四条**　交通运输主管部门应当建立并完善交通运输突发事件信息管理制度,及时收集、统计、分析、报告交通运输突发事件信息。

交通运输主管部门应当与各有关部门建立信息共享机制,及时获取与交通运输有关的突发事件信息。

**第二十五条**　交通运输主管部门应当建立交通运输突发事件风险评估机制,对影响或者可能影响交通运输的相关信息及时进行汇总分析,必要时同相关部门进行会商,评估突发事件发生的可能性及可能造成的损害,研究确定应对措施,制定应对方案。对可能发生重大或者特别重大突发事件的,应当立即向本级人民政府及上一级交通运输主管部门报告相关信息。

**第二十六条**　交通运输主管部门负责本辖区内交通运输突发事件危险源管理工作。对危险源、危险区域进行调查、登记、风险评估,组织检查、监控,并责令有关单位采取安全防范措施。

交通运输企业应当组织开展企业内交通运输突发事件危险源辨识、评估工作,采取相应安全防范措施,加强危险源监控与管理,并按规定及时向交通运输主管部门报告。

**第二十七条**　交通运输主管部门应当根据自然灾害、事故灾难、公共卫生事件和社会安全事件的种类和特点,建立健全交通运输突发事件基础信息数据库,配备必要的监测设备、设施和人员,对突发事件易发区域加强监测。

**第二十八条**　交通运输主管部门应当建立交通运输突发事件应急指挥通信系统。

**第二十九条**　交通运输主管部门、交通运输企业应当建立应急值班制度,根据交通运输突发事件的种类、特点和实际需要,配备必要值班设施和人员。

**第三十条**　县级以上地方人民政府宣布进入预警期后,交通运输主管部门应当根据预警级别和可能发生的交通运输突发事件的特点,采取下列措施:

(一)启动相应的交通运输突发事件应急预案;

(二)根据需要启动应急协作机制,加强与相关部门的协调沟通;

(三)按照所属地方人民政府和上级交通运输主管部门的要求,指导交通运输企业采取相关预防措施；

（四）加强对突发事件发生、发展情况的跟踪监测，加强值班和信息报告；

（五）按照地方人民政府的授权，发布相关信息，宣传避免、减轻危害的常识，提出采取特定措施避免或者减轻危害的建议、劝告；

（六）组织应急救援队伍和相关人员进入待命状态，调集应急处置所需的运力和装备，检测用于疏运转移的交通运输工具和应急通信设备，确保其处于良好状态；

（七）加强对交通运输枢纽、重点通航建筑物、重点场站、重点港口、码头、重点运输线路及航道的巡查维护；

（八）法律、法规或者所属地方人民政府提出的其他应急措施。

**第三十一条** 交通运输主管部门应当根据事态发展以及所属地方人民政府的决定，相应调整或者停止所采取的措施。

## 第四章 应急处置

**第三十二条** 交通运输突发事件的应急处置应当在各级人民政府的统一领导下进行。

**第三十三条** 交通运输突发事件发生后，发生地交通运输主管部门应当立即启动相应的应急预案，在本级人民政府的领导下，组织、部署交通运输突发事件的应急处置工作。

**第三十四条** 交通运输突发事件发生后，负责或者参与应急处置的交通运输主管部门应当根据有关规定和实际需要，采取以下措施：

（一）组织运力疏散、撤离受困人员，组织搜救突发事件中的遇险人员，组织应急物资运输；

（二）调集人员、物资、设备、工具，对受损的交通基础设施进行抢修、抢通或搭建临时性设施；

（三）对危险源和危险区域进行控制，设立警示标志；

（四）采取必要措施，防止次生、衍生灾害发生；

（五）必要时请求本级人民政府和上级交通运输主管部门协调有关部门，启动联合机制，开展联合应急行动；

（六）按照应急预案规定的程序报告突发事件信息以及应急处置的进展情况；

（七）建立新闻发言人制度，按照本级人民政府的委托或者授权及相关规定，

统一、及时、准确的向社会和媒体发布应急处置信息;

(八)其他有利于控制、减轻和消除危害的必要措施。

**第三十五条**　交通运输突发事件超出本级交通运输主管部门处置能力或管辖范围的,交通运输主管部门可以采取以下措施:

(一)根据应急处置需要请求上级交通运输主管部门在资金、物资、设备设施、应急队伍等方面给予支持;

(二)请求上级交通运输主管部门协调突发事件发生地周边交通运输主管部门给予支持;

(三)请求上级交通运输主管部门派出现场工作组及有关专业技术人员给予指导;

(四)按照建立的应急协作机制,协调有关部门参与应急处置。

**第三十六条**　在需要组织开展大规模人员疏散、物资疏运的情况下,交通运输主管部门应当根据本级人民政府或者上级交通运输主管部门的指令,及时组织运力参与应急运输。

**第三十七条**　交通运输企业应当加强对本单位应急设备、设施、队伍的日常管理,保证应急处置工作及时、有效开展。

交通运输突发事件应急处置过程中,交通运输企业应当接受交通运输主管部门的组织、调度和指挥。

**第三十八条**　交通运输主管部门根据应急处置工作的需要,可以征用有关单位和个人的交通运输工具、相关设备和其他物资。有关单位和个人应当予以配合。

## 第五章　终止与善后

**第三十九条**　交通运输突发事件的威胁和危害得到控制或者消除后,负责应急处置的交通运输主管部门应当按照相关人民政府的决定停止执行应急处置措施,并按照有关要求采取必要措施,防止发生次生、衍生事件。

**第四十条**　交通运输突发事件应急处置结束后,负责应急处置工作的交通运输主管部门应当对应急处置工作进行评估,并向上级交通运输主管部门和本级人民政府报告。

**第四十一条**　交通运输突发事件应急处置结束后,交通运输主管部门应当根据国家有关扶持遭受突发事件影响行业和地区发展的政策规定以及本级人民政府的恢复重建规划,制定相应的交通运输恢复重建计划并组织实施,重建受损的交通基础设施，消除突发事件造成的破坏及影响。

**第四十二条** 因应急处置工作需要被征用的交通运输工具、装备和物资在使用完毕应当及时返还。交通运输工具、装备、物资被征用或者征用后毁损、灭失的，应当按照相关法律法规予以补偿。

## 第六章 监督检查

**第四十三条** 交通运输主管部门应当建立健全交通运输突发事件应急管理监督检查和考核机制。

监督检查应当包含以下内容：

（一）应急组织机构建立情况；

（二）应急预案制订及实施情况；

（三）应急物资储备情况；

（四）应急队伍建设情况；

（五）危险源监测情况；

（六）信息管理、报送、发布及宣传情况；

（七）应急培训及演练情况；

（八）应急专项资金和经费落实情况；

（九）突发事件应急处置评估情况。

**第四十四条** 交通运输主管部门应当加强对辖区内交通运输企业等单位应急工作的指导和监督。

**第四十五条** 违反本规定影响交通运输突发事件应对活动有效进行的，由其上级交通运输主管部门责令改正、通报批评；情节严重的，对直接负责的主管人员和其他直接责任人员按照有关规定给予相应处分；造成严重后果的，由有关部门依法给予处罚或追究相应责任。

## 第七章 附 则

**第四十六条** 海事管理机构及各级地方人民政府交通运输主管部门对水上交通安全和防治船舶污染等突发事件的应对活动，依照有关法律法规执行。

一般生产安全事故的应急处置，依照国家有关法律法规执行。

**第四十七条** 本规定自2012年1月1日起实施。

# 中华人民共和国内河交通事故调查处理规定

(交通运输部令 2012年第3号)

## 第一章 总 则

**第一条** 为加强内河交通安全管理,规范内河交通事故调查处理行为,根据《中华人民共和国内河交通安全管理条例》,制定本规定。

**第二条** 本规定适用于船舶、浮动设施在中华人民共和国内河通航水域内发生的交通事故的调查处理。但是渔船之间、军事船舶之间发生的交通事故以及渔船、军事船舶单方交通事故的调查处理不适用本规定。

**第三条** 本规定所称内河交通事故是指船舶、浮动设施在内河通航水域内航行、停泊、作业过程中发生的下列事件:

(一)碰撞、触碰或者浪损;

(二)触礁或者搁浅;

(三)火灾或者爆炸;

(四)沉没(包括自沉);

(五)影响适航性能的机件或者重要属具的损坏或者灭失;

(六)其他引起财产损失或者人身伤亡的交通事件。

**第四条** 内河交通事故的调查处理由各级海事管理机构负责实施。

**第五条** 内河交通事故按照人员伤亡和直接经济损失情况,分为小事故、一般事故、大事故、重大事故和特大事故。小事故、一般事故、大事故、重大事故的具体标准按照交通部颁布的《水上交通事故统计办法》的有关规定执行。

**第六条** 内河交通事故的调查处理,应当遵守相关法律、行政法规的规定。特大事故的具体标准和调查处理按照国务院有关规定执行。

## 第二章 报 告

**第七条** 船舶、浮动设施发生内河交通事故,必须立即采取一切有效手段向事故发生地的海事管理机构报告。报告的主要内容包括:船舶、浮动设施的名称,事故发生的时间和地点,事故发生时水域的水文、气象、通航环境情况,船舶、浮动设施的损害情况,船员、旅客的伤亡情况,水域环境的污染情况以及事故简要经过等内容。

海事管理机构接到事故报告后,应当做好记录。接到事故报告的海事管理机构不是事故发生地的,应当及时通知事故发生地的海事管理机构,并告知当事人。

**第八条** 船舶、浮动设施发生内河交通事故,除应当按第七条规定进行报告外,还必须在事故发生后24小时内向事故发生地的海事管理机构提交《内河交通事故报告书》和必要的证书、文书资料。

引航员在引领船舶的过程中发生内河交通事故的,引航员也必须按前款规定提交有关材料。

特殊情况下,不能按上述规定的时间提交材料的,经海事管理机构同意,可以适当延迟。

**第九条** 《内河交通事故报告书》应当包括下列内容:

(一)船舶、浮动设施概况(包括其名称、主要技术数据、证书、船员及所载旅客、货物等);

(二)船舶、浮动设施所属公司情况(包括其所有人、经营人或者管理人的名称、地址、联系电话等);

(三)事故发生的时间和地点;

(四)事故发生时水域的水文、气象、通航环境情况;

(五)船舶、浮动设施的损害情况;

(六)船员、旅客的伤亡情况;

(七)水域环境的污染情况;

(八)事故发生的详细经过(碰撞事故应当附相对运动示意图);

(九)船舶、浮动设施沉没的,其沉没概位;

(十)与事故有关的其他情况。

**第十条** 《内河交通事故报告书》内容必须真实,不得隐瞒事实或者提供虚假情况。

## 第三章 管 辖

**第十一条** 内河交通事故由事故发生地的海事管理机构负责调查处理。

船舶、浮动设施发生事故后驶往事故发生地以外水域的，该水域海事管理机构应当协助事故发生地海事管理机构进行调查处理。

不影响船舶适航性能的小事故，经事故发生地的海事管理机构同意，可由船舶第一到达地的海事管理机构进行调查处理。

**第十二条** 内河交通事故管辖权限不明的，由最先接到事故报告的海事管理机构负责调查处理，并在管辖权限确定后向有管辖权的海事管理机构移送，同时通知当事人。

**第十三条** 对内河交通事故管辖权有争议的，由各方共同的上级海事管理机构指定管辖。

**第十四条** 一次死亡和失踪10人及以上的内河交通事故由中华人民共和国海事局负责组织调查处理。其他内河交通事故的调查权限由各直属海事管理机构或者省级地方海事管理机构确定，报中华人民共和国海事局备案。

根据调查的需要，上级海事管理机构可以直接调查处理由下级海事管理机构管辖的事故。

## 第四章 调　　查

**第十五条** 船舶、浮动设施发生内河交通事故，有关船舶、浮动设施、单位和人员必须严格保护事故现场。除因抢险等紧急原因外，未经海事管理机构调查人员的现场勘查，任何人不得移动现场物件。

**第十六条** 海事管理机构接到内河交通事故报告后，应当立即派员前往现场调查、取证，并对事故进行审查，认为确属内河交通事故的，应当立案。

对于经审查尚不能确定是否属于内河交通事故的，海事管理机构应当先予立案调查。经调查确认不属于内河交通事故的，应当予以撤销。

**第十七条** 调查人员执行调查任务时，应当出示证明其身份的行政执法证件。

执行调查任务的人员不得少于两人。

**第十八条** 海事管理机构进行调查和取证，应当全面、客观、公正。

当事人有权依法申请与本次交通事故有利害关系或者有其他关系、可能影响事故调查处理客观、公正的调查人员回避。

**第十九条** 发生内河交通事故的船舶、浮动设施及相关单位和人员应当接受和配合海事管理机构的调查、取证。有关人员应当如实陈述事故的有关情况和提供有关证据，不得谎报情况或者隐匿、毁灭证据。

其他知道事故情况的人也应当主动向海事管理机构提供有关情况和证据。

调查和取证工作需要其他海事管理机构协助、配合的，有关海事管理机构应当予以协助、配合。

**第二十条** 根据事故调查的需要，海事管理机构可以责令事故所涉及的船舶到指定地点接受调查。当事船舶在不危及自身安全的情况下，未经海事管理机构批准，不得驶离指定地点。

海事管理机构应当尽量避免对船舶造成不适当延误。船舶到指定地点接受调查的期限自船舶到达指定地点后起算，不得超过72小时；因特殊情况，期限届满不能结束调查的，经上一级海事管理机构批准可以适当延期，但延期不得超过72小时。

**第二十一条** 根据调查工作的需要，海事管理机构可以行使下列权力：

（一）勘查事故现场，搜集有关证据；

（二）询问当事人及其他有关人员并要求其提供书面材料和证明；

（三）要求当事人提供各种原始文书、航行资料、技术资料或者其影印件；

（四）检查船舶、浮动设施及有关设备、人员的证书，核实事故发生前船舶的适航状况、浮动设施及有关设备的技术状态、船舶的配员情况以及船员的适任状况等；

（五）对事故当事船舶，浮动设施，有关设备以及人员的各类证书、文书、日志、记录薄等相关违法证据可以依法先行登记保存；

（六）核查事故所导致的财产损失和人身伤亡情况。

海事管理机构在进行调查取证时，可以采用录音、录像、照相等法律、法规允许的调查手段。

**第二十二条** 调查人员勘查事故现场，应当制作现场勘查笔录。

勘查笔录制作完毕，应当由当事人在勘查笔录上签名。

当事人不在现场或者无能力签名的，应当由见证人签名。

无见证人或者当事人、见证人拒绝签名的，调查人员应当在勘查笔录上注明。

**第二十三条** 调查人员进行询问调查时，应当如实记录询问人的问话和被询问人的陈述。询问笔录上所列项目，应当按规定填写齐全。

询问笔录制作完毕，应当由被询问人核对或者向其宣读，如记录有差错或者遗漏，应当允许被询问人更正或者补充。

询问笔录经被询问人核对无误后，应当由其签名，拒绝签名的，调查人员应当在询问笔录上注明。

调查人员、翻译人员应当在询问笔录上签名。

**第二十四条** 调查人员进行询问调查，有权禁止他人旁听。

**第二十五条** 海事管理机构根据调查工作需要，可依法对事故当事船舶、浮动设施及有关设备进行检验、鉴定或者对有关人员进行测试，并取得书面检验、鉴定或者测试报告作为调查取得的证据。

对事故当事船舶、浮动设施及有关设备进行过检验或者鉴定的人员，不得在本次事故中作为检验、鉴定人员予以聘用。

**第二十六条** 有关单位、人员对事故所导致的财产损失应当如实向海事管理机构备案登记。

海事管理机构认为损失结果可能失实的，可以聘请有关专业机构进行认定。

**第二十七条** 海事管理机构应当在立案之日起3个月内完成事故调查、取证；期限届满不能完成的，经上一级海事管理机构批准可以延长3个月。事故调查必须经过沉船、沉物打捞、探摸，或者需要等待有关当事人员核实情况的，应当从有关工作完成之日起3个月内完成事故调查、取证。

**第二十八条** 事故调查、取证结束，应当通知当事人，并及时返还或者启封所扣留、封存的各类证书、文书、日志、记录簿等。

**第二十九条** 事故调查、取证结束后，海事管理机构应当制作《内河交通事故调查报告》。

《内河交通事故调查报告》应当包括下列内容：

（一）船舶、浮动设施概况（包括其名称、主要技术数据、证书、船员及所载旅客、货物等）；

（二）船舶、浮动设施所属公司情况（包括其所有人、经营人或者管理人的名称、地址等）；

（三）事故发生的时间和地点；

（四）事故发生时水域的水文、气象、通航环境情况；

（五）事故搜救情况；

（六）事故损失情况；

（七）事故经过；

（八）事故原因分析；

（九）事故当事人责任认定；

（十）安全管理建议；

（十一）其他有关情况。

经海事管理机构认定的案情简单、事实清楚、因果关系明确的小事故，海事管理机构可以简化调查程序。简化调查程序的具体规定由中华人民共和国海事局另行制定。

**第三十条** 为使有关各方吸取事故教训，避免类似事故的再次发生，海事管理机构应当依照规定的程序将查明的事故情况和原因向社会公开。

**第三十一条** 任何与事故有关的新证据被提出或者发现时，海事管理机构应当予以充分评估。该证据可能对事故原因和结论产生实质性影响的，应当对事故进行重新调查。

上级海事管理机构有权对原因不清、责任不明的已结案事故要求原调查的海事管理机构重新调查。重新调查适用本章规定的有关程序。

**第三十二条** 任何单位和个人不得干涉、阻挠海事管理机构依法对内河交通事故进行调查。

## 第五章 处　理

**第三十三条** 海事管理机构应当在内河交通事故调查、取证结束后30日内作出《事故调查结论》，并书面告知当事船舶、浮动设施的所有人或者经营人。

**第三十四条** 《事故调查结论》应当包括以下内容：

（一）事故概况（包括事故简要经过、损失情况等）；

（二）事故原因（事实与分析）；

（三）事故当事人责任认定；

（四）安全管理建议；

（五）其他有关情况。

**第三十五条** 对内河交通事故发生负有责任的单位和人员，有关主管机关应当依据有关法律、法规和规章给予行政处罚。涉嫌构成犯罪的，移送司法机关处理。

行政处罚涉及外国籍船员的，应当将其违法行为通报外国有关主管机关。

**第三十六条** 根据内河交通事故发生的原因，海事管理机构可责令有关船舶、浮动设施的所有人、经营人或者管理人对其所属船舶、浮动设施加强安全管理。有关船舶、浮动设施的所有人、经营人或者管理人应当积极配合，认真落实。对拒不加强管理或者在期限内达不到安全要求的，海事管理机构有权采取责令其停航、停止作业等强制措施。

**第三十七条** 海事管理机构工作人员违反本规定，玩忽职守、滥用职权、徇私舞弊的，由其所在单位依法给予行政处分；构成犯罪的，由司法机关依法追究刑事责任。

## 第六章 附 则

**第三十八条** 因内河交通事故造成水域环境污染事故的，对水域环境污染事故的调查、处理按照我国有关环境保护的法律、法规和有关规定执行。

**第三十九条** 本规定自2007年1月1日起施行。交通部1993年3月24日发布的《中华人民共和国内河交通事故调查处理规则》（交通部令1993年第1号）同时废止。

# 港口危险货物安全管理规定

（交通运输部令　2012 年第 9 号）

## 第一章　总　　则

**第一条**　为加强港口危险货物管理，预防和减少危险货物事故，保障人民生命、财产安全，保护环境，根据《中华人民共和国港口法》、《中华人民共和国安全生产法》、《危险化学品安全管理条例》等有关法律、行政法规和国际公约，制定本规定。

**第二条**　在港口内进行装卸、过驳、储存、包装危险货物或者对危险货物集装箱进行装拆箱等作业活动（以下简称“港口危险货物作业”）适用本规定。

**第三条**　本规定所称“危险货物”，是指列入国际海事组织制定的《国际海运危险货物规则》和国家标准《危险货物品名表》（GB 12268），具有爆炸、易燃、毒害、感染、腐蚀、放射性等特性，容易造成人身伤亡、财产毁损或者对环境造成危害而需要特别防护的货物。

**第四条**　交通运输部主管全国港口危险货物安全管理工作。

省、自治区、直辖市人民政府管理的港口，由省、自治区、直辖市人民政府交通运输主管部门所属的港口行政管理部门或者省、自治区、直辖市人民政府设立的港口行政管理部门具体负责该港口的危险货物安全管理工作。

港口所在地的市、县人民政府管理的港口，由市、县人民政府交通运输主管部门所属的港口行政管理部门或者市、县人民政府设立的港口行政管理部门具体负责该港口的危险货物安全管理工作。

本条第二款、第三款规定的负责港口危险货物管理工作的部门统称为港口行政管理部门。

## 第二章　港口建设项目安全审查

**第五条**　新建、改建、扩建从事港口危险货物作业的建设项目（以下简称“港口建设项目”）由港口行政管理部门进行安全条件审查。

未经安全条件审查通过，港口建设项目不得开工建设。

**第六条**　交通运输部指导、监督全国港口建设项目安全条件审查工作。

国务院、国家发展改革委、交通运输部和省级人民政府及其有关部门审批、核准、备案的港口建设项目，由省级港口行政管理部门负责安全条件审查。

其他港口建设项目由项目所在地设区的市级港口行政管理部门负责安全条件审查。

**第七条**　建设单位在申请安全条件审查前，应当对港口建设项目进行安全条件论证，并应当委托具有法律法规规定资质的安全评价机构对该建设项目进行安全评价。

**第八条**　港口建设项目安全条件论证的内容应当包括：

（一）建设项目是否符合港口总体规划的安全要求；

（二）建设项目内在的危险和有害因素对安全生产的影响；

（三）建设项目与周边设施或者单位、人员密集区、敏感性设施和敏感环境区域在安全方面的相互影响；

（四）自然条件对港口建设项目的影响。

**第九条**　建设单位应当在港口建设项目审批或者核准前，向港口行政管理部门申请安全条件审查，并提交以下材料：

（一）建设项目安全条件审查申请书；

（二）建设项目概况；

（三）建设项目安全条件论证报告；

（四）建设项目安全评价报告。

**第十条**　建设单位应当向港口建设项目所在地设区的市级港口行政管理部门报送港口建设项目安全条件审查申请材料。

市级港口行政管理部门应当对属于本级管理权限的申请材料予以受理并进行审查；对属于上级管理权限的申请材料进行形式审查并逐级上报。转报工作应当在5 日内完成。

**第十一条**　港口行政管理部门应当自受理申请之日起45 日内作出审查决定。

港口行政管理部门在安全条件审查过程中要有海事管理机构参加并听取有关部门的意见，在综合各方意见的基础上作出审查决定。

**第十二条** 已经通过安全条件审查的港口建设项目有下列情形之一的，建设单位应当重新进行安全条件论证和安全评价，并重新申请审查：

（一）港口建设项目周边条件发生重大变化的；

（二）变更建设地址的；

（三）港口建设项目规模进行调整的；

（四）建设项目平面布置、装卸储运货种、工艺、设备设施等发生重大变化的。

**第十三条** 从事港口危险货物安全评价的机构应当具有法律法规规定的资质，取得许可的业务范围应当包括化学原料、化学品及医药制造业、仓储业和港口码头，其中从事液化天然气码头安全评价的机构取得许可的业务范围还应当包括管道运输业，并符合以下要求：

（一）从事港口危险货物安全评价的甲级机构，应当至少拥有1名熟悉港口安全相关法律法规和技术标准，具有港口工程相关专业本科以上学历或者从事港口安全、港口工程技术等相关工作5年以上工作经历的专职一级安全评价师，以及1名具有油气储运相关专业本科以上学历或者从事油气储运等相关工作5年以上工作经历的专职一级安全评价师。

（二）从事港口危险货物安全评价的乙级机构，应当至少拥有1名熟悉港口安全相关法律法规和技术标准，具有港口工程相关专业本科以上学历或者从事港口安全、港口工程技术等相关工作3年以上工作经历的专职二级安全评价师，以及1名具有油气储运相关专业本科以上学历或者从事油气储运等相关工作3年以上工作经历的专职二级安全评价师。

从事港口危险货物安全评价的从业人员应当符合交通运输部的有关要求。

**第十四条** 下列港口建设项目的安全评价应当由符合本规定要求的甲级安全评价机构承担：

（一）沿海10000吨级以上、内河1000吨级以上的码头，仓储总容量50000立方米以上的仓储设施。

（二）装卸储存民用爆炸物品、烟花爆竹、剧毒化学品、液化易燃气体的码头、仓储设施。

**第十五条** 港口行政管理部门对从事港口危险货物安全评价的机构实行备案管理。甲级安全评价机构应当向交通运输部备案，乙级安全评价机构应当向所在地省级港口行政管理部门备案。

**第十六条** 建设单位应当按照《安全生产法》的要求编制港口建设项目安全设施设计专篇,并在港口建设项目初步设计审批中进行审查。

港口建设项目安全设施应当在竣工验收前与主体工程同时建成并按照国家有关规定通过专项验收。未经验收合格,不得从事港口危险货物作业。

## 第三章 港口危险货物作业管理

**第十七条** 从事港口危险货物作业的港口经营人(以下简称“危险货物港口经营人”),除应当符合《港口经营管理规定》(交通运输部令 2009 年第 13 号)规定的港口经营许可条件外,还应当具备以下条件:

(一)设有安全生产管理机构或者配备专职安全生产管理人员;

(二)具有健全的安全管理制度和操作规程;

(三)企业主要负责人,危险货物装卸管理人员、申报人员、集装箱装箱现场检查员以及其他从业人员应当按照相关法律法规的规定取得相应的从业资格证书;

(四)有符合国家规定的港口危险货物作业设施设备;

(五)有符合国家规定的事故应急预案和应急设施设备。

**第十八条** 申请危险货物港口经营人资质,除按《港口经营管理规定》的要求提交相关文件和材料外,还应当提交以下文件和材料:

(一)危险货物港口经营申请表;

(二)符合国家规定的应急设备、设施清单;

(三)企业主要负责人、危险货物装卸管理人员、申报人员、集装箱装箱现场检查员的从业资格证书;

(四)安全设施专项验收合格证明。

**第十九条** 申请危险货物港口经营人资质,应当向港口行政管理部门提交上述材料。其中,从事剧毒化学品、易制爆危险化学品经营或者有储存设施的,应当向所在地设区的市级港口行政管理部门提出申请;从事其他危险化学品经营的企业,应当向所在地县级港口行政管理部门提出申请。

港口行政管理部门应当自受理申请之日起 20 日内作出许可或者不予许可的决定,20 日内不能作出决定的,经负责人批准,可以延长 10 日,并应当将延长期限的理由告知申请人。符合许可条件的,应当颁发《港口经营许可证》,并对每个具体的危险货物作业场所配发《港口危险货物作业附证》(见附件一)。

《港口经营许可证》应当载明危险货物港口经营人的名称与办公地址、法定代表人、经营项目、经营地域、主要设施设备、附证事项、发证日期、许可证有效期和证书编号。

《港口危险货物作业附证》应当载明危险货物作业的具体区域范围、作业方式、允许作业的危险货物品名(集装箱和包装货物载明到“项别”)及其他相关事项。

**第二十条** 《港口经营许可证》的有效期为3年。

危险货物港口经营人应当在《港口经营许可证》有效期届满之日30日以前,向《港口经营许可证》发证机关申请办理延续手续。

申请办理《港口经营许可证》延续手续,应当提交下列材料:

(一)《港口经营许可证》延续申请;

(二)除本规定第十八条第一款第(一)项之外的其他证明材料;

(三)本规定第二十一条规定的安全评价报告。

**第二十一条** 从事危险货物作业的港口经营人应当在取得经营资质后,委托具有相应资质条件的评价机构,对本单位的安全生产条件每3年进行一次安全评价,提出安全评价报告。安全评价报告的内容应当包括对安全生产隐患的整改方案。

从事危险货物作业的港口经营人应当将安全评价报告以及整改方案的落实情况报所在地港口行政管理部门备案。

**第二十二条** 危险货物港口经营人应当根据《港口危险货物作业附证》上载明的危险货物种类和危险特性,在作业场所设置相应的监测、监控、通风、防晒、调温、防火、灭火、防爆、泄压、防毒、中和、防潮、防雷、防静电、防腐、防泄漏以及防护围堤或者隔离操作等安全设施、设备,并按照国家标准、行业标准或者国家有关规定对安全设施、设备进行经常性维护、保养,保证安全设施、设备的正常使用。

**第二十三条** 危险货物港口经营人应当在其作业场所和安全设施、设备上设置明显的安全警示标志;同时还应当在其作业场所设置通信、报警装置,并保证其处于适用状态。

**第二十四条** 危险货物专用库场、储罐应当符合国家标准和行业标准,并设置明显标志。

危险货物港口经营人应当对其危险货物专用库场、储罐的安全设施、设备定期进行检测、检验。

危险货物港口经营人不得储存没有安全技术说明书和安全标签的危险货物。

**第二十五条**　危险货物港口经营人应当对其铺设的危险货物输送管道定期进行检查、检测,并设置明显标志。

在港区内进行可能危及危险货物输送管道安全的施工作业,施工单位应当在开工的7日前书面通知管道所属单位,并与管道所属单位共同制定应急预案,采取相应的安全防护措施。管道所属单位应当指派专门人员到现场进行管道安全保护指导。

**第二十六条**　船舶载运危险货物进出港口,应当按照有关规定向海事管理机构办理申报手续。海事管理机构应当及时将有关申报信息通报所在地港口行政管理部门。

**第二十七条**　港口危险货物作业委托人应当向危险货物港口经营人提供完整准确的危险货物名称、联合国编号、危险性分类、包装、数量、应急措施等资料。作业委托人不得在委托作业的普通货物中夹带危险货物,不得将危险货物匿报或者谎报为普通货物。

对涉嫌在普通货物中夹带危险货物,或者将危险货物匿报或者谎报为普通货物的,所在地港口行政管理部门或者海事管理机构可以依法开拆查验,港口经营人应当予以配合。港口行政管理部门和海事管理机构应当将查验情况相互通报,避免重复开拆。

**第二十八条**　危险货物港口经营人在危险货物港口装卸、过驳作业开始24小时前,应当将作业委托人,以及危险货物品名、数量、理化性质、作业地点和时间、安全防范措施等事项向所在地港口行政管理部门报告。所在地港口行政管理部门应当在接到报告后24小时内作出是否同意作业的决定,通知报告人,并及时将有关信息通报海事管理机构。报告人在取得作业批准后72小时内未开始作业的,应当重新报告。未经所在地港口行政管理部门批准的,不得进行港口危险货物作业。

时间、内容和方式固定的港内危险货物装卸、过驳作业,可以按照港口行政管理部门的要求实行定期申报。

**第二十九条**　禁止在港口装卸、储存国家禁止通过水路运输的危险货物。

**第三十条**　港口危险货物作业应当符合有关安全作业标准、规程和制度,并在装卸管理人员的现场指挥或者监控下进行。

**第三十一条** 在港口内从事危险货物添加抑制剂或者稳定剂作业的,作业前应当将有关情况告知相关危险货物港口经营人。

**第三十二条** 危险货物港口经营人应当对危险货物包装进行检查,发现包装不符合国家有关规定的,不得予以作业,并应当及时通知作业委托人处理。

**第三十三条** 所在地港口行政管理部门应当根据国家有关规定对危险货物包装进行抽查。不符合规定的,可以责令作业委托人处理。

发生下列情况之一的,危险货物港口经营人应当及时处理并报告所在地港口行政管理部门:

(一)发现未申报或者申报不实、申报有误的危险货物;

(二)在普通货物或者集装箱中发现夹带危险货物;

(三)在危险货物中发现性质相抵触的危险货物。

对涉及船舶航行、作业安全的相关信息,港口行政管理部门应当及时通报所在地海事管理机构。

**第三十四条** 危险货物港口经营人进行爆炸品、气体、易燃液体、易燃固体、易于自燃的物质、遇水放出易燃气体的物质、氧化性物质、有机过氧化物、毒性物质、感染性物质、放射性物质、腐蚀性物质的港口作业,应当划定作业区域,明确责任人并实行封闭式管理。作业区域应当设置明显标志,禁止无关人员进入和无关船舶停靠。

**第三十五条** 危险货物应当储存在港区专用的库场、储罐,并由专人负责管理;剧毒化学品以及储存数量构成重大危险源的其他危险货物,应当单独存放,并实行双人收发、双人保管制度。

危险货物的储存方式、方法以及储存数量应当符合国家标准或者国家有关规定。

**第三十六条** 危险货物港口经营人应当建立危险货物出入库核查、登记制度。

对剧毒化学品以及储存数量构成重大危险源的其他危险货物,危险货物港口经营人应当将其储存数量、储存地点以及管理措施、管理人员等情况,报所在地港口行政管理部门备案。

**第三十七条** 出现下列情形之一的,危险货物港口经营人应当进行安全评价,安全评价报告向《港口经营许可证》发证机关备案:

(一)危险货物种类、数量或者装卸、储存方式及其相关设备、设施等发生重大变更的；

（二）发生火灾、爆炸或者危险货物泄漏，导致人员死亡，或者人员重伤和直接经济损失达到较大事故以上的；

（三）周边环境因素发生重大变化，可能对港口安全生产带来重大影响的。

**第三十八条**　危险货物港口经营人应当根据有关规定，进行重大危险源辨识，确定重大危险源级别，进行分级管理，对本单位的重大危险源登记建档，并报送所在地港口行政管理部门备案。对涉及船舶航行、作业安全的重大危险源信息，港口行政管理部门应当及时通报海事管理机构。

**第三十九条**　危险货物港口经营人应当建立健全重大危险源安全管理规章制度，制定实施危险货物重大危险源安全管理与监控方案，定期对重大危险源进行安全评估。

**第四十条**　重大危险源出现第三十七条规定的情形之一，可能影响重大危险源级别和风险程度的，应当对重大危险源重新进行辨识、分级、安全评估、修改档案，并及时报送所在地港口行政管理部门重新备案。

**第四十一条**　危险货物港口经营人应当制定安全隐患排查制度，定期开展安全事故隐患排查，及时消除隐患，并将检查及处理情况形成书面记录。

危险货物港口经营人应当将重大事故隐患的排查和处理情况及时向所在地港口行政管理部门备案。

**第四十二条**　危险货物港口经营人应当建立安全生产标准化体系，实施安全生产标准化，并保持体系的有效性。

## 第四章　应急管理

**第四十三条**　危险货物港口经营人应当制定本单位危险货物应急预案，配备应急救援人员和必要的应急救援器材、设备，每半年至少组织一次应急救援培训和演练，并根据演练结果对应急预案进行修订。

危险货物港口经营人应当将其应急预案及其修订情况报所在地港口行政管理部门备案。

**第四十四条**　当港口危险货物作业发生险情或者事故时，港口经营人应当立即启动应急预案，采取应急行动，排除事故危害，控制事故进一步扩散，并按照有关规定向所在地港口行政管理部门和有关部门报告。

**第四十五条** 所在地港口行政管理部门应当建立危险货物事故应急体系，制定危险货物事故应急预案，组织建立专业化应急队伍和应急资源储备，定期组织开展应急培训和事故应急救援演练，提高应急能力。

港口危险货物作业发生事故时，所在地港口行政管理部门应当按规定向上级港口行政管理部门、当地人民政府及有关部门报告，并及时组织救助。

**第四十六条** 所在地港口行政管理部门应当组织开展港口重大危险源风险分析，建立健全本辖区内重大危险源的档案，建立重大危险源安全监管系统，加强对重大危险源的监管和应急准备。

## 第五章 安全监督与管理

**第四十七条** 所在地港口行政管理部门应当对危险货物港口经营人的资质进行年度核验，发现其不再具备资质条件的，应当责令限期整改；逾期不改正的，依法撤消其资质。

**第四十八条** 所在地港口行政管理部门应当依法对港口危险货物作业实施监督检查，对危险货物装卸、储存区域进行重点巡查。实施监督检查时，可以行使下列职权：

（一）进入并检查港口危险货物作业场所，查阅、抄录、复印相关的文件或者资料，提出整改意见；

（二）发现危险货物港口作业和设施、设备、装置、器材、运输工具不符合法律、法规、规章规定和标准要求的，责令立即停止使用；

（三）检查中发现安全隐患的，应当责令危险货物港口经营人立即消除或者限期消除；安全隐患严重影响生产安全的，应当责令停止作业；

（四）发现违法行为，应当当场予以纠正或者责令限期改正；

（五）经本部门主要负责人批准，查封违法储存危险化学品的场所，扣押违法储存的危险化学品。

港口行政管理部门依法进行监督检查，监督检查人员不得少于2人，并应当出示执法证件；有关单位和个人对依法进行的监督检查应当予以配合，不得拒绝、阻碍。

**第四十九条** 港口行政管理部门应当加强港口危险货物安全监管队伍建设，建立健全安全教育培训制度，依法规范行政管理人员的执法行为。

所在地港口行政管理部门应当配备必要的危险货物港口安全检查装备，建立危险货物港口安全监管信息系统，具备危险货物港口安全监督管理能力。

**第五十条**　港口行政管理部门应当建立举报制度，接受社会监督，并认真落实各类投诉和举报。

**第五十一条**　港口行政管理部门应当建立港口危险货物管理专家库。专家库应由熟悉港口安全相关法律法规和技术标准、港口危险货物作业、港口安全技术、港口工程、港口安全管理和港口应急救援等相关专业人员组成。

港口行政管理部门在组织安全条件审查、安全设施设计审查和专项验收或者其他港口危险货物管理工作时，需要吸收专家参加或者听取专家意见的，应当从专家库中抽取专家。

## 第六章　法律责任

**第五十二条**　未经安全条件审查，新建、改建、扩建港口危险货物建设项目的，由所在地港口行政管理部门责令停止建设，限期改正；逾期不改正的，处五十万元以上一百万元以下的罚款；构成犯罪的，依法追究刑事责任。

**第五十三条**　港口建设项目有下列行为之一的，由所在地港口行政管理部门责令限期改正；逾期未改正的，责令停止建设或者停产停业整顿，可以并处五万元以下的罚款；造成严重后果，构成犯罪的，依照刑法有关规定追究刑事责任：

(一)没有安全设施设计或者安全设施设计未按照规定报经有关部门审查同意的；

(二)未按照批准的安全设施设计施工的；

(三)安全设施未经验收合格，擅自投入生产或者使用的。

**第五十四条**　未依法取得相应的港口经营许可证，从事港口危险货物经营的，由所在地港口行政管理部门责令停止违法经营，没收违法所得；违法所得十万元以上的，并处违法所得二倍以上五倍以下罚款；违法所得不足十万元的，处五万元以上二十万元以下罚款。

**第五十五条**　危险货物港口经营人有下列情形之一的，由所在地港口行政管理部门责令改正，可以处五万元以下的罚款；拒不改正的，处五万元以上十万元以下的罚款；情节严重的，责令停产停业整顿：

(一)未对其铺设的危险货物管道设置明显的标志，或者未对危险货物管道定期检查、检测的；

（二）进行可能危及危险货物管道安全的施工作业，施工单位未按照规定书面通知管道所属单位，或者未与管道所属单位共同制定应急预案、采取相应的安全防护措施，或者管道所属单位未指派专门人员到现场进行管道安全保护指导的；

（三）未在作业场所和安全设施、设备上设置明显的安全警示标志，或者未在作业场所设置通信、报警装置的；

（四）危险货物专用库场、储罐未设置明显标志的；

（五）危险货物专用库场、储罐未设专人负责管理，或者对储存的剧毒化学品以及储存数量构成重大危险源的其他危险货物未实行双人收发、双人保管制度的；

（六）未建立危险化学品出入库核查、登记制度的。

（七）储存没有安全技术说明书或者安全标签的危险货物的。

**第五十六条** 危险货物港口经营人有下列情形之一的，由所在地港口行政管理部门责令改正，处五万元以上十万元以下的罚款；拒不改正的，责令停产停业整顿直至吊销其港口经营许可证件：

（一）未根据危险货物的种类和危险特性，在作业场所设置相关安全设施、设备，或者未按照国家标准、行业标准或者国家有关规定对安全设施、设备进行经常性维护、保养的；

（二）未依照本规定对其安全生产条件定期进行安全评价的；

（三）未将危险货物储存在专用库场、储罐内，或者未将剧毒化学品以及储存数量构成重大危险源的其他危险货物在专用库场、储罐内单独存放的；

（四）危险货物的储存方式、方法或者储存数量不符合国家标准或者国家有关规定的；

（五）危险货物专用库场、储罐不符合国家标准、行业标准的要求的；

（六）未对危险货物专用库场、储罐的安全设施、设备定期进行检测、检验的。

**第五十七条** 港口经营人违反本规定第二十一条、第三十六条规定，未将安全评价报告以及整改方案的落实情况报港口行政管理部门备案的，或者未将其剧毒化学品以及储存数量构成重大危险源的其他危险货物的储存数量、储存地点、管理措施以及管理人员等情况报港口行政管理部门备案的，由所在地港口行政管理部门责令改正，可以处一万元以下的罚款；拒不改正的，处一万元以上五万元以下的罚款。

**第五十八条** 在港口危险货物经营活动中有下列行为的，由所在地港口行政管理部门责令改正，并处三万元以下的罚款：

（一）港口经营人装卸国家禁止通过该港口水域水路运输的危险货物的；

（二）在港口从事危险货物添加抑制剂或者稳定剂作业前，未将有关情况告知相关危险货物港口经营人的；

（三）港口经营人未按规定对危险货物的包装进行检查的；

（四）港口经营人未将重大事故隐患的排查和处理情况及时向港口行政管理部门备案的。

**第五十九条** 在托运的普通货物中夹带危险货物，或者将危险货物谎报或者匿报为普通货物托运的，由所在地港口行政管理部门责令改正，处十万元以上二十万元以下的罚款，有违法所得的，没收违法所得；拒不改正的，责令停产停业整顿。

**第六十条** 违反本规定，从事危险货物港口作业的人员未按照安全管理制度和操作规程作业的，由港口经营人予以批评教育，依照有关规章制度予以处分；造成重大事故，构成犯罪的，由有关机关依法追究刑事责任。

**第六十一条** 港口行政管理部门的工作人员有下列行为之一的，对直接负责的主管人员和其他直接责任人员给予行政处分；构成犯罪的，依法追究刑事责任：

（一）未按规定的条件、程序和期限实施行政许可的；

（二）发现违法行为未依法予以制止、查处，情节严重的；

（三）未履行本规定设定的监督管理职责，造成严重后果的；

（四）有其他滥用职权、玩忽职守、徇私舞弊行为的。

## 第七章　附　　则

**第六十二条** 本规定所称“危险化学品”，是指列入《危险化学品安全管理条例》规定的危险化学品目录，具有毒害、腐蚀、爆炸、燃烧、助燃等性质，对人体、设施、环境具有危害的剧毒化学品和其他化学品。

**第六十三条** 本规定自2013年2月1日起施行。2003年8月29日交通部发布的《港口危险货物管理规定》（交通部令2003年第9号）同时废止。

附件一

# 港口危险货物作业附证

编号：

港口经营人：

作业区域范围：

作业方式：

作业危险货物品名：

年度审验情况：

| | |
|---|---|
| 盖章：<br>日期： | 盖章：<br>日期： |

发证机关：

发证日期：

有效期至：

**附件二**

# 港口危险货物作业附证填写说明

一、《港口危险货物作业附证》纸张大小设定为A4格式，外观设计背景加国徽、底纹等。

二、附证编号：由各地港口行政管理部门按照《港口经营许可证》号后加“—”再加具体的码头(泊位)(M表示)、储罐(C表示)、堆场(D表示)、仓库(K表示)、过驳(B表示)汉语拼音字母缩写表示。例：(苏宁)港经证(00026)号—M001；(苏宁)港经证(00026)号—C001；(苏宁)港经证(00026)号—D001；(苏宁)港经证(00026)号—K001；(苏宁)港经证(00026)号—B001。

三、作业区域范围：由港口行政管理部门和港口经营人共同确定，分为码头(泊位)、单个储罐、堆场、仓库、过驳区五种作业区域范围，分别发放附证，并明确作业区域的位置，以及泊位等级、储罐容量、堆场面积、仓库面积、过驳水域面积等。例：南京港××港区××作业区608码头(5000吨级)；南京港××港区××作业区××储罐区××号储罐(5万立方)；南京港××港区××作业区××危险货物堆场(1万平方米)，南京港××港区××作业区××危险货物仓库(1万平方米)，南京港××港区××水域××过驳锚地(5平方公里)。

四、作业方式：如船—管道，船—管道—储罐；储罐—管道—船，船—船等方式。

五、作业危险货物品名：根据《危险货物品名表》(GB 12268)和《国际海运危险货物规则》最新版填写具体的作业品种名称(集装箱和包装货物载明到“项别”)。

六、年度审验情况：《港口经营许可证》有效期为3年，附证随《港口经营许可证》同时发放，有效期为3年，分为两个审验年度，审验通过要加盖单位印章，第3年到期时由港口经营人向港口行政管理部门提出申请换证。

# 道路危险货物运输管理规定

（交通运输部令　2013 年第 2 号）

## 第一章　总　　则

**第一条**　为规范道路危险货物运输市场秩序，保障人民生命财产安全，保护环境，维护道路危险货物运输各方当事人的合法权益，根据《中华人民共和国道路运输条例》和《危险化学品安全管理条例》等有关法律、行政法规，制定本规定。

**第二条**　从事道路危险货物运输活动，应当遵守本规定。军事危险货物运输除外。

法律、行政法规对民用爆炸物品、烟花爆竹、放射性物品等特定种类危险货物的道路运输另有规定的，从其规定。

**第三条**　本规定所称危险货物，是指具有爆炸、易燃、毒害、感染、腐蚀等危险特性，在生产、经营、运输、储存、使用和处置中，容易造成人身伤亡、财产损毁或者环境污染而需要特别防护的物质和物品。危险货物以列入国家标准《危险货物品名表》（GB 12268）的为准，未列入《危险货物品名表》的，以有关法律、行政法规的规定或者国务院有关部门公布的结果为准。

本规定所称道路危险货物运输，是指使用载货汽车通过道路运输危险货物的作业全过程。

本规定所称道路危险货物运输车辆，是指满足特定技术条件和要求，从事道路危险货物运输的载货汽车（以下简称专用车辆）。

**第四条**　危险货物的分类、分项、品名和品名编号应当按照国家标准《危险货物分类和品名编号》（GB 6944）、《危险货物品名表》（GB 12268）执行。危险货物的危险程度依据国家标准《危险货物运输包装通用技术条件》（GB 12463），分为Ⅰ、Ⅱ、Ⅲ等级。

**第五条**　从事道路危险货物运输应当保障安全，依法运输，诚实信用。

**第六条**　国家鼓励技术力量雄厚、设备和运输条件好的大型专业危险化学品生产企业从事道路危险货物运输，鼓励道路危险货物运输企业实行集约化、专业化经营，鼓励使用厢式、罐式和集装箱等专用车辆运输危险货物。

**第七条** 交通运输部主管全国道路危险货物运输管理工作。

县级以上地方人民政府交通运输主管部门负责组织领导本行政区域的道路危险货物运输管理工作。

县级以上道路运输管理机构负责具体实施道路危险货物运输管理工作。

## 第二章 道路危险货物运输许可

**第八条** 申请从事道路危险货物运输经营，应当具备下列条件：

（一）有符合下列要求的专用车辆及设备：

1. 自有专用车辆（挂车除外）5 辆以上；运输剧毒化学品、爆炸品的，自有专用车辆（挂车除外）10 辆以上。

2. 专用车辆技术性能符合国家标准《营运车辆综合性能要求和检验方法》（GB 18565）的要求；技术等级达到行业标准《营运车辆技术等级划分和评定要求》（JT/T 198）规定的一级技术等级。

3. 专用车辆外廓尺寸、轴荷和质量符合国家标准《道路车辆外廓尺寸、轴荷和质量限值》（GB 1589）的要求。

4. 专用车辆燃料消耗量符合行业标准《营运货车燃料消耗量限值及测量方法》（JT 719）的要求。

5. 配备有效的通讯工具。

6. 专用车辆应当安装具有行驶记录功能的卫星定位装置。

7. 运输剧毒化学品、爆炸品、易制爆危险化学品的，应当配备罐式、厢式专用车辆或者压力容器等专用容器。

8. 罐式专用车辆的罐体应当经质量检验部门检验合格，且罐体载货后总质量与专用车辆核定载质量相匹配。运输爆炸品、强腐蚀性危险货物的罐式专用车辆的罐体容积不得超过 20 立方米，运输剧毒化学品的罐式专用车辆的罐体容积不得超过 10 立方米，但符合国家有关标准的罐式集装箱除外。

9. 运输剧毒化学品、爆炸品、强腐蚀性危险货物的非罐式专用车辆，核定载质量不得超过 10 吨，但符合国家有关标准的集装箱运输专用车辆除外。

10. 配备与运输的危险货物性质相适应的安全防护、环境保护和消防设施设备。

（二）有符合下列要求的停车场地：

1. 自有或者租借期限为3年以上，且与经营范围、规模相适应的停车场地，停车场地应当位于企业注册地市级行政区域内。

2. 运输剧毒化学品、爆炸品专用车辆以及罐式专用车辆，数量为20辆（含）以下的，停车场地面积不低于车辆正投影面积的1.5倍，数量为20辆以上的，超过部分，每辆车的停车场地面积不低于车辆正投影面积；运输其他危险货物的，专用车辆数量为10辆（含）以下的，停车场地面积不低于车辆正投影面积的1.5倍；数量为10辆以上的，超过部分，每辆车的停车场地面积不低于车辆正投影面积。

3. 停车场地应当封闭并设立明显标志，不得妨碍居民生活和威胁公共安全。

（三）有符合下列要求的从业人员和安全管理人员：

1. 专用车辆的驾驶人员取得相应机动车驾驶证，年龄不超过60周岁。

2. 从事道路危险货物运输的驾驶人员、装卸管理人员、押运人员应当经所在地设区的市级人民政府交通运输主管部门考试合格，并取得相应的从业资格证；从事剧毒化学品、爆炸品道路运输的驾驶人员、装卸管理人员、押运人员，应当经考试合格，取得注明为"剧毒化学品运输"或者"爆炸品运输"类别的从业资格证。

3. 企业应当配备专职安全管理人员。

（四）有健全的安全生产管理制度：

1. 企业主要负责人、安全管理部门负责人、专职安全管理人员安全生产责任制度。

2. 从业人员安全生产责任制度。

3. 安全生产监督检查制度。

4. 安全生产教育培训制度。

5. 从业人员、专用车辆、设备及停车场地安全管理制度。

6. 应急救援预案制度。

7. 安全生产作业规程。

8. 安全生产考核与奖惩制度。

9. 安全事故报告、统计与处理制度。

**第九条** 符合下列条件的企事业单位，可以使用自备专用车辆从事为本单位服务的非经营性道路危险货物运输：

（一）属于下列企事业单位之一：

1. 省级以上安全生产监督管理部门批准设立的生产、使用、储存危险化学品的企业。

2. 有特殊需求的科研、军工等企事业单位。

（二）具备第八条规定的条件，但自有专用车辆（挂车除外）的数量可以少于5辆。

**第十条** 申请从事道路危险货物运输经营的企业，应当向所在地设区的市级道路运输管理机构提出申请，并提交以下材料：

（一）《道路危险货物运输经营申请表》，包括申请人基本信息、申请运输的危险货物范围（类别、项别或品名，如果为剧毒化学品应当标注“剧毒”）等内容。

（二）拟担任企业法定代表人的投资人或者负责人的身份证明及其复印件，经办人身份证明及其复印件和书面委托书。

（三）企业章程文本。

（四）证明专用车辆、设备情况的材料，包括：

1. 未购置专用车辆、设备的，应当提交拟投入专用车辆、设备承诺书。承诺书内容应当包括车辆数量、类型、技术等级、总质量、核定载质量、车轴数以及车辆外廓尺寸；通讯工具和卫星定位装置配备情况；罐式专用车辆的罐体容积；罐式专用车辆罐体载货后的总质量与车辆核定载质量相匹配情况；运输剧毒化学品、爆炸品、易制爆危险化学品的专用车辆核定载质量等有关情况。承诺期限不得超过1年。

2. 已购置专用车辆、设备的，应当提供车辆行驶证、车辆技术等级证明或者车辆综合性能检测技术合格证明；通讯工具和卫星定位装置配备；罐式专用车辆的罐体检测合格证或者检测报告及复印件等有关材料。

（五）拟聘用专职安全管理人员、驾驶人员、装卸管理人员、押运人员的，应当提交拟聘用承诺书，承诺期限不得超过1年；已聘用的应当提交从业资格证及其复印件以及驾驶证及其复印件。

（六）停车场地的土地使用证、租借合同、场地平面图等材料。

（七）相关安全防护、环境保护、消防设施设备的配备情况清单。

（八）有关安全生产管理制度文本。

**第十一条** 申请从事非经营性道路危险货物运输的单位，向所在地设区的市

级道路运输管理机构提出申请时,除提交第十条第(四)项至第(八)项规定的材料外,还应当提交以下材料:

(一)《道路危险货物运输申请表》,包括申请人基本信息、申请运输的物品范围(类别、项别或品名,如果为剧毒化学品应当标注“剧毒”)等内容。

(二)下列形式之一的单位基本情况证明:

1. 省级以上安全生产监督管理部门颁发的危险化学品生产、使用等证明。

2. 能证明科研、军工等企事业单位性质或者业务范围的有关材料。

(三)特殊运输需求的说明材料。

(四)经办人的身份证明及其复印件以及书面委托书。

**第十二条** 设区的市级道路运输管理机构应当按照《中华人民共和国道路运输条例》和《交通行政许可实施程序规定》,以及本规定所明确的程序和时限实施道路危险货物运输行政许可,并进行实地核查。

决定准予许可的,应当向被许可人出具《道路危险货物运输行政许可决定书》,注明许可事项,具体内容应当包括运输危险货物的范围(类别、项别或品名,如果为剧毒化学品应当标注“剧毒”),专用车辆数量、要求以及运输性质,并在10日内向道路危险货物运输经营申请人发放《道路运输经营许可证》,向非经营性道路危险货物运输申请人发放《道路危险货物运输许可证》。

市级道路运输管理机构应当将准予许可的企业或单位的许可事项等,及时以书面形式告知县级道路运输管理机构。

决定不予许可的,应当向申请人出具《不予交通行政许可决定书》。

**第十三条** 被许可人已获得其他道路运输经营许可的,设区的市级道路运输管理机构应当为其换发《道路运输经营许可证》,并在经营范围中加注新许可的事项。如果原《道路运输经营许可证》是由省级道路运输管理机构发放的,由原许可机关按照上述要求予以换发。

**第十四条** 被许可人应当按照承诺期限落实拟投入的专用车辆、设备。

原许可机关应当对被许可人落实的专用车辆、设备予以核实,对符合许可条件的专用车辆配发《道路运输证》,并在《道路运输证》经营范围栏内注明允许运输的危险货物类别、项别或者品名,如果为剧毒化学品应标注“剧毒”;对从事非经营性道路危险货物运输的车辆,还应当加盖“非经营性危险货物运输专用章”。

被许可人未在承诺期限内落实专用车辆、设备的,原许可机关应当撤销许可决定，并收回已核发的许可证明文件。

**第十五条** 被许可人应当按照承诺期限落实拟聘用的专职安全管理人员、驾驶人员、装卸管理人员和押运人员。

被许可人未在承诺期限内按照承诺聘用专职安全管理人员、驾驶人员、装卸管理人员和押运人员的，原许可机关应当撤销许可决定，并收回已核发的许可证明文件。

**第十六条** 道路运输管理机构不得许可一次性、临时性的道路危险货物运输。

**第十七条** 被许可人应当持《道路运输经营许可证》或者《道路危险货物运输许可证》依法向工商行政管理机关办理登记手续。

**第十八条** 中外合资、中外合作、外商独资形式投资道路危险货物运输的，应当同时遵守《外商投资道路运输业管理规定》。

**第十九条** 道路危险货物运输企业设立子公司从事道路危险货物运输的，应当向子公司注册地设区的市级道路运输管理机构申请运输许可。设立分公司的，应当向分公司注册地设区的市级道路运输管理机构备案。

**第二十条** 道路危险货物运输企业或者单位需要变更许可事项的，应当向原许可机关提出申请，按照本章有关许可的规定办理。

道路危险货物运输企业或者单位变更法定代表人、名称、地址等工商登记事项的，应当在30日内向原许可机关备案。

**第二十一条** 道路危险货物运输企业或者单位终止危险货物运输业务的，应当在终止之日的30日前告知原许可机关，并在停业后10日内将《道路运输经营许可证》或者《道路危险货物运输许可证》以及《道路运输证》交回原许可机关。

## 第三章 专用车辆、设备管理

**第二十二条** 道路危险货物运输企业或者单位应当按照《道路货物运输及站场管理规定》中有关车辆管理的规定，维护、检测、使用和管理专用车辆，确保专用车辆技术状况良好。

**第二十三条** 设区的市级道路运输管理机构应当定期对专用车辆进行审验，每年审验一次。审验按照《道路货物运输及站场管理规定》进行，并增加以下审验项目：

（一）专用车辆投保危险货物承运人责任险情况；

（二）必需的应急处理器材、安全防护设施设备和专用车辆标志的配备情况；

（三）具有行驶记录功能的卫星定位装置的配备情况。

**第二十四条** 禁止使用报废的、擅自改装的、检测不合格的、车辆技术等级达不到一级的和其他不符合国家规定的车辆从事道路危险货物运输。

除铰接列车、具有特殊装置的大型物件运输专用车辆外，严禁使用货车列车从事危险货物运输；倾卸式车辆只能运输散装硫磺、萘饼、粗蒽、煤焦沥青等危险货物。

禁止使用移动罐体（罐式集装箱除外）从事危险货物运输。

**第二十五条** 运输剧毒化学品、爆炸品专用车辆及罐式专用车辆（含罐式挂车）应当到具备道路危险货物运输车辆维修资质的企业进行维修。

牵引车以及其他专用车辆由企业自行消除危险货物的危害后，可到具备一般车辆维修资质的企业进行维修。

**第二十六条** 用于装卸危险货物的机械及工具的技术状况应当符合行业标准《汽车运输危险货物规则》（JT 617）规定的技术要求。

**第二十七条** 罐式专用车辆的常压罐体应当符合国家标准《道路运输液体危险货物罐式车辆第 1 部分：金属常压罐体技术要求》（GB 18564.1）、《道路运输液体危险货物罐式车辆第 2 部分：非金属常压罐体技术要求》（GB 18564.2）等有关技术要求。

使用压力容器运输危险货物的，应当符合国家特种设备安全监督管理部门制订并公布的《移动式压力容器安全技术监察规程》（TSG R0005）等有关技术要求。

压力容器和罐式专用车辆应当在质量检验部门出具的压力容器或者罐体检验合格的有效期内承运危险货物。

**第二十八条** 道路危险货物运输企业或者单位对重复使用的危险货物包装物、容器，在重复使用前应当进行检查；发现存在安全隐患的，应当维修或者更换。

道路危险货物运输企业或者单位应当对检查情况作出记录，记录的保存期限不得少于 2 年。

**第二十九条** 道路危险货物运输企业或者单位应当到具有污染物处理能力的机构对常压罐体进行清洗（置换）作业，将废气、污水等污染物集中收集，消除污染，不得随意排放，污染环境。

## 第四章 道路危险货物运输

**第三十条** 道路危险货物运输企业或者单位应当严格按照道路运输管理机构决定的许可事项从事道路危险货物运输活动，不得转让、出租道路危险货物运输许可证件。

严禁非经营性道路危险货物运输单位从事道路危险货物运输经营活动。

**第三十一条** 危险货物托运人应当委托具有道路危险货物运输资质的企业承运。

危险货物托运人应当对托运的危险货物种类、数量和承运人等相关信息予以记录，记录的保存期限不得少于1年。

**第三十二条** 危险货物托运人应当严格按照国家有关规定妥善包装并在外包装设置标志，并向承运人说明危险货物的品名、数量、危害、应急措施等情况。需要添加抑制剂或者稳定剂的，托运人应当按照规定添加，并告知承运人相关注意事项。

危险货物托运人托运危险化学品的，还应当提交与托运的危险化学品完全一致的安全技术说明书和安全标签。

**第三十三条** 不得使用罐式专用车辆或者运输有毒、感染性、腐蚀性危险货物的专用车辆运输普通货物。

其他专用车辆可以从事食品、生活用品、药品、医疗器具以外的普通货物运输，但应当由运输企业对专用车辆进行消除危害处理，确保不对普通货物造成污染、损害。

不得将危险货物与普通货物混装运输。

**第三十四条** 专用车辆应当按照国家标准《道路运输危险货物车辆标志》（GB 13392）的要求悬挂标志。

**第三十五条** 运输剧毒化学品、爆炸品的企业或者单位，应当配备专用停车区域，并设立明显的警示标牌。

**第三十六条** 专用车辆应当配备符合有关国家标准以及与所载运的危险货物相适应的应急处理器材和安全防护设备。

**第三十七条** 道路危险货物运输企业或者单位不得运输法律、行政法规禁止运输的货物。

法律、行政法规规定的限运、凭证运输货物，道路危险货物运输企业或者单位应当按照有关规定办理相关运输手续。

法律、行政法规规定托运人必须办理有关手续后方可运输的危险货物，道路危险货物运输企业应当查验有关手续齐全有效后方可承运。

**第三十八条** 道路危险货物运输企业或者单位应当采取必要措施，防止危险货物脱落、扬散、丢失以及燃烧、爆炸、泄漏等。

**第三十九条** 驾驶人员应当随车携带《道路运输证》。驾驶人员或者押运人员应当按照《汽车运输危险货物规则》(JT 617)的要求，随车携带《道路运输危险货物安全卡》。

**第四十条** 在道路危险货物运输过程中，除驾驶人员外，还应当在专用车辆上配备押运人员，确保危险货物处于押运人员监管之下。

**第四十一条** 道路危险货物运输途中，驾驶人员不得随意停车。

因住宿或者发生影响正常运输的情况需要较长时间停车的，驾驶人员、押运人员应当设置警戒带，并采取相应的安全防范措施。

运输剧毒化学品或者易制爆危险化学品需要较长时间停车的，驾驶人员或者押运人员应当向当地公安机关报告。

**第四十二条** 危险货物的装卸作业应当遵守安全作业标准、规程和制度，并在装卸管理人员的现场指挥或者监控下进行。

危险货物运输托运人和承运人应当按照合同约定指派装卸管理人员；若合同未予约定，则由负责装卸作业的一方指派装卸管理人员。

**第四十三条** 驾驶人员、装卸管理人员和押运人员上岗时应当随身携带从业资格证。

**第四十四条** 严禁专用车辆违反国家有关规定超载、超限运输。

道路危险货物运输企业或者单位使用罐式专用车辆运输货物时，罐体载货后的总质量应当和专用车辆核定载质量相匹配；使用牵引车运输货物时，挂车载货后的总质量应当与牵引车的准牵引总质量相匹配。

**第四十五条** 道路危险货物运输企业或者单位应当要求驾驶人员和押运人员在运输危险货物时，严格遵守有关部门关于危险货物运输线路、时间、速度方面的有关规定，并遵守有关部门关于剧毒、爆炸危险品道路运输车辆在重大节假日通行高速公路的相关规定。

**第四十六条** 道路危险货物运输企业或者单位应当通过卫星定位监控平台或者监控终端及时纠正和处理超速行驶、疲劳驾驶、不按规定线路行驶等违法违规驾驶行为。

监控数据应当至少保存 3 个月，违法驾驶信息及处理情况应当至少保存 3 年。

**第四十七条** 道路危险货物运输从业人员必须熟悉有关安全生产的法规、技术标准和安全生产规章制度、安全操作规程，了解所装运危险货物的性质、危害特性、包装物或者容器的使用要求和发生意外事故时的处置措施，并严格执行《汽车运输危险货物规则》（JT 617）、《汽车运输、装卸危险货物作业规程》（JT 618）等标准，不得违章作业。

**第四十八条** 道路危险货物运输企业或者单位应当通过岗前培训、例会、定期学习等方式，对从业人员进行经常性安全生产、职业道德、业务知识和操作规程的教育培训。

**第四十九条** 道路危险货物运输企业或者单位应当加强安全生产管理，制定突发事件应急预案，配备应急救援人员和必要的应急救援器材、设备，并定期组织应急救援演练，严格落实各项安全制度。

**第五十条** 道路危险货物运输企业或者单位应当委托具备资质条件的机构，对本企业或单位的安全管理情况每 3 年至少进行一次安全评估，出具安全评估报告。

**第五十一条** 在危险货物运输过程中发生燃烧、爆炸、污染、中毒或者被盗、丢失、流散、泄漏等事故，驾驶人员、押运人员应当立即根据应急预案和《道路运输危险货物安全卡》的要求采取应急处置措施，并向事故发生地公安部门、交通运输主管部门和本运输企业或者单位报告。运输企业或者单位接到事故报告后，应当按照本单位危险货物应急预案组织救援，并向事故发生地安全生产监督管理部门和环境保护、卫生主管部门报告。

道路危险货物运输管理机构应当公布事故报告电话。

**第五十二条** 在危险货物装卸过程中，应当根据危险货物的性质，轻装轻卸，堆码整齐，防止混杂、撒漏、破损，不得与普通货物混合堆放。

**第五十三条** 道路危险货物运输企业或者单位应当为其承运的危险货物投保承运人责任险。

**第五十四条** 道路危险货物运输企业异地经营（运输线路起讫点均不在企业注册地市域内）累计 3 个月以上的，应当向经营地设区的市级道路运输管理机构备案并接受其监管。

## 第五章 监督检查

**第五十五条** 道路危险货物运输监督检查按照《道路货物运输及站场管理规定》执行。

道路运输管理机构工作人员应当定期或者不定期对道路危险货物运输企业或者单位进行现场检查。

**第五十六条** 道路运输管理机构工作人员对在异地取得从业资格的人员监督检查时,可以向原发证机关申请提供相应的从业资格档案资料,原发证机关应当予以配合。

**第五十七条** 道路运输管理机构在实施监督检查过程中,经本部门主要负责人批准,可以对没有随车携带《道路运输证》又无法当场提供其他有效证明文件的危险货物运输专用车辆予以扣押。

**第五十八条** 任何单位和个人对违反本规定的行为,有权向道路危险货物运输管理机构举报。

道路危险货物运输管理机构应当公布举报电话,并在接到举报后及时依法处理;对不属于本部门职责的,应当及时移送有关部门处理。

## 第六章 法律责任

**第五十九条** 违反本规定,有下列情形之一的,由县级以上道路运输管理机构责令停止运输经营,有违法所得的,没收违法所得,处违法所得 2 倍以上 10 倍以下的罚款;没有违法所得或者违法所得不足 2 万元的,处 3 万元以上 10 万元以下的罚款;构成犯罪的,依法追究刑事责任:

(一)未取得道路危险货物运输许可,擅自从事道路危险货物运输的;

(二)使用失效、伪造、变造、被注销等无效道路危险货物运输许可证件从事道路危险货物运输的;

(三)超越许可事项,从事道路危险货物运输的;

(四)非经营性道路危险货物运输单位从事道路危险货物运输经营的。

**第六十条** 违反本规定,道路危险货物运输企业或者单位非法转让、出租道路危险货物运输许可证件的,由县级以上道路运输管理机构责令停止违法行为,收缴有关证件,处 2000 元以上 1 万元以下的罚款;有违法所得的,没收违法所得。

**第六十一条**　违反本规定,道路危险货物运输企业或者单位有下列行为之一,由县级以上道路运输管理机构责令限期投保;拒不投保的,由原许可机关吊销《道路运输经营许可证》或者《道路危险货物运输许可证》,或者吊销相应的经营范围:

(一)未投保危险货物承运人责任险的;

(二)投保的危险货物承运人责任险已过期,未继续投保的。

**第六十二条**　违反本规定,道路危险货物运输企业或者单位未按规定维护或者检测专用车辆的,由县级以上道路运输管理机构责令改正,并处 1000 元以上 5000 元以下的罚款。

**第六十三条**　违反本规定,道路危险货物运输企业或者单位不按照规定随车携带《道路运输证》的,由县级以上道路运输管理机构责令改正,处警告或者 20 元以上 200 元以下的罚款。

**第六十四条**　违反本规定,道路危险货物运输企业或者单位以及托运人有下列情形之一的,由县级以上道路运输管理机构责令改正,并处 5 万元以上 10 万元以下的罚款,拒不改正的,责令停产停业整顿;构成犯罪的,依法追究刑事责任:

(一)驾驶人员、装卸管理人员、押运人员未取得从业资格上岗作业的;

(二)托运人不向承运人说明所托运的危险化学品的种类、数量、危险特性以及发生危险情况的应急处置措施,或者未按照国家有关规定对所托运的危险化学品妥善包装并在外包装上设置相应标志的;

(三)未根据危险化学品的危险特性采取相应的安全防护措施,或者未配备必要的防护用品和应急救援器材的;

(四)运输危险化学品需要添加抑制剂或者稳定剂,托运人未添加或者未将有关情况告知承运人的。

**第六十五条**　违反本规定,道路危险货物运输企业或者单位未配备专职安全管理人员的,由县级以上道路运输管理机构责令改正,可以处 1 万元以下的罚款;拒不改正的,对危险化学品运输企业或单位处 1 万元以上 5 万元以下的罚款,对运输危险化学品以外其他危险货物的企业或单位处 1 万元以上 2 万元以下的罚款。

**第六十六条**　违反本规定,道路危险化学品运输托运人有下列行为之一的,由县级以上道路运输管理机构责令改正,处 10 万元以上 20 万元以下的罚款,有违法所得的,没收违法所得;拒不改正的,责令停产停业整顿;构成犯罪的,依法追究刑事责任:

（一）委托未依法取得危险货物道路运输许可的企业承运危险化学品的；

（二）在托运的普通货物中夹带危险化学品，或者将危险化学品谎报或者匿报为普通货物托运的。

**第六十七条** 违反本规定，道路危险货物运输企业擅自改装已取得《道路运输证》的专用车辆及罐式专用车辆罐体的，由县级以上道路运输管理机构责令改正，并处5000元以上2万元以下的罚款。

## 第七章 附 则

**第六十八条** 本规定对道路危险货物运输经营未作规定的，按照《道路货物运输及站场管理规定》执行；对非经营性道路危险货物运输未作规定的，参照《道路货物运输及站场管理规定》执行。

**第六十九条** 道路危险货物运输许可证件和《道路运输证》工本费的具体收费标准由省、自治区、直辖市人民政府财政、价格主管部门会同同级交通运输主管部门核定。

**第七十条** 交通运输部可以根据相关行业协会的申请，经组织专家论证后，统一公布可以按照普通货物实施道路运输管理的危险货物。

**第七十一条** 本规定自2013年7月1日起施行。原交通部2005年发布的《道路危险货物运输管理规定》（交通部令2005年第9号）及交通运输部2010年发布的《关于修改〈道路危险货物运输管理规定〉的决定》（交通运输部令2010年第5号）同时废止。

# 交通运输安全生产事故统计管理规定

(交安监发〔2011〕681号)

为切实加强和规范交通运输安全生产事故统计工作,保障统计信息及时、准确、全面,充分发挥事故统计在交通运输安全生产管理中的作用,依据《中华人民共和国统计法》及其实施细则、国家有关安全生产法律法规制定本规定。

## 一、适用范围及定义

(一)本规定适用于中华人民共和国境内及管辖水域内(不含香港、澳门、台湾)交通运输安全生产事故统计工作,以及交通运输中央企业所属运输船舶在境外发生的安全生产事故统计工作。

(二)交通运输安全生产事故是指道路客货运输企业、道路运输站场运营企业、城市客运企业、水路客货运输企业、港口生产企业、交通运输建设施工企业在生产经营过程中所发生的安全生产事故,主要包括营运车辆道路交通事故、道路运输站场安全生产事故、水上交通安全生产事故、港口安全生产事故、交通运输建设施工安全生产事故、城市客运安全生产事故六类。

## 二、统计机构及职责

(三)交通运输安全生产事故统计实行统一领导、分级负责。交通运输部负责全国交通运输安全生产事故统计工作的统一组织领导,地方各级交通运输主管部门、交通运输部直属机构、交通运输中央企业负责本辖区、本单位的统计工作,其所属的综合安全监管部门在统计部门的指导下具体承担本级安全生产事故统计、汇总、分析等工作。

(四)交通运输部综合安全监管部门的主要职责:

1. 依据国家法律和有关规定,会同部综合统计机构组织制定全国交通运输安全生产事故统计的规章制度、指标体系和技术标准,并组织实施;

2. 贯彻落实国家和部综合统计机构的工作部署和要求,组织、指导全国交通运输安全生产事故统计工作；

3. 参与国家和部综合统计机构对交通运输安全生产事故的统计调查；

4. 收集、汇总、分析全国交通运输安全生产事故统计数据，编印、提供、管理全国交通运输安全生产事故统计资料；

5. 按照相关规定发布全国交通运输安全生产事故统计信息；

6. 组织全国交通运输安全生产事故统计的考核评比和业务培训。

（五）地方各级交通运输主管部门、交通运输部直属机构、交通运输中央企业的主要职责：

1. 执行国家和交通运输部有关统计法律法规和规定，组织实施本辖区、本单位交通运输安全生产事故统计；

2. 负责本辖区或本单位交通运输安全生产事故统计资料的审核、汇总、报送和管理；

3. 制定本辖区或本单位交通运输安全生产统计规章制度、指标体系和技术标准，并组织实施；

4. 按照相关规定发布本辖区内的交通运输安全生产事故统计信息；

5. 负责组织本辖区、本单位交通运输安全生产事故统计的考核评比工作和业务培训。

## 三、组织实施

（六）交通运输部根据国家有关统计技术标准编制交通运输安全生产事故统计报表，并根据工作需要及时修订完善。

（七）交通运输安全生产事故统计采用月报、年报相结合的方式。月报统计报送截止时间为次月 5 日，遇国家法定节假日可顺延；年报统计报送截止时间为次年 1 月 20 日。

（八）交通运输安全生产事故统计资料的报送应逐级审核报送。报送交通运输部的交通运输安全生产事故统计资料应按以下程序报送：

1. 地方交通运输主管部门管辖范围内的安全生产事故由省级交通运输主管部门统计汇总并审核后报交通运输部；

2. 部直属机构管辖范围内的交通运输安全生产事故由部直属一级机构统计汇总并审核后报交通运输部；

3.交通运输中央企业安全生产事故由集团总公司统计汇总并审核后报交通运输部。

(九)各省级交通运输主管部门、交通运输部直属一级机构、交通运输中央企业集团总公司应每季度向交通运输部报送安全生产事故统计分析报告,报送截止时间为季度结束后次月15日。

**四、监督管理**

(十)各部门、各单位应安排专门的统计人员负责交通运输安全生产事故统计,保障统计人员的相对稳定,统计人员变动应办理统计业务和统计资料的交接。

(十一)统计人员应当具备相应的专业知识和业务能力,并积极参与统计和相关专业培训教育。

(十二)各级交通运输主管部门应建立交通运输安全生产事故统计信息发布制度。对外提供、发布统计资料时应按规定程序办理,未经审核、批准一律不准对外发布。

(十三)各部门、各单位应定期组织交通运输安全生产事故统计工作考核,对成绩突出的统计部门和统计人员给予通报表彰和奖励。

(十四)各部门、各单位应严格执行《中华人民共和国统计法》和本规定。有下列违法行为之一的,由上级主管部门责令整改,予以通报批评,并追究相应责任:

1.虚报、瞒报、伪造、篡改统计资料的;

2.在统计检查时,阻挠、抗拒统计检查,拒绝提供情况、提供虚假情况或者转移、隐匿、毁弃原始统计记录、统计台账、统计报表以及与统计有关的其他资料的;

3.违反《中华人民共和国统计法》和本规定,未经批准,自行编制和印发统计调查报表的;

4.违反《中华人民共和国统计法》和本规定以及有关统计资料管理发布规定和保密规定,私自发布统计资料,造成泄密的;

5.利用职权授意、强制统计人员弄虚作假,刁难、打击、报复统计人员或者举报人员,包庇、袒护统计违法行为的。

## 五、其他

(十五)本规定由交通运输部负责解释。

(十六)本规定自颁布之日起施行。

二〇一一年十一月二十一日

# 交通运输部安全生产约谈办法（试行）

（交安监发〔2011〕777号）

**第一条** 为进一步加强交通运输行业安全生产监督管理，促进政府安全监管和企业安全生产主体责任的落实，依据国务院有关要求，结合交通运输的实际，制定本办法。

**第二条** 本办法适用于交通运输部组织的安全生产约谈工作。

**第三条** 本办法所称安全生产约谈，是指交通运输部与被约谈单位进行的安全生产诫勉谈话。

**第四条** 交通运输部安委会办公室负责约谈的具体组织工作，部内相关司局、部海事局、救捞局按职责分工参与约谈工作。

**第五条** 交通运输行业公路、水路生产运输或建设施工，出现下列情况之一时，部应约请相关单位进行安全生产诫勉谈话：

（一）未落实国家或部有关安全生产工作部署；

（二）挂牌督办的安全隐患，未在规定期限内完成整改或采取相应措施的；

（三）发生重大及以上安全生产事故，存在漏报、谎报或瞒报的；

（四）6个月内发生2次及以上重大安全生产事故或连续发生多起较大安全生产事故并造成较大损失或影响的；

（五）发生特别重大安全生产事故；

（六）有必要进行约谈的其他情况。

**第六条** 约谈形式分为集体约谈和个别约谈。

在相近时间内2个以上地区或单位发生第五条所列情况的，由部领导或部安全总监主持集体约谈；个别地区或单位发生第五条所列情况的，由部领导、安全总监或安委办领导主持个别约谈。

**第七条** 被约谈单位是指存在第五条所列情况之一的省级交通运输主管部门、部直属单位、中央管理的交通运输企业。

**第八条** 被约谈单位主要负责人或分管安全工作的负责人应按要求参加

约谈。

**第九条** 约谈以谈话形式进行。约谈时,约谈人听取被约谈单位对有关情况的陈述,并针对被约谈单位存在的问题进行质询,提出具体整改要求。

**第十条** 约谈时,被约谈单位应陈述下列情况:

(一)未落实国家或部有关安全生产部署的,应陈述未开展相关工作的原因,下一步整改计划和措施;

(二)挂牌督办仍存在隐患的,应陈述未进行隐患整改或逾期未完成整改的原因,下一步整改计划和实施方案;

(三)发生安全生产事故的,应陈述事故发生的原因,相关处理情况,吸取的教训,已采取或将采取的措施;

(四)漏报、谎报或瞒报安全生产事故的,应陈述事件的处理情况,对违规行为的认识和相关整改措施。

**第十一条** 约谈由部领导、部安委办或部内相关司局、部海事局、救捞局提出,由部安委办提前 10 天书面通知被约谈单位,告知约谈事项、约谈时间、约谈地点。

需部领导或安全总监主持的约谈,应报部领导或安全总监批准后下发约谈通知书。

**第十二条** 被约谈单位收到约谈通知书后,应在收到约谈通知 2 个工作日内以书面或电话形式确认通知事项。

**第十三条** 部安委办承担约谈记录工作,负责起草约谈纪要。约谈纪要印发至被约谈单位和参加约谈的所有单位。

**第十四条** 被约谈单位应在约谈结束后 10 个工作日内将整改方案以书面形式报部,并应及时报告整改方案执行情况。

**第十五条** 部安委办应组织部内相关司局、部海事局、救捞局跟踪、督办整改方案执行情况,必要时进行现场检查。

**第十六条** 部安委办应将约谈记录和被约谈单位上报的材料等资料立卷存档。

**第十七条** 被约谈单位无故不参加约谈或未认真落实约谈要求的,约谈单位应给予通报批评。因约谈事项未落实或落实不到位而引发安全生产事故的,按有关法律法规的规定由相关部门追究被约谈单位及相关人员责任。

**第十八条** 各省级交通运输主管部门、部直属单位可参照本办法的有关规定，制定本地区、本系统的安全生产约谈机制。

**第十九条** 本办法自颁布之日起试行。

二〇一一年十二月二十二日

# 交通运输企业安全生产标准化考评管理办法

（交安监发〔2012〕175 号）

## 第一章　总　　则

**第一条**　为贯彻落实国务院关于加强企业安全生产工作的要求，依据《关于进一步加强企业安全生产工作的通知》（国发〔2010〕23 号）和《关于坚持科学发展安全发展促进安全生产形势持续稳定好转的意见》（国发〔2011〕40 号），规范交通运输企业安全生产标准化考评及其管理行为，制定本办法。

**第二条**　本办法适用于全国交通运输企业安全生产标准化考评及其管理活动。

**第三条**　交通运输企业安全生产标准化达标等级分为一级、二级、三级，其中城市轨道交通企业安全生产达标标准等级分为一级、二级。

评为一级达标企业的考评分数不低于 900 分（满分 1000 分，下同）且完全满足所有达标企业必备条件，评为二级达标企业的考评分数不低于 700 分且完全满足二、三级达标企业必备条件，评为三级达标企业的考评分数不低于 600 分且完全满足三级达标企业必备条件。

**第四条**　交通运输部主管全国交通运输企业安全生产标准化工作并负责一级达标企业的考评工作。

省级交通运输主管部门负责本管辖范围内交通运输企业安全生产标准化工作和二、三级达标企业的考评工作。

长江航务管理局、珠江航务管理局分别负责长江干线、西江干线跨省航运企业安全生产标准化工作和二、三级达标企业的考评工作。以上部门和单位统称为主管机关。

**第五条**　交通运输企业安全生产标准化考评包括初次考评、换证考评和附加考评等三种形式。

**第六条**　交通运输企业安全生产标准化考评工作应坚持客观、公正、公开、透明的原则，由主管机关按照本办法组织实施。

**第七条**　主管机关应向社会公告交通运输企业安全生产标准化考评结果。

## 第二章　考评机构与考评员

**第八条**　主管机关或其认定的考评机构负责对交通运输企业实施考评。

**第九条**　考评机构应具备以下条件：

（一）交通运输事业单位或经批准注册的交通运输系统社团组织；

（二）具备固定办公地点和必要的设备；

（三）具有一定数量从事相关领域考评工作需要的管理人员及考评员；

（四）建有相应的管理制度。

**第十条**　考评机构应经主管机关认可，接受主管机关的监督管理，并按照主管机关赋予的权限开展工作，建立企业考评档案。

**第十一条**　考评员应具有交通运输相关学历和工作经历，并经专业培训、考试合格取得资格。

**第十二条**　主管机关负责考评员适任条件的审核、考试发证、注册登记等管理工作，并建立档案。

考评机构应建立考评员日常管理档案，并按年度向主管机关备案。

## 第三章　考评与发证

**第十三条**　申请考评的企业应向主管机关提交申请。

**第十四条**　考评活动采用资料核对、人员询问、现场考评等方法进行，人员询问、现场查验可以按一定比例进行抽查。

### 第一节　初次考评和发证

**第十五条**　申请初次考评的企业应具备以下条件：

（一）具有企业法人资格（含分公司），并直接从事交通运输生产经营建设行为的实体；

（二）具有与其经营管理相适应的安全生产管理机构和人员，并建有相应的安全生产管理制度；

（三）已进行安全生产标准化建设自评。

**第十六条**　初次考评应提交申请报告，并附以下材料：

（一）企业法人营业执照、经营许可证等；

（二）企业基本情况和安全生产组织架构；

（三）企业安全生产基本情况；

（四）企业安全生产标准化建设自评报告。

**第十七条** 主管机关收到初次考评申请及所附材料后，应审查以下内容：

（一）是否属于本管辖范围；

（二）是否满足申请条件；

（三）申请材料是否齐全；

申请材料不符合要求的，应告知企业补充、修改或重新提交申请。

**第十八条** 对满足申请要求的企业，主管机关应结合企业的申请确定考评机构。考评机构应按照主管机关的要求和本办法的规定对企业安全生产情况进行考评。

**第十九条** 企业通过考评的，由考评机构报主管机关审核同意后，向该企业签发安全生产标准化达标证书。未通过考评的或经主管机关审核不合格的，企业应采取纠正措施并可在3个月后重新申请考评。

**第二十条** 企业安全生产标准化达标证书有效期为3年。

**第二十一条** 已取得相关机构颁发的安全生产管理体系证书（证明）的企业，连续3年未发生重特大事故的，经主管机关对必备条件审核后，可颁发二级或三级安全生产达标证书。

**第二十二条** 企业申请高一级别安全生产标准化达标考评，考评及发证的内容、范围和方法按照初次考评的有关规定执行。

**第二十三条** 新组建企业应于正式运营6个月内提出初次考评申请。

## 第二节 换证考评与发证

**第二十四条** 换证考评申请应在企业安全生产标准化达标证书有效期届满之日前3个月内提出。

**第二十五条** 换证考评申请应附送以下材料：

（一）企业法人营业执照、经营许可证等；

（二）安全生产标准化达标证书；

（三）企业基本情况和安全生产组织架构；

（四）企业安全生产管理情况。

**第二十六条** 换证考评及发证的内容、范围和方法参照初次考评的有关规定执行。

**第二十七条** 换证考评和发证应在现有企业安全生产标准化达标证书有效期届满前完成。

**第二十八条** 换证考评未通过的，企业应在原证书期满后3个月内提出重新考评申请。

**第二十九条** 企业安全生产标准化达标证书遗失的，可以向原考评发证机构申请补发。

企业法人代表、名称、地址等变更的，应在变更后1个月内，向相应的主管机关提供有关材料，申请对企业安全生产标准化达标证书的变更。

**第三十条** 主管机关向企业、考评机构、考评人员发放证书不得收取任何费用。

### 第三节 附加考评

**第三十一条** 有下列情况之一的，主管机关或其指定的考评机构应对持有企业安全生产标准化达标证书的企业实施附加考评：

（一）企业发生重大及以上安全责任事故；

（二）企业一年内连续发生二次及以上较大安全责任事故；

（三）企业被举报并经核实其安全生产管理存在重大安全问题；

（四）企业发生其他可能影响其安全生产管理的重大事件或主管机关认为确实必要的。

上述事故等级按照《生产安全事故报告和调查处理条例》（国务院第493号令）确定。

**第三十二条** 附加考评应针对引发附加考评的原因进行。在考评中发现有严重问题的，可扩大考评范围，直至实施全面考评。

**第三十三条** 通过附加考评并经主管机关审核合格的，维持企业安全生产标准化达标证书的有效性。

未通过附加考评或经主管机关审定认为其安全生产管理存在重大问题的，主管机关应责令其整改，整改合格的，企业应在3个月内再次申请初次考评。

## 第四章 责任与义务

**第三十四条** 对企业所实施的安全生产标准化达标考评，不解除企业遵守国际、国内有关安全法规的责任。

**第三十五条**　在接受考评过程中,企业应:

(一)提供所需的工作便利,以确保考评员充分有效地实施考评;

(二)如实提供相关资料和证据;

(三)与考评员合作,以保证考评工作顺利完成。

**第三十六条**　考评员应保守秘密并谨慎处理所接触的有关文件、特许的信息资料等。

企业可以向主管机关或考评机构举报、投诉考评员的不正当行为。

**第三十七条**　主管机关应对考评机构和考评员进行监督管理。考评机构或考评员如有违法违纪行为的,主管机关应做出处理直至取消其考评资格。

**第三十八条**　主管机关相关管理人员和考评员应严格遵守本办法和有关廉政规定,不得借考评工作谋取任何私利。

## 第五章　附　　则

**第三十九条**　本办法所指的交通运输企业主要包括直接从事道路水路运输(含客货运输企业、客货运站场、港口经营企业)、城市客运(含公交、轨道交通、出租汽车企业)、交通运输建设施工、机动车维修等的企业。

**第四十条**　对外国驻华交通运输企业的考评发证,由主管机关或其认定的考评机构参照本办法的规定实施。

交通运输行业内具有直接从事安全生产经营建设行为的事业单位,由其主管部门参照本办法实施安全生产标准化考评。

**第四十一条**　企业安全生产标准化相关证书式样和表格格式由交通运输部统一制定。

**第四十二条**　本办法自发布之日实施。

交通运输企业安全生产标准化达标考评指标(略)

二〇一二年四月二十三日

# 交通运输安全生产挂牌督办办法

（交安监发〔2013〕470号）

**第一条** 为规范交通运输安全生产挂牌督办工作，有效减少、消除安全生产隐患，防范安全生产事故发生，根据国务院有关规定，制定本办法。

**第二条** 交通运输安全生产挂牌督办事项及其监督管理适用本办法。

**第三条** 交通运输部负责全国交通运输行业安全生产挂牌督办管理工作。

各级交通运输主管部门、具有安全管理职能的单位（以下简称“挂牌督办单位”），根据职责分工和管理权限，负责管辖范围内的安全生产挂牌督办工作。

**第四条** 被挂牌督办的交通运输管理部门、单位或交通运输企业（以下简称“被挂牌督办单位”），应当按照挂牌督办单位的要求组织开展事故调查和安全生产隐患整改工作。

**第五条** 挂牌督办程序包括：核实挂牌督办信息、送达挂牌督办通知书、督促整改、核销。

**第六条** 挂牌督办单位对下列事项实施挂牌督办：

（一）上级单位或部门督办整改的安全生产事项；

（二）发生交通运输安全生产责任事故，需进行整改的；

（三）存在交通运输安全生产隐患，需重点督促进行整改的；

（四）存在交通运输安全监管和安全管理问题，需重点督促进行整改的。

**第七条** 交通运输部对下列事项实施挂牌督办：

（一）国务院或国务院安委会交办需由部牵头督办整改的；

（二）发生重大以上交通运输安全生产责任事故，需部督促进行整改的；

（三）存在重大安全生产隐患，需部重点督促进行整改的；

（四）部直属机构和交通运输中央企业存在突出安全生产管理问题的。

**第八条** 部挂牌督办的安全生产事项，由部安委办或相关司局提出，报部领导批准，以部安委办的名义挂牌督办，并由提出的司局负责跟踪督办。

**第九条** 挂牌督办信息来源包括：

（一）交通运输管理部门、企事业单位报告的；

（二）挂牌督办单位督查检查中发现的；

（三）上级管理部门、本级人民政府责或挂牌督办的；

（四）公众举报或新闻媒体报道并经查实的。

**第十条** 挂牌督办通知书应当包括下列内容：

（一）事故或安全生产隐患名称；

（二）被挂牌督办单位名称；

（三）督办内容；

（四）整改要求；

（五）办理期限；

（六）核销程序。

**第十一条** 被挂牌督办单位应当根据挂牌督办通知书的要求，及时制定整改方案，并将整改方案报送挂牌督办单位备案。整改方案应当包括以下内容：

（一）目标和任务；

（二）责任部门和责任人；

（三）整改措施、时间和应急预案；

（四）人员、经费和物资保障。

**第十二条** 挂牌督办单位应当跟踪被挂牌督办单位的整改情况，指导、督促其按要求完成整改工作。

**第十三条** 被挂牌督办单位应当按照挂牌督办整改方案，开展整改工作，并接受挂牌督办单位的监督检查。

**第十四条** 被挂牌督办单位完成整改后，应当向挂牌督办单位提交整改报告。

**第十五条** 挂牌督办单位应当对被挂牌单位整改情况进行核实，并根据核实情况下发予以核销或不予以核销通知；对不予以核销的应当说明理由，并责令继续整改。

**第十六条** 被挂牌单位非自身原因导致不能按期完成整改的，应当说明原因，制定安全防范保障措施和相应的应急预案，并报挂牌督办单位。

**第十七条** 对未按挂牌督办通知书要求进行整改或经2次以上整改仍不符合安全生产要求的，挂牌督办单位应当给予被挂牌督办单位通报批评、安全生产约谈、列入安全生产重点监管或跟踪管理对象。情节严重者，依照有关污染法规的规定,给予相应的行政处罚。

**第十八条**　挂牌督办单位应当建立挂牌督办管理档案,并按规定做好档案管理工作。

**第十九条**　各级挂牌督办单位应当于年中和年末将管辖范围内安全生产挂牌督办情况报送上级管理部门。

**第二十条**　地方各级交通运输主管部门、具有安全管理职能的单位根据本办法,制定本地区、本系统的安全生产挂牌督办制度。

**第二十一条**　本办法自发布之日起实施。

2013 年 8 月 6 日

# 交通运输安全生产重点监管名单管理规定

（交安监发〔2013〕643 号）

**第一条** 为进一步加强交通运输安全生产监督管理，督促和警示交通运输企业和相关人员全面履行安全生产责任，加强社会监督，制定本规定。

**第二条** 道路、水路运输及工程建设安全生产重点监管名单的管理工作，适用本规定。

**第三条** 交通运输部指导全国道路、水路运输及工程建设安全生产重点监管名单管理工作。

省级交通运输主管部门、具有交通运输安全生产监督管理职能的部直属机构按照职责权限，具体负责管辖范围内安全生产重点监管名单的组织实施工作。

**第四条** 本规定所称安全生产重点监管名单是指被交通运输主管部门、具有交通运输安全生产监督管理职能的部属单位（以下简称“交通运输部门”），列为重点监管对象的道路、水路运输及工程建设企业（以下简称“企业”）、营运性车船及相关驾驶员（含船长，下同）的名单。

**第五条** 企业出现下列情形之一的，应当列入安全生产重点监管名单。

（一）发生重大以上安全生产事故（含污染事故，下同）或 12 个月内发生 2 次以上较大安全生产事故，并负同等以上责任的；

（二）20% 以上的车船或者从业人员被列入安全生产重点监管名单的；

（三）伪造或者故意破坏事故现场，转移、隐匿、伪造或者销毁有关事故证据资料，不接受事故调查的；

（四）在安全检查中连续 2 次以上发现重大安全隐患，未采取有效安全防范或整改措施的；

（五）列入交通运输安全生产挂牌督办事项，拒不整改或未按要求完成整改的；

（六）未按要求落实安全生产标准化建设工作或未按规定建立相应安全管理体系的。

**第六条** 营运性车船驾驶员出现下列情形之一的，应当列入安全生产重点监管名单。

（一）发生重大以上安全生产事故或12个月内发生2次以上较大安全生产事故，并负同等以上责任的；

（二）发生超员20%、超载30%以上或违法严重超限的；

（三）3个月内发生2次以上超速20%以上行为的；

（四）拒绝或逃避安全监管，暴力抗法、冲卡或擅自载客出站、站外非法揽客或未办理船舶签证手续擅自开航的；

（五）发生交通运输安全生产事故逃逸的；

（六）伪造或者故意破坏事故现场，转移、隐匿、伪造或者销毁有关证据资料，不接受事故调查的；

（七）擅自关闭、遮挡车船安全监控设备的。

**第七条** 营运性车船出现下列情形之一的，应当列入安全生产重点监管名单。

（一）发生重大以上安全生产事故或12个月内发生2次以上较大安全生产事故，并负同等以上责任的；

（二）非法更改车船安全设施设备，车船安全设备设施不符合要求的；

（三）12个月内发现2次以上重大安全隐患或技术缺陷，被滞留或限制营运的。

**第八条** 发生本规定第五条、第六条、第七条情形的，给予企业12个月的公布期，营运性车船9个月的公布期，驾驶员6个月的公布期，并将其纳入企业、车船和从业人员诚信记录。

**第九条** 列入安全生产重点监管名单程序：

（一）审核获取的违反安全生产法律法规信息，对符合本规定第五条、第六条、第七条情形的企业、营运性车船、驾驶员，列入安全生产重点监管拟定名单；

（二）告知被列入安全生产重点监管拟定名单的企业或者营运性车船所有人及驾驶员有关违法违规事实，听取其陈述和申辩；

（三）经交通运输部门核准，列入安全生产重点监管名单；

（四）送达安全生产重点监管名单通知至有关企业或营运性车船所有人及驾驶员，并向社会公布。

**第十条** 移除安全生产重点监管名单程序：

（一）公布期满，交通运输部门应将企业、营运性车船、驾驶员信息从安全生产重点监管名单公布栏中移除；

（二）企业、营运性车船所有人及驾驶员完成安全生产隐患或管理缺陷整改工作，可提出移除安全生产重点监管名单申请，经交通运输部门检查整改合格后，将企业、营运性车船、驾驶员信息提前从安全生产重点监管名单中移除。

**第十一条** 安全生产重点监管名单由交通运输部门通过政务网站等形式向社会公布，并指定专人负责管理更新。

**第十二条** 交通运输部门应当建立安全生产重点监管名单数据库，实现信息共享，有效监管。

**第十三条** 对列入安全生产重点监管名单的企业公布事项应当包括企业的名称、营业地、法定代表人、列入重点监管名单事由等信息。

对列入安全生产重点监管名单的驾驶员公布事项应当包括驾驶员姓名、船员职务证书或从业资格证书号码、列入重点监管名单事由等信息。

对列入安全生产重点监管名单的营运性车船公布事项包括船名或车牌号码、所属企业、车船籍所在地、列入重点监管名单事由等信息。

**第十四条** 在公布期内，再次发生第五条、第六条、第七条所列情形的，交通运输部门应当相应延长其公布期。

**第十五条** 交通运输部门应当对列入安全生产重点监管名单的企业、营运性车船，采取责令定期报告安全生产情况、增加安全检查频次、安全生产约谈、挂牌督办等安全管理措施。

交通运输部门应当组织被列入安全生产重点监管名单的驾驶员开展安全生产教育培训，并按照有关法律法规的规定，采取暂扣或吊销船员适任证书、营运驾驶员从业资格证等行政措施和经济处罚。

**第十六条** 交通运输部门应当对被列入重点监管名单 2 次以上的企业实施安全生产评估，对不符合安全生产要求的，按照有关法律法规，采取暂扣运输许可证、责令停业整顿等行政措施和经济处罚。

交通运输部门应当对被列入重点监管名单 2 次以上的营运性车船，实施安全检查检验，对不符合安全生产相关标准规范的，按照有关法律法规，采取禁止车船离港（站）营运、暂扣车船营运证等行政措施和经济处罚。

**第十七条** 被列入重点监管名单的企业、营运性车船和驾驶员，取消当年安全生产各项评比资格。

**第十八条**　交通运输安全生产监管人员违反规定滥用职权、徇私舞弊、玩忽职守影响安全生产重点监管名单管理工作的，应当追究相关人员责任。

**第十九条**　鼓励社会组织或者个人对安全生产重点监管名单管理工作进行监督，发现违法行为，有权向交通运输部门举报。

**第二十条**　各省(区、市)交通运输主管部门、具有交通运输安全生产监督管理职能的部属单位应依照本规定，结合本地区、本行业实际制定安全生产重点监管名单管理实施细则。

**第二十一条**　本规定自发布之日起施行。

2013 年 10 月 31 日

# 海上专业救助航空器参加内陆特别重大应急救援行动调用管理规定

（交应急发〔2009〕328号）

**第一条** 为规范交通运输部所属海上专业救助航空器（以下简称“专业救助航空器”）参加内陆特别重大应急救援（以下简称“应急救援”）行动的调用，确保飞行安全，依据《国家海上搜救应急预案》、《中华人民共和国飞行基本规则》、《中国民用航空飞行规则》、《交通部海上救助直升机飞行管理规定》等相关规定制定本规定。

**第二条** 本规定适用于专业救助航空器参加应急救援行动的调用与安全保障。

**第三条** 交通运输部应急办公室负责专业救助航空器应急救援任务的协调下达；交通运输部救捞局负责专业救助航空器参加应急救援行动的组织指挥。

**第四条** 专业救助航空器参加应急救援行动主要担负下列任务：

（一）解救、转移或者疏散受困人员；

（二）运送专业救援人员；

（三）抢救、运送重要物资；

（四）参加道路（桥梁、隧道）抢修等专业抢险。

**第五条** 国务院组织的应急救援需要专业救助航空器参加的，由国务院办公厅向交通运输部下达任务。

地方人民政府或国务院有关部委组织的应急救援需要专业救助航空器参加的，由省级人民政府或国务院有关部委向交通运输部提出书面请求。

**第六条** 专业救助航空器参加应急救援行动应经部批准。

部应急办公室应按国务院办公厅下达的任务，会同部救捞局尽快制定专业救助航空器参加应急救援行动计划安排，呈报交通运输部领导审批，并负责将执行情况报国务院办公厅。

交通运输部接省级人民政府、国务院有关部委的请求后，部救捞局应会同中国海上搜救中心及时对专业救助航空器救援区内的海上搜救形势以及突发事件发生地的飞行条件、转场飞行路线的地理和气象情况进行评估，提出可行性意见，由部应急办公室呈报部领导审批，并将交通运输部意见反馈省级人民政府或国务院有关部委。

**第七条** 部应急办公室应将部派出海上专业救助航空器参加应急救援行动的决定通知省级交通运输部门，协调地方交通运输部门对专业救助航空器在当地的救援行动提供必要的支持和协助。

**第八条** 专业救助航空器执行应急救援任务由部救捞局向救助飞行队下达，抄送相关省级人民政府或国务院有关部委和部政法司、中国海上搜救中心。

**第九条** 应急救援任务确定后，救捞局应将任务及时通报军、民航空管部门，请其在转场航线、救援作业空域审批方面提供方便。

**第十条** 救助飞行队应根据任务情况制订应急救援行动方案报部救捞局审批。

**第十一条** 救助飞行队负责专业救助航空器的飞行安全，执行救援任务前，应选派业务水平较高、协调能力较强的专业人员和专业管理人员组成现场指挥与协调组，协调执行飞行任务、提供飞行保障，并履行以下职责：

（一）按照国家有关规定向飞行管制部门提出飞行所需的空域、航线申请，经批准后组织飞行；

（二）根据本场机场、转场机场、航线的气象实况和任务现场的气象情况以及所要执行的任务特点等条件，选派符合救援行动要求的航空器，确保安全、顺利地完成救援任务；

（三）监督指导机组严格执行飞行计划。

**第十二条** 现场指挥与协调组应及时与当地政府（现场救援指挥部）和飞行管制部门联系，明确任务、获取相应飞行信息，并制定具体的救援飞行实施计划，报救助飞行队核准。

现场指挥与协调组还应保持与救助飞行队的联系，及时报告救援现场情况，根据救援现场情况提出下一步行动的建议。

**第十三条** 专业救助航空器应接受现场指挥与协调组的指挥。

**第十四条** 提出申请的省级人民政府和事发地人民政府应协调各有关部门对专业救助航空器的飞行给予支持和配合，及时准确地向机组提供所需要的航行情报，提供救援行动后勤保障。

**第十五条** 救助飞行队应于每日17:00时前将现场救援情况书面报部救捞局。

**第十六条** 部救捞局应每日汇总信息，特别是现场救援取得重大进展或救援结束的信息，及时报部领导并抄送部应急办公室。

**第十七条** 专业救助航空器返抵值班待命点后，应及时通报中国海上搜救中心。

**第十八条** 应急救援行动完成后，部救捞局应组织执行任务的飞行队，对行动完成情况进行评估总结，并将总结报告上报部领导和部应急办公室。

**第十九条** 本规定中"特别重大应急救援行动"是对危及30人以上生命安全的突发公共事件或道路（桥梁、隧道）损毁严重影响当地人民生活的救援行动。

**第二十条** 本规定自发布之日起实施。

二〇〇九年六月二十九日

# 交通运输突发事件信息报告和处理办法

（交应急发〔2010〕84号）

**第一条**　为及时获取并有效处置交通运输突发事件信息，依据《中华人民共和国突发事件应对法》、《国家突发公共事件总体应急预案》、《国家海上搜救应急预案》、《水路交通突发事件应急预案》、《公路交通突发事件应急预案》等法律和相关规定，制定本办法。

**第二条**　本办法适用于交通运输行业重大及以上突发事件和险情信息（以下简称信息）的报告及处理工作。

**第三条**　本办法所称重大及以上交通运输突发事件和险情主要包括：

（1）交通运输或交通运输建设施工事故，造成或可能造成10人（含）以上死亡或失踪，或5000万元（含）以上直接经济损失；

（2）滚装客船、涉外旅游船、高速客船和载客30人以上的普通客船发生危及船舶及人员生命安全的事故或险情；3000总吨以上中国籍船舶沉没，或外国籍船舶在我国管辖水域沉没的事故；

（3）交通运输船舶与军用船舶发生碰撞的事件；

（4）载运危险化学品或油类的车、船发生事故，造成或可能造成运输物质泄漏、扩散，导致重大生态环境危害、交通阻塞或威胁人民生命安全；

（5）重要以上港口遭受严重损失，一般港口瘫痪或遭受灾难性损失的事件；

（6）重要以上港口或中央管理的交通运输行业企业所属油品码头、危险品仓储堆场发生火灾、爆炸等事件；

（7）长江干线、珠江、京杭运河、黑龙江界河等国家重要干线航道发生严重堵塞或断航，难以在24小时以内恢复通航的事件；

（8）国家干线公路交通毁坏、中断、阻塞或者大量车辆积压、人员滞留，抢修、处置时间预计在12小时以上的事件；

（9）国家干线公路桥梁、隧道以及国、省重点水运设施发生垮塌的事件；

（10）重要客运枢纽运行中断，造成大量旅客滞留，恢复运行及人员疏散预计在24小时以上的事件；

(11)地铁、城市轨道交通发生事故，或遭受恐怖袭击、自然灾害、人为破坏等，导致一条(含)以上线路停运；

(12)交通运输行业从业人员，特别是公共交通、出租客运、线路客运、水路运输等敏感行业集体罢工或罢运，影响社会出行，在24小时内不能平息的事件；

(13)30名(含)以上交通运输行业从业人员集体到省级及以上国家机关上访的事件；

(14)在交通运输行业以及交通运输工具上发现世界卫生组织公布的疫情或发生《中华人民共和国传染病法》规定的甲类传染病的事件；

(15)中国籍船舶或中资方便旗船舶遭遇海盗袭击的事件；

(16)车站、港口、船舶、经营性客货运车辆遭受恐怖袭击或极端暴力袭击的事件；

(17)部属院校发生未经许可的学生集会、游行、罢课等群体事件或发生10人(含)以上集体食物中毒等公共卫生事件；

(18)其他任何对省级及以上行政区域造成或可能造成重大社会、经济影响或发生在敏感区域、敏感时段的交通运输突发事件。

**第四条** 信息的报告和处理应遵循及时快速、准确高效、分级报告的原则。

**第五条** 交通运输突发事件信息报告和处理由交通运输部应急办公室(以下简称应急办)管理；中国海上搜救中心总值班室承担信息的接收与报告工作。

**第六条** 省级交通运输主管部门、部直属单位、中央管理的交通运输行业企业(以下简称交通运输单位)应指定专门机构，实行24小时值班，负责事件信息的核实、报告、跟踪，按职责权限承担或参与相关事件的处理工作。

**第七条** 本行政区域或辖区内以及本单位发生第三条所列突发事件，交通运输单位应立即将信息以书面或电子邮件形式报部和当地政府，最迟不能晚于2小时。信息报出后必须进行电话确认。

特殊情况不能在2小时内以书面或电子邮件形式报告的，应先以电话等形式报告，并说明理由，待条件许可时再补充。

**第八条** 信息的内容要简明准确、要素完整、重点突出，应包括以下要素：

(19)事件发生的时间、地点及信息来源；

(20)事件起因、性质、基本过程、已造成的后果以及影响范围和事件发展趋势；

(21)已采取的措施、下一步的工作计划;

(22)信息报送单位、联系人和联系电话等。

**第九条**　对于情况不够清楚、要素不齐全的信息,要及时核实补充内容,并将后续情况及时上报。

对突发事件处置的新进展、衍生的新情况要及时续报,特别重大事件的处置情况信息应每日一报。

突发事件处置结束后,要进行终报。

**第十条**　中国海上搜救中心总值班室收到信息后,应立即按规定的程序报分管副部长和部安全总监,并抄报部长(部长外出时,抄报在部主持工作的副部长),同时抄送部应急办和部内相关单位。

**第十一条**　根据有关规定或相关领导指示,中国海上搜救中心总值班室应于事件发生4小时内将交通运输突发事件信息报国务院总值班室。涉及国务院其他部委的突发事件,应抄送相关部委。

未能在事件发生4小时内报送的,应说明理由。

**第十二条**　部内相关业务司局负责突发事件的处置工作,应将突发事件处置情况和突发事件的最新进展情况报部领导和部安全总监,抄送部应急办和中国海上搜救中心总值班室初始信息已上报国务院的应按规定续报国务院总值班室。

**第十三条**　部领导对交通运输突发事件处置工作的指示或批示,相关业务司局应及时向有关单位传达。

**第十四条**　交通运输单位以“交通运输值班信息”(简称值班信息,见附件)的形式将事件信息报部;中国海上搜救中心以“交通运输部值班信息”或“海上搜救值班信息”的形式将事件信息报送国务院总值班室。

**第十五条**　报部“值班信息”应通过传真和电子邮件报送;报国务院总值班室“交通运输部值班信息”通过国务院政府信息网报送。如“值班信息”涉密应按机要渠道报送。

**第十六条**　对于突发事件情况的统计,按照有关规定执行。

**第十七条**　部应急办不定期对交通运输单位信息报告情况进行考核,对能够及时准确报告突发事件信息的单位给予通报表扬,对迟报、漏报、谎报或者瞒报的单位予以批评。

**第十八条**　对于违反本办法,迟报、谎报、瞒报、漏报信息,或者通报、报送、公布虚假信息,造成不良后果的责任人员,有关部门应追究其相应责任。

**第十九条** 海上搜救信息的报送工作按现行规定执行;法律、法规和规章另有规定的从其规定。

**第二十条** 交通运输单位可参照本办法制订本单位的信息报告和处理规定。

**第二十一条** 本办法自印发之日起施行。

二〇一〇年二月五日

**附件**

宋体、初号、加粗、红色。

8.5厘米

# 交通运输值班信息

楷体、小三号、加粗

黑体、小三号

第×期

××省交通运输厅　　　　　　　　　　　　年　　月　　日

---

黑体、小二号、1.5倍行距，无网格，间隔线下空一行。

标题

红色、宽14厘米、粗细1.5磅

正文

仿宋、三号、1.5倍行距，无网格，标题下空一行，左右边距各3.5厘米，下边距2厘米，其余页上边距2厘米。

仿宋、小三号

电话：区号　　－电话号码

---

编辑：　　　　　　　　　　　　　　　　签发：

# 水路运输易流态化固体散装货物安全管理规定

（交水发〔2011〕638号）

**第一条** 为加强水路运输易流态化固体散装货物安全管理，保障运输安全，根据《中华人民共和国安全生产法》、《中华人民共和国港口法》、《中华人民共和国海上交通安全法》等有关法律、法规和国际公约，制定本规定。

**第二条** 本规定适用于中华人民共和国管辖范围内港口间运输船舶和到港船舶、港口以及其他有关单位从事易流态化固体散装货物运输、装卸、储存和检测等活动。

**第三条** 交通运输部主管全国水路运输易流态化固体散装货物安全管理工作。

海事管理机构负责管辖区域内易流态化固体散装货物船舶运输安全监督管理工作。

港口行政管理部门负责行政管辖区域内港口装卸、储存易流态化固体散装货物安全监督管理工作。

**第四条** 本规定有关术语定义如下：

易流态化固体散装货物，是指本身含有部分细颗粒和一定量水分、当其含水率超过适运水分极限时可能形成自由液面或固液两相流动层的固体散装货物，包括铁精矿、高岭土、红土镍矿和其他具有类似物理性质的货物。

适运水分极限，是指易流态化固体散装货物安全运输最大含水率，通常按其流动水分点的80%～90%确定。流动水分点是指易流态化固体散装货物发生流动时的最小含水率。

**第五条** 水路运输易流态化固体散装货物实行目录管理。水路运输易流态化固体散装货物目录（见附件1）由交通运输部适时更新并公布。

**第六条** 凡使用船舶载运易流态化固体散装货物，其含水率不得超过适运水分极限。

**第七条** 船舶载运积载因数小于0.56立方米/吨高密度易流态化固体散装货

物时，应在各舱及同一舱内均匀分布，避免重量过分集中于局部，以防止船舶结构变形而影响船舶强度。

**第八条** 托运人或其代理人（以下简称托运人）应当在货物交付船舶运输前，委托具有国家资质的检测机构（以下简称检测机构）对送检易流态化固体散装货物样品进行适运水分极限、颗粒分布、积载因数检测并出具易流态化固体散装货物检测报告。检测报告有效期为6个月。易流态化固体散装货物适运水分极限检测所需取样、制样、送检，应当由托运人委托由交通运输部批准的理货机构（以下简称理货机构）进行。

托运人应当在货物装船前，委托检测机构对易流态化固体散装货物平均含水率进行检测并出具货物含水率检测报告。检测报告有效期为7日。易流态化固体散装货物含水率检测所需取样、制样、送检，应当由托运人委托理货机构进行。托运人应全程参与取样过程。

为保证送检货样状况与装船货物实际状况相一致，托运人还应当委托理货机构对易流态化固体散装货物装船过程实施现场监装。理货机构应当在装船完毕后出具已装船货物含水率汇总报告。

若取样后至装船期间出现可能改变货物适运水分极限和货物含水率等情况，应按本条第二款重新取样检测。

对于通过船舶直接过驳方式转运货物，托运人应当提供货物原始资料并委托检测机构和理货机构对原船易流态化固体散装货物形态进行检查和监测。如无变化，经内贸承运方共同确认后装船；如有变化，应按本条第二款执行。

易流态化固体散装货物取样、制样、送检、检测以及监装等作业程序和要求按国家有关规定和标准执行。

**第九条** 船舶装载易流态化固体散装货物前24小时，船舶或其代理人应当核对托运人或其代理人提交的易流态化固体散装货物检测报告、含水率检测报告等相关单证和资料，确认货物适运，并在船舶开航前向海事管理机构和港口行政管理部门报备。

船舶装载易流态化固体散装货物前12小时，作业委托人应当将易流态化固体散装货物检测报告等相关单证提供港口经营人，港口经营人应及时对易流态化固体散装货物检测报告等相关单证进行核对，经核对无误后方可作业。

港口经营人应当在作业前12小时前用传真或电子邮件将作业计划和有关核

对情况报告港口行政管理部门和海事管理机构。

**第十条** 装船前,船舶可采用易流态化固体散装货物适运性现场检测简易方法(见附件2)检测易流态化固体散装货物含水率是否符合运输要求。如发现货物含水率不符合要求,船舶可以委托其他检测机构对货物含水率进行重新检测。

**第十一条** 船舶在易流态化固体散装货物作业前,应对照《散货船装卸船/岸安全检查项目表》(见附件3)进行安全检查,并与港口经营人共同确认。

**第十二条** 港区内外露天储存易流态化固体散装货物,所用堆场应具备良好的排水功能。堆场经营人和港口经营人应当根据气候情况和货物性质加以苫盖,或采取适当措施,防止货物含水率增加。堆场经营人和港口经营人应当将堆场位置及规模等情况报港口行政管理部门备案。

**第十三条** 港口经营人在装船前或装船过程中发现货物不符合规定要求的,应当告知船舶并配合船舶不予装载或停止装载,同时报告港口行政管理部门和海事管理机构。装船过程遇降水天气,应当停止装船作业并关闭舱盖。

**第十四条** 港口经营人应根据船舶提供的配载、积载要求装载货物。装载完毕后按船方要求做好平舱工作,船舶对装载质量给予确认。

**第十五条** 港口经营人在作业过程中应当做好作业情况记录,内容包括作业船舶名称、货种、作业时间、作业单位、负责人及联系方式、天气情况、资料核对情况、堆场情况、装船情况、发现的问题及处理情况等。

**第十六条** 装船前,船舶应做好货舱内污水井、管系等的维修保护工作,并进行污水测量及抽水试验,以防堵塞或受损,确保畅通。

**第十七条** 船舶应对装船作业进行全过程观测。如发现问题,船长有权提出拒装或要求重新检测。

装船过程中,船舶可委托理货机构落实船舶装载和积载要求。理货机构应当派专人监测装船过程并做好记录,发现问题应当及时报告船舶和港口经营人。

**第十八条** 船舶应当合理积载,满足安全航行要求。如发现超载,海事管理机构应当禁止船舶离港。

**第十九条** 港口行政管理部门和海事管理机构应当加强对装卸易流态化固体散装货物的监管。如发现与原始单证不符或违反国际规则的,依照有关规定进行处理。

**第二十条** 对静止角小于35度干燥易流态化固体散装货物,船舶应当严格按照积载要求积载，港口经营人应当按照积载要求装舱，装舱完毕及时平舱，平舱效果应经船舶认可。

**第二十一条** 船舶应当根据装运易流态化固体散装货物的要求，制订操作规程及应急预案，建立定期演练制度，完善各项处置措施。

**第二十二条** 在航行过程中，船舶应根据所装载货物的特性和航行区域特点制订货舱定期巡查计划，并将定期巡查情况记入航海日志。巡查时如发现水分游离、货物流动或船舶发生倾斜等情况，应采取排水等应急措施，并就近向海事管理机构报告。

**第二十三条** 船舶经营人或管理人应对船员加强有关专业知识的培训和考核，使其熟悉易流态化固体散装货物的特性、操作规程及应急预案。

**第二十四条** 载运易流态化固体散装货物的船舶发生水上交通事故，海事管理机构应会同港口行政管理部门对事故进行调查和处理；对特别重大事故或交通运输部认为有必要时，由交通运输部直接组织调查组对事故进行调查和处理。

**第二十五条** 托运人、港口经营人、船舶经营人及其代理人应当健全制度、加强管理、诚实守信，依法经营。检测机构和理货机构应当恪尽职守、公正执业。港口行政管理部门和海事管理机构应当秉公执法，依法行政。

凡违反规定、玩忽职守、弄虚作假、滥用职权、徇私舞弊，造成事故的，一经查出，依法追究刑事责任；尚不构成犯罪的，依法给予处分。

**第二十六条** 中国籍船舶从事易流态化固体散装货物国际运输可参照本规定执行。

**第二十七条** 本规定由交通运输部负责解释。

**第二十八条** 本规定自公布之日起施行。《交通部关于发布〈海运精选矿粉及含水矿产品安全管理暂行规定〉的通知》（(88)交海字 275 号）以及《交通部、国家技术监督局关于发布〈海运精选矿粉及含水矿产品安全检验方法〉的联合通知》（(89)交运字 198 号）同时废止。

二〇一一年十一月九日

附件 1

# 水路运输易流态化固体散装货物目录
# （2011 版）

（本目录除个别品种外，均为国际海事组织 2008 年通过的《国际海运固体散装货物规则》（IMSBC 规则）中标记为 A 类的易流态化固体散货。）

| 序号 | 中　文　名 | 英　文　名 |
|---|---|---|
| 1 | 沉积铜 | Cement Copper |
| 2 | 红砷镍矿 | Nickeline |
| 3 | 红土镍矿 | Laterite-nickel Ore |
| 4 | 黄铁矿 | Pyrites |
| 5 | 黄铁矿（含铜、细粒、浮选或硫） | Pyrites (Cupreous, Fine, Flotation orSulphur) |
| 6 | 黄铁矿，经过煅烧 | Pyrites, Calcined |
| 7 | 黄铁矿粉 | Pyritic Ash |
| 8 | 黄铁矿粉（铁） | Pyritic Ashes (Iron) |
| 9 | 黄铁矿渣 | Pyritic Cinders |
| 10 | 黄铜矿 | Chalcopyrite |
| 11 | 焦炭渣 | Coke Breeze |
| 12 | 金属硫化精矿 | Metal Sulphide Concentrate |
| 13 | 精矿 | Mineral Concentrates |
| 14 | 硫化铅 | Lead Sulphide |
| 15 | 硫化铅（方铅矿） | Lead Sulphide (Galena) |
| 16 | 硫化锌 | Zinc Sulphide |
| 17 | 硫化锌（闪锌矿） | Zinc Sulphide (Blende) |
| 18 | 煤泥 | Coal Slurry |
| 19 | 锰精矿 | Manganese Concentrate |
| 20 | 泥煤苔 | Peat Moss |
| 21 | 镍精矿 | Nickel Concentrate |
| 22 | 镍矿 | Nickel Ore |
| 23 | 铅精矿 | Lead Concentrate |
| 24 | 铅矿石精矿 | Lead Ore Concentrate |

续上表

| 序号 | 中 文 名 | 英 文 名 |
|---|---|---|
| 25 | 铅矿尾矿 | Lead Ore Residue |
| 26 | 铅锌煅砂(混合) | Lead and Zinc Calcines (Mixed) |
| 27 | 铅锌中矿 | Lead and Zinc Middlings |
| 28 | 闪锌矿(硫化锌) | Blende (Zinc sulphide) |
| 29 | 烧结矿 | Sinter (Mixed) |
| 30 | 矿渣 | Slag |
| 31 | 钛铁矿砂 | Ilmenite Sand |
| 32 | 钛铁矿粘土 | Ilmenite Clay |
| 33 | 高岭土(陶土) | China clay |
| 34 | 铁精矿 | Iron Concentrate |
| 35 | 铁精矿(球团料) | Iron Concentrate (Pellet Feed) |
| 36 | 铁精矿(烧结料) | Iron Concentrate (Sinter Feed) |
| 37 | 原矿 | Iron Ore |
| 38 | 铜精矿 | Copper Concentrate |
| 39 | 铜矿石精矿 | CopperOre Concentrate |
| 40 | 铜泥 | Copper Precipitate |
| 41 | 五水合物原矿 | Pentahydrate Crude |
| 42 | 霞石正长岩(矿物) | Nefeline Syenite (Mineral) |
| 43 | 锌精矿 | Zinc Concentrate |
| 44 | 锌矿、煅烧的 | Zinc Ore, Burnt |
| 45 | 锌矿、精矿 | Zinc Ore, Concentrates |
| 46 | 锌矿、菱锌矿 | Zinc Ore, Calamine |
| 47 | 锌矿、原矿 | Zinc Ore, Crude |
| 48 | 锌铅煅砂(混合) | Zinc and Lead Calcined (Mixed) |
| 49 | 锌烧结矿 | Zinc Sinter |
| 50 | 锌淤渣 | Zinc Sludge |
| 51 | 银铅精矿 | Lead Silver Concentrate |
| 52 | 银铅精矿 | Silver Lead Concentrate A See Mineral Concentrates Schedule |
| 53 | 银铅矿精矿 | SilverLead Ore Concentrate |
| 54 | 银铅矿石 | Lead SilverOre |
| 55 | 氟石 | Fluorspar |

附件 2

# 易流态化固体散装货物适运性现场检测简易方法

## 一、适用于吸水性弱的固体散货

（一）用坚固圆筒或类似的容器（容积为0.5～1升）装半罐样品，从离地面约0.2米高处猛力摔在坚硬的地面上，重复做25次，每次间隔1～2秒，如样品表面游离出水分或液化时，则需要重新检验。

（二）手抓一把样品，从1.5米高处自由落到坚硬地面或甲板上，若样品崩散，则适运，若样品仍为一团，则不适运。

（三）手抓样品成团后，即松开，发现样品散开，则适运；若样品抱团不散，需要重新检验。

## 二、适用于吸水性强的固体散货

（一）用坚固圆筒或类似的容器（容积为0.5～1升）装半罐样品，从离地面约0.2米高处猛力摔在坚硬的地面上，重复做25次，每次间隔1～2秒，如样品表面游离出水分或液化时，则需要重新检验。

（二）样品放入平底玻璃杯或小容器内，来回不停摇动5分钟，如有明显液体浮在表面，表明不适运。

（三）脚踏在样品上，如出现松软现象，显流沙样流动，表明不适运。

（四）样品放在平盘里，堆成圆锥状后，不断用平盘击桌面，如样品塌成饼状，表明不适运。如样品成碎块或裂开，则适运。

（五）将样品先充分揉捏均匀，然后在平板上用手掌慢慢搓滚成细条，用力均匀，当样品条搓成直径正好为3毫米时，如产生横向裂缝并开始断裂，则适运。

**附件3**

# 散货船装卸船/岸安全检查项目表

船　　名：________________　　日　　期：________________

港　　口：________________　　码　　头：________________

泊位水深：________________　　最小水上高度①：____________

到港吃水（读数/计算）：________　　水上高度：________________

计算出港吃水：____________　　水上高度：________________

| 序号 | 项　　目 | 船舶 | 港口经营人 | 备注 |
|---|---|---|---|---|
| 1 | 泊位水深及水上高度是否适合货物装卸？ | | | |
| 2 | 系泊设备是否适合当地所有潮汐、海流、天气、通航及船舶离靠港的情况？ | | | |
| 3 | 紧急情况下船舶是否可以随时离开码头？ | | | |
| 4 | 船舶与码头之间的通道是否安全？<br>由船舶/码头（不适用者划去）负责 | | | |
| 5 | 船舶/码头同意的通信系统是否有效？<br>通信方式________________<br>语言________________<br>无线电话频道/电话号码________________ | | | |
| 6 | 操作时通信联络人员是否可以识别？<br>船舶联络人员________________<br>岸上联络人员________________<br>位置________________ | | | |
| 7 | 船上及码头是否配备足够的处理紧急情况的人员？ | | | |
| 8 | 是否准备或计划进行加油操作？ | | | |
| 9 | 船舶靠港期间是否准备或计划对码头或船舶进行修理？ | | | |
| 10 | 是否接受由于货物装卸操作所造成损坏的报告和记录程序？ | | | |
| 11 | 船上是否备有港口和码头规定（包括安全和防污染要求及应急措施）的副本？ | | | |
| 12 | 托运人是否向船长提供SOLAS第Ⅵ章要求所述的货物性质？ | | | |

续上表

| 序号 | 项目 | 船舶 | 港口经营人 | 备注 |
|---|---|---|---|---|
| 13 | 对于可能需要进入的货舱和围闭处所，其空气是否安全？熏蒸货物是否标明？船舶和码头对需要进行大气监控是否达成一致？ | | | |
| 14 | 货物装卸能力和每台装卸机械运行限制是否已通知船舶/码头？<br>装货机________<br>装货机________<br>装货机________ | | | |
| 15 | 对于装货/卸压载或卸货/压载在各个阶段的装卸货操作计划是否已经计算？<br>计划副本持有人________ | | | |
| 16 | 装卸货计划中是否已经清楚地说明作业货舱，是否标明作业次序及每次作业货舱转移的货物等级和吨数？ | | | |
| 17 | 是否已经讨论过货物需要平舱？其方法和范围是否已经取得一致？ | | | |
| 18 | 船舶和码头是否理解并接受如果压载和货物作业失调，货物装将暂停直到压载操作调整正常？ | | | |
| 19 | 船舶是否已经知道并同意卸货时去除遗留货物的预定程序？ | | | |
| 20 | 船舶最终纵平衡程序是否已确立并取得一致意见？ | | | |
| 21 | 码头传输系统传输记录的吨数是否已经通知码头，货物装卸完成后船舶准备开航所需的时间？ | | | |

注：1. 水上高度应考虑：船舶在内河或河口空船吃水状态时通过桥梁时最高桅杆的高度以及船舶靠泊和在泊时所要求安全避让的装卸机械的高度。

2. 本表一式四份，港口经营人、船舶各留存一份，海事管理机构和港口行政管理部门备查各一份。

本表应由船长、港口经营人负责人或其代表共同填写。

操作安全要求所有问题做肯定回答并在方格内相应标记“√”，否则应标记“×”并写明原因，同时，船舶与港口经营人应就采用的预防措施达成协议。如其中有关条目不适用，则填写“—”并注明原因。

同意以上各项内容：

时间________　日期________

船舶________　港口经营人________

姓名及职务________　姓名及职务________

# 公路水运工程施工企业安全生产管理人员考核管理办法

(交质监发〔2009〕757号)

## 第一章　总　　则

**第一条**　为规范公路水运工程施工企业主要负责人、项目负责人和专职安全生产管理人员(以下简称安全生产三类人员)的考核管理,促进公路水运工程安全生产,根据《安全生产法》、《建设工程安全生产管理条例》、《公路水运工程安全生产监督管理办法》,制定本办法。

**第二条**　本办法所称安全生产三类人员定义如下:

企业主要负责人,对本企业日常生产经营活动和安全生产工作全面负责、有生产经营决策权的人员,包括企业生产经营工作的负责人、企业安全生产工作的负责人等;

项目负责人,由企业法定代表人授权,负责公路水运工程项目施工管理的负责人,包括项目经理、项目副经理和项目总工等;

专职安全生产管理人员,在企业专职从事安全生产管理工作的人员,包括企业安全生产管理机构专职安全员和施工现场专职安全员(以下分别简称为企业专职安全员和施工现场专职安全员)。

**第三条**　安全生产三类人员的考核、发证与管理,应当遵守本办法。

**第四条**　安全生产三类人员考核实施分级管理。

交通运输部负责考核工作的统一管理。负责公路水运工程施工总承包一级、专业承包一级及以上资质施工企业、及未分资质等级的专项资质施工企业(以下简称"一级企业")安全生产三类人员考核管理工作。

省级交通运输主管部门负责工商注册地在本行政区域内的公路水运工程施工总承包二级、专业承包二级及以下资质企业(以下简称"二级企业")安全生产三类人员考核管理工作。

交通运输部长江航务管理部门负责长江干流航道二级企业的安全生产三类人员考核管理工作。

**第五条** 安全生产三类人员必须通过考核，取得《安全生产考核合格证书》（以下简称“考核证书”），方可参加公路水运工程投标及施工活动。

安全生产三类人员中企业主要负责人、项目负责人不得兼任专职安全生产管理人员。

**第六条** 交通运输部建立全国公路水运工程安全生产三类人员信息管理系统（以下简称“管理系统”），用于安全生产三类人员申请受理、公示公告、岗位登记和信息查询等。

## 第二章 考核申请

**第七条** 安全生产三类人员考核申请由施工企业统一组织申报，不接受个人申请。

中央管理的施工企业总部（集团）及其所属一级企业（以下简称“中央企业”）直接向交通运输部提出考核申请。其他一级企业应向工商注册地的省级交通运输主管部门提出考核申请，经省级交通运输主管部门初步审核合格后报交通运输部。

**第八条** 施工企业提出考核申请时应登录管理系统，在线填报相关信息，并按规定向相应的交通运输主管部门提交下列书面材料：

（一）企业出具的申请函；

（二）企业施工资质证书、安全生产许可证等复印件，对未取得安全生产许可证的企业，需提供说明材料；

（三）个人考核申请表及考核申请汇总表（见附件1、2）；

（四）企业聘用劳动合同复印件；

（五）申请人的有效身份证件及学历证书或职称证书等复印件，并附申请人白色背景1寸免冠彩色正面照片1张。

施工企业对申请材料的真实性负责。

**第九条** 安全生产三类人员考核分为安全管理能力考核（以下简称能力考核）和安全生产知识考试（以下简称知识考试）两部分。

能力考核是对申请人申请资格的审核。

知识考试是对申请人具备法律法规、安全生产管理、安全生产技术知识情况的测试。知识考试管理办法另行制定。

能力考核与知识考试均合格后，方可取得考核证书。

**第十条** 申请人应当具备下列条件：

（一）具有完全民事行为能力。

（二）与申报企业有正式劳动关系。

（三）申请项目负责人考核的，年龄不超过65周岁；申请专职安全生产管理人员考核的，年龄不超过60周岁。

**第十一条** 一级企业申请人的能力考核应具备下列条件：

（一）具有以下学历、职称和工作经历：

1. 企业主要负责人，应具有大专及以上学历或中级及以上技术职称，且具有3年及以上的土木工程建设经历；

2. 项目负责人，应具有大专及以上学历或中级及以上技术职称，且具有3年及以上的土木工程建设经历；

3. 施工现场专职安全员，应具有中专或同等学历且具有5年及以上的土木工程建设经历，或大专及以上学历且具有1年及以上的土木工程建设经历；

4. 企业专职安全员，应具有大专及以上学历或初级及以上技术职称，且具有1年及以上的土木工程建设或安全管理经历。

（二）在申请考核之日前1年内，申请人未有在较大及以上等级安全责任事故中负有责任的情形。

（三）符合有关国家法律法规规定的要求。

二级企业申请人的能力考核条件由省级交通运输主管部门参照制定。

**第十二条** 申请材料不齐或者不符合申报要求的，交通运输主管部门应当告知申报企业予以补充。未补充或补充后仍不符合要求的，将不予受理。

**第十三条** 能力考核通过后，方可参加知识考试。知识考试由相应的交通运输主管部门或其委托的有关机构具体组织。

**第十四条** 申请人知识考试合格，经公示后，由交通运输部或省级交通主管部门（以下简称“发证机关”），按照考核管理权限颁发考核证书。考核证书有效期为3年。

发证机关应将考核通过的安全生产三类人员信息在管理系统中进行登记注册。

**第十五条** 考核证书采用统一的编号规则。

交通运输部颁发的考核证书编号规则为:“交安” + 管理类别代号 + 证书颁发年份后2位 + 行业代码 + 证书颁发当年4位流水顺序号。

省级交通运输主管部门颁发的考核证书编号规则为:省(自治区、直辖市)简称 + “交安” + 管理类别代号 + 证书颁发年份后2位 + 行业代码 + 证书颁发当年4位流水次序号。

其中,管理类别代号分为A(企业主要负责人)、B(项目负责人)、C1(企业专职安全员)、C2(施工现场专职安全员)。行业代码分为G(公路工程)、S(水运工程)。

## 第三章 证书延期与变更

**第十六条** 安全生产三类人员的考核证书有效期满前,应于有效期截止日前3个月内,提出延期申请。有效期满而未申请延期的考核证书自动失效。

**第十七条** 延期申请按考核申请程序执行。施工企业除登录管理系统在线办理申请外,还应按规定向相应的交通运输主管部门提交如下申请材料:

(一)企业出具的延期申请函;

(二)个人延期申请表及延期申请汇总表(见附件3、4);

(三)考核证书有效期内,施工企业发生过生产安全责任事故,本企业人员负有责任的,或因违反安全法律法规,本企业人员受到部或省级交通运输主管部门处罚或者通报批评的,需如实提供有关部门出具的事故认定报告或者处罚、通报文件等;

(四)原考核证书。

**第十八条** 在考核证书有效期内,安全生产三类人员应当至少参加一次由省级交通运输主管部门组织的、不低于8个学时的安全生产继续教育。中央企业安全生产三类人员可参加部组织的安全生产继续教育。

发证机关应将安全生产继续教育信息在管理系统中及时予以录入、更新。

**第十九条** 除中央企业外的一级企业延期申请材料经省级交通运输主管部门书面审核后报部。延期申请符合以下条件的,审核通过,准予延期:

(一)按期提出延期申请;

(二)按规定接受企业年度安全生产教育培训,参加部或省级交通运输主管部

门组织的安全生产继续教育;

(三)在管理系统中申请人无不良从业记录;

(四)无本办法第二十条所列行为。

经审核准予延期的,由原发证机关在考核证书上加盖专用章,在管理系统中更新考核证书有效期。考核证书有效期每次延期期限为3年,项目负责人延期期限最长不超过65周岁,企业专职安全员和施工现场专职安全员延期期限最长不超过60周岁。

**第二十条** 在考核证书有效期内,安全生产三类人员有下列行为之一的,不予延期,必须重新考核:

(一)企业主要负责人和企业专职安全员所在企业发生1起及以上重大、特大等级生产安全责任事故或2起及以上较大生产安全责任事故,且本人负有责任的;项目负责人和施工现场专职安全员承建的工程项目发生过1起及以上一般及以上等级生产安全责任事故,且本人负有责任的;

(二)本人受到部或者省级交通运输主管部门及安全监管机构行政处罚或通报批评的;

(三)未参加本企业组织的年度安全教育和交通运输主管部门组织的继续教育的;

(四)本人或为他人伪造证书或出具虚假证明的。

**第二十一条** 安全生产三类人员因所在企业名称或者个人信息改变等原因需要变更证书的,应由所在企业向原发证机关提出考核证书变更申请,并按照以下要求提交申请材料:

(一)施工企业名称变更。

1. 企业出具的变更申请函和变更申请表(见附件5);

2. 企业上级主管部门关于企业名称变更的批复文件或者工商行政管理部门出具的变更核准通知书等相关证明材料复印件;

3. 企业新的施工资质证书和安全生产许可证等复印件。

4. 原考核证书。

(二)申请人工作单位调动。

1. 新受聘企业出具的变更申请函和调动变更申请表(见附件6);

2. 新受聘企业的施工资质证书、安全生产许可证等复印件;

3. 原企业解聘证明文件、新企业聘用或者任用证明文件等复印件。

4. 原考核证书。

(三)其他个人信息变更。

1. 企业出具的变更申请函和变更申请表(见附件5);

2. 变更信息的有效证明文件复印件;

3. 原考核证书。

申请证书类别变更的,还应当提交证明申请人符合相应能力考核条件的证明材料,经审核及知识考试后,方可变更。

(四)考核证书遗失补办。

1. 企业出具的遗失补办申请函和变更申请表(见附件5);

2. 申请人所在企业在省级以上报纸或《中国交通报》、《中国水运报》登载遗失作废声明的复印件;

因信息变更换发的考核证书,有效期不变,证书编号不变,原证书收回。因遗失补发的考核证书编号更新,其他信息不变。

**第二十二条** 因申请人工作单位跨省(自治区、直辖市)或在一、二级企业间调动的,变更申请应当先向原发证机关申请注销,原发证机关在调动变更申请表(见附件6)上签署意见,收回原证书;再按照考核申请程序,由新受聘企业向新发证机关提出换发申请,新发证机关应及时给予办理并变更三类人员管理系统信息。

## 第四章 证书使用及管理

**第二十三条** 考核证书在全国公路水运工程建设领域通用。

建设单位或其委托的工程招标代理机构在编制有关招标文件时,应当明确要求投标施工企业提供本企业拟担任该项目安全生产三类人员的考核证书。在项目实施过程中应当将安全生产三类人员具备考核证书纳入合同履约内容。

**第二十四条** 施工企业应当加强项目负责人及施工现场专职安全员的上岗登记和离岗核销管理。工程开工前,应当在管理系统中将参与工程的上述两类人员进行上岗登记。工程结束后或上述两类人员离岗时,应在管理系统中进行评价并核销。从业记录将作为考核证书延期审查的依据。

各地交通运输主管部门及其安全监管机构应当对建设项目安全生产三类人员的岗位登记情况进行监督检查。

**第二十五条** 交通运输主管部门应当加强对安全生产三类人员履行安全管理职责的监督检查,并将安全生产三类人员的违法违规行为或者受到其他处罚的信息在管理系统中予以记录。

任何单位或个人均有权向交通运输主管部门举报安全生产三类人员违法违规行为。

## 第五章 附 则

**第二十六条** 本办法自发布之日起施行。省级交通运输主管部门可根据本地实际,制定细则。《关于开展公路水运工程施工企业安全生产管理人员考核工作的通知》(交质监发〔2004〕594 号)及《关于做好公路水运工程施工企业安全生产管理人员 2004 年证书延期工作的通知》(厅质监字〔2007〕225 号)同时废止。

二〇〇九年十二月九日

**附件 1**

# 公路(水运)工程施工企业安全生产管理人员考核合格证书个人考核申请表

<table>
<tr><td>姓　名</td><td></td><td>性别</td><td></td><td>职务</td><td></td><td rowspan="4">照　片</td></tr>
<tr><td>身份证号</td><td colspan="3"></td><td>职称</td><td></td></tr>
<tr><td>学历</td><td colspan="3"></td><td>毕业时间</td><td></td></tr>
<tr><td>毕(肄、结)业<br>院校</td><td colspan="3"></td><td>所学专业</td><td></td></tr>
<tr><td>申请类别(√)</td><td colspan="3">A□　B□　C1□　C2□</td><td>初次申请</td><td>□</td><td>再次申请　□</td></tr>
<tr><td>单位全称</td><td colspan="6"></td></tr>
<tr><td>工作简历</td><td colspan="6"></td></tr>
<tr><td>参建工程及安全<br>生产管理业绩</td><td colspan="6"></td></tr>
<tr><td colspan="7">本人申请公路(水运)工程安全生产考核,并声明对本次申报材料内容的真实性负责,如有虚假,愿承担由此产生的一切后果<br><br>申请人(签名):　　　　年　月　日</td></tr>
<tr><td colspan="7">企 业 意 见</td></tr>
<tr><td colspan="7">我企业________同志,本次所报材料均真实有效,同意该同志申请考核,如有虚假,本企业愿承担由此产生的一切法律后果<br>企业负责人(签章)　　　　(企业公章)<br>年　月　日</td></tr>
<tr><td colspan="7">能力考核审查意见</td></tr>
<tr><td>交通运输主管<br>部门初审意见:</td><td colspan="6">(单位盖章)<br>年　月　日</td></tr>
<tr><td>上级交通运输主管<br>部门终审意见</td><td colspan="6">知识考试分数:　　　　(单位盖章)<br>合格(　　　)不合格(　　　)原因:　　　　年　月　日</td></tr>
</table>

**附件2**

# 公路(水运)工程施工企业安全生产管理人员考核合格证书考核申请汇总表

企业名称(盖章):　　　　企业资质证书编号:　　　　企业安全生产许可证编号:

| 序号 | 姓　名 | 性别 | 出生年月 | 身份证号 | 技术职称 | 学历 | 工作年限 | 申请类型 | 申报类别及职务 | 考试分数 | 企业类型 |
|---|---|---|---|---|---|---|---|---|---|---|---|
| 1 | | | | | | | | | | | |
| 2 | | | | | | | | | | | |
| 3 | | | | | | | | | | | |
| 4 | | | | | | | | | | | |
| 5 | | | | | | | | | | | |

填写时间:　　　　填写人:　　　　联系电话:

说明:1. 表中统一采用9号楷体GB 2312字体;

2. 出生年月一栏格式为1900－00－00;

3. 身份证建议填写18位身份证;

4. 学历、职称必须填写全称;

5. 申请类型中填写初领、再次领取,企业类型填写中央企业、其他一级企业、二级企业;

6. 申报类别:A、B、C1、C2;

7. 此表可从三类人员管理信息系统中打印。

附件 3

# 公路（水运）工程施工企业安全生产管理人员考核合格证书个人延期申请表

<table>
<tr><td>姓名</td><td></td><td>性别</td><td></td><td>职务</td><td></td><td rowspan="3">照　片</td></tr>
<tr><td>身份证号码</td><td colspan="2"></td><td>企业名称</td><td colspan="2"></td></tr>
<tr><td>证书编号</td><td colspan="2">交安（ ）</td><td>发证时间</td><td colspan="2"></td></tr>
<tr><td colspan="7">近 3 年承建的公路水运工程项目情况</td></tr>
<tr><td>项目名称</td><td>建设规模</td><td>建设单位名称</td><td>担任职务</td><td>起止时间</td><td colspan="2">网上执业记录是否一致</td></tr>
<tr><td></td><td></td><td></td><td></td><td></td><td colspan="2"></td></tr>
<tr><td></td><td></td><td></td><td></td><td></td><td colspan="2"></td></tr>
<tr><td></td><td></td><td></td><td></td><td></td><td colspan="2"></td></tr>
<tr><td></td><td></td><td></td><td></td><td></td><td colspan="2"></td></tr>
<tr><td colspan="7">近 3 年每年参加企业年度安全生产教育情况</td></tr>
<tr><td colspan="2">培训机构</td><td colspan="2">培训时间</td><td colspan="3">主要内容</td></tr>
<tr><td colspan="2"></td><td colspan="2"></td><td colspan="3"></td></tr>
<tr><td colspan="2"></td><td colspan="2"></td><td colspan="3"></td></tr>
<tr><td colspan="2"></td><td colspan="2"></td><td colspan="3"></td></tr>
<tr><td colspan="2">参加交通运输主管部门继续教育情况</td><td colspan="5"></td></tr>
<tr><td colspan="7">本人近 3 年所参建的公路（水运）工程发生过__起（特别重大、重大、较大、一般）生产安全责任事故；本人对本次申报材料内容的真实性负责，如有虚假，愿承担由此产生的一切后果<br>申请人（签名）：　　　　年　月　日</td></tr>
<tr><td colspan="2">企业审核意见</td><td colspan="5">我企业__________同志，本次所报材料均真实有效，同意该同志证书延期申请，如有虚假，本企业愿承担由此产生的一切法律后果<br>企业负责人（签名）：　　（企业公章）　　年　月　日</td></tr>
<tr><td colspan="2">交通运输主管部门初审意见</td><td colspan="5">合格（　　）　不合格（　　）<br>不合格原因：<br>审核人：　　（单位公章）　　年　月　日</td></tr>
<tr><td colspan="2">上级交通运输主管部门终审意见</td><td colspan="5">合格（　　）　不合格（　　）<br>不合格原因：<br>审核人：　　（单位公章）　　年　月　日</td></tr>
</table>

注：1. 提出延期申请前必须登录管理系统核对信息；

2. 如所参建工程未发生生产安全责任事故，请在事故调查栏的下划线处填写“零”。

**附件4**

# 公路(水运)工程施工企业安全生产管理人员考核合格证书延期申请汇总表

企业名称(盖章):　　　　　　　　企业资质证书编号:　　　　　　　　企业安全生产许可证编号:

| 序号 | 姓　名 | 性别 | 出生年月 | 身份证号 | 学历 | 技术职称 | 类别及职务 | 证书编号 | 发证时间 | 备注 |
|---|---|---|---|---|---|---|---|---|---|---|
| 1 | | | | | | | | | | |
| 2 | | | | | | | | | | |
| 3 | | | | | | | | | | |
| 4 | | | | | | | | | | |
| 5 | | | | | | | | | | |

填写时间:　　　　　　　　　　　　填写人:　　　　　　　　　　　　联系电话:

填表说明:1. 表中统一采用9号楷体GB 2312字体;

2. 出生年月一栏格式为1900－00－00;

3. 职务职称必须填写全称;

4. 提交延期申请的证书原件;

5. 此表可从三类人员管理信息系统中打印。

## 附件 5

# 公路(水运)工程施工企业安全生产管理人员考核合格证书变更申请表

企业名称(盖章):　　　　企业资质证书编号:　　　　企业安全生产许可证书编号:

| 序号 | 姓名 | 性别 | 出生年月 | 身份证号 | 学历 | 技术职称 | 证书编号 | 类别及职务 | 发证时间 | 变更类型 | 变更内容 |
|---|---|---|---|---|---|---|---|---|---|---|---|
| 1 | | | | | | | | | | | |
| 2 | | | | | | | | | | | |
| 3 | | | | | | | | | | | |
| 4 | | | | | | | | | | | |
| 5 | | | | | | | | | | | |

填写时间:　　　　填写人:　　　　联系电话:

填表说明:1. 表中统一采用 9 号楷体 GB 2312 字体;

2. 出生年月一栏格式为 1900 - 00 - 00;

3. 身份证按照文本格式;

4. 职务职称必须填写全称;

5. 在表中填写原证书相关信息,表中有关信息须与管理系统中信息一致;

6. 变更类型一栏填写详细的具体变更事项,如更改企业名称,填写企业名称更改为×××公司;

7. 提交变更的证书原件,并提供所有表格电子版。

**附件 6**

# 公路水运工程施工企业安全生产管理人员考核合格证书调动变更申请表

<table>
<tr><td>姓名</td><td></td><td>性别</td><td></td><td>身份证号码</td><td></td></tr>
<tr><td>原证书号</td><td></td><td>发证时间</td><td></td><td>原发证机关</td><td></td></tr>
<tr><td>申请原因</td><td colspan="5"></td></tr>
<tr><td>原单位的意见</td><td colspan="2">（单位公章）<br>年 月 日</td><td>新单位的意见</td><td colspan="2">（单位公章）<br>年 月 日</td></tr>
<tr><td>原发证机关的意见</td><td colspan="2">（单位公章）<br>年 月 日</td><td>新发证机关的意见</td><td colspan="2">（单位公章）<br>年 月 日</td></tr>
<tr><td colspan="6">申请人签字： 年 月 日</td></tr>
<tr><td>新证编号</td><td></td><td>发证人</td><td></td><td>新发证机关</td><td></td></tr>
</table>

注：此表用于三类人员跨省或在一、二级企业间调动使用。

# 交通运输企业安全生产标准化考评发证实施办法

（厅安监字〔2012〕134 号）

## 第一章　总　　则

**第一条**　为进一步规范交通运输企业安全生产标准化考评工作，依据《交通运输企业安全生产标准化考评管理办法》的规定，制定本办法。

**第二条**　本办法适用于交通运输企业安全生产标准化考评发证过程中的自评、申请、受理、考评、发证和监督管理。

**第三条**　交通运输企业安全生产标准化考评的主管机关按照管辖范围和职责权限负责组织实施考评发证工作。

**第四条**　省级交通运输主管部门和长江航务管理局、珠江航务管理局可根据本办法制定具体规定，并报交通运输部。

**第五条**　各主管机关、考评机构应严格按照本办法组织实施交通运输企业安全生产标准化考评发证。

## 第二章　考 评 流 程

**第六条**　交通运输企业应根据经营类别分别申请达标等级。

**第七条**　申请达标等级的交通运输企业应对照《交通运输企业安全生产标准化达标考评指标》进行自评，逐项给出自评分值，形成自评报告，并通过交通运输企业安全生产标准化管理信息系统向相应的主管机关提出考评申请（申请表格式见附件）。

**第八条**　主管机关收到企业申请后确定考评机构受理考评。

**第九条**　考评机构应在 5 个工作日内完成对企业申请材料的真实性和符合性的核查，对核查通过的企业启动考评；核查不通过的，应及时告知主管机关和企业，并说明原因。

**第十条**　考评机构应组织 3 名以上（含 3 名）具有相应资质的考评人员成立考评组，制定具体考评计划，告知企业后实施。

考评机构应在接到申请后 25 个工作日内完成对企业的考评。

**第十一条** 考评组实施考评可采取提问、交谈、查阅文件和记录、现场检查与抽查等方式。若有必要,可以进行现场检测与测量。考评组在企业从事考评活动,按下列程序进行:

(一)考评启动。考评组应提前与企业协调确认考评计划及考评进度表,考评前应介绍考评流程、考评方法及保密承诺等。企业应向考评组介绍企业的组织构架和安全生产工作等情况。

(二)实施考评。考评组成员按照考评计划和任务分工实施考评,获取真实数据,给出公正客观的考评分值和评价。

(三)考评组内部评议。考评组应进行内部评议,具体审核汇总各考评人员提交的考评依据和考评结果,研究确定综合考评结论。

(四)交换意见。考评组应向企业通报考评情况,交换考评结果,并就考评过程中发现的问题向企业提出整改建议。

**第十二条** 企业对考评机构提出的整改意见,1 个月内能按要求整改到位的,经考评机构核实后,可视为达到考评要求。

**第十三条** 企业对考评结论存有异议的,可向同级主管机关、直至上级主管机关提出复核申请。主管机关应及时组织复核。

**第十四条** 考评组考评工作结束后,应向考评机构提交考评报告,考评报告包含下列内容:

(一)考评组人员组成;

(二)考评综述;

(三)考评材料(含考评员考评结果原件等);

(四)考评结论;

(五)对企业的相关整改建议;

(六)其他需说明的问题。

**第十五条** 考评机构收到考评组的考评报告并按程序审查后,向主管机关提交考评结论及达标等级意见。

## 第三章 考 评 发 证

**第十六条** 主管机关收到考评机构提交的考评结论后,应对企业拟达标的等级进行公示(公示期7天),公示期间没有实名举报的应向企业颁发安全生产标准化达标等级证书,并向社会公布。公示期间如有实名举报,主管机关应进行核查,举报不属实和举报属实但不影响考评结论的应予以发证;举报属实且影响考评结论的不予发证。

**第十七条** 省级交通运输主管部门和长江航务管理局、珠江航务管理局应将二、三级达标企业发证情况报交通运输部。

**第十八条** 企业安全生产标准化达标证书应按照交通运输部规定的统一样式(见附件)制发。

## 第四章 日常管理

**第十九条** 获得安全生产达标等级证书的企业每年应进行自评,并在次年1月底前将年度自评报告报发证主管机关。

**第二十条** 上级主管机关应对下级主管机关和考评机构的考评工作进行监督检查。

## 第五章 附 则

**第二十一条** 本办法自发布之日起实施。

二〇一二年六月十二日

附件

# 交通运输企业安全生产标准化达标考评

# 申

# 请

# 表

申请日期：　　年　月　日

中华人民共和国交通运输部制

# 交通运输企业安全生产标准化达标考评申请表

<table>
<tr><td>企业名称</td><td colspan="3"></td></tr>
<tr><td>经营范围</td><td colspan="3"></td></tr>
<tr><td>法人代表</td><td></td><td>注册地</td><td></td></tr>
<tr><td>注册时间</td><td></td><td>申请记录</td><td>有□ 年 月 无□</td></tr>
<tr><td>申请类别</td><td></td><td>申请等级</td><td></td></tr>
<tr><td>主管机关</td><td colspan="3"></td></tr>
<tr><td rowspan="7">相关附件</td><td colspan="3">1. 企业法人营业执照、经营许可证等 □</td></tr>
<tr><td colspan="3">2. 企业基本情况和安全生产组织架构 □</td></tr>
<tr><td colspan="3">3. 企业安全生产基本情况 □</td></tr>
<tr><td colspan="3">4. 相关安全生产管理体系证书(证明)及近 3 年安全事故情况 □</td></tr>
<tr><td colspan="3">5. 企业自评报告 □</td></tr>
<tr><td colspan="3"></td></tr>
<tr><td colspan="3"></td></tr>
<tr><td>主管机关意见</td><td colspan="3">(电子签名) 年 月 日</td></tr>
<tr><td>备注</td><td colspan="3"></td></tr>
</table>

说明:如有申请记录请在该栏填写最近一次申请时间。

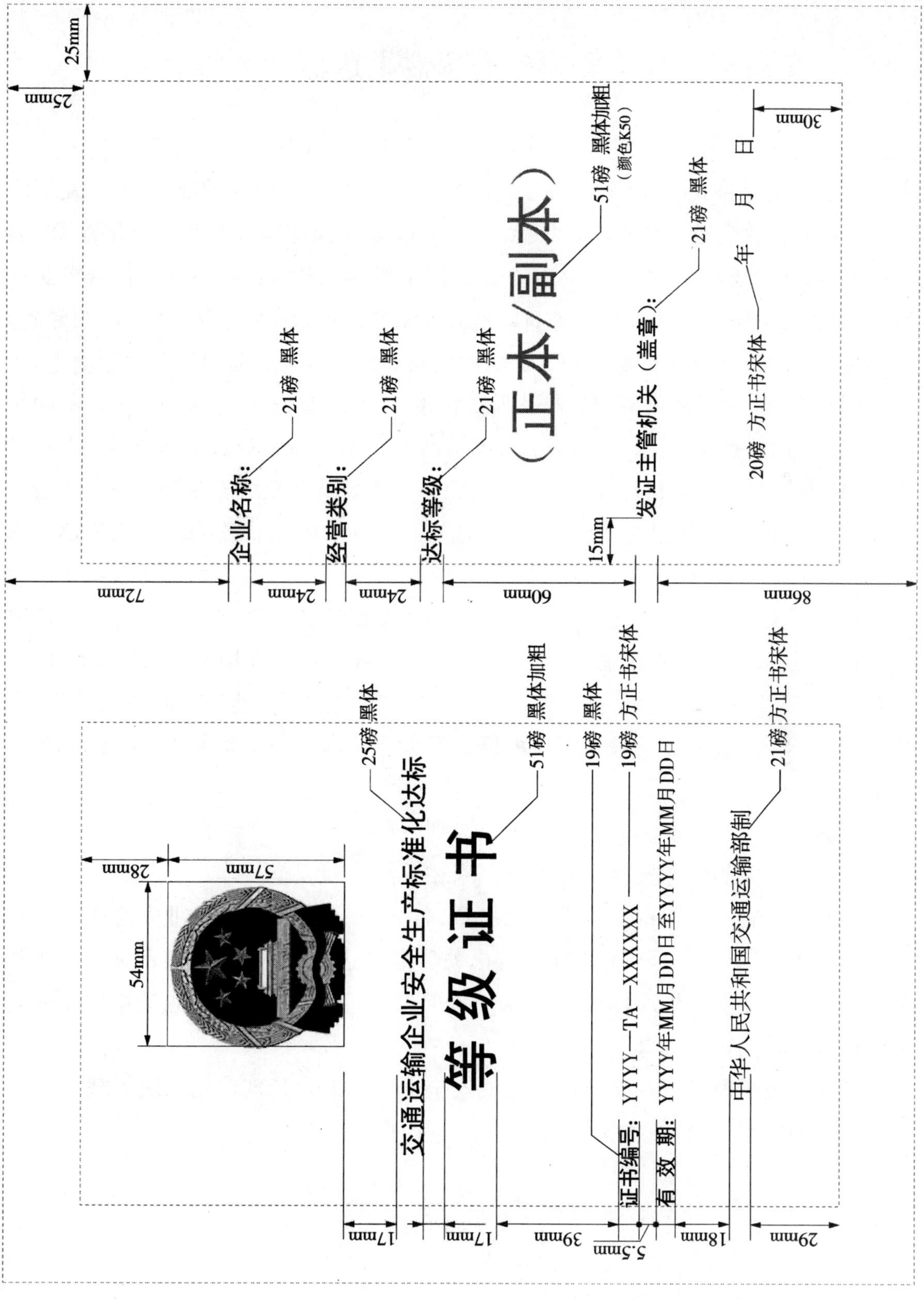

25mm
25mm
28mm
57mm
54mm
25磅 黑体
交通运输企业安全生产标准化达标
等级证书
51磅 黑体加粗
证书编号：YYYY—TA—XXXXXX
19磅 黑体
19磅 方正书宋体
有效期：YYYY年MM月DD日至YYYY年MM月DD日
中华人民共和国交通运输部制
21磅 方正书宋体
17mm
17mm
39mm
5.5mm
18mm
29mm
企业名称：
21磅 黑体
经营类别：
21磅 黑体
达标等级：
21磅 黑体
（正本/副本）
51磅 黑体加粗
（颜色K50）
发证主管机关（盖章）：
21磅 黑体
年 月 日
20磅 方正书宋体
15mm
30mm
72mm
24mm
24mm
60mm
86mm

# 证 书 说 明

1. 等级证书纸张大小为420mm×297mm(A3),带底纹。

2. 证书编号格式为 YYYY—TA—XXXXXX。YYYY 表示年份;TA 表示发证主管机关(01 表示交通运输部,02 表示北京市,03 表示天津市,04 表示河北省,05 表示山西省,06 表示内蒙古自治区,07 表示辽宁省,08 表示吉林省,09 表示黑龙江省,10 表示上海市,11 表示江苏省,12 表示浙江省,13 表示安徽省,14 表示福建省,15 表示江西省,16 表示山东省,17 表示河南省,18 表示湖北省,19 表示湖南省,20 表示广东省,21 表示海南省,22 表示广西壮族自治区,23 表示重庆市,24 表示四川省,25 表示贵州省,26 表示云南省,27 表示西藏自治区,28 表示陕西省,29 表示甘肃省,30 表示青海省,31 表示宁夏回族自治区,32 表示新疆维吾尔自治区,33 表示新疆生产建设兵团,34 表示长江航务管理局,35 表示珠江航务管理局);XXXXXX 表示序列号。

3. 经营类别分为城市公共汽车客运、城市轨道交通运输、出租汽车营运、道路旅客运输、道路危险货物运输、道路普通货运、道路货物运输场站、机动车维修、汽车客运站、港口客运(滚装码头、渡船渡口)、港口普通货运、港口危险货物营运、水路旅客运输、水路普通货物运输、水路危险货物运输、交通运输建筑施工 16 个类别。

4. 达标等级分一级、二级、三级 3 个级别。

5. 国徽图案的制作及使用应遵守国家相关法律和规范。

6. 发证主管机关印章使用圆形封口章,名称统一为“＊＊＊企业安全生产标准化达标专用章”,“＊＊＊”为发证主管机关名称,“达标专用章”封口。例:“＊＊省交通运输厅企业安全生产标准化达标专用章”、“＊＊省＊＊市交通运输局企业安全生产标准化达标专用章”。

7. 证书电子模板可在交通运输企业安全生产标准化管理信息系统下载。

8. 证书正本 1 份,副本 3 份。

# 交通运输企业安全生产标准化考评机构管理实施办法

（厅安监字〔2012〕134号）

## 第一章　总　　则

**第一条**　为做好交通运输企业安全生产标准化考评工作，规范交通运输企业安全生产标准化考评机构（以下简称：考评机构）考评行为，根据《交通运输企业安全生产标准化考评管理办法》等有关规定，制定本办法。

**第二条**　各级交通运输主管部门及长江航务管理局、珠江航务管理局（简称：主管机关）对考评机构的监督管理以及考评机构的考评活动，适用本办法。

**第三条**　考评机构是指经主管机关认定，从事交通运输企业安全生产标准化达标考评的单位。

**第四条**　交通运输部负责全国交通运输企业安全生产标准化考评机构的监督管理和指导工作，具体负责认定和管理从事一级达标交通运输企业考评工作的考评机构；各地交通运输主管部门、长江航务管理局、珠江航务管理局根据管辖范围负责认定和管理从事二、三级达标交通运输企业考评工作的考评机构。

## 第二章　考评机构类别与资质

**第五条**　考评机构资质类型分为道路运输、水路运输、港口营运、城市客运、交通运输工程建设五类。

道路运输资质类型含道路旅客运输、道路危险货物运输、道路普通货运、道路货物运输站场、机动车维修、汽车客运站等经营类别；水路运输资质类型含水路旅客运输、水路普通货物运输、水路危险货物运输等经营类别；港口营运资质类型含港口客运（滚装码头、渡船渡口）、港口普通货运、港口危险货物营运等经营类别；城市客运资质类型含城市公共汽车客运、城市轨道交通运输、出租汽车营运等经营类别；交通运输工程建设资质类型含交通运输建筑施工经营类别。

**第六条** 考评机构的资质分为一、二、三级。同一级别考评机构最多只能申请两种专业类型。

一级考评机构由交通运输部认定,二级、三级考评机构由各地交通运输主管部门和长江航务管理局、珠江航务管理局认定,并报交通运输部。一级、二级、三级考评机构分别负责相应交通运输企业的达标考评工作。

**第七条** 考评机构应取得主管机关颁发的交通运输企业安全生产标准化考评机构资质证书(以下简称:资质证书,样式见附件)。资质证书包含考评机构的资质类型和资质等级,有效期5年。已认定的考评机构由主管机关向社会公布。

**第八条** 资质证书有效期满需要换证的,应于期满前3个月内向主管机关提出换证申请,经主管机关审查合格的可以换发证书;不合格的,不予换发证书。

## 第三章　考评机构资质条件

**第九条** 一级考评机构应当具备下列条件:

(一)从事交通运输业务的事业单位或经批准注册的交通运输社团组织;

(二)具有相适应的固定办公场所、设施和必要的技术条件;

(三)从事专职管理和取得相应类别考评资格且未在其他考评机构从事考评工作的人员不少于7名(其中具有高级技术职称的不少于3名);

(四)从事相关业务领域管理、咨询、服务工作;

(五)制定了完善的考评管理制度。

**第十条** 二级、三级考评机构应当具备下列条件:

(一)从事交通运输业务的事业单位或经批准注册的交通运输社团组织;

(二)具有相适应的固定办公场所、设施和必要的技术条件;

(三)从事专职管理和取得相应类别考评资格且未在其他考评机构从事考评工作的人员,二级不少于5名(其中具有高级技术职称的不少于2名),三级不少于3名(其中具有高级技术职称的不少于1名);

(四)从事相关业务领域管理、咨询、服务工作;

(五)制定了完善的考评管理制度。

## 第四章　监 督 管 理

**第十一条** 主管机关应当根据其管辖范围内交通运输企业数量、经营类别以及具备开展安全生产标准化考评条件的机构等情况,合理认定考评机构。

**第十二条**　申请考评机构资质的应按照相关规定,通过交通运输企业安全生产标准化管理信息系统向相应的主管机关提交电子申报材料(申请表格式见附件)。

**第十三条**　考评机构应当建立考评员档案,并将下列材料汇总后报主管机关。

(一)考评员汇总表、登记表;

(二)专职考评员聘用证明;

(三)考评员培训合格证明;

(四)其他相关材料。

**第十四条**　考评机构应对企业考评工作资料、现场审查记录、音像资料及相关证明材料及时归档,妥善保管,不得泄露被考评企业的技术和商业秘密。档案存档时间不得低于5年,并至少包括下列材料:

(一)被考评企业的基本情况;

(二)被考评企业安全生产相关文件目录;

(三)现场抽查情况;

(四)考评组及考评员对企业的考评意见和相关整改意见;

(五)考评员资格证复印件。

**第十五条**　考评机构应当依照相关法律、法规、标准的规定,独立开展考评工作,如实反映被考评企业的安全生产状况,严禁弄虚作假,并对考评结论承担责任。与申请考评的企业存在利害关系的,应当回避。

**第十六条**　考评机构有下列情形之一的,应当申请变更:

(一)机构名称和法定代表人变更的;

(二)停业、破产或有其他原因终止业务的;

(三)从事专职管理和考评工作的人员发生重大变化的。

**第十七条**　考评机构对企业进行考评前,应告知企业所在地主管机关。

**第十八条**　考评机构的考评工作不得以盈利为目的,不得利用考评工作谋取其他利益。

**第十九条**　考评机构应进行年度考评工作总结,并于次年1月底前报主管机关。

**第二十条**　主管机关及其工作人员应当坚持公开、公平、公正的原则,严格按照法律法规和本办法规定，对考评机构和考评员进行监督管理。

**第二十一条** 主管机关应当采取专家评议、征求被评审企业意见、抽查考评文件等方式，对其认定的考评机构的考评活动进行监督、检查和指导。

**第二十二条** 主管机关发现考评机构存在问题的，应向考评机构下达整改通知书，要求考评机构及时整改。整改结束后，考评机构应向主管机关提交整改报告。

**第二十三条** 任何单位和个人有权向主管机关实名举报考评机构。主管机关应当及时受理、组织调查处理，并为举报人保密。

**第二十四条** 考评机构有下列情形之一的，原发证主管机关应当撤销其考评资质，并收回资质证书：

（一）违反有关考评规定和违法违规行为，不宜继续从事考评工作的；

（二）考评机构未按照主管机关整改通知书要求整改或整改不合格的；

（三）资质证书有效期满未申请换证或申请换证但未获得认可的；

（四）按照有关法规、规定，应予以撤销的。

## 第五章 附　　则

**第二十五条** 本办法自颁布之日起实施。

二〇一二年六月十二日

附件

## 交通运输企业安全生产标准化考评机构

# 申

# 请

# 表

申请日期：　　年　月　日

中华人民共和国交通运输部制

# 交通运输企业安全生产标准化考评机构申请表

<table>
<tr><td>单位名称</td><td colspan="3"></td></tr>
<tr><td>业务范围</td><td colspan="3"></td></tr>
<tr><td>何时成立</td><td></td><td>批准单位</td><td></td></tr>
<tr><td>法人代表</td><td></td><td>单位类别</td><td></td></tr>
<tr><td>申请类别</td><td></td><td>申请级别</td><td></td></tr>
<tr><td>拟从事考评人数</td><td></td><td>其中高级职称人数</td><td></td></tr>
<tr><td>从事相关业务经历</td><td>年</td><td>申请从事业务地域</td><td></td></tr>
<tr><td>主管机关</td><td colspan="3"></td></tr>
<tr><td>主要业绩</td><td colspan="3"></td></tr>
<tr><td rowspan="5">相关附件</td><td colspan="3">1. 单位基本情况 □</td></tr>
<tr><td colspan="3">2. 考评管理制度____个 □</td></tr>
<tr><td colspan="3">3. 拟从事专职考评人员情况（含劳务意向协议） □</td></tr>
<tr><td colspan="3"></td></tr>
<tr><td colspan="3"></td></tr>
<tr><td>主管机关意见</td><td colspan="3">（电子签名）　年　月　日</td></tr>
<tr><td>备注</td><td colspan="3"></td></tr>
</table>

说明：拟从事考评人数，应填写已获取考评员培训、考试资格，并与本单位签订专职劳务意向协议的人员数量。拟从事专职考评人员情况，应含其个人关键信息。

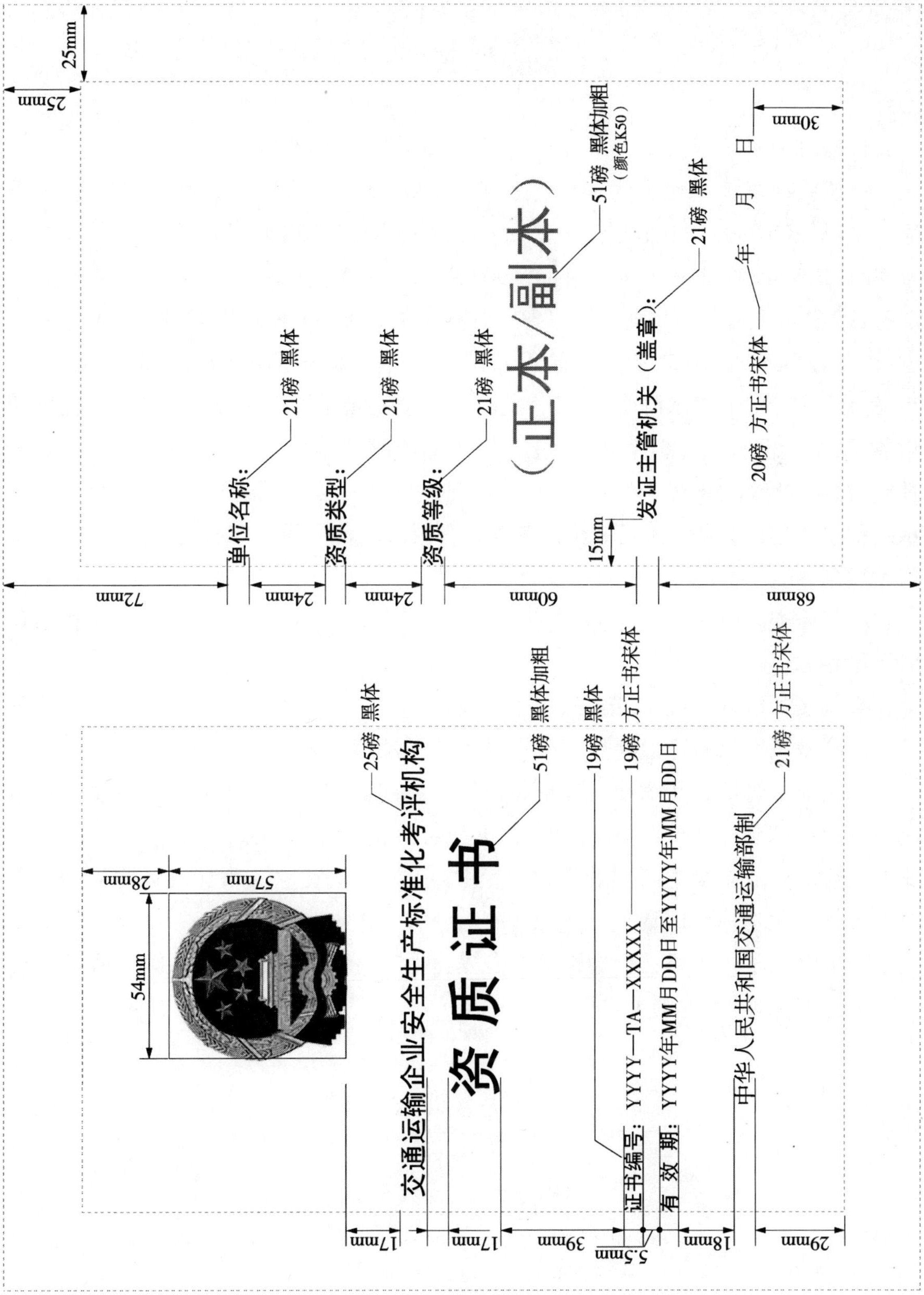
交通运输企业安全生产标准化考评机构
25磅 黑体
资 质 证 书
51磅 黑体加粗
证书编号：YYYY—TA—XXXXX
19磅 黑体
19磅 方正书宋体
有 效 期：YYYY年MM月DD日至YYYY年MM月DD日
中华人民共和国交通运输部制
21磅 方正书宋体
54mm
28mm
57mm
17mm
17mm
39mm
5.5mm
18mm
29mm
单位名称：
21磅 黑体
资质类型：
21磅 黑体
资质等级：
21磅 黑体
（正本/副本）
51磅 黑体加粗
（颜色K50）
发证主管机关（盖章）：
21磅 黑体
年 月 日
20磅 方正书宋体
15mm
30mm
25mm
25mm
72mm
24mm
24mm
60mm
68mm

# 证书说明

1. 资质证书纸张大小为420mm×297mm(A3),带底纹。

2. 资质证书编号格式为YYYY—TA—XXXXX。YYYY表示年份;TA表示发证主管机关(01表示交通运输部,02表示北京市,03表示天津市,04表示河北省,05表示山西省,06表示内蒙古自治区,07表示辽宁省,08表示吉林省,09表示黑龙江省,10表示上海市,11表示江苏省,12表示浙江省,13表示安徽省,14表示福建省,15表示江西省,16表示山东省,17表示河南省,18表示湖北省,19表示湖南省,20表示广东省,21表示海南省,22表示广西壮族自治区,23表示重庆市,24表示四川省,25表示贵州省,26表示云南省,27表示西藏自治区,28表示陕西省,29表示甘肃省,30表示青海省,31表示宁夏回族自治区,32表示新疆维吾尔自治区,33表示新疆生产建设兵团,34表示长江航务管理局,35表示珠江航务管理局);XXXXX表示序列号。

3. 资质类别分为道路运输、水路运输、港口码头、城市客运、交通运输工程建设5个类型。

4. 资质等级分一级、二级、三级3个级别。

5. 国徽图案的制作及使用应遵守国家相关法律和规范。

6. 发证主管机关印章使用圆形封口章,名称统一为"＊＊＊企业安全生产标准化达标专用章","＊＊＊"为发证主管机关名称,"达标专用章"封口。例:"＊＊省交通运输厅企业安全生产标准化达标专用章"、"＊＊省＊＊市交通运输局企业安全生产标准化达标专用章"。

7. 证书电子模板可在交通运输企业安全生产标准化管理信息系统下载。

8. 证书正本1份,副本3份。

# 交通运输企业安全生产标准化考评员管理实施办法

（厅安监字〔2012〕134号）

## 第一章　总　　则

**第一条**　为加强交通运输企业安全生产标准化考评员的管理，规范其考评行为，根据《交通运输企业安全生产标准化考评管理办法》等有关规定，制定本办法。

**第二条**　本办法所称考评员是指经专业培训并考试合格、取得资格证书的人员。

**第三条**　考评员的分类、资格认定、考评活动以及对考评员的监督管理适用本办法。

**第四条**　交通运输部负责指导全国考评员的管理。省级交通运输主管部门、长江航务管理局、珠江航务管理局负责其管辖范围内的考评员管理工作。

**第五条**　考评员专业类型分为道路运输、水路运输、港口营运、城市客运、交通运输工程建设五种。

**第六条**　考评员资格管理工作应当公平、公正、公开。

## 第二章　资格条件

**第七条**　凡中华人民共和国公民，遵守法律、法规和规章，恪守职业道德，符合下列条件的，均可报考考评员。

（一）具有大学专科以上学历，相关专业技术职称，且从事交通运输相关工作5年以上；

（二）熟悉交通运输安全生产法律法规及相关规定；

（三）有较强的组织协调能力和文字语言表达能力；

（四）年龄原则上不得超过60周岁，身体健康。

**第八条**　报考考评员的人员应通过交通运输企业安全生产标准化管理信息系统向户籍所在地或常住地主管机关提交申请，并附下列材料：

（一）申请表（见附件）；

（二）相关证明文件（包括身份证明、学历证明、培训合格证明等的电子文档）。

**第九条** 考评员资格最多只能申请两种专业类型。

## 第三章 培训考试与登记

**第十条** 交通运输部负责组织制定考试大纲和编写培训教材。省级交通运输主管部门、长江航务管理局和珠江航务管理局按管辖范围负责组织实施培训、考试工作。

**第十一条** 培训和考试应包含以下内容：

（一）安全生产相关法律法规；

（二）交通运输企业安全生产标准化相关规定；

（三）相关专业技术知识和考评技能；

（四）其他相关知识。

取证培训时间不少于24个学时。

**第十二条** 经培训考试合格的人员，由省级交通运输主管部门、长江航务管理局、珠江航务管理局核发交通运输企业安全生产标准化考评员资格证。

直接从事交通运输安全生产行政管理工作10年以上，熟练掌握交通运输安全生产相关法规和企业安全生产标准化规定，身体健康，经本人申请、所在单位推荐、发证主管机关核准，可直接颁发考评员资格证。

**第十三条** 从事交通运输企业安全生产标准化考评工作的考评员应受聘于考评机构开展考评活动。

**第十四条** 省级交通运输主管部门和长江航务管理局、珠江航务管理局应将管辖范围内的考评员登记信息报交通运输部。

## 第四章 资格证管理

**第十五条** 交通运输部统一规定考评员资格证样式（见附件），省级交通运输主管部门、长江航务管理局和珠江航务管理局负责资格证的印制和发放等工作。

**第十六条** 考评员个人信息变动应及时向发证主管机关报告。

**第十七条** 交通运输部建立全国统一的资格证书管理信息系统。该系统包括考评员基本信息、证书信息和其他电子文档内容。

**第十八条** 考评员资格证有效期为5年。有效期满继续从事考评工作的，应在有效期满前3个月内向发证主管机关提出换证申请。

**第十九条** 考评员申请换证应提交以下材料：

(1)申请表(见附件)；

(2)继续教育证明；

(3)所在考评机构出具的工作业绩证明。

**第二十条** 考评员应妥善保管考评员资格证，不得损毁、涂改或转借他人。考评员资格证遗失者，应及时向主管机关申请补发。

## 第五章 考评员管理

**第二十一条** 考评员应当遵守下列规定：

(一)严格执行国家有关法律法规，客观公正，实事求是，保证考评工作质量和真实性；

(二)遵守考评纪律，恪守职业道德，保守考评企业技术和商业秘密；

(三)对考评工作负责；

(四)对考评结论持有异议的，可向考评机构报告，如对考评机构的认定仍有异议的，可向相应的主管机关报告；

(五)与申请考评的企业存在利害关系的，应当主动回避；

(六)自觉接受主管机关、考评机构的监督管理；

(七)年度继续教育时间不少于8学时。

**第二十二条** 考评员在考评企业时，应当出示考评员资格证。

**第二十三条** 考评员从事考评工作，应认真做好考评记录，保证考评工作规范、有序开展。

**第二十四条** 主管机关应对考评员的考评活动进行监督检查，其方式可采取现场检查、企业反馈意见搜集、询问等。

**第二十五条** 考评员有下列行为之一的，主管机关应当撤销考评员资格：

(一)隐瞒企业重大安全问题的；

(二)考评工作中弄虚作假的；

(三)泄露企业技术和商业秘密的；

(四)收受企业财物或者为企业谋取不正当利益的；

（五）不服从主管机关监督管理的；

（六）资格证逾期不申请换证的；

（七）其他不能胜任考评工作的。

因上述（一）、（二）、（三）、（四）原因被撤销资格证的，终身不得从事考评工作；因上述其他原因被撤销资格证的，2 年内不得申请考评员资格。

**第二十六条** 考评员常住地发生省际间变更的，应申请换发资格证。

## 第六章 附 则

**第二十七条** 本办法自发布之日起实施。

二〇一二年六月十二日

**附件**

# 交通运输企业安全生产标准化考评员

# 申

# 请

# 表

申请类别：□道路运输 □水路运输 □港口码头

□城市客运 □交通运输工程建设

主管机关：________________

申请日期：________________

中华人民共和国交通运输部制

# 交通运输企业安全生产标准化考评员申请表

<table>
<tr><td>姓名</td><td></td><td>性别</td><td></td><td>出生年月</td><td></td><td rowspan="5">照片<br>（电子版）</td></tr>
<tr><td>身份证号</td><td colspan="5"></td></tr>
<tr><td>工作单位</td><td colspan="3"></td><td>职务/职称</td><td></td></tr>
<tr><td>常住地址</td><td colspan="3"></td><td>邮编</td><td></td></tr>
<tr><td>联系电话</td><td colspan="3"></td><td>传真号码</td><td></td></tr>
<tr><td>手机号码</td><td colspan="3"></td><td>电子邮箱</td><td colspan="2"></td></tr>
<tr><td>文化程度</td><td></td><td colspan="2">所学专业</td><td></td><td>现从事专业</td><td></td></tr>
<tr><td>申请类别</td><td colspan="6"></td></tr>
<tr><td>主要学习<br>（培训）经历</td><td colspan="6"></td></tr>
<tr><td>主要工作<br>简历</td><td colspan="6"></td></tr>
<tr><td>主管机关<br>意见</td><td colspan="6">（电子签名）　年　月　日</td></tr>
<tr><td>备注</td><td colspan="6"></td></tr>
</table>

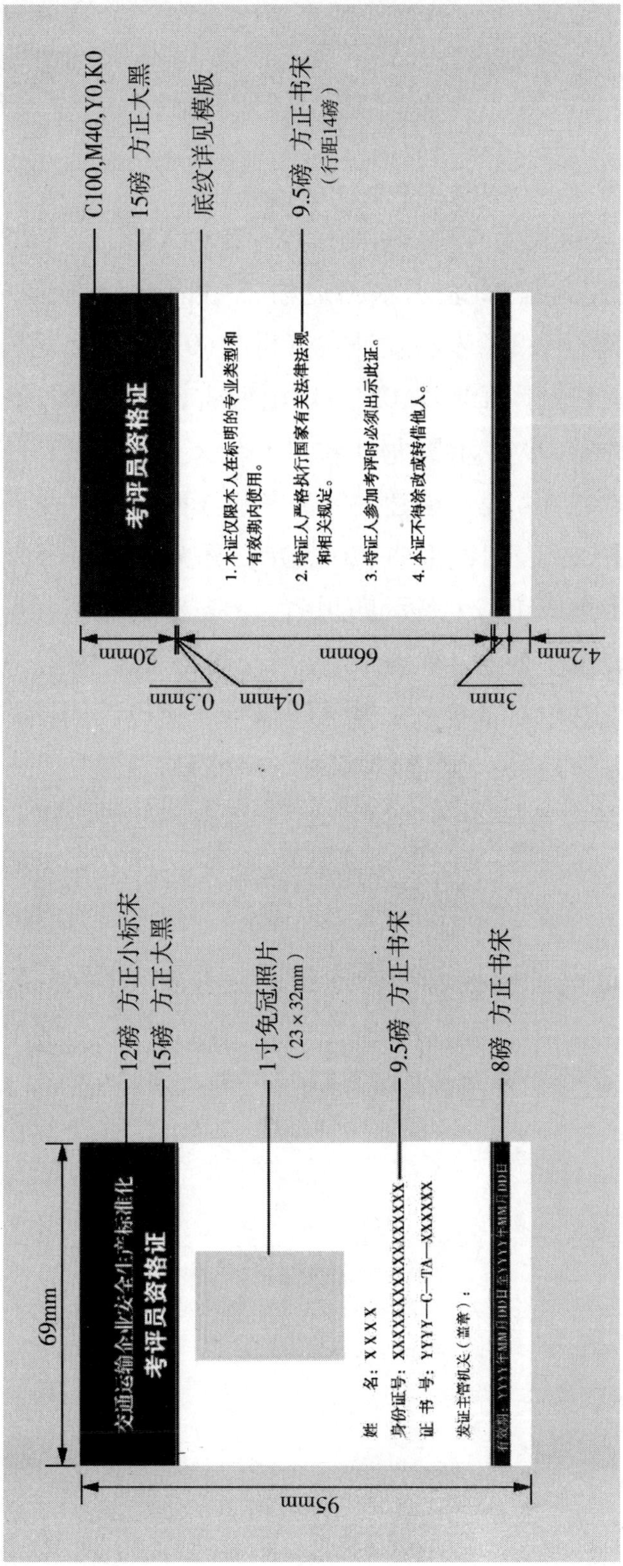

C100,M40,Y0,K0
15磅 方正大黑
底纹详见模版
9.5磅 方正书宋
（行距14磅）
考评员资格证
1. 本证仅限本人在标明的专业类型和有效期内使用。
2. 持证人严格执行国家有关法律法规和相关规定。
3. 持证人参加考评时必须出示此证。
4. 本证不得涂改或转借他人。
20mm
66mm
4.2mm
0.3mm
0.4mm
3mm
12磅 方正小标宋
15磅 方正大黑
1寸免冠照片
（23×32mm）
9.5磅 方正书宋
8磅 方正书宋
69mm
交通运输企业安全生产标准化
考评员资格证
姓 名：XXXX
身份证号：XXXXXXXXXXXXXXXXXX
证 书 号：YYYY—C—TA—XXXXXX
发证主管机关（盖章）：
有效期：YYYY年MM月DD日至YYYY年MM月DD日
95mm

# 证书说明

1. 考评员证尺寸为69mm×95mm,带底纹。

2. 考评员证编号格式为YYYY—C—TA—XXXXXX。YYYY表示年份;C表示资质类型(1表示道路运输,2表示水路运输,3表示港口营运,4表示城市客运,5表示交通运输工程建设);TA表示发证主管机关(01表示交通运输部,02表示北京市,03表示天津市,04表示河北省,05表示山西省,06表示内蒙古自治区,07表示辽宁省,08表示吉林省,09表示黑龙江省,10表示上海市,11表示江苏省,12表示浙江省,13表示安徽省,14表示福建省,15表示江西省,16表示山东省,17表示河南省,18表示湖北省,19表示湖南省,20表示广东省,21表示海南省,22表示广西壮族自治区,23表示重庆市,24表示四川省,25表示贵州省,26表示云南省,27表示西藏自治区,28表示陕西省,29表示甘肃省,30表示青海省,31表示宁夏回族自治区,32表示新疆维吾尔自治区,33表示新疆生产建设兵团,34表示长江航务管理局,35表示珠江航务管理局);XXXXXX表示序列号。

3. 发证主管机关印章使用圆形封口章,名称统一为"＊＊＊企业安全生产标准化达标专用章","＊＊＊"为发证主管机关名称,"达标专用章"封口。例:"＊＊省交通运输厅企业安全生产标准化达标专用章"。

4. 考评员资格证电子模板可在交通运输企业安全生产标准化管理信息系统下载。

# 交通运输部安全委员会工作规则

（交安委〔2009〕1号）

为规范交通运输部安全委员会（以下简称安委会）的工作，明确安委会及交通运输部安全委员会办公室（以下简称安委办）的主要职责，根据国务院和交通运输部有关规定，结合交通运输安全生产工作实际，制订本规则。

## 一、总则

（一）安委会是交通运输部的议事协调机构，不代替交通运输部有关职能部门的安全生产监督管理职责。

（二）安委会成员单位或成员因需要变更时，经安委办报安委会主任同意后，由交通运输部人事劳动司印发通知。

（三）安委办设在交通运输部安全监督司，安全监督司负责安委办的日常工作。

## 二、安委会职责

（一）贯彻党中央、国务院有关安全生产的方针、政策、法令和批示，研究部署和指导协调全国交通运输安全生产工作。

（二）分析和掌握全国交通运输安全生产形势，确定交通运输行业安全生产方针、目标和指导意见。

（三）研究解决交通运输安全生产工作中的重大问题，提出改进工作的意见和措施。

（四）监督检查和指导有关司局、各级交通运输部门的安全生产工作，协调交通运输安全工作中与其他部门的关系。

（五）召开全国性交通运输安全生产工作重要会议，并督促检查有关决定事项的落实情况。

（六）组织全国性交通运输安全生产工作重要活动。

（七）总结、交流和推广交通运输行业安全生产先进经验。

（八）完成国务院安全委员会交办的其他安全生产工作。

## 三、安委办职责

（一）研究提出交通运输安全生产重大方针政策和重要措施的建议。

（二）协调有关司局和各级交通运输部门的安全生产工作。

（三）组织交通运输安全生产大检查和专项督查；部署黄金周、小长假等重要时段交通运输安全生产工作。

（四）参与研究有关部门在产业政策、资金投入、科技发展等工作中涉及安全生产的相关工作。

（五）承办安委会召开的会议和重要活动，及时传达上级关于安全生产工作的批示、文件及会议精神，督促、检查安委会会议决定事项的贯彻落实情况。

（六）承办安委会交办的其他工作。

## 四、工作制度

（一）安委会全体会议制度。安委会全体会议原则上每半年召开一次，会议由安委会主任或主任委托的副主任主持，会议议题由主持人确定。会议形成纪要报部领导，并印发至有关司局、相关的省级交通运输主管部门、部属单位。

（二）安委会专题会议制度。安委会主任或副主任认为有必要时，可主持或委托执行副主任主持召开有关成员、有关部门参加的专题会议。会议形成纪要报部领导，并印发至有关司局和相关的省级交通运输主管部门、部属单位。

（三）安委会联络员会议制度。安委会联络员会议由安委办根据工作需要不定期组织召开，安委办主任或副主任主持，全体或部分联络员参加。会议的主要内容是：通报全国交通运输安全工作形势和重要工作的进展情况；各有关司局通报本司局与安全生产相关工作的进展情况及存在问题；研究讨论拟提交安委会审议的事项；研究协调有关司局提出的事项；提出安全生产工作建议。联络员会议形成纪要，报安委会领导同志，印发安委会各成员单位。

（四）根据国务院统一部署，结合交通运输安全形势，适时组织交通运输安全生产大检查。交通运输安全生产大检查由安委办组织，安委会领导或安委会成员带队，成员单位派人参加。根据需要，可以交通运输部或安委会名义进行专项督查。专项督查工作由安委办组织，安委会成员单位派人参加。交通运输安全大检查或专项督查要形成专题报告，报送部领导并通报相关单位。

（五）黄金周和小长假等重要时段的交通运输安全工作由安委办统一部署和指导，安委会成员单位按各自职责予以落实。

（六）安委会文件由安委会主任、副主任或执行副主任签发；安委办文件由安委办主任或副主任签发。

（七）安委办编印《交通运输安全工作简报》，通报全国交通运输安全生产形势，传达党中央、国务院、交通运输部领导对安全生产工作的指示，宣传交通运输安全生产方面的重大活动，反映各地交通运输安全生产工作情况、存在问题和建议意见，交流交通运输安全生产工作经验。

二〇〇九年七月十四日

# 交通运输部安全委员会成员单位安全生产工作职责

（交安委发〔2010〕1号）

根据国务院批准的交通运输部“三定”规定和有关法律法规以及《国务院安全生产委员会成员单位安全生产工作职责》，现将部安委会成员单位安全生产工作职责明确如下：

## 一、办公厅

（一）承担部有关重大政策研究，参与交通运输有关安全生产和应急重大政策的制订。

（二）负责交通运输安全生产和应急方面有关文电和领导批示的批转和督办。

## 二、政策法规司

（一）承担交通运输安全生产和应急立法规划、计划的编制和立法组织协调工作。

（二）承担交通运输安全生产和应急法律、行政法规草案和规章的审核及报请审议工作。

（三）拟订交通运输安全生产和应急新闻宣传有关规定，并监督实施。

（四）指导交通运输行业安全生产和应急新闻宣传工作，负责部安全生产和应急新闻发布、重大宣传活动的组织协调与舆情分析。

（五）指导交通运输安全生产和应急方面有关行业体制改革工作。

（六）指导交通运输执法和宣传队伍建设。组织对交通运输安全生产和应急工作先进单位和个人进行评比表彰。

## 三、综合规划司

（一）参与组织编制交通运输安全生产和应急体系建设发展规划，负责相关建设项目的前期工作。

(二)负责安排交通运输有关安全生产监管和应急方面基础设施、装备建设以及专项治理所需项目和投资。

**四、财务司**

(一)承担交通运输安全生产和应急方面财务预算的编报、执行和管理工作,落实交通运输安全生产和应急工作所需专项资金。

(二)配合有关部门对安全生产专项资金的使用情况进行监督检查。

**五、人事劳动司**

(一)拟订部机关和部属单位安全生产和应急方面有关干部人事、机构编制、劳动安全卫生等方面的制度、标准,并监督实施。

(二)承担交通运输安全生产和应急救助部门部管干部的考核、任免、调配、培训、监督、奖惩及后备干部管理工作。

(三)承担部属安全生产和应急救助部门机关编制管理和体制改革工作。

(四)负责在部机关工作人员职业教育、继续教育和培训学习计划中纳入交通运输安全生产和应急法律、行政法规及安全生产知识,并组织实施。

(五)指导公路、水路行业安全生产和应急领域各类专业技术人才、技能人才队伍建设工作。

(六)指导公路、水路行业爱国卫生和职业病防治工作。

(七)会同有关部门制定交通运输安全生产领域职业资格相关政策。

**六、公路局**

(一)拟订公路建设、养护、路政、运营的安全生产和应急相关政策、制度、标准和应急预案,起草相关法规并监督实施。

(二)指导公路行业安全生产和应急管理以及体系建设,指导有关公路建设相关企业安全生产工作。

(三)提出公路安全保障工程、危桥改造、灾害防治、水毁抢修等工程安排建议,并监督实施;组织开展相关安全生产专项治理工作。

(四)指导全国公路养护管理工作,组织协调干线公路抢修保通工作;承担国家高速公路及重要干线路网运行监测和协调;承担公路出行信息服务和气象灾害预警工作；组织实施公路应急处置工作。

（五）指导公路建设、养护、路政、运营队伍建设工作；指导相关企业和从业人员的安全教育培训工作。

## 七、水运局

（一）拟订水路运输企业、水路工程建设、港口、航道安全生产和应急管理的相关政策、制度、标准和应急预案，起草相关法规并监督实施。

（二）指导相关安全生产和应急处置体系建设；指导相关水路运输企业安全生产工作；参与水路运输相关安全生产事故调查处理。

（三）提出水路运输相关安全生产和应急方面的规划；承担国家重点水路工程和部管理的支持系统有关安全生产和应急项目设计审批、招投标管理、施工许可、实施监督和竣工验收工作；指导水路行业基础设施建设、运营和维护。

（四）承担航道及有关航道设施、通航建筑物、航电枢纽的维护安全运行、保通的管理工作；负责内河航道划定及河道采砂涉及航道的管理。

（五）拟订水路危险货物运输政策和标准；负责港口危险品从业人员资质认定和监督管理；承担有关危险品和水路运输国际公约、规则制定和修订的相关工作；承担相关国际公约的履约工作。

（六）提出水路运输安全保障工程、老码头改造工程、灾害防治、水毁抢修等工程安排建议，并监督实施；组织开展相关安全生产专项治理工作；组织协调紧急客货水路运输；承担港口设施保安和港口安全评价的管理工作。

（七）指导水路运输、港口、航道、水路建设队伍建设工作；负责水路建设行业有关咨询、设计、施工、监理企业资质和个人职业资格的管理，指导相关企业和从业人员的安全教育培训工作。

## 八、道路运输司

（一）拟订道路运输安全生产和应急相关政策、制度、标准和应急预案，起草相关法规并监督实施。

（二）指导相关安全生产和应急处置体系建设；指导道路运输企业安全生产工作。

（三）指导道路运输枢纽、场站安全生产和应急管理工作；参与相关规划的编制工作，并监督实施；组织协调紧急客货道路运输；组织开展相关安全生产专项治理工作。

（四）提出道路运输安全生产和应急发展规划；指导城市客运（含城市地铁和轨道交通）运营的安全生产和应急管理工作。

（五）拟订道路危险货物运输政策和标准；负责危险品道路运输从业人员资质认定和监督管理；承担有关危险品道路运输国际公约、规则制定和修订的相关工作。

（六）指导道路运输应急队伍建设工作；指导相关企业和从业人员的安全教育培训和资质管理工作。

## 九、安全监督司

（一）组织落实安全生产和应急工作方针、政策，并监督检查相关工作的执行情况；组织拟订安全生产和应急体系建设发展规划，并监督实施。

（二）组织拟订公路、水路安全生产政策；拟订综合性安全生产政策和有关规章制度，起草相关法规并监督实施；指导公路、水路应急预案的拟订，并监督实施。

（三）指导并部署公路、水路行业安全生产和应急管理工作；协调部内有关应急值班工作；统一组织开展季节性安全生产和应急管理工作、安全生产大检查和专项督查；组织或参与由部或国家负责的安全生产事故的调查处理；会同相关部门督查事故调查处理和责任追究落实情况。

（四）承担部安全、应急信息统计汇总、分析等工作，提出加强安全生产和应急管理的建议。

（五）承担部安委会办公室、应急办公室的日常工作；负责与国务院应急办、国务院安委办和国家安全生产监督管理总局的联系协调。

（六）指导公路、水路行业中央企业的安全生产监督管理工作；承担公路、水路中央企业安全生产督查和安全绩效考核工作。

（七）指导公路、水路行业安全生产和应急队伍建设工作；指导相关安全生产和应急处置的宣传教育和培训工作。

## 十、科技司

（一）组织拟订公路、水路行业安全生产和应急方面科技、教育和信息化政策；

拟订公路、水路行业安全生产和应急方面科技与教育的发展规划，并监督实施。

（二）指导公路、水路行业安全和应急学科专业建设、职业教育和培训工作。

（三）承担安全生产和应急方面标准化管理有关工作；负责公路、水路安全生产和应急的有关国家标准、行业标准的相关管理工作。

（四）组织协调公路、水路有关国家级、部级安全生产和应急科技项目研究；指导行业安全生产科技成果转化和推广应用工作。

**十一、国际合作司**

（一）指导公路、水路行业安全生产和应急方面国际合作和交流；承担公路、水路安全生产和应急政府间国际组织事务和双边、区域合作机制的有关工作。

（二）组织协调有关安全生产和应急方面国际公约的履约和协定的执行工作。

**十二、公安局**

（一）拟订航运、海事和港口公安保卫工作中支持、保障安全生产和应急的有关规章、制度，并监督实施。

（二）指导交通公安预防、打击危害安全生产的违法犯罪，强化相关治安行政管理工作。

（三）指导港航火灾扑救和抢险救援工作、调查火灾事故、对消防法规定的港口建设项目消防审核和验收；负责港航消防监督检查的管理工作。

（四）指导港口道路交通管理，维护港口正常交通秩序。

**十三、中国海上搜救中心总值班室**

（一）负责组织、协调和指挥重大海上（含内河水域）搜救、船舶污染事故等突发事件的应急处置（以下简称“海上突发事件应急处置”）行动；负责海上突发事件应急处置职守；指导和督查地方海上突发事件应急处置工作；承担保安报警、海上预警和打击海盗值守工作；受部委托，承担水上应急值班工作；承担交通运输突发事件信息的接收与报告工作；承担国家防汛抗旱（防抗台风）总指挥部成员单位联络员部门工作。

（二）起草海上搜救有关政策法规，制订重大海上搜救和船舶污染事故应急反应预案及有关规章制度。

(三)组织制定全国海上搜救处置力量和物资的布局规划,指导并组织实施海上搜救物资储备工作;承担海上突发事件应急处置信息系统建设工作;指导地方政府和企事业单位的海上突发事件应急处置能力建设。

(四)负责海上搜救演习、培训、科普宣教、统计分析、总结评估和奖励补偿工作;负责社会海上搜救单位的能力评估。

(五)负责建立海上搜救的部际和部省协作机制;协调海上突发事件应急处置力量参加国家特大突发事件处置行动。

(六)承担国家海上搜救部际联系会议的日常工作;履行有关国际公约,开展与有关国家和国际组织在海上搜救和船舶污染事故应急方面的交流与合作。

(七)代部海事局履行重要通航水域清障和海上安全值班工作。

## 十四、监察局

(一)督促行政监察对象依法履行安全生产监督和应急管理职责。

(二)参加重大及以上安全生产事故调查处理,查处安全生产事故涉及的违法违纪行为,督促落实对事故责任人的责任追究。

## 十五、质监总站

(一)拟定公路、水运工程安全生产的管理规定;指导公路、水运工程施工安全生产和应急管理工作,发布建设工程应急预案。

(二)负责公路、水运工程安全生产监督的指导工作;承担公路、水运工程建设安全生产统计分析工作。

(三)组织公路、水运工程安全生产监督检查。

(四)受理公路、水运工程质量和重大安全生产问题的投诉,参与对重大工程质量和安全生产事故的调查处理。

(五)组织公路、水运工程施工安全生产管理人员的业务培训及考核。

## 十六、海事局

(一)拟订和组织实施水上安全监督管理和防止船舶污染、船舶及海上设施检验、航海保障安全生产方面的方针、政策、法规和技术规范、标准;组织编制全国海事系统中长期发展规划和有关计划;负责全国海事系统业务指导和统计工作。

（二）负责水上交通安全监管和船舶防污染管理工作。负责船舶载运危险货物的安全监督；负责管理并组织航运企业安全生产条件和安全管理体系审核发证工作；负责水上交通、船舶污染有关事故的调查处理。

（三）负责船舶、海上设施检验行业管理以及船舶适航和船舶技术管理；管理船舶及海上设施法定检验、发证工作；负责船舶检验机构和验船师资质的认定及监督管理；负责中国籍船舶登记、发证、检查和进出港（境）签证；负责外国籍船舶入出境及在我国港口、水域的监督管理；负责船舶保安、防海盗等的相关政策、规则、标准拟订和管理监督工作。

（四）负责船员、引航员适任资格培训、考试、发证管理；审核和监督管理船员、引航员培训机构资质及其质量体系；负责海员证件的管理工作。

（五）监督和管理通航秩序、通航环境。负责禁航区、航道（路）、交通管制区、港区锚地和安全作业区等水域的划定和监督管理；核定船舶靠泊安全条件；核准与通航安全有关的岸线使用和水上水下施工、作业；管理沉船沉物打捞和碍航物清除；负责河道采砂涉及通航安全的管理工作；管理和发布航行警（通）告。

（六）负责航海保障工作。管理沿海航标无线电导航和水上安全通信；管理海区港口航道测绘并组织编印相关航海图书资料；归口管理交通行业测绘工作。

（七）组织实施相关国际海事公约；依法维护国家主权；负责有关海事业务国际组织事务和有关国际合作、交流事宜。

## 十七、救助打捞局

（一）拟订救助打捞行业有关安全生产政策、法规、标准、规范，并监督实施。组织行业发展战略研究；组织编制救助打捞系统中长期发展规划和有关计划；指导行业信息化建设。

（二）负责航行在我国沿海水域的国内外船舶、海上设施和遇险的国内外航空器及其他方面的人命救助。

（三）负责船舶和海上设施财产救助、沉船沉物打捞，承担沿海港口航道清障、沉船存油和难船溢油应急清除的有关工作。

（四）承担国家指定的特殊的政治、军事、救灾等抢险救助、打捞任务；负责救助打捞系统的安全生产和应急管理工作，履行有关国际公约和双边海运协定等国际义务。

（五）负责统一部署救助船舶、直升机（飞机）等救助值班待命力量，承担实施有关救助指挥调度和协调工作。

（六）负责管理与海（水）上救助和打捞有关的涉外事宜；组织开展对外业务合作与技术交流。

（七）负责打捞、潜水机构资质审核；管理从事产业潜水作业的潜水员及与救助打捞相关的其他特殊工种的考核发证工作。

**十八、中国海员建设工会**

（一）调查研究安全生产工作中涉及交通运输系统职工合法权益的重大问题；参与涉及职工切身利益的有关安全生产政策、措施、制度和法律、法规草案的拟订工作。

（二）指导相关联委会参与职工劳动安全卫生的培训和教育工作，开展群众性劳动卫生活动。

（三）参加严重职业危害事故的调查处理，代表职工监督防范和整改措施的落实。

二〇一〇年七月二十八日

# 三、交通运输部有关安全生产规章文件

## (二)有 关 文 件

# 关于加强农村交通运输安全生产工作的意见

（交安监发〔2009〕758 号）

近年来，随着农村经济的快速发展和城镇化进程的加快，村镇和城乡间往来日益频繁，农村交通运输安全生产形势不容乐观。为进一步加强农村交通运输安全工作，现提出如下意见：

## 一、加强农村交通运输安全监管体制机制法制建设

加强以农村客运安全监管为主线的体制机制法制建设。

一是督促各级政府理顺农村交通运输安全工作体制、机制，明确各级交通运输部门的安全监管职责，保证交通运输安全监管深入农村基层，消除安全监管盲区，建成村、乡（镇）、县（市）、省（自治区、直辖市）的交通运输安全监管网络。

二是加强农村交通运输安全法规建设。深入分析研究当前我国农村交通运输安全相关法规与我国农村交通运输快速发展不相适应的问题，加快推进农村道路运输和水上运输安全法规和制度建设，同时督促指导地方各级交通运输部门结合本地区实际情况，加强地方农村交通运输安全法规建设。

## 二、查找薄弱环节，采取有针对性措施

深入开展农村交通运输安全问题调查研究，掌握农村地区农民群众的出行需求和出行现状，摸清农村交通运输安全存在的突出问题和薄弱环节，采取有针对性的措施。

一是对农村地区农民群众出行的主要方式、搭乘交通工具的种类和出行需求情况进行调查，掌握当前和今后一个时期农村地区农民群众出行需求的特点和趋势。

二是深入调查研究当前农村道路、水路及客运车辆、渡口渡船的现状，分析农村交通运输存在的主要安全隐患和交通运输部门在安全监管方面存在的薄弱环节。

三是根据农村交通运输事故统计数据和典型案例，深入开展农村交通运输事故原因和趋势的分析研究，找出造成农村交通运输安全事故的主要因素。

四是采取有力措施，扶持农村道路客运和渡船渡运发展，妥善解决农村地区农民群众安全出行问题。

## 三、下大力气解决农村交通运输安全存在的突出问题

农村交通运输网络不健全，道路通行条件较差，车船技术状况差，渡船渡口安全设施缺乏，驾驶人员和渡口渡工等从业人员安全素质较低，交通运输安全隐患多，需要下大力气解决目前存在的突出安全问题。

一是不断完善农村公路的安全防护设施，加快实施农村公路危桥改造工程。将“安保工程”逐步向农村县、乡公路推进，分阶段重点改造急弯、陡坡、临崖及长下坡路段的安全设施，增加让行、减速标志标线以及三级以下山区公路禁止客车车辆夜间通行的禁行标志等。继续大力开展危桥专项治理行动，加快推进已排查危桥的实施改造；对还没有列入改造计划的，要采取必要的安全防范措施。

二是不断完善农村渡口渡船的升级改造，提高农村渡运安全条件。制订渡口改造和渡船更新计划，积极筹措资金，改造渡运码头，更新老旧渡船，提高渡口、渡船等设施的安全水平。将渡口改造纳入建设计划，改善渡口设施，使渡口与公路技术状况相适应。研究采取中央补助、地方政府配套、经营者自筹的办法，多渠道筹集资金，加快渡船更新步伐。根据当地自然条件和水情特点，抓紧研制、优选和推荐一批安全性能高、经济实用的船型，指导渡船改造。加大对义渡、半义渡的资金投入，在条件具备的前提下，积极采取撤渡建桥等措施，从根本上改善群众的出行条件。

三是进一步强化驾驶员和渡工的教育培训，提高从业人员安全意识和技能。抓好驾驶员、渡工的安全培训工作，不断强化其安全意识和责任意识，提高其安全操作技能，坚持驾驶员、渡工持证上岗制度。

四是进一步引导和扶持农村道路客运和渡运的发展。农村道路客运、渡运具有公益性属性，鼓励地方交通运输部门因地制宜研究制订相关扶持政策，保证资金的投入和倾斜，鼓励更多有规模、信誉好、安全水平高的运输企业进入农村客运市场，保障渡船维修费用和渡工生活补助，从根本上夯实农村客运安全工作基础。进一步调整农村客运管理模式，根据农村客流特点，以片区或者线路经营权为标的，

通过服务质量招标确定经营主体。按照以路况定车型的原则，对县到乡、乡到村农村道路客运采用不同的车型。允许经营者根据农村客流变化情况，调整或增加班次，发挥市场配置资源的基础性作用，满足农民群众出行需求。督促农村客运经营者按规定落实承运人责任险等各种保险，提高农村客运企业的抗风险能力。

**四、加大安全监管力度，落实农村交通运输安全工作责任制**

一是加大农村交通运输安全隐患排查和治理工作的监管力度。继续开展农村危桥、隧道、渡船渡口等重点部位的安全隐患排查工作，跟踪安全隐患治理落实情况，加大安全监管力度。

二是加强农村交通运输市场的规范建设。严把企业、运输工具、从业人员准入关口，加强对企业安全评估，强化交通运输工具和设备设施安全性能检验，继续开展渡口渡船安全管理专项整治。严查从业人员无证上岗，严格渡口审批和渡船安全检查，重点查禁无证船舶、农用船、渔船等非渡船的非法载客行为，严禁超载和冒险航行，确保渡运秩序良好。

三是建立完善农村交通运输安全工作责任制。进一步明确县乡政府对农村交通运输安全的监管责任，落实从事农村客运等交通运输企业的安全生产主体责任。

**五、加大宣传教育力度，增强农民群众安全意识**

一是开展交通运输安全知识普及活动，深入农村客运站点、渡口、码头和学校开展交通安全宣传教育。向广大农民群众宣传交通运输安全基础知识，特别是广泛宣传车辆、船舶超载造成的危害。

二是开展警示教育活动，结合典型案例，组织制作贴近农民生活的交通运输安全警示片、警示挂图，并广泛播放、张贴。

三是开展群众自我防护和救助宣传活动，宣传道路交通运输事故、水上遇险自救知识，切实增强农民群众的自我保护和防范意识。

二〇〇九年十二月二十九日

# 关于印发交通运输安全生产和应急“双基”建设活动方案的通知

（交安监发〔2010〕301 号）

各省、自治区、直辖市、新疆生产建设兵团交通运输厅（局、委），天津市、上海市交通运输和港口管理局，部属各单位，有关交通运输企业：

为深入贯彻党中央、国务院关于加强安全生产和应急工作的一系列部署，认真落实 2010 年全国交通运输工作会议精神，切实加强交通运输安全生产和应急“双基”（基层、基础）建设，促进交通运输安全生产形势稳定好转，部决定从今年开始在全行业开展为期三年的交通运输安全生产和应急“双基”建设活动，现将《交通运输安全生产和应急“双基”建设活动方案》印发给你们，请认真组织实施。

中华人民共和国交通运输部

二〇一〇年六月二十四日

# 交通运输安全生产和应急"双基"建设活动方案

为切实加强交通运输安全生产和应急"双基"(基层、基础)建设,促进交通运输安全生产形势稳定好转,制定本方案。

## 一、指导思想

以科学发展观为指导,牢固树立安全发展、以人为本的理念,坚持"安全第一,预防为主,综合治理"的方针,围绕建设畅通高效、安全绿色现代交通运输业的目标,以落实安全生产责任为主线,以加强基础基层建设为重点,以解决存在的突出问题为抓手,构建组织健全、职责明确、装备精良、监管有力、运转高效、反应快捷的交通运输安全生产和应急体系,为经济社会发展提供有效的交通运输保障。

## 二、活动目标

通过开展"双基"建设活动,交通运输安全生产和应急法规体系进一步完善,体制机制进一步健全,队伍素质进一步提升,安全生产责任进一步落实,科技和装备水平进一步提高,突出问题得到有效解决,安全生产形势持续稳定好转。

## 三、主要内容

(一)加强法制和预案体系建设。

加强法制和预案体系建设是"双基"建设的基础内容,是做好安全生产和应急工作的根本前提。一是加强法规建设。各级交通运输主管部门要对公路、水路、城市客运和交通运输建设等领域的安全生产和应急法规进行梳理,废止不适宜的法规,制订计划,加快相关法规的制修订工作,进一步建立健全交通运输安全生产和应急法规体系。二是加强制度建设。各交通运输管理部门、交通运输企业要对本部门、本单位所有安全生产和监管过程中的技术规程、管理制度、安全要求、岗位职责等制度建设进行全面清理;要结合实际,及时废止不适用的制度,加快建立健全符合实际、操作性强、科学规范的制度体系。三是加强标准规范建设。各部门、各单位要根据安全生产和应急方面的相关要求,完善标准规范,细化操作规程,规范安全生产行为。特别是要强化源头管理,严格准入标准,建立健全市场退出机制。

要重点加快制定与完善公路、桥梁、港口、航道、通航枢纽等风险评估、安全维护和检测技术规程以及安全应急信息系统建设、共享等方面的技术标准、规范。四是加强应急预案体系建设。各部门、各单位要对现有预案进行全面评估，结合实际加快专项应急预案制定，构建完善的应急预案体系。要确保预案实施责任主体明确，具有较强的针对性和可操作性，并与相关预案衔接有效。

（二）加强体制机制建设。

加强体制机制建设是“双基”建设的关键内容，是做好安全生产和应急工作的重要保障。一是健全管理体制。初步建立起部、省、市、县四级和交通运输企业安全生产和应急管理体制，明确管理职责。县、乡（镇）级交通运输主管部门应设置安全生产和应急专门机构或专职人员，具有通航水域、渡船渡口以及营运农村公路的乡（镇）应设置专门安全监管机构或专职人员。按照企业安全生产条件准入资格标准，各大中型交通运输企业应设置专门负责安全生产和应急管理的机构和专职人员，小型交通运输企业应设置负责安全生产和应急管理工作的机构或专职人员。要明确机构职能和岗位职责，保障人员足额配备，工作经费落实到位，建立健全层级负责制，加大责任考核和奖惩力度。二是完善工作机制。各级交通运输主管部门和企业要全面建立行政一把手负总责、分管领导具体负责、其他领导分工负责、各职能部门各司其责的安全生产和应急工作责任制体系，建立健全安委会制度，明确各安委会成员单位职责。要重点强化岗位责任制，大力推进企业安全生产诚信制度、激励约束机制建设；要选聘各类从事交通运输安全生产和应急工作的专家，组建专家咨询委员会，开展安全生产和技术咨询、评估。加强与相关部门、军队、武警等单位的协作，建立信息沟通协调和共享机制。建立自查督查制度，各交通运输企业应加强安全生产和应急工作自查；各级交通运输主管部门应结合实际对安全生产和应急工作进行督查，每年至少组织开展一次全面督查活动。建立信息报告和统计制度，对交通运输安全生产和应急基础信息登记备案，包括组织架构、责任人联系方式、风险源、隐患排查与治理、重要安全生产和应急设施设备（含运输工具、装备、应急物资的储备）以及专兼队伍情况等，并及时更新信息，报上级有关部门备案；进一步规范各类安全生产事故及突发事件信息报告、处置的办法和流程，并按照相关规定，进一步建立健全交通运输安全生产和应急信息统计制度。三是建立安全生产和应急工作评估制度。加强安全生产和应急能力评估，科学设定评估指标，对从事客运（含滚装运输）和一类危险品运输的企业、运输工具、从业人员每年必须进行一次全面评估；对从事一类以下危险品运输的企业、运输工具、从业人员每两年必须进行一次全面评估；其他的每三年必须进行一次全面评估，并将评估情况作为强化监管和绩效考核的重要依据。

（三）加强队伍建设。

加强队伍建设是“双基”建设的重要方面，是做好安全生产和应急工作的基本要求。一是加强队伍培训。要有计划、有步骤地对各类人员进行轮训，提高专业知识和技能。对各级主管安全生产和应急工作的领导以及业务骨干人员每年必须轮训一次，其他从事安全生产和应急的工作人员每三年必须进行一次系统培训，每次轮训和系统培训时间原则上不少于 36 学时。从事高危行业人员、新录用人员、转岗人员必须经过专业培训合格后方能上岗；客运驾驶员、危险品运输驾驶员及押运员必须经过交通运输主管部门培训合格后方能上岗。二是加强重点人才培养。加强公路和航道养护、大型专业机械操作、抢通抢险、危险源检测分析等人员的培养，实施客运和危险品运输驾驶员素质教育工程，提高城市轨道交通工作人员处理突发事件的能力。强化海事、港航、救捞等监管和救助人才队伍建设，重点培养高级船员、飞行员、潜水员、VTS 值守员、高级引航员、高级验船师等。优化交通运输建设工程安全管理人员的结构，重点培养项目经理、安全管理员、特种作业人员、监理工程师等，特别要高度重视农民工的岗前培训，切实提高农民工的安全生产技能。三是加强应急队伍建设。要贯彻落实部《关于加强基层交通运输应急队伍建设的指导意见》（交应急发〔2010〕165 号）的精神，切实加强应急队伍建设，加强应急演练，提升有效应对各种突发事件的能力。按照“统筹规划、规模适度、平急结合、专兼结合、部门负责、社会参与”的原则，加强专业应急队伍与兼职应急队伍、志愿者队伍相结合的交通基层应急队伍建设，力争通过三年左右的时间，基本建成适应基层交通运输突发事件应对处置需要的应急队伍。

（四）加强科技和信息化建设。

加强科技和信息化建设是“双基”建设的内在需求，是做好安全生产和应急工作的必要手段。一是建设交通运输安全生产和应急综合信息系统。该系统由部、省、市、县四级信息系统组成，“双基”建设活动阶段完成部、省两级综合信息系统建设，并选择重点市、县开展示范工程建设。要通过整合信息资源，建设基础数据完善、信息真实准确、传送快捷通畅的信息系统，实现信息统一报送、统计分析、监测预警、辅助决策、信息发布、资源管理、异地会商等功能，实现政府、行业、部门内部之间各类安全生产和应急信息共享。二是建设专业信息系统。继续加强水路、公路、城市客运、工程施工等方面的安全监管与应急管理专业信息系统建设，满足相关业务部门和交通运输企业管理的需要。重点建设国家和省级路网运行和应急管理信息系统、港口安全和保安管理信息系统、道路运输应急指挥调度系统、水路运输应急调度指挥系统、交通运输建设施工应急管理信息系统、易燃易爆品和有毒有害危险品运输全程监管系统、沿海港口和长江干线水域治安防控视频监控指挥系统等。三是建设重点监测监控系统。进一步完善交通运输安全与应急通讯网络建设，确保安全生产和应急通讯及时畅通。加大船舶交通管理系统(VTS)覆盖面，完善船舶自动识别系统(AIS)、船舶远程跟踪与识别系统(LRIT)，加快内河船岸通信、监控系统建设，推进主要港口、地区性重要港口以及主要航道枢纽监测系统建设，加强对码头前沿作业区、客运站、货物堆场、油库、危险品仓库和主要进出港通道运行情况和环境污染的监视监测。扩充和完善国家高速公路、重要干线公路网、重点客货运输站场日常监控设施建设，完善危险品运输车辆、长途客运车辆监控系统，提高公路交通状态监控覆盖率。积极推进城市客运(换乘)枢纽、公共汽车、轨道交通日常运行状态和突发事件监测监控系统建设。加快大型交通运输基础设施的质量监测系统建设。

(五)加强设施设备建设。

加强设施设备建设是“双基”建设的基础内容，是做好安全生产和应急工作的有力保障。一是要加大公路、港口、航道、站场等安全基础设施的建设力度，重点加快公路安保和航标等基础设施建设；加强港口、站场的安全和保安设施建设，完善事故频发区域的交通标志、标线、信号灯以及必要的隔离设施等配套设施建设。二是加强中央事权水域监管救助船舶、航道及航标维护船舶、飞机、基地和溢油应急设备库建设。加快地方管辖水域监管救助、航道测量、航标维护等船舶建设，依托主要港口启动危险品应急物资储备库建设。充分利用公路养护施工企业的装备设施资源，结合交通战备物资储备系统，积极推进国家级区域性和省级公路应急保障基地建设。三是加强安全生产和应急装备器材的配置，为专门从事安全监管和应急管理工作的部门配置必要的交通工具、监督检测设备、事故调查取证与分析设备、个人防护设备等。加强交通运输工程施工事故生命探测、救援设备、个体防护等关键技术装备、专用抢险装备器材配置。更新抢险打捞装备和航道疏浚维护设备，推进车辆滚装运输安检系统的安装应用。健全满足重点物资和能源战略物资应急运输需要的水路应急运输保障体系，完善航运、港口、航道、海事应急联动建设机制，依托中大型航运企业建立部级、省级应急船队。构建满足抢险救灾人员和物资运输需要的国家应急运输保障车队，各省应以地（市、州、盟）为基本单元，依托实力较强的道路客货运企业，分别组建道路客货应急保障车队，原则上保障客车不少于100辆、货车不少于200辆。

（六）强化主体责任和责任制落实。

各交通运输企业要认真贯彻落实安全生产和应急相关方针政策、法律法规、标准及规范，健全安全生产责任制，完善安全生产规章制度和操作规程，消除安全生产事故隐患，保障良好的安全生产条件，加强员工教育培训。要筑牢以人为本、安全第一的理念，解决好安全生产与企业发展、生产和利益的关系，严禁"三违"现象发生，切实落实安全生产主体责任。各级交通运输安全监管部门要加强督促检查和行政执法，推进企业安全绩效考核，强化企业有效监管，不断加大公共安全基础设施和应急救援能力建设力度，重点消除安全监管盲区，夯实安全保障基础，提高安全服务能力，全面履行安全监管主体责任。

各部门、各单位的行政一把手作为安全生产第一责任人，要把安全发展作为科学发展的主要内容，应做到亲自抓、亲自过问、亲自部署，保证安全生产和应急机构设置、人员配备按照相关要求落实到位，并要充分调动相关工作人员的积极性，保证必须的资金投入；各分管领导要带头深入一线、深入基层，把解决基层基础问题作为工作重心；管理部门人员应履职履责，研究分析本部门、本单位安全生产和应急工作中存在的问题，为领导决策提供及时正确的参考意见；具体从事安全生产的人员，要有强烈的责任心，应依据岗位职责，严格执行相关安全生产和应急方面的制度和操作规程。要按照"四不放过"的原则，严格事故调查处理，严肃事故问责，全面落实安全生产责任制。

（七）强化突出问题的治理。

各部门、各单位要进行全面的安全生产隐患排查，制定整改计划，加大治理力度，强化突出问题的治理。一是强化危险品运输治理。加强对危险品运输企业、运输工具、从业人员、站场（码头）的源头管理和动态监管，重点强化易燃易爆品和有毒有害危险品运输的全程监管；加快二级及以上客运站、中型渡口和所有从事滚装运输码头安检仪的配置；继续严厉打击非法夹带和非法从事危险品运输的行为。二是强化营运客车超速超载治理。客运企业要建立层级落实安全责任承诺制度，与管理部门签订承诺责任状，驾驶人员要与企业签订承诺责任状。对发生超速超载的企业和驾驶员，都应按照规定严肃处理。三是强化桥区水域通航安全治理。进一步强化大桥建设前的通航论证，将保障通航安全作为审批的重要内容，严格执行大桥通航安全保障等级标准，同步建设桥区航标和可靠的防撞设施；对已建的重要通航水域桥梁要进行通航风险评估，进一步完善桥区航标的配布，增加必要的防撞设施；船舶要严格遵守桥区水域的安全航行规定，谨慎操作，确保安全；各监管部门要切实加强桥区水域的安全监管。四是强化农村交通运输安全隐患治理。进一步落实县乡政府对农村交通运输安全监管责任，配备专职安全和应急管理人员；要建立稳定的投资渠道，进一步加大农村道路运输安全防护设施的投入，加快农村公路危桥改造，加大农村渡口渡船的升级改造和渡改桥改造力度，提高农村交通运输安全条件；要严把营运车船技术性能关，进一步强化农村客运驾驶员、渡工的安全教育培训，严格资质准入，提高驾驶员、渡工的安全素质和技能；要进一步强化农用车辆非法营运和农用船舶非法载客的治理，维护良好的安全生产秩序。

**四、进度安排**

“双基”建设活动从2010年7月开始至2013年12月结束，共分三个阶段：

（一）细化方案宣传发动阶段（2010年7月1日~8月31日）。各部门、各单位要根据本方案的内容和要求，结合实际、摸清情况，进一步完善和细化活动方案、明确年度“双基”建设活动目标任务，并将本单位的工作方案报部安委办。各单位在此期间要进行广泛宣传发动，确保交通运输系统广大干部职工了解掌握“双基”建设的目标、内容和任务。

（二）组织实施落实任务阶段（2010年9月1日~2013年6月30日）。各部门、各单位按照方案，统筹安排、积极推进各项工作，全面完成“双基”建设方案的各项目标任务。各部门、各单位要定期和不定期对活动开展情况进行自查。部每年将组织各部门、各单位进行相互交流学习和检查，并对有关部门和单位开展“双基”建设的情况进行专项督查。同时，在每年的全国交通运输系统安全工作会议上，部将对全系统开展“双基”建设的情况进行年度总结。

（三）总结评估和整改阶段（2013年7月1日~2013年12月31日）。各部门、各单位对“双基”建设情况进行全面总结，并将总结报告于2013年8月31日前报部安委办。部将组织对各部门、各单位开展“双基”建设的情况进行全面的考核评估,并召开“双基”建设总结会议,对完成目标任务好的部门、单位进行表彰,对没有完成任务的进行通报,同时责成没有通过考评的单位继续整改。

## 五、相关要求

(一)加强组织领导。部安委会负责全国交通运输系统“双基”建设活动的组织领导,部安委办具体负责“双基”建设活动的日常工作。各部门、各单位要成立主要领导负责、有关领导和部门参加的活动领导机构,以切实加强对本部门、本单位“双基”建设活动的组织领导。

(二)强化监督考核。按照“双基”建设进度安排和考核项目,各部门、各单位要加强自查和对下级的督促检查、指导,要结合工作实际,突出活动重点,解决突出问题。为确保“双基”建设取得实效,部将制定具体的考核评估指标和办法,并对各部门、各单位活动的开展情况进行考核评估。各部门、各单位要将“双基”建设活动开展情况作为年度工作的考核重点,建立考核奖惩制度,增加考核比重,确保目标任务的完成。

(三)要加大安全生产和应急资金投入。各级交通运输主管部门要设立安全生产和应急专项资金,将交通运输安全生产和应急工程建设纳入交通运输总体建设年度预算,将安全生产和应急方面的运行维护、科学研究、宣传教育、培训演练、应急补偿资金纳入各级政府财政预算和企业的专项支出,并要积极引导社会资金投入。各交通运输企业要按照相关规定保证安全生产和应急所需资金,加强安全生产设施设备的配备、更新,为企业营造一个良好的安全生产条件。

(四)加大宣传力度。各部门、各单位要采取多种形式大力开展“双基”建设宣传教育活动,提高公众、从业人员对“双基”建设活动重要性的认识,增强责任感和紧迫感,切实提升履职履责的能力和水平。要充分利用各种媒介,及时将“双基”建设工作的开展情况、好经验、好做法进行广泛宣传,并将相关情况及时报部,部将通过交通运输安全生产动态信息专报跟踪报道各地活动开展的有关情况。

# 交通运输部关于贯彻落实国务院通知精神进一步加强企业安全生产工作的意见

（交安监发〔2010〕394号）

各省、自治区、直辖市、新疆生产建设兵团交通运输厅（局、委），天津、上海市交通运输和港口管理局，部属各单位，中远、中海、中外运长航、招商局、中交建设集团，上海船研所：

为切实加强企业的安全生产工作，国务院下发了《关于进一步加强企业安全生产工作的通知》（国发〔2010〕23号，以下简称《通知》），对企业、各级地方人民政府以及行业主管部门的安全生产工作提出了明确要求，对今后做好企业的安全生产工作具有重要的指导作用。交通运输行业是国家安全生产的重点领域，各单位一定要高度重视，认真组织学习，坚决贯彻落实好国务院《通知》精神。结合交通运输安全生产实际，现就有关贯彻落实工作通知如下：

一、加强组织领导，全面贯彻落实《通知》精神。交通运输各单位要充分学习领会《通知》精神，结合实际，拟定详细的落实措施；要加强贯彻落实工作的组织领导，部安委办负责牵头组织交通运输行业的贯彻落实工作，相关司局根据各自职责和业务分工负责具体指导相关工作的落实；各级交通运输主管部门、具有安全监管职能的机构和相关企业要强化组织领导工作，加强对《通知》的宣传贯彻力度，把落实《通知》作为当前和今后交通运输安全生产工作的一项重要工作来抓。部将对各单位贯彻落实《通知》的情况进行督查。

二、加强源头管理，严格交通运输安全生产准入条件。进一步严格规范和执行交通运输企业的安全生产准入标准，重点加强对从事水上客运、道路长途客运、旅游客运和危险品运输企业的把关，加强对从事出入境道路运输、国际航运、“两岸三地”海上运输和港口危险货物作业企业的审核。开展船舶管理市场清理整顿，暂停审批新的船舶管理公司。凡不符合通航安全生产条件的港口、码头及桥梁一律不予审批，正在建设的要立即停止建设。将道路危险品运输从业人员、经营性道路旅客运输和出租车驾驶员、机动车检测维修技术人员、港口危险货物作业人员、大型港口和施工企业安全生产三类人员的从业资格和继续教育管理作为建设重点,进一步强化"四客一危"船舶船员的培训考试发证,提高实操技能在船员考证中的比重,规范交通运输从业人员的管理。加强对运输车辆特别是从事危险品运输车辆的准入管理,严禁非法改装的车辆进入运输市场;加强船舶建造质量的检验把关,严禁"三无"船舶和低标准船舶进入市场,严禁不符合国家质量标准的特种起重设备进入工地。进一步强化建设项目审批前的安全评价,凡不符合安全生产准入条件的企业、从业人员、运输工具和设备,一律不得进入交通运输市场,凡不符合安全生产规定的交通运输工程建设项目,必须立即停止建设,已开工的交通运输工程建设项目,一经发现违规行为,必须立即停止建设。

三、加强企业主体责任的落实,进一步规范企业安全生产经营行为。各级交通运输主管部门要督促企业落实安全生产主体责任,进一步健全企业层级责任体系,建立一岗双责制度,强化对一线安全生产的管理和服务,重点推进交通运输企业安全质量体系的建设和评估审核。加大安全生产投入力度,加强安全生产技术的研发,重视推广应用安全生产新产品、新材料、新工艺,加快淘汰安全性能低、高耗能、高污染的车辆和船舶,重点推进内河船型标准化,推进危险品运输车辆厢(罐)式运输。

四、加强对非法违法行为的打击力度,保持良好的市场秩序。凡未取得经营许可资质从事交通运输生产的,要予以取缔。继续严厉打击非法从事道路水路运输、出租车运输的行为,继续强化道路超限、超载、超员和内贸集装箱以及运输船舶超限超载的治理,严厉打击长江、渤海湾、琼州海峡等水域滚装运输非法夹带危险品的行为,坚决取缔非法渡船渡口,加强运砂船超载整治。加大对交通建设工程的非法分包、转包行为以及违章作业的打击和治理力度。

五、加强安全隐患排查,加大突出问题治理力度。要按照"月统计、季通报、年考核"的要求,进一步强化企业自身安全隐患的排查治理。加强营运车辆安全性能检查,重点强化危险品运输车船、城市公交车辆、城市轨道交通、码头渡船渡口安全隐患排查,确保安全状况良好,从事危险化学品装卸、储运经营的港口企业,应按部的要求进行安全评价;加强桥梁、隧道、港口码头的安全隐患排查,对降低标准产生隐患的,要立即整改,对重大安全隐患要挂牌督办,进一步加大危桥改造力度。强化从事危险品作业的港口安全生产事故风险控制,大力开展船舶防碰撞、防泄漏工作,特别是要加强与农业部门的沟通协调,共同推进商船渔船的防碰撞工作。进一步强化节假日期间从事长途客运的安全管理,重点研究制定车辆夜间行驶的安全对策措施。加强对通航水域桥梁、港口设施通航安全的风险评估,强化通航安全监管,落实项目安全设施建设,严格安全设施与主体工程"三同时"。深入开展"平安工地"建设活动,把防坍塌、防坠落、防触电作为安全工作重点。

六、加强安全动态监管,提高监管能力和服务水平。加强对企业安全生产的绩效考核,建立交通运输企业和从业人员的诚信体系,将诚信考核作为准入管理、建立淘汰机制的重要组成内容。危险品运输车辆、旅游包车和三类以上的班线客车必须安装符合国家标准的具有行驶记录功能的卫星定位装置。加快推进交通运输安全生产综合信息平台建设,积极推进一类危险化学品全程动态监管,建立营运车辆动态信息公共服务平台,加强对重点桥隧、交通运输枢纽、航电枢纽、场站的监测监控,充分利用船舶交通管理系统(VTS)、船舶自动识别系统(AIS)、闭路电视监控系统(CCTV)等加强对港口、航道、重要通航水域和交通管制区船舶、特别是"四客一危"船舶的航行信息服务工作。加强重点桥隧工程施工安全风险评估,严防重特大安全生产责任事故的发生。督促企业积极落实高危行业企业安全生产费用,加大安全生产投入,提高现场安全防护条件,落实交通运输建设施工有关规定要求。

七、加强基层、基础建设,完善安全生产长效机制。要进一步完善安全生产和应急工作法规体系、加强体制机制建设,从根本上改变基层工作不扎实、基础工作不牢固的状况。重点强化农村公路的安保工程实施,推进农村客运和渡船渡口的安全管理,加快推进长江干线等内河安全监管和航行保障设施建设,提高内河航道的通航等级,进一步推进船舶定线制,鼓励和引导交通运输企业向规模化、集约化方向发展,引导企业由承运人向物流经营人转变。加强对基层工作的指导,加大现场检查的力度,进一步规范操作规程,强化岗位责任制的落实。

八、加强应急救援能力建设,提升突发事件应对水平。各级交通运输主管部门和企业要建立健全应急管理机制,结合交通运输实际,制定针对性强、可操作的应急预案,加强突发事件的预测预警和应急演练。根据全国公路网情况和公路交通突发事件的种类及特点,结合公路交通应急队伍的分布,加快推进国家、省、市公路交通应急救援保障中心的建设。依托大型道路运输企业,建立国家、省、市道路运输应急保障车队。加快监管救助飞行力量、大中型监管救助船舶、抢险打捞装备及基地建设;在沿海和内河主要通航水域,加快国家船舶溢油应急基地和溢油应急船舶建设,推进内河搜救机制和能力建设,加快建立完善水上搜救奖励与补偿机制。

选择危险化学品码头多、危险品运量大的港口，建设国家级危险品事故应急物资及装备储备库。

九、加强队伍建设，提高从业人员的素质和能力。要有计划、有步骤地对各类人员进行轮训，提高专业知识和技能。进一步加强高危行业人员、新录用人员、转岗人员的培训教育；客运驾驶员、危险品运输驾驶员及押运员必须经过交通运输主管部门培训考试合格后持证上岗。加强公路和航道养护、大型专业机械操作、城市轨道交通工作人员、城市公共客运人员、船员等人员的培养和素质教育，提高安全操作技能和应急处置能力。强化路政、道路运输以及海事、救捞、港航、工程建设等监管和救助人才队伍建设。优化交通运输建设工程安全管理人员的结构，重点培养企业主要负责人、项目经理、安全管理员、监理工程师等，特别要高度重视农民工的岗前培训，切实提高农民工的安全生产技能。

十、加强安全督查和责任追究，全面落实安全生产责任。各级交通运输安全监管、人事、监察等部门要依法建立安全生产的责任追究制度，明确安全生产的责任和考核目标，严格执行党政领导干部安全生产问责制，并加强督查、考核和责任追究。根据相关法律和行业管理职责分工，建立事故查处的督办制度，加强事故调查和问责力度，按照“四不放过”的原则，严肃查处每一起安全生产事故，严肃追究责任领导和相关责任人。对安全生产责任不落实、整改不到位、造成人员伤亡和财产损失的，要依法对相关单位及其责任人给予处罚并追究责任。对违法违规、失职渎职导致事故发生的，要严肃查处、严格追究责任。

中华人民共和国交通运输部

二〇一〇年八月十七日

# 关于进一步加强交通运输中央企业安全生产监督管理的通知

（交安监发〔2010〕534 号）

各省、自治区、直辖市、新疆生产建设兵团交通运输厅（局、委），天津、上海市交通运输和港口管理局，部属各单位，中远、中海、中外运长航、招商局、中交建设集团：

根据《国务院关于进一步加强企业安全生产工作的通知》（国发〔2010〕23 号）精神，按照《国务院办公厅关于加强中央企业安全生产工作的通知》（国办发〔2004〕52 号）和《国务院办公厅关于印发交通运输部主要职责内设机构和人员编制的通知》（国办发〔2009〕18 号）的规定，为切实加强交通运输中央企业（以下简称央企）安全生产监督管理，现就有关事项通知如下：

## 一、安全监管职责分工

（一）我部代表国家承担中国远洋运输（集团）总公司、中国海运（集团）总公司、中国外运长航集团有限公司、招商局集团有限公司、中国交通建设集团有限公司五家央企安全生产的政府监管职责。

（二）部安全监督司代表交通运输部对五家央企安全生产工作实行统一归口管理；部相关司局、质监总站、海事局根据各自职责和业务分工各司其责，对央企的相关生产经营行为进行安全监管。

（三）受部委托，各级交通运输主管部门、长江航务管理局、部直属海事局根据各自的职责和业务分工对所在地的各央企分公司、子公司及其所属单位的安全生产履行政府监管职责。

## 二、监督管理范围

（一）我部对央企在国内（不含港澳台地区）从事交通运输行业的生产经营和管理活动实施安全监管，具体包括道路和水路运输、港口生产、交通运输工程建设等行业的安全监管；对央企从事其他行业的生产经营和管理活动由相应的行业主管部门履行行业安全监管职责。

(二)央企设在国外和港澳台地区的分公司、子公司及其所属单位从事的生产经营和管理活动,应依照当地的相关法律,接受所在地有关部门的安全监管。

(三)央企负责履行其在国外以及港澳台地区的分公司、子公司及其所属单位的安全生产管理。

## 三、监督管理内容

(一)企业贯彻落实国家有关法律法规和我部有关规定以及安全生产条件、标准的情况;

(二)企业主要负责人安全生产第一责任和企业内部安全生产责任制落实情况;企业安全生产和监督管理规章制度、操作规程的建立和落实情况以及企业安全应急体系的建设情况;

(三)企业员工的安全责任意识、安全生产实操能力和安全应急知识、技能的培训情况;

(四)企业开展各类安全生产检查和安全生产事故风险隐患排查及其整治情况;

(五)企业各类安全生产事故按照“四不放过”原则的调查处理情况;

(六)企业有关安全生产和相关突发事件重要信息、活动或事项的报告情况;

(七)企业有关的安全生产规划、年度和阶段性或重要时期的安全生产目标的完成情况;

(八)其他相关的安全生产和管理工作。

## 四、工作要求

(一)各级交通运输主管部门、长江航务管理局、部直属海事局要认真落实本通知要求,进一步细化、明确和落实相关监管措施,加强对央企的安全生产检查,督促企业落实安全生产主体责任,加强隐患排查与治理,强化对企业的安全生产管理和服务。我部将建立健全央企安全生产指标考核体系,对央企安全生产工作进行安全绩效考核。

(二)央企要按照国家相关法律法规的要求,不断完善安全生产各项规章制度、作业标准和岗位安全操作规程,进一步健全企业层级责任制体系,加大责任落实的考核力度，同时要制定针对性强、可操作的应急预案，加强演练，提高突发事件的预测预警和应急处置能力。

（三）央企要依法保证和加大安全投入，按规定比例提取足额的安全生产投入资金，加快设施设备更新改造力度，不断改善和提高运输车船的安全生产条件。对于新建、改建、扩建工程项目，其安全设施必须与主体工程同时设计、同时施工、同时投入生产和使用，所有工程项目必须在竣工验收合格后方能投入使用。

（四）央企要加强队伍建设，制订安全生产教育和培训计划，提高从业人员的素质和实操能力。要有计划、有步骤地对各类人员进行轮训，加强对高危行业、新录用人员、转岗人员的培训教育，重视农民工的岗前培训，提高农民工的安全生产技能。

（五）央企要建立健全安全生产基础数据统计和信息报告制度，按照部有关规定，及时上报安全生产事故和突发事件信息。

中华人民共和国交通运输部

二〇一〇年九月二十八日

# 关于印发交通运输企业安全生产标准化建设实施方案的通知

（交安监发〔2011〕322 号）

为贯彻落实《国务院关于进一步加强企业安全生产工作的通知》（国发〔2010〕23 号）精神和《国务院安委会关于深入开展企业安全生产标准化建设的指导意见》（安委〔2011〕4 号）的总体要求，全面推进交通运输企业安全生产标准化建设工作，部制定了《交通运输企业安全生产标准化建设实施方案》，现印发给你们，请认真抓好落实。

中华人民共和国交通运输部

二〇一一年六月二十九日

# 交通运输企业安全生产标准化建设实施方案

## 一、指导思想和工作目标

（一）指导思想。

以科学发展观为统领，坚持“安全第一、预防为主、综合治理”的方针，牢固树立以人为本、安全发展的理念，全面贯彻国发〔2010〕23 号和安委〔2011〕4 号文件精神，以落实企业安全生产主体责任为主线，以强化安全生产“双基”（基层、基础）为重点，通过开展企业安全生产标准化建设，全面提升交通运输企业安全生产水平，为构建便捷、安全、经济、高效的综合运输体系、发展现代交通运输业提供可靠的安全保障。

（二）工作目标。

1. 企业安全全丰水平明显提升。通过开展交通运输企业安全生产标准化建设，体制机制不断完善，主体责任进一步落实，员工素质稳步提高，科技装备水平和管理能力明显提升，突出问题有效解决，企业安全生产形势持续稳定好转。

2. 各类事故明显下降。重大以上事故明显下降，到 2015 年，营运车辆万车死亡事故件数和死亡人数平均每年下降 3%；运输船舶百万吨港口吞吐量水上交通事故件数和死亡人数平均每年下降 5%；城市客运百万车公里死亡事故件数和死亡人数平均每年下降 1%；公路水运工程建设百亿元投资死亡事故件数和死亡人数平均每年下降 1%。

3. 推进企业全面达标。交通运输企业全面开展安全生产标准化建设工作，实现企业安全管理标准化、作业现场标准化和操作过程标准化。力争从事客运、危险化学品和烟花爆竹等重点运输企业在 2013 年底前达标，其他交通运输企业在 2015 年前达标。

## 二、实施范围

具有独立法人资格，具体从事公路水路运输、城市客运和公路水运工程施工等生产经营建设活动的交通运输企业。

## 三、管理分工

企业安全生产标准化达标分一级、二级、三级，其中一级最高，三级最低。交通运输部负责一级企业的达标评审管理，省级交通运输主管部门和长江航务管理局负责二级、三级企业的达标评审管理。

## 四、主要内容

(一)制订工作方案。

各部门、各单位要根据本方案的内容和要求，结合本地区、本单位实际情况，制订实施方案，明确目标、任务、责任，确定标准化示范企业名单，确保标准化建设有计划、有步骤顺利开展。

(二)建立相关制度和标准。

根据国家和交通运输安全生产相关法律法规、标准和规范，制订交通运输企业安全生产标准化达标管理办法、评级程序和达标标准，明确工作流程，细化安全生产达标标准。

(三)确定评审单位和评审人员。

一级安全生产标准化企业的评审单位由交通运输部确定；二级、三级安全生产标准化企业的评审单位由省级交通运输主管部门、长江航务管理局确定，并报交通运输部备案，确定的评审单位应向社会公布。评审一级企业的评审人员资质由交通运输部认可，评审二级、三级企业的评审人员资质由省级交通运输主管部门、长江航务管理局确定，并报交通运输部备案。

(四)示范推广。

部确定在港口、航运、道路运输、城市客运、公路水运工程建设企业各选择1至2家作为示范，以总结经验、深入推广。省级交通运输管理部门和长江航务管理也应结合实际，做好示范推广工作。

## 五、工作要求

(一)加强组织领导。部安全委员会负责全国交通运输企业安全生产标准化建设工作的组织领导，部安全委员会办公室具体负责日常工作。各部门、各单位要结合实际，明确相应的组织领导机构，认真制定工作方案，合理确定阶段目标，分阶段、分步骤实施。2011年重点抓好政策法规、评级和评级标准的制订及宣传推广等工作；2012年开始全面开展安全生产标准化建设工作，成熟一批、评审一批，确保2015年底以前实现既定目标。

（二）加强工作指导。各部门、各单位要按照方案要求，指导和督促企业、评审单位积极开展安全生产标准化建设和评审工作，按期完成工作任务，确保工作质量。要实行分类指导，加强对评审单位和评审人员的专题培训，研究解决安全生产标准化建设工作中的新问题；要开展示范推广，发挥榜样作用，创新体制机制，加强经验交流，以点带面、推动企业全面达标，为企业安全生产标准化建设提供有效的指导服务。

（三）加强跟踪管理。各部门、各单位要加强跟踪和监督检查，不断巩固建设成果，坚持与时俱进、突出建设重点、解决突出问题，做到持续改进和升级，切实提高企业安全生产标准化建设水平。要将安全达标与行政许可、日常安全监管工作有机结合起来，凡不符合安全生产条件的，一律不得批准从事交通运输生产经营建设活动；凡在规定的时间内仍不能达标的企业，一律依法停业整顿直至吊扣或注销经营许可证，并在媒体公开曝光。要加强相关立法工作，以法律手段督促达标；完善考核制度，落实工作责任，以行政手段推进达标；建立有效激励机制，激发企业自觉性，以经济手段引导达标。要建立安全生产标准化建设工作信息化管理平台，加强对工作进展的实时管理，及时掌握动态信息，提高工作效率和服务水平。

（四）加大宣传力度。各部门、各单位要采取多种形式大力开展安全生产标准化建设宣传教育活动，充分利用各种媒体，及时广泛宣传工作进展和好的经验做法，为企业安全生产标准化建设工作营造良好的氛围。凡经考评达标的企业，要向社会公告，通过加大正面宣传力度，带动其他企业做好安全生产达标工作。请各省级交通运输主管部门、长江航务管理局于2011年7月15日前将实施方案报部安全委员会办公室（联系电话：010－65292133；传真：010－65292124；邮箱：pengfp@mot.gov.cn）。

# 关于加强交通运输企业安全生产绩效考核的指导意见

（交安监发〔2011〕432 号）

各省、自治区、直辖市、新疆生产建设兵团交通运输厅（局、委），天津、上海市交通运输和港口管理局，中远、中海、招商局、中交建设、中外运长航集团：

为深入贯彻落实国务院《关于进一步加强企业安全生产工作的通知》（国发〔2010〕23 号）精神，强化交通运输企业安全生产监督管理，落实企业安全生产主体责任，促进交通运输安全生产形势持续稳定，现就开展交通运输企业安全生产绩效考核工作提出如下意见：

## 一、指导思想

以科学发展观为指导，坚持安全第一、预防为主、综合治理的方针，通过全面开展交通运输企业安全生产绩效考核，进一步落实企业安全生产的主体责任，不断提高交通运输企业安全生产水平，为促进交通运输行业转变发展方式、建设现代交通运输业提供可靠的安全发展保障。

## 二、考核范围和目标

（一）考核范围

所有从事道路水路运输、城市客运和公路水运工程建设的企业。

（二）考核目标

2011 年，制订工作方案、考核标准、实施办法等，并选择企业试点；2012 年，在总结试点的基础上扩大考核范围；2013 年，全面开展交通运输企业安全生产绩效考核工作。

## 三、组织实施

交通运输部安全委员会负责交通运输企业安全生产绩效考核工作的组织指

导，交通运输部安全委员会办公室具体负责日常工作，并负责中国远洋运输（集团）总公司、中国海运（集团）总公司、招商局集团有限公司、中国交通建设集团有限公司、中国外运长航集团有限公司（以下简称交通运输中央企业）的绩效考核工作。

交通运输中央企业负责组织实施其所属企业的安全生产绩效考核工作。

各级交通运输主管部门负责组织实施所在地除交通运输中央企业所属企业外的交通运输企业安全生产绩效考核工作。

## 四、考核内容

交通运输企业安全生产绩效考核内容主要包括国家法律法规、标准规范中对企业安全生产的相关要求以及企业安全生产各项工作的落实情况、取得的效果。各级交通运输主管部门和交通运输中央企业应根据本指导意见，结合本地的实际情况和企业特点，细化和补充其他考核内容。具体考核内容应包括：

（一）机构设置情况。交通运输企业按照国家有关法律法规规定，设置安全生产管理机构、配备专兼职安全管理人员的情况。

（二）责任体系建设情况。交通运输企业建立的安全生产责任体系情况。包括：企业领导和管理部门负责人的安全生产责任制的建设和落实情况；层级安全生产责任制的建设和落实情况；全员“一岗双责”制度的建设和落实情况等。

（三）规章制度建设情况。交通运输企业遵守有关国家和行业的安全生产政策法规，建立企业相关安全生产制度情况。包括：安全生产责任制度；安全生产奖惩制度；安全生产教育培训制度；安全操作规程；安全生产检查及隐患整改制度；安全生产事故处置及应急救援制度；设备设施安全管理制度；从业人员安全管理制度；职业危害预防管理制度；劳动防护用品管理制度；其他安全管理制度等。

（四）安全生产投入情况。交通运输企业确保安全生产条件所必需的资金投入，并按照国家有关规定足额提取安全经费、专款专用的情况。包括：安全生产教育和培训投入；配备、更新、改造和维护安全防护设备、设施投入；风险源的检测、评估和监控投入；应急救援器材、设备投入；应急救援演练投入；劳动防护用品投入；安全生产奖励投入；其他必要的安全生产投入等。

（五）人员培训教育和演练情况。交通运输企业全员安全意识教育和实操技能培训、实操演练的情况。包括：制订教育和培训计划；人员取得有关从业资格；参加与本职岗位相适应的安全教育和培训；组织开展应急救援演练等。

（六）隐患和事故整改情况。交通运输企业按照国家和行业的要求开展隐患排查和治理，并按照四不放过的原则，强化事故整改情况。包括：隐患治理的责任落实、资金保障、整改时限等，隐患排查治理月度统计报送；重大隐患的挂牌督办整改情况；事故统计、信息报送、原因分析、事故教训总结；责任追究和领导问责等。

（七）安全生产事故指标控制情况。交通运输企业遏制事故发生，控制事故指标的情况。包括：事故件数、死亡人数、重大及以上事故情况等。

## 五、考核结果

（一）交通运输企业安全生产绩效考核等级分为优秀、良好、合格和不合格四个级别。

（二）交通运输中央企业应于每年二月底前完成对二、三级公司上一年度的安全生产绩效考核，并将考核结果汇总报部。

（三）每年二月底前，各省级交通运输主管部门完成对所负责企业上一年度的安全生产绩效考核，考核结果向社会公布，并上报交通运输部和同级人民政府安全生产委员会。

（四）各级交通运输主管部门和交通运输中央企业可根据考核结果对优秀的企业进行表彰，并给予奖励。对考核不合格的企业，予以通报批评，取消次年评优资格，给予相应的经济处罚。对于连续两年考核不合格的企业，责令整改，严重的依法停业整顿。

## 六、相关要求

（一）各省级交通运输主管部门和交通运输中央企业应明确相应的组织指导机构，确定交通运输企业安全生产绩效考核目标、程序、具体措施和时间安排，制定交通运输企业安全生产绩效考核具体办法，并报部备案。

（二）进行交通运输企业安全生产绩效考核时，应吸收相关安全监管部门参与，充分听取意见。

（三）对交通运输企业安全生产绩效考核应坚持考核内容、流程、结果三公开，确保同类企业考核标准的一致性，所有参加考核的人员应认真履职履责、公正公平、清正廉洁。

# 关于贯彻落实国务院坚持科学发展安全发展促进安全生产形势持续稳定好转的意见

（交安监发〔2011〕791 号）

各省、自治区、直辖市、新疆生产建设兵团交通运输厅（局、委），天津、上海市交通运输和港口管理局，部属各单位，中远、中海、中外运长航、招商局、中交建设集团：

为深入贯彻落实《国务院关于坚持科学发展安全发展促进安全生产形势持续稳定好转的意见》（国发〔2011〕40 号）文件精神，促进交通运输安全生产形势持续稳定好转。

## 一、充分认识坚持科学发展安全发展的重大意义，全面贯彻落实国发〔2011〕40 号文件精神

安全生产事关人民群众生命财产安全，事关改革开放、经济发展和稳定局，事关党和政府形象和声誉。坚持安全发展既是贯彻落实科学发展观的必然要求，又是科学发展观的重要内容。国发〔2011〕40 号文件是继《国务院关于进一步加强企业安全生产工作的通知》（国发〔2010〕23 号）之后，国务院下发的又一个重要文件，充分体现了党中央、国务院对安全生产工作的高度重视。国发〔2011〕40 号文件从深入贯彻落实科学发展观的战略和全局高度，进一步强调了安全发展的重大意义和安全生产的极端重要性，明确了今后一个时期安全生产工作的指导思想和基本原则提出了加强改进安全生产工作、促进安全发展的一系列重大决策措施，是“十二五”时期乃至更长远一个时期的全国安全生产工作具有重要指导作用的纲领性、规范性文件。

交通运输行业是国民经济和社会发展的重要基础行业，是国家安全生产的重点领域，直接关系到人民群众的安全畅通便捷绿色出行，关系到国家重要战略物资和人民群众基本生活资料的安全运输。交通运输系统各部门、各单位要充分认识坚持科学发展安全发展的重大意义，认真组织学习，坚决贯彻落实好国发〔2011〕40 号文件精神，切实增强做好交通运输安全生产工作的责任感、使命感和紧迫感，时

绷紧安全这根弦，把安全生产工作摆到更加重要的位置，扎实有效推进交通运输安全生产工作。

## 二、严格落实交通运输企业安全生产的主体责任和管理部门的监管责任

(一)继续深入贯彻落实国发〔2010〕23号文件精神，全面建立行政一把手负总责、其他领导分工负责、各部门各司其责的安全生产责任制，认真落实行政首长负责制和全体员工安全生产“一岗双责”制度，进一步健全安全生产责任体系，完善责任链条，切实把安全生产责任落实到基层，落实到每一个岗位。

(二)交通运输企业主要负责人、实际控制人要认真履行安全生产第一责任人的责任。健全完善并严格执行各项安全生产规章制度，严禁发生违章指挥、违规作业、违反劳动纪律的“三违”行为。持续加大安全生产投入，做好企业年度安全生产财务预算，提足用好安全生产费用，积极推行安全生产责任保险制度。建立并落实全体员工安全培训教育制度，提高全员安全意识和实操技能。相关部门和境外投资企业要切实加强对境外中资企业安全生产工作的指导和管理。

(三)各级交通运输管理部门要切实履行安全生产监管职责，加大督促检查、指导和监管工作力度，消除安全监管盲区。行政主要负责人作为安全生产第一责任人，要亲自抓、认真履行职责，及时研究部署安全生产工作。要进一步完善安全生产层级责任制，建立履行安全生产责任承诺制，强化安全生产目标考核，全面落实安全监管责任。要不断探索创新与交通运输经济运行、社会管理相适应的安全监管模式，建立健全与企业信誉、项目核准、市场准入和退出等方面相挂钩的安全生产激励约束机制。

## 三、进一步加强交通运输安全生产法规制度体系建设，加大安全生产执法力度

(一)加强安全生产法规制度体系建设。制定交通运输安全生产监督管理办法等规章，建立交通运输安全生产重大隐患挂牌督办制度、安全生产责任追究制度、企业安全生产“黑名单”制度，完善安全生产事故约谈机制，落实《交通运输安全生产事故统计管理规定》(交安监发〔2011〕681号)，加强安全生产事故统计、报送和分析。各级交通运输管理部门和交通运输企业要进一步完善安全生产管理制度、岗位职责、操作规程，严格执行安全生产相关标准，积极推进并落实企业安全评估制度和市场退出机制。按照“四不放过”原则，严格执行事故查处挂牌督办制

度，严肃安全生产事故查处和责任追究。

（二）全面推进交通运输企业安全生产标准化建设。落实《交通运输企业安全生产标准化建设实施方案》（交安监发〔2011〕322号），出台交通运输企业安全生产标准化考评管理办法、达标标准以及考评程序、考评机构及考评人员等管理办法，完善相关配套实施细则。所有具体从事公路水路运输、城市客运和公路水运工程建设等生产经营建设活动的交通运输企业必须纳入安全生产标准化建设之中，实现岗位达标、专业达标和企业达标。2013年底前，所有从事客运、危险化学品和烟花爆竹等重点运输企业必须达标，其他交通运输企业在2015年前达标。要将企业安全生产达标工作与日常安全管理工作有机结合起来，并切实与相关行业行政许可挂钩，促进企业安全管理水平的有效提升。

（三）加大安全生产执法力度。进一步健全交通运输安全生产执法机制体制，健全机构、配足人员，特别是要充实基层一线安全监管力量，配齐安全监管设备设施。注重关口前移、重心下移，切实强化基层监管执法，法定节假日和重要活动期间，单位领导要深入基层、一线检查指导，确保各项措施落实到位。保持高压态势，继续会同相关部门严厉打击交通运输安全生产非法违法生产经营建设行为，凡是发现有非发违法的，一定要从严从重打击，并将违法营运车船和相关公司、人员纳入“黑名单”。切实强强交通运输消防安全工作，大力实施消防安全“防火墙”工程。要深入开展安全生产调研，及时发现问题，采取有效措施加以解决，切实为企业安全生产做好指导服务。创新安全监管监察机制，切实做到严格、公正、廉洁、文明执法。各级交通运输管理部门和交通运输企业应建立健全安全生产举报制度，公布举报电话，主动接受社会公众监督。

## 四、突出抓好交通运输重要环节、重点领域的安全生产工作

（一）强化道路客运安全管理。严格“三关一监督”安全工作职责，严格“三不进站、五不出站”安全管理规定，严禁客运车辆挂而不管，严禁非法改装车辆从事旅客运输。强化客运驾驶员资格准入，严格从业资格考试，落实继续教育制度，全面提升驾驶员队伍的安全意识和应急处置能力。研究建立长途客车驾驶人强制休息制度，继续严厉打击超员、超速、高速公路违规停车等违法行为。严格按照规定强化安装具有行驶记录功能的卫星定位装置并实行联网联控，切实加强道路客运动态监测和违章的警示处理。实行道路客运安全告知制度，会同有关部门在高速公

路客运方面推广使用安全带。

（二）强化水路运输安全监管。加强对“四区一线”重点水域和“四客一危”重点船舶的监管力度。严厉打击水上非法运输行为，重点治理砂石运输，严禁超载和非法营运，有效避免商渔船碰撞事故，特别是要加大渡口渡船的监管力度，坚决杜绝非法渡运情况的发生，杜绝重特大事故的发生。继续强化桥区、枢纽等重点通航水域的安全管理，严防船舶撞桥事故发生，加强大桥建设前的通航论证，将保障通航安全作为审批的重要内容，严格执行大桥通航安全保障等级标准，同步建设桥区航标和可靠的防撞设施；进一步完善桥区航标的配布，增加必要的助航设施，发送通航条件，提高安全保障水平。采取有效措施加强易流态化固体散装货物、钢材的水路运输安全管理。

（三）强化危险化学品、烟花爆竹和放射性物品运输安全管理。要认真贯彻落实好《危险化学品安全管理条例》、《烟花爆竹安全管理条例》和《放射性物品运输安全管理条例》，特别是港口行政管理部门、海事管理机构、运政管理部门等要认真履行职责，严把从事危险化学品、烟花爆竹、放射性物品运输企业、运输车船、从业人员、站场（码头）的准入关，研究提高安全生产准入门槛，积极推进安全生产标准化建设。构建危险化学品、烟花爆竹、放射性物品运输行业及相关部门间的信息共享和工作协调机制，积极推进全程动态管控信息系统建设。危险货物运输车船必须按规定安装具有行驶记录功能的卫星定位、AIS 装置。切实强化内河、封闭水域危险化学品运输的监管，严防发生污染水域破坏生态的事故。严厉打击营运车船非法违法从事危险化学品运输，继续加大滚装运输和集装箱运输夹带危险化学品查处力度，二级以上客运站、重要客运码头渡口必须配备使用安检仪，推进车辆滚装运输安检系统的安装应用，严格禁止违禁物品上车、上船。研究制定危险化学品、烟花爆竹、放射性物品运输安全管理制度，不断强化安全监管手段。

（四）强化公路桥隧和城市轨道交通的运营安全管理。提高公路建设质量，完善安全防护设施，加强桥梁、隧道安全隐患排查治理，进一步加大危桥改造、农村公路安保工程的资金投入。所有拟建的长大桥隧必须进行安全评估；所有在建的长大桥隧工程必须作为安全监管重点；所有运营的城市轨道交通必须进一步完善安全生产责任体系，强化运营管理、组织指挥等安全措施，狠抓关键控制，健全应急预案，严格落实管理标准、技术标准和作业标准，切实加强人员安全教育培训，提高从业人员的业务素质和技术能力；所有已建的重要通航水域桥梁，未经过安全评估的必须进行通航风险评估。要进一步加强日常检查和维护，建立完善的安全监测和预警机制。各地交通运输主管部门要在当地党委和政府的领导下，继续加大治超工作力度，坚决遏制超载车辆引发的桥梁垮塌事故。

（五）严格项目建设安全准入，继续推进“平安工地”建设。按照“谁发证、谁审批、谁负责”的原则，进一步落实建设工程招投标、资质审批、施工许可、现场作业等各环节安全监管责任，严把安全生产条件准入关，强化建设项目安全核准，把安全生产条件作为高危建设项目审批的前置条件并严格执行。制定和实施建设、监理、施工等单位安全管理人员上岗标准，完善施工企业和从业人员安全信用体系，健全失信惩戒制度。严格执行相关法律法规和标准规范，落实项目建设安全设施“三同时”制度，未按照“三同时”要求执行的，不得竣工验收、投入使用。推进“平安工地”建设活动向长效机制转化，建立建设项目安全生产管理系统，开展桥梁隧道施工安全风险评估工作，加大公路水运工程安全隐患排查治理，实施公路水运工程施工现场安全生产条件达标考核管理，推行现场人员定位、危险部位施工全程动态监控预警，逐步实现施工现场安全监管信息化，推进工程建设安全。

## 五、加强交通运输安全生产风险管理和应急救援保障能力建设

（一）推行安全生产风险管理。建立交通运输安全生产重大风险源数据库，对重大安全隐患进行挂牌督办，对查处的安全隐患整改情况进行跟踪督办，强化整改效果。重点强化道路水路客运、危险化学品、烟花爆竹及放射性物品运输、桥梁、城市客运等方面安全隐患排查治理。企业要定期进行安全生产风险分析，及时对安全隐患进行排查、评估、治理。充分运用科技和信息手段，建立健全安全生产隐患排查治理体系，提高隐患排查治理的效率。

（二）加大科技兴安力度。建立完善以企业为主体、以市场为导向、产学研用相结合的安全技术创新体系，加大新技术、新设备、新产品的推广应用，增强安全保障能力。深入研究综合交通运输体系构架下的安全监管方向和相应配套的法规、制度和标准体系。加快交通运输安全监管、安全生产管理和标准化管理信息化建设。建立完善信息互通、协同高效的公路网管理平台体系，推进营运车辆联网联控信息系统和城市公交、轨道交通运营监控系统建设。企业应加快国家规定的各项安全系统和装备建设，创新企业安全管理方法，不断提升安全生产信息化水平和管理能力。

(三)推进安全生产和应急救援保障能力建设。加大公路、港口、航道、站场等安全基础设施的建设力度,重点加强高速公路和重要干线公路运行监控设施建设。加强港口、站场的安全和保安设施建设,完善事故频发区域的交通标志、标线、信号灯以及必要的隔离设施等配套设施建设。加强水上交通安全监管、航海保障以及救援能力建设。加快推进道路交通、船舶溢油、水上搜救、水下清障打捞等应急救援队伍建设。加快水上安全监管、救助和抢险抢通装备、溢油应急处置设施设备以及国家、省、市交通运输应急救援保障中心建设。完善公路水路应急运输保障机制,建立完善各项应急预案,加强应急演练,增强从业人员和社会公众应急处置能力。加强安全生产和应急装备器材的配置,为专门从事安全监管和应急管理工作的部门配置必要的交通工具、监督检测设备、事故调查取证与分析设备、个人防护设备等。加强交通运输工程施工事故生命探测、救援设备、个体防护等关键技术装备、专用抢险装备器材配备。

**六、加强安全生产教育培训,提高从业人员的素质和安全意识**

(一)大力实施安全生产培训。制定培训计划,开展不同层次的专业知识和技能培训,重点强化企业和管理部门负责人、安全管理人员、一线重点岗位人员、劳务工的安全培训。加强从业人员资格管理,企业主要负责人和分管负责人、安全管理人员、特种作业人员等必须按规定严格考核、持证上岗;监管执法人员必须经培训合格后方可上岗。加大继续教育力度,各级主管安全生产工作的领导以及业务骨干人员每年必须轮训一次,其他从事安全生产工作人员每三年必须进行一次系统培训,每次轮训和系统培训时间原则上不少于36学时。

(二)有力推进安全文化建设,提升安全文化素质。加大普法和宣传教育力度,运用多种形式,采取人民群众喜闻乐见的方式,利用电视、互联网、报纸、广播、宣传展板等,普及安全常识,营造“关爱生命、关注安全”的舆论氛围,积极开展安全生产和应急知识进企业、进学校、进乡村、进社区、进家庭活动,增强社会公众安全意识,提高事故防范和自救互救的能力。严格执行职业病防治法,认真落实职业危害防护措施“三同时”制度,保障从业人员安全健康权益。大型企业要建立健全职业教育和培训机构,积极培育企业安全文化,打造企业安全文化精品,构建自我约束,持续改进的长效机制。

## 七、进一步加强对安全生产工作的领导

（一）加强组织领导。交通运输系统各部门、各单位要充分学习领会国发〔2011〕40号文件精神，结合实际，拟订详细的落实措施，强化组织领导，把落实国发〔2011〕40号文件精神作为当前和今后交通运输安全生产工作的一项重要工作来抓。充分发挥各级交通运输部门安全生产委员会及其办公室的综合协调作用，落实各成员单位的工作责任。

（二）加强安全生产绩效考核。按照《关于加强交通运输企业安全生产绩效考核的指导意见》要求，继续完善安全生产考核体系，把安全生产绩效考核纳入到经济社会发展考核评价指标体系，加大各级领导干部政绩业绩考核中安全生产的权重和考核力度。把安全生产工作纳入行业精神文明和党风廉政建设、社会管理综合治理体系之中。制定完善安全生产奖惩制度，对成效显著的单位和个人要以适当形式予以表扬和奖励，对违法违规、失职渎职的，依法严格追究责任。

（三）不断加大安全生产投入。完善安全投入方面的相关配套政策，按照《交通运输安全生产和应急体系"十二五"发展规划》，各级交通运输主管部门要持续加大安全生产投入，设立安全生产专项经费，探索建立中央、地方、企业和社会共同承担的安全生产长效投入机制。各交通运输企业要按照相关规定足额提取安全生产费用，加强安全生产设施设备的配备和更新，不断改善企业安全生产条件。

（四）加强对协会和中介机构的规范和指导。各交通运输行业协会要充分发挥桥梁和纽带作用，加强自律，推动行业安全生产标准化建设，建立安全生产诚信机制；组织指导会员企业开展安全生产宣传教育工作，积极推进交通运输企业安全文化体系建设。加强对交通运输安全生产中介机构的管理，实行严格的资格认证制度，确保中介机构依法履行教育培训、科技推广、安全评价、技术咨询等职能。

# 关于印发交通运输系统继续深入扎实开展“安全生产年”活动方案的通知

（交安监发〔2012〕121 号）

根据《国务院办公厅关于继续深入扎实开展“安全生产”活动的通知》（国办发〔2012〕14 号）和《国务院安委会办公室关于认真学习贯彻落实国务院办公厅关于继续深入扎实开展“安全生产”活动的通知》（安委办〔2012〕9 号）精神，为切实抓好 2012 年交通运输安全生产工作，部制定了交通运输系统继续深入扎实开展“安全生产年”活动方案，现印发给你们，请抓好贯彻落实。

中华人民共和国交通运输部

二〇一二年三月二十三日

# 交通运输系统继续深入扎实开展“安全生产年”活动方案

## 一、总体要求

按照《国务院办公厅关于继续深入扎实开展“安全生产年”活动的通知》(国办发〔2012〕14 号)部署,坚持以人为本,以科学发展安全发展为总要求,以深入扎实开展“安全生产年”活动为载体,以强化安全生产标准化建设为着力点,加强交通运输安全生产“双基”(基层、基础)建设,有效减少事故总量、严格防范和坚决遏制重特大事故发生,持续推进交通运输安全生产形势稳定好转,为党的十八大胜利召开提供坚强可靠的交通运输安全保障。

## 二、活动内容

(一)突出思想建设,坚持科学发展安全发展。

1. 深刻把握《国务院关于坚持科学发展安全发展促进安全生产形势持续稳定好转的意见》(国发〔2011〕40 号)精神实质。充分认识坚持安全发展既是贯彻落实科学发展观的必然要求,又是科学发展观的重要内容,时刻牢记安全生产事关人民群众生命财产安全,事关改革发展稳定大局,事关党和政府形象和声誉,牢固树立科学发展安全发展理念,切实把安全生产放在一切工作的重中之重。按照我部《关于贯彻落实国务院坚持科学发展安全发展促进安全生产形势持续稳定好转的意见》(交安监发〔2011〕791 号)要求,结合各部门、各单位实际,分解工作任务,细化工作措施,全面贯彻落实国发〔2011〕40 号文件部署的各项工作。

2. 大力开展全员宣传教育活动。创新宣传教育方式,运用多种形式,采取人民群众喜闻乐见的方式,以宣传培训新出台的安全生产政策、法规为契机,强化从业人员安全意识教育和安全知识普及,广泛组织开展安全发展公益宣传教育活动。以第 11 个“安全生产月”活动为载体,大力推动交通运输安全生产、应急避险和职业健康知识进企业、进学校、进乡村、进社区、进家庭,大力营造“关爱生命、安全发展”的社会氛围,努力提高安全应急能力。

3. 大力推进行业安全文化建设。通过学习宣贯、技术创新、完善制度等方法,不断提升企业、行业本质安全水平和安全发展能力。积极主动关心、支持企业的安全发展和可持续发展,通过交流、走访、调研等方式,进一步加强主管部门和企业间的沟通、协调、互动;将安全文化建设与精神文明活动相结合,使科学发展安全发展成为凝聚共识、汇集力量、推动安全生产工作的文化源泉和思想动力。

(二)突出责任落实,强化激励约束机制。

1.强化企业安全生产主体责任。严格落实企业主要负责人和实际控制人安全生产第一责任人的责任,强化岗位、职工的安全责任。健全完善并严格落实安全生产相关方针政策和法规,完善安全生产规章制度和操作规程,严禁发生违章指挥、违规作业、违反劳动纪律的"三违"行为。保障安全生产投入,加大安全生产设备设施改造力度,确保良好的安全生产条件,切实落实企业安全生产主体责任。

2.强化管理部门安全监管责任。严格落实行政首长安全生产第一责任人的责任和领导班子成员安全生产"一岗双责",进一步完善安全生产层级责任制,完善责任链条,切实把安全生产责任落实到各环节,落实到各岗位。不断强化现场安全监管,继续保持对非法违法生产经营建设行为的高压态势,进一步巩固和扩大"打非"专项行动成果。不断加大创新安全监管方式方法,大力提升主动服务能力,充分依靠科技信息化手段,扩大安全监管覆盖面,消除安全监管盲区,提高安全监管和执法能力,全面履行安全监管主体责任。

3.加强考核兑现和责任追究。加强事故调查处理,坚持科学严谨、依法依规、实事求是、注重实效的原则,严肃事故查处。严格执行重大事故挂牌督办制度,加大企业安全生产事故责任和安全监管责任追究力度,严肃追究相关责任人的责任。及时公布重特大事故调查进展和查处结果,强化事故警示教育作用。加大激励约束力度,强化企业安全生产绩效考核,坚持"一票否决",严格奖惩兑现。

(三)突出"双基"(基层、基础)建设,夯实科学发展安全发展保障基础。

1.进一步完善安全生产法规、标准和规范。进一步完善交通运输安全生产法律法规和政策标准体系,加快交通运输安全生产有关法律、法规的制修订进度。继续推进交通运输安全管理长效机制建设,建立健全交通运输安全生产重大事故挂牌督办制度、重大隐患挂牌督办制度。制定交通运输企业安全生产标准化建设相关法规和考核指标,进一步完善安全生产管理制度、岗位职责、操作规程和相关标准。

2.认真落实"十二五"安全生产规划要求的年度目标。根据"十二五"安全生产规划部署,确保并适度加大安全生产投入,加强安全生产和应急救援保障能力建设,加快安全生产设施设备的配备和更新,不断改善安全生产条件。要结合实际,确定2012年年度安全生产工作目标和任务,制定有针对性的工作措施,并将各项工作任务分解到部门、岗位和人员,抓好落实,全面推进“十二五”安全生产规划的顺利实施。

3. 深入开展安全生产竞赛活动。根据行业特点,结合工作实际,以丰富多彩、形式多样的红旗班组(船舶)安全生产竞赛为载体,通过安全知识竞赛、主题演讲比赛、岗位练兵、意见征集等活动,有效提升基层一线人员安全生产意识和安全实操技能,改善车辆、船舶等安全生产设备技术状态,增强基层班组的凝聚力、执行力和创造力,使基层真正成为保障安全生产的排头兵和坚强后盾。

4. 扎实推进安全生产标准化建设。按照交通运输企业安全生产标准化实施方案的部署,大力推进交通运输企业安全生产标准化建设,结合各地实际,制定相关配套实施细则。积极推进交通运输企业安全生产标准化管理信息系统建设,加快实施交通运输企业安全生产标准化考评机构、考评人员认定等工作,保证企业标准化考评工作的高效、公开、公正、公平。尽快启动交通运输客运企业、危险品运输企业的标准化达标考评工作。

5. 切实加强交通运输安全生产队伍建设。加大交通运输安全生产队伍建设支持保障力度,完善各级安全生产机构和人员配置。完善安全培训体系,制订培训计划,重点强化企业和管理部门负责人、安全管理人员、一线重点岗位人员、劳务工不同层次的专业知识和技能培训。利用有效载体通过典型事例、事故案例等多样方式开展安全生产责任意识和防范意识教育。

(四)突出重点领域,坚决遏制重特大事故的发生。

1. 加强道路客运安全监管。会同有关部门深入开展“道路客运安全年”活动,严格“三关一监督”安全工作职责,严格“三不进站、五不出站”安全管理规定。督促企业加强承包车辆安全管理,强化客运车辆安全监管,严禁非法改装车辆从事旅客运输。加强客运驾驶员管理,严格资格准入。严厉打击超员、超速、高速公路违规停车等行为。继续按照规定安装具有行驶记录功能的卫星定位装置并实行联网联控。大力推行道路客运安全告知制度,积极会同有关部门在高速公路客运方面推广使用安全带。

2. 加强长大桥隧通行安全监管。加大危桥改造资金投入,进一步完善长大桥隧安全防护设施,加大长大桥隧实时监控监测,建立完善的安全监测和预警机制,及时采取措施,有效整改重大安全隐患。严格开展拟建长大桥隧安全评估工作,加强在建长大桥隧工程安全监管,加强重要通航水域桥梁的通航风险评估。继续加大治超工作力度,坚决遏制超载车辆引发的桥梁垮塌事故。

3. 加强渡口渡船和国际海上客运安全管理。严格落实地方政府安全管理责任,加大资金投入,落实管理机构、人员和经费,推进撤渡改桥,完善渡口渡船安全设施,严格按规定配备安全防护及消防器材,强化维护保养,杜绝重特大事故的发生。海事管理机构要加大对渡船的安全监管,严格从业人员资格管理,加强培训教育,提升安全意识和操作技能。继续推进未完成地区的渡口渡船专项整治工作,争取 2012 年底前在全国范围内完成渡口渡船达标验收。严格国际海上客运市场准入管理,完善相关准入条件,进一步加强动态监管。

4. 加强砂石运输船舶和装载易流态化固体散装货物船舶监管。以防止砂石船舶超载、防碰撞为重点,切实加强砂石船舶通航安全监管。严格按照《水路运输易流态化固体散装货物安全管理规定》要求,严格易流态化固体散装货物含水率检测,严禁船舶载运超适运水分极限易流态化固体散装货物。加强易流态化固体散装货物运输船舶监管。强化从事砂石运输和易流态化固体散装货物运输船舶船员培训教育,提升船员安全意识和安全操作技能。密切关注天气水文情况,加强船舶安全巡查,有效遏制事故多发势头。

5. 加强城市轨道交通运营安全管理。进一步完善安全生产责任体系,建立健全城市轨道交通运营安全管理制度。严格新开通的城市轨道交通线路试运营基本条件评审,评审合格的方可进行载客试运营;定期组织对已开通城市轨道交通线路开展运营安全评价,及时发现、有效解决安全问题。严把关键岗位和专职安全管理从业人员资格关。建立日常安全监管长效机制,强化城市轨道交通安全运营管理。完善应急预案,加强培训教育,定期组织演练,全面提升应急处置能力和水平。

6. 加强交通运输工程建设安全管理。按照“谁发证、谁审批、谁负责”的原则,进一步落实建设工程招投标、资质审批、施工许可、现场作业等各环节安全监管责任,严把安全生产条件准入关,强化建设项目安全核准。严格执行相关法律规范和标准规范,落实建设项目安全设施“三同时”制度。推进“平安工地”建设活动向长效机制转化。建立建设项目安全生产管理系统,逐步推进施工现场安全监管信息化,提升工程建设安全保障水平。

7.加强消防安全管理。严格执行国家有关法律法规,按要求配齐交通运输领域人员密集、易燃易爆等火灾高危场所消防设施、设备及器材,并指定人员维护保养和管理,确保消防设施、设备及器材处于良好状态。加大消防安全知识宣传教育,积极开展消防安全咨询,提升全员消防安全意识。定期开展消防应急演练,提高全员排查火灾隐患、扑救初起火灾、组织疏散逃生和消防宣传教育能力。重点加大"两客一危"车辆、"四客一危"船舶和客运场站、码头等重点场所消防安全监管力度。

8.加强港口危险货物码头、储罐、堆场的安全监管。按照《危险化学品安全管理条例》的要求,严格落实港口危险货物建设项目的安全条件审查,完善安全设施"三同时"制度。严把从业人员资格管理,加强培训教育,提升港政管理部门和港口企业相关人员的安全意识及技能水平。严格落实港口码头企业安全生产主任责任,建立日常安全监管的长效机制,提升安全应急处置能力和水平。

(五)突出重点时段,严防死守确保安全稳定。

1.做好节假日、"十八大"等重点时段的安全稳定工作。要结合实际,早谋划、早安排、早部署节假日客流高峰和"十八大" 期间安全生产工作,严格落实责任,细化工作措施,重点加强车辆、船舶维修保养,加强重点区域、领域现场安全监管,严禁超载、超员、超速和疲劳驾驶等非法违法行为,确保重点时段人民群众出行的安全、便捷。

2.加强汛期、台风季节和冰冻雨雪及寒潮大风期间的安全管理。进一步完善与气象部门间的沟通协调,加强预警,通过电视、广播、互联网、报纸等媒体和手机短信、公共场所电子显示屏等方式,及时发布强降雨、台风、寒潮、雾霾、冰冻等天气预警信息,提醒有关车辆、船舶和运输场站、港口堆场、码头、船闸以及公路水运工程在建项目等重点区域采取措施确保安全。完善应急物资储备,做好应急抢通准备,一旦发生紧急情况,迅速采取措施,最大限度减少人民群众生命财产损失。

(六)突出预防预控,继续深入开展隐患排查治理。

1.加强形势研判。深入分析安全生产工作面临的挑战和压力,理清存在的主要问题和突出矛盾,查找重点薄弱环节,制定有针对性的工作措施,突出预防预控,做到形势有判断,任务有安排,工作有目的,应对有措施,行动有实效,有效提升预防预控水平。

2.强化隐患排查治理。进一步完善安全隐患排查治理长效机制,重大安全隐患实施报备、挂牌督办和整改销号。着重抓好“两客一危”车辆、“四客一危”船舶、客运站、港口客运码头、危险货物码头、库区、桥梁隧道、渡口渡船、城市轨道交通和大型结构工程施工现场等领域的安全隐患排查治理,对发现的安全生产隐患,要加强跟踪管理,确保得到及时有效治理,并按相关规定,及时报送安全生产隐患排查治理信息。

3. 加强督导落实。要关口前移、重心下移,狠抓现场安全生产隐患排查治理工作的落实,要采取日常检查和重点抽查相结合的方式,注重对重大安全生产隐患治理工作的督促指导,严格落实整改措施、责任、资金、时限和预案“五到位”,确保取得实效。加大责任追究力度,对安全隐患排查治理排查不力、整改不力、监管不力的有关人员,要严格责任追究。

## 三、相关要求

(一)加强组织领导。部安委会负责交通运输系统继续深化“安全生产年”活动的组织领导,部安委办承担活动的日常工作。各级交通运输管理部门、交通运输企业负责职责范围内相关工作的组织开展。各部门、各单位要按照国务院办公厅通知要求和我部部署,结合各自实际,制定切实可行的工作方案,建立工作机制,明确工作任务,细化工作措施,加强活动情况的跟踪督查和考核,确保“安全生产年”活动各项工作落到实处、取得实效。

(二)加强协调配合。各部门、各单位要加强内部部门间协调配合,形成齐抓共管、齐心协力良好工作氛围。要注重加强与相关单位的沟通协调和信息共享,形成部门配合、社会支持、全员参与、协调高效的安全生产工作机制。

(三)加强信息报送。各部门、各单位要加强活动的舆论引导,构建良好的活动氛围。要及时报送活动信息,我部将利用《交通运输安全生产动态信息》专报定期反应各地“安全生产年”活动的开展情况,交流经验。各部门、各单位要认真做好活动的总结,于 2012 年 12 月 5 日前报部安委办(联系人:陈佳元,联系电话:010－65292132,邮箱:pengfp@ mot. gov. cn)。

# 关于成立琼州海峡客滚运输安全整治协调领导小组的通知

（交安监发〔2012〕315 号）

各有关单位：

为更好地促进琼州海峡客滚安全运输，扎实有效地推进相关工作，交通运输部与广东省、海南省、广西壮族自治区人民政府决定联合成立琼州海峡客滚运输安全整治协调领导机构。现通知如下：

**一、领导小组组成人员**

组　　长：徐祖远　交通运输部副部长
常务副组长：宋家慧　交通运输部安全总监
副 组 长：林　英　广东省人民政府副秘书长
罗时祥　海南省人民政府副秘书长
黄　敏　广西壮族自治区人民政府办公厅副巡视员
成　　员：柯林春　交通运输部政策法规司副司长
于胜英　交通运输部综合规划司副司长
李宏印　交通运输部水运局副局长
王金付　交通运输部安全监督司司长
吴建平　交通运输部公安局副局长
翟久刚　交通运输部搜救中心总值班室主任
曹德胜　交通运输部海事局副局长
陶维功　交通运输部救捞局局长助理
孙　峰　中国船级社副总裁
任建华　交通运输部珠江航务管理局局长
刘晓华　广东省交通运输厅副厅长
朱亚光　海南省交通运输厅副厅长

黄汝生　广西壮族自治区交通运输厅副厅长
杨　文　广东海事局副局长
吴平生　海南海事局副局长
申春生　广西海事局副局长

**二、领导小组办公室组成人员**

主　　任:王金付　交通运输部安全监督司司长
副 主 任:任建华　交通运输部珠江航务管理局局长
刘晓华　广东省交通运输厅副厅长
朱亚光　海南省交通运输厅副厅长
黄汝生　广西壮族自治区交通运输厅副厅长
成　　员:彭付平　交通运输部安全监督司
王平安　交通运输部珠江航务管理局
李　斌　广东省交通运输厅
黄　澎　海南省交通运输厅
黄锡春　广西壮族自治区交通运输厅

# 交通运输部关于进一步加强安全生产工作的意见

（交安监发〔2013〕1号）

各省、自治区、直辖市、新疆生产建设兵团及计划单列市交通运输厅（局、委），上海市、天津市交通运输和港口管理局，有关港口管理局，部属各单位、部内各单位：

为认真贯彻党的十八大精神，深入落实国务院关于安全发展的要求，切实加强交通运输安全生产工作，为经济社会持续健康发展、人民群众安全便捷出行创造良好环境，提出以下意见：

## 一、全面把握安全发展的总体要求

（一）深刻认识交通运输安全工作的长期性、艰巨性和复杂性。随着我国工业化、信息化、城镇化、农业现代化快速发展，对交通运输安全生产提出了更高的要求。交通运输安全生产基层基础工作还比较薄弱，仍处于事故多发高发期，重特大事故频发易发的势头尚未得到根本遏制。交通运输企业受金融危机冲击，生产成本上升，经济效益下降，影响安全生产的问题有所增加。交通运输行业暴露出安全管理理念不适应、法规制度不健全、责任落实不到位、从业人员业务素质有待提高、安全文化建设亟待加强等诸多深层次问题。各种传统和非传统、自然和社会的不确定因素与风险交织并存，推进交通运输安全发展的任务更加繁重、更为紧迫。

（二）切实把交通运输安全生产工作摆在更加突出的位置。牢固树立以人为本、安全发展的理念，坚持“安全第一、预防为主、综合治理”的方针，始终把保障经济社会持续健康发展、维护人民群众生命财产安全放在首位，以“平安交通”创建活动为载体，以事故预防为重点，以责任落实为保障，以科技创新和教育培训为支撑，以能力建设为基础，牢牢把握安全工作主动权，不断提升交通运输安全发展水平，严密防范和坚决遏制重特大事故，为全面建成小康社会提供坚实的交通运输安全服务保障。

## 二、深化“平安交通”创建活动

（三）深入开展“平安交通”创建活动。各级交通运输管理部门和企业要把“平安交通”创建活动作为抓好当前和今后一个时期安全生产工作的载体，以创建平安公路、平安车船、平安港站、平安渡口、平安工地等为重点，结合实际，因地制宜，深入推进，务求实效。通过创建活动，使安全生产体制机制法制进一步健全，各类应急处置预案进一步完善，安全生产保障能力进一步增强，安全生产文化进一步提升，安全生产队伍素质进一步提高，确保交通运输安全生产形势持续稳定好转。

（四）加强“平安交通”创建活动的组织实施。各级交通运输管理部门和企业要切实加强组织领导，制定实施方案，动员各方力量广泛参与，形成创建活动合力。全面深入开展“平安交通”创建宣传活动，积极营造良好社会氛围。“平安交通”创建活动与安全生产各专项活动相互衔接，不断总结经验，表彰先进，推动创建活动扎实有序有效开展。

**三、坚决遏制安全生产重特大事故**

（五）严格安全生产准入条件。研究提高并严格执行交通运输企业、车船、从业人员安全准入标准，严把车辆、船舶、设施设备关，严禁非法改装车辆和“三无”船舶进入市场。严格工程建设项目管理，达不到安全生产条件的企业不得进入交通运输工程建设市场。严格执行从业人员资格证制度，从事客运、危险化学品运输、特种设备操作等重点岗位的人员必须持证上岗。

（六）开展隐患排查和专项整治。进一步完善安全隐患排查治理长效机制，加强重大安全隐患动态跟踪管理。督促交通运输企业定期进行安全隐患排查，确保隐患整改落实到位。针对道路水路运输、城市客运、工程建设等重点领域存在的薄弱环节和突出问题，深入开展专项整治行动，对安全生产状况不断恶化的交通运输企业，及时采取措施予以清理整顿，有效遏制重特大事故。

（七）强化道路运输安全管理。加强对道路运输企业和营运车辆的安全管理，严格执行“三不进站、六不出站”安全管理规定。推进“安全带－生命带”工程。积极推行长途客运车辆凌晨2时至5时停止运行或实行接驳运输，达不到安全通行条件的三级以下山区公路严禁营运客车夜间通行。会同相关部门严厉打击客车超员、超速和货车超载、超限营运等违章行为，加强旅游包车和异地营运车辆的安全管理和整治。加强城市公交安全管理。

（八）强化水路运输安全监管。加大对重点水域和重点船舶的日常监管力度，深入开展琼州海峡、渤海湾、三峡库区等区域客滚运输安全专项整治。加强对船舶通航密集区、水上施工区和交通管制区以及台湾海峡客运航线的监管，严防船舶碰撞和泄漏等事故。严厉打击船舶非法营运和超载行为。进一步督促县乡人民政府落实监管主体责任，加大渡口渡船安全监管力度。强化对航运企业安全管理体系审核和跟踪管理。开展船舶救生、消防设备配备等专项检查，确保船舶适航。严格船员培训考试发证，确保船员适任。

（九）强化危险化学品运输安全管理。进一步规范危险化学品运输和安全管理行为，加强对港口码头危险货物罐区的安全管理。加大滚装运输、集装箱夹带危险化学品检查力度，严厉打击非法违法从事危险化学品运输和夹带危险品运输的行为。切实加强内河、封闭水域危险化学品运输的监管，禁止通过内河封闭水域运输剧毒化学品和国家规定禁止通过内河运输的其他危险化学品，强化长江沿线危险化学品运输安全治理，研究建立长江沿线危险化学品运输安全监管长效机制。

（十）强化工程建设施工安全管理。严格执行工程施工安全各项制度、规程，严禁违章指挥、违章操作、违反劳动纪律。全面推行桥梁隧道施工安全风险评估，继续开展防坍塌和防高空坠落专项行动。加强大型桥梁隧道、港口码头等重大工程建设的现场安全管理，切实做好工程施工现场地质灾害预防和应对工作。

## 四、加强安全生产科技创新和教育培训

（十一）加强安全生产科研和应用。加快交通运输安全生产风险管理体系研究和应用，提高安全风险分析评估和综合防治的技术水平。加强危险化学品运输、海上溢油清除、重点领域监控监管等关键技术和装备设施研究。积极推广应用性能可靠、先进适用的安全生产新技术、新工艺、新设备和新材料。

（十二）加快安全生产管理信息化建设。加快交通运输安全畅通和应急信息系统建设，推进危险化学品和烟花爆竹水路运输动态管理信息系统建设，完善路网监测与应急管理信息系统、重点营运车辆联网联控系统。加强电子海图、电子航道图、地理信息系统（GIS）在交通运输领域推广应用。

（十三）加强从业人员安全教育培训。有计划、分步骤地开展从业人员岗位培训和继续教育。对新录用和转岗人员应开展岗前培训和安全教育，企业负责人、安全管理人员和从事旅客、危险化学品运输等一线从业人员应定期接受在岗培训和继续教育。加强安全应急知识培训和应急演练，提升从业人员安全应急实际操作能力。

## 五、推进安全生产法规制度和标准化建设

（十四）推进安全生产法规规范和标准建设。加快推进《航道法》、《城市公共交通条例》等法律法规的制定或修订。建立健全交通运输安全生产激励与责任追究、重大隐患挂牌督办、安全生产“黑名单”等制度。加快制定完善道路水路运输、城市公交、工程施工等安全和应急的技术标准规范。推进城市轨道交通、海上溢油等应急预案编制工作。

（十五）加快推进企业安全生产标准化。在交通运输行业普遍开展岗位达标、专业达标和企业达标建设。组织开展考评员培训、考试和考评机构资质认定，加强考评员、考评机构监督管理，积极推进企业达标考评，客运和危险化学品运输企业应在2013年底前达标，其他交通运输企业在2015年底前达标。

（十六）强化安全生产标准化达标等级应用。将企业安全生产标准化与企业营运资质许可、运力调整等相结合，重点支持高等级达标企业，整体提升交通运输企业安全管理水平。对在规定期限内未达标的企业，依据有关规定责令停业整顿；对整改逾期仍未达标的，依法予以取消营运资质。

## 六、完善和严格落实安全生产责任体系

（十七）严格落实企业安全生产主体责任。督促企业依法依规加强安全生产，严格遵守和执行安全生产相关方针政策、法律法规、标准规范，及时制修订各项安全生产规章制度和操作规程。完善和落实安全生产责任制，企业主要负责人、实际控制人应切实承担安全生产第一责任人责任，逐级签订安全生产责任书，完善层级责任制。强化对车船、设施设备和一线操作员工的安全管理，督促客运、危险品运输驾驶人员、特种作业人员等关键岗位签订安全责任承诺书，确保责任落实。

（十八）严格落实安全生产监管责任。各级交通运输管理部门应建立健全行政首长负总责，领导班子成员“一岗双责”制度。加强安全生产调研，及时了解掌握基层安全生产情况，组织解决安全生产存在的重点难点问题。加大安全生产监管和督促检查工作力度，加强现场和动态执法，秉公执法文明执法，确保监管到位。

（十九）完善安全生产管理体制机制。各级交通运输管理部门和交通运输企业应按有关规定，设置安全管理机构和配置安全管理人员，建立健全安全生产委员会制度。加强交通运输部门与相关部门的沟通协作，强化交通运输综合安全监管

部门和业务管理部门的协调配合，进一步完善交通运输安全管理信息报告、督促检查、应急救援等机制，形成齐抓共管的合力。发挥社会组织、行业协会等中介组织在安全生产中的作用。

## 七、强化安全和应急保障能力

（二十）加大安全生产投入。交通运输企业应按规定足额提取并用好安全生产费用，完善费用管理制度，严禁虚列或挪用。加快淘汰和更新老旧车辆、船舶及设施设备，全面推进内河船型标准化建设，加强工程建设工地防风、防雷、防地质灾害等安全设施的配备。新建、改建、扩建工程项目的安全设施必须与主体工程做到“三同时”（同时设计、同时施工、同时投产和使用）。各级交通运输管理部门应将安全生产的科研开发、宣传教育、督查检查、事故调查处置、绩效奖励等费用纳入预算，提供经费保障。

（二十一）加强安全生产基础设施建设。重点加强农村公路安保、城市轨道交通运营安保、危桥改造、渡改桥等安全生产基础设施建设。全面推进老旧码头结构加固改造，加快重点航道疏浚、整治和锚地的规划建设，加强航运枢纽、通航建筑物等水运工程的助航和安保设施设备建设。完善航标配布，按规定设置通航桥梁防撞设施。加强重点陆岛、岛岛运输配套安全设施建设。

（二十二）提高安全监管装备水平。研究制定安全监管装备器材配备标准，加强公路与水路安全监管装备器材的配置和基地建设，为安全监管部门和人员配齐配强装备和防护器材。进一步完善整合船舶交通管理系统（VTS）、船舶自动识别系统（AIS）、闭路电视监控系统（CCTV）等功能，研究建立大型交通运输基础设施建设和管养安全监测系统，提升动态监管能力。

（二十三）加强应急救援装备设施建设。推进国家和省级公路交通应急保障中心及基地建设。加快应急救助船艇、飞行器、指挥车辆等装备建设。加快船舶溢油应急基地建设，加强水路危险品运输应急物资储备，加快航标、测量船舶及装备建设。依托大型交通运输企业，建立各级道路和水路运输应急保障运力储备。

## 八、加强安全生产考核和监督

（二十四）推进安全生产绩效考核。建立完善安全生产考核机制，加大领导干部和部门负责人政绩业绩考核中安全生产的权重和考核力度，将安全责任的落实作为单位和人员绩效考核的重要内容，与评优、评先、晋升相结合。建立并完善安全生产激励机制，对成效显著的单位和个人要以适当形式予以表扬和奖励。

（二十五）加大安全生产责任追究力度。严格事故调查处理和责任追究，按照“四不放过”的原则，严格实行安全生产一票否决、引咎辞职等问责制度，严肃查处每一起安全生产事故，依法严肃追究责任单位和相关责任人责任。认真落实事故查处挂牌督办、警示通报、诫勉约谈等制度。畅通安全生产举报渠道，强化社会监督、舆论监督和群众监督，共同推进群防群治和责任落实。

中华人民共和国交通运输部

2013 年 1 月 5 日

# 交通运输部关于印发交通运输系统“平安交通”创建活动实施方案的通知

（交安监发〔2013〕116号）

各省、自治区、直辖市、新疆生产建设兵团交通运输厅（局、委），天津、上海市交通运输和港口管理局，天津市市政公路管理局，部属各单位，中远、中海、招商局、中交建设、中外运长航集团：

《交通运输系统“平安交通”创建活动实施方案》已经部务会审议通过，现印发给你们，请抓好落实。

中华人民共和国交通运输部

2013年2月7日

# 交通运输系统"平安交通"创建活动实施方案

## 一、指导思想、基本原则和总体目标

(一)指导思想

深入贯彻落实科学发展观,按照《交通运输部关于进一步加强安全生产工作的意见》(交安监发〔2013〕1 号)要求,坚持"安全第一、预防为主、综合治理"方针,牢固树立以人为本、安全发展的理念,全面组织实施"平安交通"创建活动,动员全员参与、形成创建合力、营造创建氛围、取得创建实效,促进交通运输安全生产形势持续稳定好转,推进现代交通运输业科学发展安全发展。

(二)基本原则

统筹兼顾,整体推进。统筹好创建活动与现代交通运输业的发展、与安全生产各项活动和专项整治行动的关系,做到相互衔接、相互融合、相互促进。

创新形式,丰富内容。结合实际,因地制宜,采取多种形式、多角度、多渠道,创新活动内容,丰富活动内涵,做到有声有色、有形有实、有质有效。

突出重点,注重实效。突出安全生产领域存在的薄弱环节和突出问题,以有效防范和坚决遏制重特大安全事故发生为重点,做到标本兼治、综合治理。

广泛参与、形成合力。加强与政府相关部门协调合作,动员引导社会力量广泛参与,形成管理部门、交通运输企业和全社会参与共同创建的良好格局。

(三)总体目标

安全生产体制机制法制进一步健全,安全生产应急预案进一步完善,安全生产保障能力进一步增强,安全生产文化进一步提升,安全生产队伍素质进一步提高,构建完善的交通运输安全生产长效机制。更加提升保障现代交通运输业全面可持续发展的硬实力,更加适应经济社会发展和人民群众安全便捷出行的新需求,更加满足全面建成小康社会的总要求。"平安交通"创建活动期间,实现事故总起数和死亡人数以及重特大事故的起数和死亡人数下降。

## 二、活动主题和活动内容

活动主题:

平安交通,人人有责。

活动内容:

(一)大力开展“平安公路”创建活动。

以 G108 和 G205 国道改造示范工程为重点,深入开展“养护管理示范公路”创建活动。不断完善安保工程实施内容,进一步加强公路安保工程建设,对于临水临崖、长大下坡、急弯陡坡等事故易发路段严格按照标准设置安全设施。组织对重点路段进行灾害风险评估,合理确定灾害风险处置方案,切实提高抗灾能力。加大危桥监控、改造力度,确保桥梁使用安全。进一步强化多部门协调联动,加大公路治超力度。加强路网保畅和路域综治管理,强化预防预警,提供出行信息服务,让人民群众走平安路、过平安桥。

(二)大力开展“平安车船”创建活动。

以“两客一危”车辆和“四客一危”船舶为重点,严把准入关和技术关,强化车船检验检查和维护保养,严格执行车船行驶安全管理规定和安全告知制度,保持良好的车容船貌,规范驾驶员安全文明驾驶行为,严格消防、应急设施装备的配置使用,严禁超员超载超速和疲劳驾驶,做好突发事件应急抢险救援,让人民群众坐平安车、乘平安船。

(三)大力开展“平安港站”创建活动。

以客运、危险货物港口码头和车辆站场为重点,严格执行各项安全管理制度和安全操作规程,强化旅客进港进站安全检查,严禁违禁物品进入港站、上车上船,严禁超载超员车船出港出站。加强港口码头和车辆站场现场安全管理,做好人员密集场所社会治安综合管理,保持消防应急设施完好,加强航道养护,维护良好通航秩序。强化安全隐患排查治理,提供安全优质服务,确保车船进出港站平安。

(四)大力开展“平安渡口”创建活动。

以内河、陆岛和岛岛客(汽)渡口为重点,加强与地方政府及相关部门沟通配合,督促落实乡镇渡口安全监管职责和乡管员制度,严格执行渡口渡船安全管理规定,积极推进渡口建设改造和渡船标准化建设,完善渡船安全应急设施,按规定配置消防救生设备并确保有效,强化从业人员安全培训教育,提升安全意识和安全应急操作技能,严禁违章操作,建立健全渡口安全管理长效机制,让人民群众过平安渡。

(五)大力开展“平安工地”创建活动。

以特大(长)桥隧和大型水运工程建设为重点,继续推行桥梁隧道施工安全风险评估制度,全面实施工程风险预警预控预案管理。继续开展以"防坍塌、反三违"为重点的专项治理行动,全面推行"平安工地"考核评价制度,定期公布评价结果,并与企业信用记录挂钩。加大高速公路施工标准化建设力度,逐步做到施工现场安全防护标准化、场容场貌规范化、安全管理程序化,建平安工程。

各地、各单位可根据实际需要,开展其他有针对性、有特色的平安交通创建活动。

## 三、实施步骤

"平安交通"创建活动从2013年起到2017年止,分三个阶段。

(一)宣传发动组织实施阶段(2013年)

拟定创建活动实施方案,建立组织领导机构,周密部署、层层动员,广泛开展宣传教育活动,营造良好氛围,在全行业启动并实施"平安交通"创建活动。

(二)重点突破全面推进阶段(2014~2016年)

有计划、分步骤、有重点推进平安公路、平安车船、平安港站、平安渡口、平安工地等创建活动,着力取得活动实效。组织开展相互交流学习、检查和评比、竞赛等活动,发挥典型示范作用,推广好的做法,有效推动创建活动的开展,全面实现创建活动目标任务。

(三)总结经验巩固提升阶段(2017年)

对"平安交通"创建活动进行认真梳理,总结经验、查找不足,提出改进和完善安全生产工作的措施,巩固提升创建活动实效,为交通运输科学发展安全发展奠定坚实基础。同时,对"平安交通"创建活动提出具体意见和建议。

## 四、工作要求

(一)加强组织领导。

交通运输部安委会负责交通运输系统"平安交通"创建活动的部署、指导和组织实施,部安委办负责"平安交通"创建活动的综合协调、跟踪督导和日常工作。交通运输系统各管理部门和企业要成立"平安交通"创建活动领导机构。

(二)制定实施方案。

各部门、各单位要结合实际,制定"平安交通"创建活动的具体实施方案,明确目标,细化措施,落实责任。创建活动要有特色、有针对性和可操作性,活动措施要落实到基层、落实到岗位。

(三)加强支持保障。

各部门、各单位要将“平安交通”创建活动作为重点工作进行安排部署,加大人力、科研投入,提供必要的资金支持,为开展创建活动创造良好的条件。

(四)强化跟踪落实。

各部门、各单位每年要组织创建活动督导检查,及时发现并解决存在的问题,确保不走形式、不走过场。要进行年度创建工作总结,将创建活动绩效作为年度工作目标考核的重要内容。要加强与政府相关部门沟通合作,加强内部各部门之间的协调联动,确保创建活动取得实效。

各部门、各单位要将创建活动具体实施方案于2013年3月1日前、年度总结于次年1月15日前报部安委办。

# 关于加强基层交通运输应急队伍建设的指导意见

（交应急发〔2010〕165 号）

各省、自治区、直辖市、新疆生产建设兵团交通运输厅（局、委），天津市市政公路管理局、交通运输和港口管理局，上海市交通运输和港口管理局，部属各单位，有关交通运输企业：

交通运输是国民经济和社会发展的基础性产业，交通运输应急工作关系到国民经济发展和社会稳定，交通运输基层应急队伍是交通运输应急体系的重要组成部分，是防范和应对突发事件的基础力量，加强交通运输基层应急队伍建设意义重大。近年来，交通运输基层应急队伍逐步建立，在应急工作中发挥了重要作用，但各地交通运输基层应急队伍建设发展不平衡，组织管理规范化和队伍建设专业化水平尚待提高，应急能力需进一步加强。为贯彻国务院办公厅《关于加强基层应急队伍建设的意见》，结合交通运输基层应急工作实际，提出加强基层应急队伍建设意见如下：

## 一、切实加强对交通运输基层应急队伍建设的组织领导

在地方政府的领导下，交通运输主管部门要组织指导公路、道路运输、港航、地方海事等有关管理部门以及交通运输企业，全面调查当地应急资源的分布以及交通运输突发事件发生、发展的特点，根据当地实际和“十二五”交通运输安全生产与应急发展规划，组织制定基层应急队伍建设规划，提出建设和发展目标，明确具体措施，加强对应急队伍建设的督导检查，加强当地交通运输基层应急队伍建设，不断健全交通运输应急体系。

部属航务、海事、救捞等机构要根据辖区特点和搜救、应急运输、航道抢通等需求，制定本系统和单位基层应急队伍发展规划，动员社会力量，完善装备，加强基层应急队伍建设，提高基层应急队伍水上搜救、危化品及油污等应急处置能力。

## 二、明确交通运输基层应急队伍建设的基本原则和建设目标

按照“统筹规划、规模适度、平急结合、专兼结合、部门负责、社会参与”的原

则，加强专业应急队伍与兼职应急队伍、志愿者队伍相结合的交通基层应急队伍建设。

力争通过三年左右的时间，基本建成适应基层交通运输突发事件应对处置需要的应急队伍，努力提高基层交通运输应急队伍整体素质，力争达到专职人员持证上岗，兼职人员经过业务培训，不断完善专业抢险与公众参与、地方抢险与军队抢险相结合的交通运输应急救援机制，初步形成统一领导、协调有序、专兼并存、优势互补、保障有力的交通运输基层应急队伍体系。

## 三、建立健全交通运输基层应急救援队伍体系

加强城市公交客运和轨道交通应急队伍建设。交通运输主管部门要指导辖区公共交通企业、轨道交通运营企业组建由专业技术人员组成的应急抢险队伍，及时抢修故障营运车辆或轨道交通设施；建立由站务人员组成的兼职疏散引导队伍，疏导乘客及时、有序地撤离故障车辆或车站，避免出现挤压伤亡事故；建立与旅客运输、出租客运企业的协调与调用机制，及时疏散受困、受阻旅客。

加强公路、航道应急抢险保通队伍建设。结合公路路网规模、结构、地域分布特点，以公路养护管理部门、路政管理部门以及日常养护队伍为基础，采取与专业公路养护工程企业签订应急处置协议的方式，构建基层公路应急抢险保通队伍。航道方面，加强航道维护能力建设，加强过船设施的运行管理，发挥设计、施工和运行维护人员在应急抢通中的作用，建立干线航道、港口航道、界河等疏堵保通专业应急队伍。

加强客货场站、港口码头应急抢险队伍建设。在充分依靠当地公安消防专业应急力量的基础上，督导客运场站、码头，依托专职安全管理员、保安员，挑选一部分青年骨干人员，组建消防、救援等应急队伍。

加强危险品运输应急队伍建设。发挥专业消防和危险货物应急救援队伍的作用，增加危险货物应急救援和资金的投入，进一步提高专业消防队伍和危险货物应急救援技术装备水平和救援能力。依托大型企业组建联合消防或危险货物应急救援队伍，从企业员工中挑选合适的兼职消防或应急救援人员，加强兼职消防或应急人员业务培训演习、演练。危险货物场站和港区应与专业应急队伍签订救援协议。组织编制危险货物运输应急救援指导读物，制定并完善企业应急救援预案，加强对所有从事危险货物作业人员的技术培训以及消防和应急处置的演练，不断提高企

业应对和处置危险货物事故的能力。

完善水上应急队伍建设。基层海事、救捞、搜救中心等机构要在当地政府的统一领导下，结合水上搜救工作的实际需要，加强水上搜救队伍建设，鼓励动员社会各方面志愿者参加，形成以海事、救捞专业力量为主、社会力量参与的水上搜救应急队伍。加强船舶污染应急队伍建设，海事、救捞要加强清污应急队伍建设，培养专业技术人才；港航、海事要加强对船舶油品和油污水经营和处置相关企业的业务指导，督促指导各港口企业、航运公司、石油公司建立本单位应急队伍。

加强应急运输保障队伍建设。港航、道路运输管理部门要以当地道路客、货运输骨干企业为依托，研究采取与企业签订应急运输保障协议等形式，完善应急运输补偿机制，明确各自的责任和义务，建立应急运输保障车队、船队，完善指挥调度联络和协调机制，保障应急物资抢运、旅客疏散。

加强施工安全应急队伍建设。各级交通主管部门要在当地政府的领导下，逐步建立以项目自救为主、专业救助为辅、安全专家为技术支撑的交通运输建设应急队伍体系，加强本地区建设安全应急技术专家资源库建设，探索建立以本地区大型施工企业、地方专业救援队伍为重要补充力量的救援联动机制，全面提高交通运输行业建设安全应急救援能力。

**四、完善交通运输基层应急保障机制**

健全队伍运行机制。要建立健全基层交通运输应急队伍应急值守、接警处置、日常训练与演练、应急处置评估等机制；特别是加强日常训练与综合演练，强化应急处置评估，不断总结经验、吸取教训，提升基层应急队伍处置突发事件的能力。积极协调公安、消防、气象、海洋、通信、民政、军队等有关部门，建立联动机制，搜救应急运行机制要充分发挥海上搜救中心的统一组织协调作用，实现应急队伍和力量的统一调度、密切协作。

落实经费保障机制。要在地方政府的统一领导下，积极协调财政部门，将基层专业应急队伍的工作经费、应急演练经费等纳入同级财政预算。各级交通主管部门以及搜救中心等相关机构要加强与当地财政部门的沟通，逐步完善应急补偿机制，对承担应急运输任务的单位和个人予以合理经济补偿，造成运输工具、装备损毁的予以合理赔偿，同时要在政策上给予一定支持，保护参与应急运输单位和个人的权益，提高社会力量参与应急工作的积极性。海事部门要推动相应的油污清除补偿制度,保障清污公司和其他企业在油污应急中的合法利益。

完善社会动员机制。要加强社会宣传,普及交通运输应急相关知识,提高社会对交通运输突发事件关注度、参与度和支持度。要在地方政府的领导下,建立健全交通运输应急社会动员机制,鼓励公众积极参与和支持交通运输应急处置和应急保障工作,提高突发事件应急处置效率。

强化安全保障机制。要加强安全保障方面的投入,配备必要的安全防护器材和设备,最大限度地保护各类应急行动参与人员的安全。要制定相应的政策,为一线专业应急人员购置必要的人身安全保险,解决其后顾之忧。

加强应急制度建设。根据当地突发事件的实际,制订相应的应急预案或应对方案。建立相应的培训与演练制度,根据应急工作的需要,定期或不定期开展应急培训工作,加强专业应急力量和指定应急力量的演练,不断提高不同种类应急力量之间的协调配合能力;建立对应急人员的奖励激励机制,提高其参与应急工作的积极性。

二〇一〇年三月三十日

# 交通运输部、公安部、安监总局关于进一步加强和改进道路客运安全工作的通知

（交运发〔2010〕210 号）

各省、自治区、直辖市及新疆生产建设兵团交通运输、公安、安全监管部门：

为进一步加强和改进道路客运安全工作，坚决遏制和防范群死群伤恶性事故的发生，保障人民生命财产安全，现就有关要求通知如下：

## 一、加强统筹协调，形成工作合力

交通运输、公安、安全监管部门要按照《国务院办公厅转发全国道路交通安全工作部际联席会议关于进一步落实“五整顿、三加强”工作措施意见的通知》（国办发〔2007〕35 号）的要求，努力构建政府统一领导、部门依法监管、企业全面负责、群众监督参与、社会广泛支持的工作格局。要明确管理职责，加强部门协作，建立合作机制，定期召开会议，实现信息共享，形成工作合力。要以遏制群死群伤事故为目标，以落实客运企业安全主体责任为主线，以强化企业对营运客车和驾驶员动态监控为重点，坚持源头管理与路面管控并重，切实增强安全管理措施的科学性、针对性和有效性，着力构建道路客运安全工作长效机制，努力促进安全工作常态化、规范化，全面提升道路客运安全工作水平。

## 二、加强营运驾驶员安全管理

（一）严把大中型客车驾驶员培训关、考试关和发证关。交通运输、公安部门要进一步完善驾驶员培训、考试制度。交通运输部门要加强驾校管理，提高驾驶员培训质量。对申请办理从业资格证的，必须经培训合格，凭结业证书申请办理。公安部门要进一步规范考试程序，严格考试标准。凡客运车辆发生一次死亡 3 人以上交通事故且负有主要责任的，安全监管部门要会同交通运输、公安部门对驾驶员培训、考试和发证过程进行责任倒查，把培训、考试记录作为责任倒查的重点和依据。

（二）加强对违法驾驶员的管理。公安部门要建立驾驶员交通违法、肇事信息记录查询平台，逐步向社会提供客运驾驶员的交通违法行为及交通事故查询服务。对驾驶客运车辆载人超过核定人数20%以上、超过规定时速50%以上的严重违法行为，在交通违法记分周期内记满12分，多次违法记录未及时处理的客运驾驶员，公安部门要抄送运输企业，告知其通知相关客运驾驶员到公安机关接受处理，并通报交通运输部门；交通运输部门要督促客运企业对其进行教育处理，情节严重的应调离驾驶岗位。对机动车驾驶证被公安部门注销或者吊销的，由交通运输部门依法吊销其从业资格。从业资格证被吊销的，三年内不得重新参加从业资格考试。

（三）加强营运驾驶员诚信考核。交通运输部门要将营运驾驶员在道路运输活动中的安全行车、遵守法规等情况作为诚信考核的重要指标，进一步推进营运驾驶员诚信考核工作，督促营运驾驶员自觉遵守国家法律法规，诚实守信、文明从业，稳步提升营运驾驶员队伍整体素质。

**三、加强营运客车安全工作**

（一）严格营运客车登记和安全检验。公安部门要严格客车登记制度，对不符合国家标准的车辆，不得办理注册登记。要会同有关部门强化对营运客车安全检验工作的监督，严把营运客车安全检验关。

（二）严格营运客车市场准入制度。交通运输部门要强化营运客车市场准入管理，严禁没有达到营运客车等级评定标准的车辆或技术性能不合格的车辆参与营运。对发现使用未进行安全技术检验或检验不合格的客车从事营运的，要立即停驶，并责令客运企业限期整改。

**四、落实客运企业安全生产主体责任**

客运企业是安全生产的责任主体，企业的法定代表人是安全生产的第一责任人。客运企业要认真贯彻执行国家有关安全生产的法律、法规和政策。交通运输、公安、安全监管部门要监督客运企业落实安全生产主体责任，依法严格追究责任。

（一）加强安全生产基础管理。客运企业要建立健全安全生产责任制，健全组织机构，配备专职安全工作人员，保证安全生产的必要投入，加强对安全工作人员和从业人员的教育培训考核，定期召开安全生产委员会会议和安全生产例会，开展安全生产自查自纠工作,及时发现和消除事故隐患。客运企业要按照安全生产法律法规和相关标准规范,制定符合自身特点的岗位操作规程和安全标准,促进安全生产标准化、制度化和长效化。鼓励各地积极探索采用安全统筹行业互助形式,提高企业安全工作和抗风险的能力。

(二)严格驾驶员的聘用和管理。客运企业要严把驾驶员的聘用关,当面审查驾驶员的驾驶证件、从业资格和驾驶经历,并与符合条件的驾驶员签订聘用合同。要定期严格组织驾驶员参加安全学习和培训,不断提高驾驶员的安全意识和业务素质。要经常通过信息查询平台查询驾驶员的违法和事故信息,对查询到的驾驶员违法和事故信息以及收到的公安部门抄送的驾驶员严重违法信息,要及时对违法驾驶员进行教育和处理。

(三)加强营运客车技术管理。客运企业要建立和完善车辆日常安全检查、维护制度,落实专人负责车辆安全工作,对车辆定期进行安全检查和二级维护,并记入车辆技术档案。承担客运车辆二级维护作业的机动车维修企业应当建立车辆维修档案,并在核定的经营范围内,按照国家标准和技术规范认真执行客运车辆二级维护作业,不得漏项和减项。

(四)强化汽车客运站安全管理。汽车客运站要认真履行安全工作职责,建立健全并落实各项安全生产制度,配备安全检查人员,严格落实"三不进站、五不出站"安全工作制度。

(五)严格市场准入管理。交通运输部门要围绕"三关一监督"的安全工作职责,把客运企业的安全生产状况,作为完善道路运输市场准入和退出制度的核心内容和主要依据,将企业安全生产动态考核结果与企业的行政许可、线路招投标和质量信誉考核挂钩,把安全生产与企业生存发展结合起来,切实加强监督管理。

(六)加强安全监督检查。交通运输、公安、安全监管部门要加强对客运企业的安全监管,督促客运企业及时发现和整改安全工作中存在的隐患和薄弱环节。对不具备基本安全生产条件、存在重大安全隐患的客运企业,要依法责令停业整顿;整改仍不达标的,坚决吊销相应的经营范围。对因负主要责任或者全部责任,发生一次死亡3至9人道路交通事故的,所属客运企业1年内不得新增客运班线(旅游企业1年内不得新增车辆);1年内发生两次及以上死亡3至9人道路交通事故的,或发生一次死亡10人以上重大道路交通事故的,所属客运企业3年内不得新增客运班线(旅游企业3年内不得新增车辆)。

## 五、加强农村客运安全工作

（一）完善农村客运安全监管机制。针对农村地区安全监管力量薄弱的实际，各级道路交通安全工作联席会议要主动提请地方政府明确由乡（镇）政府实施农村客运安全监督管理，实行“县管、乡包、村落实”的政策，并指导和督促乡镇政府落实道路运输安全机构、人员和经费，履行安全管理职责。

（二）完善农村公路安保设施。交通运输部门要对通客车的农村公路，在急弯、陡坡、临水、临崖等重点危险路段上，逐步设置必要的警示标志或安保设施。

（三）加强对三轮车、低速货车和拖拉机的安全工作。公安部门要加强对农村道路运行秩序管理，严禁客车超员载客，三轮汽车、低速货车和拖拉机违法载人。

## 六、严格客运车辆道路通行管理

（一）加强道路通行秩序管理。公安部门要加强客运车辆道路通行秩序管理，严格查处客运车辆超员、超速行驶、疲劳驾驶等交通违法行为。

（二）严格夜间通行管理。交通运输部门要严格客运线路审批，对夜间途经达不到夜间安全通行条件的三级（含）以下山区公路，不得批准客运班线。公安部门在道路执法中发现客运班线夜间途经达不到夜间安全通行条件的三级及以下山区公路的，要禁止通行，并及时通报交通运输部门，由交通运输部门督促客运企业合理调整客运班线的发车时间。

（三）防止疲劳驾驶。客运车辆每日运行里程超过400公里（高速公路直达客运超过600公里）的，客运企业应当配备两名以上驾驶员。驾驶员连续驾驶不得超过4小时，或者24小时内累计驾驶不得超过8小时。客运企业要制定更加严格的防止疲劳驾驶措施，创造条件安排长途驾驶员落地休息。

（四）强化客车运营管理。客运企业要采取有效措施，强化客车运营管理。班线客车要严格按照许可的线路、班次、站点运行，在规定的途经站点上下旅客，不得站外上客或揽客。客运包车不得搭乘合同外的旅客，严禁客运包车途中上客。

## 七、推进车辆运行动态监管工作

（一）规范行车记录装置安装工作。旅游包车和三类以上的班线客车必须依法安装、使用符合国家标准的行驶记录仪（具有行驶记录功能的卫星定位装置应视同行驶记录仪)。凡未安装的,交通运输部门不予核发道路运输证,公安部门不予通过定期审验。对已经安装卫星定位装置的车辆,应逐步增加行驶记录功能。交通运输部将会同相关部门尽快制定卫星定位监控平台、终端及数据交换标准。

(二)建立营运车辆动态信息公共服务平台。交通运输部门要建立营运车辆动态信息公共服务平台,实行联网,并向公安、安全监管等有关部门免费开放,为政府有关部门和运输企业加强动态监控提供有效的技术手段。

(三)实施联合监管。交通运输、公安、安全监管部门要充分利用动态信息服务平台提供的监控手段,依据法定职责,实施联合监管。交通运输部门要督促运输企业安装并使用卫星定位装置,利用动态监控手段加强对运输市场秩序管理;公安部门要利用交通运输部门提供的动态监控手段,加强对客运车辆行驶速度、连续驾驶时间等运行情况的检查,严格查处超速行驶、疲劳驾驶等违法行为;安全监管部门要利用动态监控手段,做好应急指挥及事故处置工作。

(四)落实客运企业监控主体责任。客运企业要建立和完善卫星定位装置使用管理制度,确保卫星定位装置正常使用。要充分运用卫星定位监控手段加强对所属车辆和驾驶员的日常监督,保持车辆在线时间,加大对违法行为的处理力度。

**八、加强事故责任调查处理**

(一)建立重大事故调查处理工作联动机制。各级公安、交通运输、安全监管部门要建立重大事故调查处理工作联动机制,共同调查重大道路交通事故,共同分析事故发生原因,共同研究提出预防事故的措施。

(二)严格事故责任追究。安全监管、交通运输、公安等部门要按照事故调查“四不放过”和“依法依规、实事求是、注重实效”的原则,依法对屡次发生超速、超员等违法违章、发生交通事故、存在重大安全隐患的客运企业及其负责人进行责任追究及行政处罚。客运企业因未履行安全生产主体责任,发生生产安全事故的,安全监管部门要按照《安全生产法》、《生产安全事故报告和调查处理条例》(国务院令第493号)的规定,对企业及主要负责人予以处罚。发生一次死亡10人以上责任事故的企业主要负责人,依法撤销职务或处二万元以上二十万元以下的罚款;撤销职务的,在5年之内不得担任道路运输企业主要负责人,构成犯罪的,应依法追究刑事责任。对于6个月内发生两次及以上一次死亡3人以上,且负全部或者主要责任事故的企业,公安部门要按照《道路交通安全法》的规定,责令消除安全隐患;安全监管部门要按照《安全生产法》的规定,责令企业停业整顿;经停业整顿仍不具备安全生产条件的,交通运输部门吊销其道路运输经营许可证或者吊销相应的经营范围。

中华人民共和国交通运输部
中华人民共和国公安部
国家安全生产监督管理总局
二○一○年四月二十三日

# 交通运输部关于贯彻落实《国务院关于加强道路交通安全工作的意见》的通知

（交运发〔2012〕490号）

各省、自治区、直辖市、新疆生产建设兵团交通运输厅（局、委），天津市、上海市交通运输和港口管理局，部属各单位：

为深入贯彻落实《国务院关于加强道路交通安全工作的意见》（国发〔2012〕30号，以下简称《意见》），进一步加强道路交通安全工作，现就有关工作要求通知如下：

## 一、充分认识加强道路交通安全工作的重要意义，认真贯彻落实《意见》要求

道路交通安全事关人民群众切身利益和经济社会发展大局，加强道路交通安全工作，切实把道路交通安全风险降至最低，是党和政府执政能力的重要体现。《意见》从适应我国道路通车里程、机动车和驾驶员数量、道路交通量大幅增长的新形势出发，进一步明确了道路交通安全工作的指导思想和基本原则，提出了全面加强道路交通安全工作的一系列政策举措，是新时期做好道路交通安全工作的重要指导性文件。各级交通运输部门要认真学习领会《意见》精神，充分认识做好道路交通安全工作的重要意义，抓好《意见》的贯彻落实。切实加强组织领导，结合交通运输实际，制定切实可行的工作方案，明确任务分工，落实各项工作措施。要把贯彻落实《意见》与正在开展的"安全生产年"、"道路客运安全年"、"打非治违"等活动结合起来，统筹安排，统一部署，确保各项工作有序开展，取得实效。在地方政府的统一领导下，积极配合公安部门，加强与其他相关部门的合作，形成齐抓共管、协调高效的工作局面。

## 二、进一步落实运输企业安全生产主体责任

（一）强化企业安全生产主体责任。运输企业要建立健全安全生产责任制、岗位责任制和安全生产管理各项制度，制定和完善安全管理标准体系和岗位操作规

程，健全安全管理机构，配备专兼职安全管理人员，保障安全生产投入，定期召开安全生产分析会、安全生产例会，开展安全生产自查自纠工作，及时发现和消除事故隐患。客运企业要严格落实《道路旅客运输企业安全管理规范（试行）》，夯实安全基础。

（二）严格营运驾驶员管理。要认真做好营运驾驶员从业资格管理工作。运输企业要严格驾驶员录用条件，严格审核相关资质，严把驾驶员聘用关；做好驾驶员的岗前培训，定期组织驾驶员参加安全学习和教育培训，按照规定开展好驾驶员的继续教育；对驾驶员从业行为定期进行考核，根据考核结果严格奖惩；根据公安部门通报的驾驶员违法和事故信息，对驾驶员进行处罚；对交通违法记满分、诚信考核不合格，以及从业资格被吊销的驾驶员，要及时调离驾驶岗位或予以辞退。

（三）防止长途客运驾驶员疲劳驾驶。长途客运企业要合理安排班次，推行长途客运车辆凌晨2时至5时停止运行或实行接驳运输措施。实行接驳运输的，要根据实际情况，实施驾驶员停车换人、落地休息制度；有条件的客运企业要积极推行旅客一票到达目的地，全程分段运营、定点换车换人制度。要做好运输组织和驾驶员调度，保障驾驶员合理休息时间。高速公路服务区、客运站要积极配合，为长途客运车辆中途休息提供便利。

（四）加强营运车辆维修保养。运输企业要使用经检测合格的车辆从事道路运输经营活动，达到规定使用年限的车辆，不得继续从事经营活动。按照规定定期对营运车辆进行维护和检测，认真落实车辆日常检查制度，确保营运车辆处于良好技术状况。

（五）加强车辆和驾驶员动态监控。运输企业要按照交通运输部、公安部、安全监管总局、工业和信息化部《关于加强道路运输车辆动态监管工作的通知》（交运发〔2011〕80号）要求，建立和完善卫星定位装置安装使用制度，落实监控人员，建立监控台账，确保车辆实时在线，及时发现和纠正超速行驶、疲劳驾驶、不按规定路线行驶等违法违规行为。企业调度人员要利用动态监控系统加强对车辆运行过程的管理，将安全监控与运营调度结合起来。

## 三、进一步加强道路客运安全管理

（一）严格长途客运班线管理。进一步严格长途客运班线审批和管理，合理确定营运线路、车型和时段。严格控制1000公里以上的跨省长途客运班线审批和夜间运行时间,对新增跨省长途客运班线,一律实行招投标制度,优先选择安全服务质量优良的骨干企业承担长途线路运营。

(二)改进旅游包车安全管理。根据本地区旅游客运市场供求状况,加强旅游客运运力投放调控。会同公安、安全监管、旅游等部门深入开展旅游包车客运安全专项整治,强化对旅游包车客运企业的监管,加强对旅游包车违法违规行为的处罚力度,坚决杜绝线路两端均不在车籍所在地的经营行为。推行包车业务网上申请和备案制度,规范旅游包车客运标志牌管理,严禁发放加盖公章的空白包车客运标志牌。

(三)严格客运站源头管理。督促客运站认真履行安全管理职责,建立健全并落实各项安全生产制度,进一步细化和明确客运站关键人员岗位职责、工作内容和流程,积极推行客运站安全监管的标准化作业。严格落实"三不进站、五不出站"规定,并将乘客佩戴安全带情况增加为车辆出站检查内容。

(四)严格落实道路客运安全告知制度。督促客运企业按规定播放安全告知短片,规范驾驶员或乘务员口头告知内容,在车内明显位置处按要求标示车辆核定载客人数、经批准的停靠站点和投诉举报电话等。

## 四、进一步加强机动车驾驶员培训管理工作

(一)继续强化机动车驾驶员培训与考试的衔接。加强与公安部门的沟通协调,建立信息交换机制,推进驾驶培训机构计时培训管理系统与道路运输管理机构管理系统,以及道路运输管理机构管理系统与公安考试系统的联网对接,实现数据共享;共同对驾驶培训机构培训质量、考试合格率、诚信考核等级等情况进行综合评估,建立驾驶培训机构培训质量排行榜,并对社会公布。

(二)严格监管机动车驾驶培训机构。加大市场调控力度,按照合理布局、有序发展的原则,对驾驶培训机构审批实行规划管理。严格新增驾驶培训机构的许可,采用招投标方式,确定市场准入主体和教学车辆的投放。定期开展驾驶培训机构培训能力评估,根据培训能力及培训、服务质量核定其招生人数。加强执法监督力度,重点整治挂靠经营、乱设报名点等违法违规行为,坚决查处"以包代管"、"只收钱不管理"的空壳驾校以及挂靠教练车、无牌无证教练车。

(三)加强培训质量监管。深入开展素质教育,坚持把学员安全知识的学习和安全意识的养成,作为培训的重中之重,贯穿于培训教学的全过程。推广应用计算

机计时培训管理系统，改进教学方式，促进规范化教学，全面落实培训教学大纲和学时要求，坚决杜绝违规发放结业证的行为。

（四）加强大中型客货车辆驾驶员素质培养。积极引导建立集中的培训基地，提高培训场地和设施设备利用效率，切实保障大中型客货车辆驾驶员培训要求。会同相关部门，积极推进将大客车驾驶员的培养纳入国家职业教育体系，依托具备条件的职业院校，培养高素质的大客车驾驶员。鼓励客运企业通过委托培养等形式，参与大客车驾驶员职业教育。

## 五、进一步加强营运车辆技术管理

（一）严格营运车辆准入。继续做好营运客车类型划分和等级评定，提高营运客车安全配置要求。做好货运车辆推荐车型工作，鼓励营运货车向标准化、轻量化、厢式化发展。认真执行营运车辆准入制度。督促汽车综合性能检测机构严格对准入车辆的技术参数、配置的核查，对经检测不符合营运车辆相关标准和指标的，一律不得进入运输市场。

（二）改进营运车辆综合性能检测。严格执行营运客车综合性能检测制度，检测不合格的车辆，一律不得从事营运。加强营运车辆综合性能检测机构的资格管理，督促检测机构完善设施设备条件，提高检测能力，规范检测活动，坚决杜绝不按规定项目和标准检测、出具虚假检测报告的行为。对出具虚假检测报告的检测机构，要停业整顿直至取消其检测资格。

（三）提高营运客车被动安全性。会同公安部门深入开展“安全带—生命带”专项行动，加强对途经高速公路营运客车乘客座椅安全带的安装、使用、宣传情况的全面督查，督促客运企业、客运站认真落实相关规定要求，积极引导旅客在客车行驶过程中自觉佩戴安全带，减少道路交通事故对乘客造成的伤害。

## 六、进一步加强营运车辆动态监管

（一）继续推进营运车辆卫星定位装置应用。确保旅游包车、危险品运输车辆、三类以上班线客运车辆安装符合标准的终端产品，并全部接入联网联控系统。农村客运车辆要逐步安装使用卫星定位装置，卧铺客车必须加装车载视频监控装置。推进重型载货汽车和半挂牵引车的出厂前安装卫星定位装置工作，进入运输市场的重型载货汽车和半挂牵引车必须安装符合标准的卫星定位装置，并接入道路货运车辆公共监管与服务平台（www. gghypt. net）。凡未按要求接入公共监管与服务平台的，不予市场准入审批。对在用的重型载货汽车和半挂牵引车，要逐步引导安装卫星定位装置，接入道路货运车辆公共监管与服务平台。

（二）做好平台标准符合性审查。各地交通运输部门要督促在用的政府监管平台和企业监控平台尽快进行升级改造，按照有关要求完成标准符合性审查。对未按时完成标准符合性审查的平台，予以通报并责令整改，整改不合格的，要更换符合标准的平台。

（三）规范卫星定位装置使用行为。部将联合公安部、安全监管总局共同制定《道路运输车辆动态监督管理办法》，规范卫星定位装置安装、使用行为。各地要尽快实现向公安、安全监管等有关部门开放数据传送，充分利用动态监控手段，依法实施联合监管，共同加强对企业动态监控工作的监督，督促运输企业利用好监控平台，切实加强对车辆和驾驶员违法行为的处理力度。

**七、进一步加大行业监管力度**

（一）完善道路运输安全监管机制。严格运输市场准入，把安全管理制度和安全生产条件作为运输企业准入审核的重要内容。完善道路运输企业服务质量信誉考核，把企业安全生产状况作为考核的重要内容，将考核结果与客运线路招投标、运力投放等挂钩，并作为市场退出的重要依据。鼓励客运企业实行公司化、规模化经营，积极培育集约化、网络化经营的货运龙头企业。鼓励运输企业采用安全统筹、行业互助等形式，提高企业抗风险能力。

（二）加强对运输企业的安全监督检查。各级交通运输部门要联合公安、安全监管等部门，加强对运输企业的安全监督检查，督促运输企业落实安全管理规范，及时整改存在的安全隐患和薄弱环节。对安全管理混乱、存在重大安全隐患的企业，要按照《安全生产法》和《国务院关于特大安全事故行政责任追究的规定》等有关法律法规规定，责令其停业整顿；对整改不达标的，撤销原批准。逐步建立客运、危险品运输企业安全生产评估制度，组织开展安全生产评估活动，实现对运输企业的分类管理和重点监管，促进运输企业安全生产管理的持续改进和不断完善。要配合公安部门，督促运输企业落实驾驶员中途休息制度，防止驾驶员疲劳驾驶。

（三）加大对事故企业的处理力度。各级交通运输部门要会同有关部门依法加大对事故企业的处理力度。对发生重大及以上或者 6 个月内发生两起较大及以上责任事故的运输企业，依法责令其停业整顿，肇事车辆班线停运6个月；停业整顿后符合安全生产条件的，准予恢复运营，3年内不得新增客运班线，旅游客运企业3年内不得新增旅游运力；停业整顿仍不具备安全生产条件的，吊销道路运输经营许可证或者吊销相应的经营范围。发生重特大道路交通责任事故的，依法吊销道路客运班线经营许可，并收缴有关证件。

## 八、完善公路安全标准体系与制度

（一）修订完善相关公路安全标准体系，提升安全标准水平。按照"先进理念、系统管理、经济可靠、有效实施"的总体要求，对公路安全设施设计、施工、安全性评价等行业标准进行修订完善，合理设置安全防护设施，提高公路设施防灾、抗灾及防护能力。

（二）加强公路勘察设计，提高公路设计质量和安全水平。要认真贯彻地形选线、地质选线、安全选线原则，公路线形设计要考虑机动车实际运行速度，避免出现线形突变，保证行车安全；组织开展公路设施安全风险评估工作，针对特殊复杂桥梁和隧道工程，应综合评估工程设计、施工和运营各阶段风险，合理设置安全储备，提高工程安全度；推广标准化结构、标准化施工，从源头消除质量通病和安全隐患，保证结构的安全可靠性；加强防护、排水工程安全设计，在工程位置、尺寸、形式等方面充分考虑交通安全的需要，特别是要评估特殊天气造成的泥石流、洪涝等次生灾害对公路带来的影响，提高公路基础设施的防灾抗灾能力；加强交通安全设施设计，要充分考虑工程具体使用情况，适应交通安全运行需要，提高交通安全设计的针对性。

（三）加强工程建设管理，提高工程耐久性。各地要全面推行现代工程管理，深入开展施工标准化活动，以标准化促进项目规范管理；严格执行基本建设程序和标准规范，不得随意降低标准，对技术标准中可灵活运用的非强制性指标，应在确保安全的基础上经过综合论证后确定；加强设计变更管理，规范变更程序，严禁未批准、先实施，任何变更不得影响工程质量和安全；加强建设材料特别是安全设施材料准入把关，确保公路设施的安全可靠。

（四）加强工程竣（交）工验收工作，全面检验工程质量、安全等指标，把好工程投运前最后一道关口。根据工程竣（交）工验收工作规定，严格工程质量安全指标的检验，核查交通标志、标线、标牌的设置，确保交通安全设施设计、施工、使用"三同步”；加强与相关部门的协同配合，公路工程交工验收工作应当请公安、安全监管等部门人员参加，交通安全设施验收不合格的不得通车运行。

**九、全面加强公路养护管理**

（一）要保证公路养护管理投入，强化养护责任落实。确保公路养护资金、机构、人员“三到位”，健全养护制度、优化养管措施、落实养管责任，采取预防性养护、日常养护、小修保养、大中修相结合的方式全面提升养护成效，确保公路安全、畅通。各级交通运输主管部门要努力协调和争取地方政府支持，有计划、分步骤地逐年增加和改善公路交通安全设施，安排更多财政性资金用于公路养护；收费公路要在通行费收入中列支足额资金用于公路养护。

（二）要强化管理，加大危桥改造力度，确保桥梁使用安全。各级交通运输主管部门和公路管理机构要严格执行桥梁检查和管养工作的相关规定，通过建立专门的桥梁技术档案，全面系统掌握桥梁的使用情况，对于安全隐患较大的四、五类桥梁，要按规定及时协调当地公安交通管理部门，实施交通管制措施，禁止或限制车辆通行；按照“轻重缓急”原则，组织对辖区内公路上危桥进行改造，努力实现危桥数量逐年减少。

（三）加强公路安保工程建设。加强与公安交管部门合作，重点结合交通事故发生率、事故形态等关键数据和指标，不断完善安保工程实施内容，对于临水临崖、连续下坡、急弯陡坡等事故易发路段，校车途经路线等重要路段的安全隐患，要按照技术标准积极完善交通安全设施。省级交通运输主管部门要根据《交通运输部关于认真做好〈校车安全管理条例〉贯彻实施工作的通知》（交运发〔2012〕327 号）要求，将校车途经公路线路的安全隐患排查结果于 2012 年 10 月底前报部（公路局）。

（四）抓好公路灾害防治工程建设。贯彻“预防为主、防治结合、因地制宜、综合治理”的原则，结合历史数据，组织对重点路段进行灾害预评估，合理确定公路灾害防治标准和处治方案，采取多种措施进行综合整治，不断提高抗灾能力、通行能力和行车安全水平。

（五）开展公路隐患排查治理。密切与公安交警等部门协作，结合交通事故统计分析，排查确定事故多发路段和存在安全隐患的路段，全面梳理桥涵隧道等风险点，结合公路养护工程进行隐患危险路段工程改造，消除公路设施隐患。

## 十、进一步推进农村公路交通安全设施建设

县级人民政府要落实农村公路建设和管理养护主体责任，科学制定改善农村公路交通安全设施的计划，落实资金，加大建设、管理和养护力度。对新改建农村公路应根据需要同步安装完善安保等附属设施，对已建成的农村公路应按照“安全、有效、经济、实用”的原则，认真排查安全隐患点，分期分批进行整治。要结合农村公路特点，研究制定符合本地实际的农村公路安全技术标准，规范安全设施建设行为，总结推广既有的安全设施建设经验，鼓励探索既能够节约成本又能有效解决问题的新方法，使有限资金发挥最大效益，提升农村公路安全保障水平。

## 十一、进一步加强公路货运车辆超限超载治理

（一）加强重点货物运输装载源头监管。建立完善重点货运源头单位名单及治超责任考核管理办法，加大货运源头治超投入力度，强化货运源头派驻、巡查等措施，切实防止违法超限超载运输车辆出厂（站、矿）上路。

（二）加强路面执法工作。会同公安交管部门加大工作力度，完善路面治超执法协作机制，以固定超限检测站为依托，以治理车货总重超过55吨的违法超限超载运输车辆为重点，切实加大检测和执法工作力度，严格卸载措施，及时消除违法行为。有条件的公路桥梁，要根据实际情况和需要配置称重检测设备，及时检测和预警，防止违法超重车辆上桥行驶。

（三）强化信息共享和监管处罚。加快推进治超检测站点的信息系统联网工作，加快推进治超管理信息系统、运政管理系统和公安交通管理信息系统间的数据交换与共享，促进路面执法与源头监管密切配合、联防联治。各地交通运输主管部门要按照有关规定，对违法超限超载运输的货运车辆、驾驶员和道路运输企业，严格实施吊销车辆营运证和道路运输经营许可证等处罚。

## 十二、进一步加强路网运行监测和应急处置

（一）加强路网运行监测体系建设。重点加强高速公路和重要干线公路沿线监控设施建设，加大路网运行信息自动化采集力度，重点推进部省两级路网管理与应急处置平台建设和联网，逐步形成完善的公路网运行监测网络。

（二）加强公路交通气象灾害监测预报预警。进一步深化与气象部门的合作，

及时做好公路交通气象预报预警工作，共同推进公路交通气象观测网络建设，不断提高公路交通气象灾害监测预报预警水平，逐步形成长期、稳定、可靠的公路交通气象信息采集、预测分析与发布机制。

（三）加强应急救援能力建设。加快组建以地方公路管理机构现有力量为主体的公路应急养护中心以及专业化的公路应急抢险保通队伍。加快推进公路交通应急装备物资储备体系建设，重点建设国家区域性公路交通应急装备物资储备中心。加快高速公路应急救援装备、队伍建设，会同公安、卫生、消防等部门，建立高速公路应急救援联动机制，全面提升应急救援能力。

中华人民共和国交通运输部

二〇一二年九月二十七日

# 关于明确港口危险化学品安全监督管理若干问题的通知

（厅水字〔2012〕4号）

各省、自治区、直辖市交通运输厅（局、委）、安全生产监督管理局：

为切实做好新修订的《危险化学品安全管理条例》（国务院令第591号，以下简称《条例》）的贯彻落实工作，加强港口危险化学品安全监督管理，根据《中华人民共和国港口法》（以下简称《港口法》）、《中华人民共和国安全生产法》等法律法规，现就有关问题通知如下：

## 一、关于港区内危险化学品安全监管

按照部门职责分工，港口行政管理部门根据港口总体规划确定的范围，对港区内危险化学品码头建设项目和储存设施建设项目按照国务院交通运输主管部门的规定进行安全条件审查。港区范围不明确的，其储存设施及仓储作业的安全监管主体和范围由设区的市级港口行政管理部门会同当地规划、安全生产监督管理等部门协商确定（上述职责划分，不涉及海事部门职责）。

在港区内危险化学品生产和使用危险化学品的生产装置及相连储罐部分，由安全生产监督管理部门负责安全监管；仅与危险化学品码头相连的储罐部分，由港口行政管理部门负责安全监管。

## 二、关于港区内加油站安全监管

在港区陆上专门为港口企业的装卸设备、非营运车辆服务的加油站，由港口行政管理部门负责安全监管。在港区陆上为社会车辆服务的加油站，由安全生产监督管理部门负责安全监管。

## 三、关于港口危险化学品从业人员资格、安全评价机构管理以及生产安全事故调查处理

根据《港口法》和《条例》的规定，鉴于港口危险化学品作业的专业性和危险

性，为确保港口安全，切实做好安全管理工作，对从事港口危险化学品装卸管理、申报、集装箱装箱现场检查等业务的人员以及企业主要负责人，由交通运输主管部门负责组织安全培训和资格认定。向港口危险化学品经营人提供安全评价服务的机构和从业人员，应当符合交通运输主管部门的有关要求。

危险化学品港口经营企业发生重大及以下生产安全事故的，根据《生产安全事故报告和调查处理条例》（国务院令第 493 号），由事故发生地人民政府授权或者委托的部门等单位负责调查处理。

**四、关于安全监管职责交接**

根据《条例》和上述职责分工，发生安全监管职责转移的，有关港口行政管理部门和安全生产监督管理部门应当按照有关程序办理职责交接手续，移交相关材料。对正在开展生产、储存危险化学品建设项目前期工作或项目在建的，自本通知印发之日起，原管理部门不再受理新的有关建设项目安全条件审查申请；已受理的，原管理部门应在 2012 年 2 月 1 日前作出审查决定，并及时移交有关材料。对已投产项目，自 2012 年 2 月 1 日至 2012 年 3 月 31 日为交接过渡期，由原管理部门与新管理部门进行交接，一次性整体移交相关档案材料（复印件，包括申请材料、许可文件和监管信息等）。对符合法律法规和安全生产条件的，换发新的许可证书；对不符合法律法规和安全生产条件的，应要求有关单位进行整改，符合要求后，方可换发许可证书。

港口行政管理部门与安全监管部门要加强沟通，密切配合协作，交接工作不得影响港口企业的安全生产，发现问题及时解决，确保交接工作顺利进行。

二〇一二年一月九日

# 交通运输部关于集中开展严厉打击非法违法生产经营建设行为专项行动的通知

（交安委发〔2010〕2号）

各省、自治区、直辖市、新疆生产建设兵团交通运输厅（局、委），天津、上海市交通运输和港口管理局，部属各单位，中远、中海、中外运长航、招商局、中交建设集团，上海船研所：

为认真贯彻落实党中央、国务院关于安全生产工作的重要部署和《国务院安委会关于集中开展严厉打击非法违法生产经营建设行为专项行动的通知》（安委〔2010〕5号）的要求，交通运输部决定从8月1日至10月31日，在交通运输系统集中深入开展打击非法违法生产经营建设行为专项行动，现将《交通运输系统集中开展严厉打击非法违法生产经营建设行为专项行动的方案》印发给你们，请认真组织实施，并于8月15日和11月10日前分别将专项行动实施方案和工作总结报部安委办。

交通运输部安全委员会

二〇一〇年八月六日

# 交通运输系统集中开展严厉打击非法违法生产经营建设行为专项行动方案

## 一、总体要求

认真贯彻落实国家安全生产法律法规和党中央、国务院关于安全生产工作的各项部署，按照《国务院安委会关于集中开展严厉打击非法违法生产经营建设行为专项行动的通知》（安委〔2010〕5 号）的要求，结合“安全生产年”活动和部组织开展的各项专项整治活动部署，通过集中开展严厉打击交通运输非法违法生产经营建设行为专项行动，切实解决影响交通运输行业安全生产的突出问题，强化交通运输生产经营建设单位安全生产法制意识，加快形成良好的安全生产秩序，进一步落实安全生产两个主体责任，坚决遏制和有效防范重特大事故发生，切实维护人民群众生命和财产安全，促进交通运输安全生产形势持续稳定好转，推进交通运输畅通高效、安全绿色发展。

## 二、重点内容

交通运输系统专项行动打击的重点内容，主要是以下非法违法生产经营建设行为：

（一）无证、证照不全或资质不符合要求从事生产经营建设的；

（二）取缔后又擅自生产经营建设或停业整顿未经验收擅自组织生产经营的；

（三）违反建设项目安全设施“三同时”规定的；

（四）瞒报事故、隐瞒事故真相，以及重点隐患隐瞒不报或不按规定期限予以整治的；

（五）未依法进行安全培训、没有取得相应资格证或无证上岗的；

（六）抗拒安全监管执法，拒不执行监管部门下达的安全监管监察指令的。

（七）未依法严格追究事故责任，以及责任追究不落实的；

（八）存在“三违”现象较多的；

（九）非法从事道路、水路运输、出租车运输的；

（十）道路运输存在超限、超载、超员和运输船舶存在超限、超载的；

（十一）长江、渤海湾、琼州海峡等水域滚装运输非法夹带危险品的；

（十二）非法从事渡口渡船运输的；

（十三）交通建设工程非法分包、转包以及违章作业的。

## 三、实施步骤

（一）明确工作重点，制定实施方案。各部门、各单位要按照本方案要求，结合本部门、本单位实际，尤其是安全生产执法和治理行动中查出的突出问题，在对今年以来发生的事故进行深入分析的基础上，明确打击重点内容，在8月15日前研究制定具体的工作方案，做出工作部署安排，切实抓好打击非法违法生产经营建设行为专项行动。

（二）实施联合执法，依法严厉打击。各部门、各单位要在当地人民政府统一领导下，积极联合相关部门共同开展打击非法违法行为，提高执法效率，形成打击合力。专项行动要注重做到“四个一律”：对非法生产经营建设和经停产整顿仍未达到要求的，一律关闭取缔；对非法违法生产经营建设的有关单位和责任人，一律按规定上限予以经济处罚；对存在违法生产经营建设行为的单位，一律责令停产整顿，并严格落实监管措施；对触犯法律的有关单位和人员，一律严格依法追究法律责任。

（三）加强督导检查，注重行动实效。各部门、各单位要对专项行动的组织开展情况进行全面、细致的检查和工作指导，防止行动流于形式，要及时发现和解决有关部门、单位工作不深入、打击不严厉、治理不彻底的问题。在各部门、各单位自查自检工作基础上，部将组织督查组，对各部门、各单位开展专项行动的情况进行督查。主要督查各部门、各单位打击非法违法生产经营建设行为的情况，对非法违法生产经营建设行为的处罚情况以及相关责任人的责任追究情况，增强打击的针对性和实效性。

专项行动结束后，各部门、各单位要认真总结专项行动开展情况，并于11月10日前将书面总结报部安委办。

## 四、工作要求

（一）加强领导，落实责任。各部门、各单位要充分认识开展专项行动的重要性和紧迫性，切实把严厉打击非法违法生产经营建设行为作为全面加强安全生产的有力措施。各部门、各单位主要领导是该专项行动的第一责任人，要结合本辖区实际，加强对专项行动的组织领导，及时研究解决专项行动中的焦点和难点问题。要明确分工、落实责任、精心组织、强力推进。

（二）统筹协调，全面推进。专项行动要与国务院相关部署（《国务院办公厅关于继续深入开展“安全生产年”活动的通知》（国办发〔2010〕15号）、《国务院关于进一步加强企业安全生产工作的通知》（国发〔2010〕23号）、《国务院办公厅关于进一步推进安全生产“三项行动”的通知》（国办发〔2009〕32号）等）有机结合，与部有关安全生产工作部署（《交通运输部关于印发交通运输安全生产和应急双基建设活动方案的通知》（交安监发〔2010〕301号）、各专项整治活动等）有机结合，做到统筹兼顾、相互衔接、全面推进，建立长效机制。

（三）突出重点，打击到位。各部门、各单位要深入分析非法违法生产经营建设行为产生的主要因素，事故频发、隐患突出、非法违法行为突出的地区和单位要认真研究，明确此次打击非法违法生产经营建设行为专项行动的重点对象，实施精确打击、重点打击、有效打击。以更加严密的组织方式、更加有力的打击措施、更加严格的监管手段、更加有效地执法监督，严厉打击非法违法生产经营建设行为，坚决整顿治理、关闭取缔非法违法和不符合安全生产条件的生产经营建设单位。对拒不执行安全监管指令的企业，要依法从重、从严处罚，以儆效尤。

（四）严肃事故查处，严格责任追究。各部门、各单位要依法从严对非法违法生产经营建设行为进行坚决打击，对工作不认真、走过场的要通报批评，对执行不力的要实行严格的责任追究，并对相关责任人进行处理；对玩忽职守，导致重特大事故发生的，要按照“四不放过”原则，严肃追究相关责任人的责任，涉嫌犯罪的，依法追究刑事责任；对非法违法生产行为造成人员伤亡的，依法从重处罚，务求本次专项行动取得实效。

（五）广泛宣传，营造氛围。各部门、各单位要充分利用广播、电视、报纸、互联网等媒体，大力宣传专项行动，动员和引导各部门、各单位以及职工，积极参与、全面推动，营造浓厚的氛围。要加强舆论和群众的监督力度，通过设立举报电话、邮箱等方式，进一步畅通安全生产的社会监督渠道，充分依靠和发动广大人民群众参与专项行动，鼓励群众举报交通运输行业安全生产非法违法行为。在专项行动开展期间，各部门、各单位要及时将专项行动的进展情况、存在的问题和采取的措施以及好经验、好做法报送部安委会办公室。

# 关于做好交通运输安全生产隐患排查治理信息统计和报送工作的通知

（交安委明电〔2010〕3 号）

各省、自治区、直辖市、新疆生产建设兵团交通运输厅（局、委），长江、珠江航务管理局，部属各海事局、救捞局，中远、中海、中外运长航、招商局、中交建设集团，上海船研所：

为贯彻落实《国务院安委会办公室关于继续做好安全生产隐患排查治理信息统计和报送工作的通知》（安委办〔2010〕7 号）精神，及时掌握交通运输行业各部门、各单位安全生产隐患排查治理和安全生产执法行动工作进度，交流信息，通报情况，以便推进工作，现就做好交通运输安全生产隐患排查治理信息统计和报送工作通知如下：

## 一、健全信息统计月报制度

各部门、各单位要在 2007 年以来继续开展安全生产隐患排查治理信息统计工作的基础上，进一步健全隐患排查治理统计数据报送制度，加强领导，落实责任，自下而上，全面加强信息调度统计，每月对本部门、本单位安全生产隐患排查治理工作情况进行统计分析。

## 二、建立季度总结通报制度

各部门、各单位要在组织、指导、督促生产经营单位继续开展安全生产隐患排查治理工作的同时，建立隐患排查治理季度总结通报制度，认真总结本部门、本单位隐患排查治理工作经验、有效做法和存在问题，提出下一阶段工作安排及有关建议，每季度进行通报。部安委会办公室每季度将对各部门、各单位隐患排查治理工作情况进行通报。

## 三、加强信息统计报送工作

各部门、各单位要高度重视安全生产隐患排查治理情况统计信息的报送工作，认真组织填报隐患排查治理情况统计报表，编报工作总结，完整、准确、及时反映隐患排查治理工作情况，逐步实现隐患排查治理信息统计制度常态化。

请各部门、各单位按照附表1和附表2的要求认真填写，于每月6日前将统计表、每季度结束后6日内将安全生产隐患排查治理总结材料以传真或电子邮件方式报送部安委办。

联系人：宋佳森

电话：010－65292133，传真010－65292124

邮箱：songjs@mot.gov.cn

附表：1.行业企业单位安全生产隐患排查治理情况统计表；

2.安全生产执法行动情况统计表。

二〇一〇年四月十四日

附表 1

# 行业企业单位安全生产隐患排查治理情况统计表

（20　年 1 月 -　月）

| | 排查治理隐患企业单位 | 一般隐患 | | | 重大隐患 | | | | | | | | | 累积落实隐患治理资金 |
|---|---|---|---|---|---|---|---|---|---|---|---|---|---|---|
| | | | | | 排查治理重大隐患 | | | 列入治理计划的重点隐患 | | | | | | |
| | | 排查一般隐患 | 其中：已整改 | 整改率 | 排查重大隐患 | 其中：已整改销号 | 整改率 | 列入治理计划的重大隐患 | 其中：落实治理目标任务 | 落实治理经费物资 | 落实治理机构人员 | 落实治理时间要求 | 落实安全措施应急预案 | |
| | （家） | （项） | （项） | （%） | （项） | （项） | （%） | （项） | （项） | （项） | （项） | （项） | （项） | （万元） |
| | (1) | (2) | (3) | (4) | (5) | (6) | (7) | (8) | (9) | (10) | (11) | (12) | (13) | (14) |
| 1. 道路运输企业 | | | | | | | | | | | | | | |
| 2. 公路养护施工企业 | | | | | | | | | | | | | | |
| 3. 水路施工企业 | | | | | | | | | | | | | | |
| 4. 水路运输企业 | | | | | | | | | | | | | | |
| 5. 港口企业 | | | | | | | | | | | | | | |

填报单位

审核人：　　填报人：　　联系电话：　　填报日期：　年　月　日

注：1. 表中数据关系：(8)小于或等于(5) - (6)；(9)、(10)、(11)、(12)、(13)分别小于或等于(8)；

2. 统计数据为本年度 1 月份以来的累积数据；

3. 列入治理计划的重点隐患(8)如果包括往年未完成治理情况，并附简要文字说明。

附表 2

# 安全生产执法行动情况统计表

（20　年 1 月 –　月）

填报单位：

| | 开展执法行动情况合计 | 无证或证照不全从事建设、生产、经营的 | 关闭取缔后又擅自建设、生产、经营的 | 违法建设项目安全设施“三同时”规定的 | 谎报、瞒报事故的 | 重大隐患隐瞒不报或不按规定期限予以整治的 | 不按规定进行安全培训或无证上岗的 | 拒不执行安全监管监察指令、抗拒安全执法的 | 其他非法违法建设、生产、经营的 |
|---|---|---|---|---|---|---|---|---|---|
| | （起） | （起） | （起） | （起） | （起） | （起） | （起） | （起） | （起） |
| | | (1) | (2) | (3) | (4) | (5) | (6) | (7) | (8) |
| 1. 道路交通 | | | | | | | | | |
| 2. 水上交通 | | | | | | | | | |
| 3. 公路水路施工 | | | | | | | | | |
| 4. 港口生产 | | | | | | | | | |

审核人：　　填报人：　　联系电话：　　填报日期：　年　月　日

注：1. 统计数据为本年度 1 月份以来的累积数据；

2. 开展执法行动情况合计 = (1) + (2) + (3) + (4) + (5) + (6) + (7) + (8) 项。

# 关于印发交通运输系统集中开展“打非治违”专项行动方案的通知

（交安委明电〔2012〕3号）

各省、自治区、直辖市、新疆生产建设兵团交通运输厅（局、委），天津、上海市交通运输和港口管理局，天津市市政公路管理局，部属各单位，中远、中海、招商局、中交建设、中外运长航集团：

国务院办公厅下发了《关于集中开展安全生产领域“打非治违”专项行动的通知》（国办发明电〔2012〕10号），决定从2012年4月中旬至9月底，在全国集中开展打击非法违法生产经营建设、治理纠正违规违章行为（以下简称“打非治违”）专项行动。为贯彻落实国务院的总体部署，我部起草了《交通运输系统集中开展“打非治违”专项行动方案》（见附件），现印发给你们，请遵照执行。

二〇一二年四月十九日

**附件**

# 交通运输系统集中开展“打非治违”专项行动方案

## 一、总体要求

深入贯彻党中央、国务院关于安全生产工作的决策部署，认真落实《国务院关于进一步加强企业安全生产工作的通知》(国发〔2010〕23号)和《国务院关于坚持科学发展安全发展促进安全生产形势持续稳定好转的意见》(国发〔2011〕40号)精神，牢固树立科学发展安全发展理念，结合交通运输系统“安全生产年”活动和我部组织开展的各项专项整治活动部署，依法依规依据政策，集中开展交通运输“打非治违”专项行动，及时发现和整改安全隐患，大力实施安全发展战略，着力构建安全生产长效机制，有效防范和坚决遏制重特大事故发生，切实维护人民群众生命财产安全，促进交通运输安全生产形势持续稳定好转，为迎接党的十八大胜利召开创造良好的社会环境。

## 二、重点内容

交通运输系统“打非治违”专项行动的重点内容：

(一)无经营许可证件、证照不全或过期、超许可范围非法从事道路、水路运输、出租车运输和交通运输施工建设的，未经批准的渡口渡船非法经营的；

(二)非法用工、无从业资格证上岗的，运输船舶不按要求配备船员或船员不适任的；

(三)营运车辆超载超员、非法改装车辆从事运输的，运输船舶超限超载、不适航、大船小证的；

(四)客运车辆不按规定线路行驶的，旅游包车未取得包车证或持空白包车证的；

(五)非危险化学品运输车辆从事危险化学品运输的，集装箱非法夹带危险品运输的，渤海湾、舟山群岛、琼州海峡、北部湾、长江等重点水域滚装运输非法夹带危险化学品的；

(六)新材料、新设计、新装备、新技术未经安全检测核准投入使用的；

（七）违章指挥、违反安全作业规定、违反安全操作规程的，拒不执行安全监管指令、抗拒安全生产执法的；

（八）交通运输建设工程非法分包、转包以及违章作业的，违反建设项目安全设施“三同时”规定的，取缔后又擅自生产经营建设的，应关未关或关闭不到位的；

（九）瞒报谎报事故，以及重大隐患隐瞒不报或不按规定期限予以整治的；

（十）应急救援队伍、装备不健全的，应急演练不及时，自救装备不足、培训不够的；

（十一）隐患排查治理制度不健全、责任不明确、措施不落实、整改不到位的；

（十二）其他违反安全生产法律、法规、规章的生产经营建设行为。

**三、方法步骤**

坚持企业自查自纠与督促检查相结合，全面排查与重点整治相结合，交通运输系统“打非治违”专项行动分四个阶段进行：

（一）制订方案、自查自纠阶段（4 月中旬 ~5 月底）。

各部门、各单位要按照本方案要求，结合实际，研究制定具体行动方案（4 月 25 日前报部安委办）。同时要迅速动员部署，督促企业全面开展自查自纠工作，及时治理纠正非法违规行为，消除安全隐患。

（二）联合执法、集中整治阶段（6 月 ~7 月）。

各部门、各单位要在当地人民政府统一领导下，积极联合相关部门，共同确定部门间的联合行动主题，始终保持“打非治违”的高压态势，切实做到“四个一律”：对非法生产经营建设和经停产整顿仍未达到要求的，一律关闭取缔；对非法生产经营建设的有关单位和责任人，一律按规定上限予以经济处罚；对存在非法生产经营建设的单位，一律责令停产整顿，并严格落实监管措施；对触犯法律的有关单位和人员，一律依法严格追究法律责任。

（三）全面检查、重点抽查阶段（8 月）。

各部门、各单位要建立专项行动的台账，加强动态管理，组织开展情况进行全面细致的检查和工作指导，及时发现和解决工作中存在的突出问题，推动“打非治违”专项行动深入开展。在各部门、各单位督促检查的基础上，部将组织督查组，对各部门、各单位开展专项行动的情况进行督查，推动“打非治违”工作取得实效。

（四）总结经验、巩固提高阶段（9 月）。

各部门、各单位要对“打非治违”专项行动情况进行总结,通过专项行动的开展,深入研究探索安全生产规律,构建交通运输安全生产长效机制。9月17日前将专项行动总结报部安委办。

**四、工作要求**

(一)加强领导,全力推进专项行动开展。

为切实加强对“打非治违”专项行动的组织领导,部成立由部安委会负责的“打非治违”专项行动领导小组,部安委办负责日常工作,相关司局协调配合。交通运输系统各部门、各单位要充分认识开展专项行动的重要性,始终把安全生产作为交通运输发展的“生命线”,要成立相应的组织领导机构,主要领导亲自挂帅,落实具体责任部门和责任人,以强力推动专项行动的深入扎实开展。交通运输企业主要负责人和实际控制人要切实负起安全生产第一责任人的责任,认真组织开展自查自纠,针对存在的问题,做到整改方案、责任、时限、措施和资金“五落实”,全面提高企业依法依规安全生产的水平。

(二)广泛宣传,营造专项行动的良好氛围。

各部门、各单位要注重宣传教育引导,将“打非治违”专项行动与“安全生产月”活动有机结合起来,大力营造“科学发展、安全发展”、“关爱生命、关注安全”的舆论环境和社会氛围。要引导广大企业职工和人民群众积极参与,支持“打非治违”工作,通过设立举报电话、邮箱等方式,进一步畅通安全生产的社会监督渠道,鼓励群众举报交通运输行业安全生产非法违法行为,对严重非法违规生产经营建设行为导致的事故及时公开曝光。

(三)依法依规,确保专项行动措施落到实处。

各部门、各单位要严格依法依规开展“打非治违”专项行动,讲方法、讲政策,在严厉打击、严肃纠正非法违规行为的同时,要高度重视稳定、和谐,妥善处理好事关人民群众切身利益的问题。要强化“打非治违”的督促检查和责任追究,确保工作取得实效,对工作不认真、走过场的要通报批评,严令改正;对执行不力的要实行严格的责任追究。要严格事故查处,认真执行事故查处挂牌和跟踪督办制度,对非法违规行为造成事故的企业,以及谎报瞒报事故的,要依法从重处罚。

(四)统筹协调,构建安全生产长效机制。

各部门、各单位要将集中开展“打非治违”专项行动与安全隐患排查治理、“安全生产年”、“双基”建设、“道路客运安全年”、“平安工地”、“平安港口”、交通运输企业安全生产标准化建设等安全生产专项活动以及日常的安全监管相结合，全面加强安全生产各项工作。要坚持标本兼治，强化法规制度落实，严把安全生产“准入关”，紧紧抓住交通运输行业安全生产工作中存在的薄弱环节和突出问题，特别是对反复发生、长期未能根治的顽症痼疾，要及时研究采取有效措施，予以解决。

（部安委办电话：010 - 65292133，传真：010 - 65292124，邮箱：pengfp@ mot. gov. cn）